北京大學中國語言學研究中心

早期北京話珍稀文獻集成——日本北京話教科書匯編

主編 劉雲

分卷主編 陳穎 陳曉

《燕京婦語》等八種

［日］北邊白血 等 編著

陳穎 翟贇 校注

北京大學出版社
PEKING UNIVERSITY PRESS

圖書在版編目(CIP)數據

《燕京婦語》等八種 /（日）北邊白血等編著；陳穎，翟贇校注 . —北京：北京大學出版社，2018.3
（早期北京話珍本典籍校釋與研究）
ISBN 978-7-301-29080-4

Ⅰ.①燕… Ⅱ.①北…②陳…③翟… Ⅲ.①北京話—史料 Ⅳ.① H172.1

中國版本圖書館 CIP 數據核字（2017）第 328670 號

書　　　名	《燕京婦語》等八種 《YANJING FUYU》DENG BA ZHONG
著作責任者	[日] 北邊白血 等 編著　陳穎　翟贇 校注
責任編輯	崔　蕊
標準書號	ISBN 978-7-301-29080-4
出版發行	北京大學出版社
地　　　址	北京市海淀區成府路 205 號　100871
網　　　址	http://www.pup.cn　　新浪微博：@北京大學出版社
電子信箱	zpup@pup.cn
電　　　話	郵購部 62752015　發行部 62750672　編輯部 62754144
印 刷 者	北京京華虎彩印刷有限公司
經 銷 者	新華書店 720 毫米 ×1020 毫米　16 開本　28.5 印張　430 千字 2018 年 3 月第 1 版　2018 年 3 月第 1 次印刷
定　　　價	118.00 元

未經許可，不得以任何方式複製或抄襲本書之部分或全部內容。
版權所有，侵權必究
舉報電話：010-62752024　電子信箱：fd@pup.pku.edu.cn
圖書如有印裝質量問題，請與出版部聯繫，電話：010-62756370

《燕京婦語》書影（來源：鱒澤彰夫《影印燕京婦語》，好文出版社，2013）

急就篇目次

急就篇
- 單語 ································ 一
- 問答之上 ·························· 一八
- 問答之中 ·························· 三〇
- 問答之下 ·························· 八二
- 散語 ······························ 一二八
- 附
  - 家庭常語 ············· 張廷彥氏 一四三
  - 應酬須知 ············· 張廷彥氏 一五〇

急就篇 ································ 一

金國璞著

華言問答

東京 文求堂藏版

書經存案
繙印必究

《華言問答》書影（來源：日本關西大學アジア文化研究センター鱒澤彰夫氏寄贈圖書）

長崎御幡雅文譯述
長白桂林先生校閱

燕語
生意筋絡

御幡氏藏版

生意筋絡

長崎　御幡雅文　譯述

一做徒弟的人、頭一樣兒要守着規矩、又要服管、不守規矩就不能學成、不服管就不能安靜、就比方是一塊粗石頭、也得磨好了、纔能做東西

一學徒清早起來、就掃地、撐櫃、擦桌椅、添硯水、潤筆、擦戥子給人倒洗臉水、燒香沏茶、這都是初學應該做的事情

一學徒要站在柜後頭、櫃裡櫃外都要照看周到、得瞧着別人做買賣、聽他說什麼話、到了彼此交買賣、說話連貫的地方兒、必要記在心裡

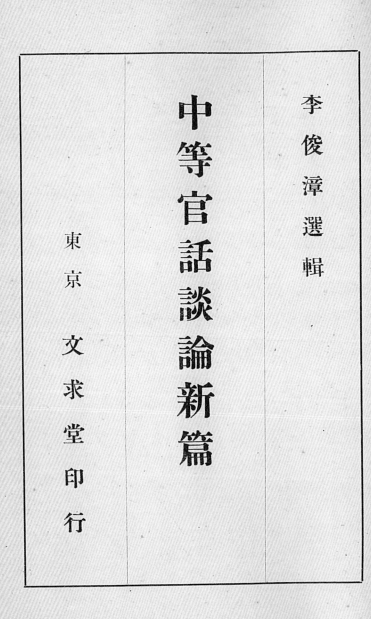

虎頭蛇尾　　金國璣作

丁貴說高兄借上引兄去下高兄說如
提了兄到到來兄有但壹續贖
雲去不但了一胜子氣丁說是玉雲
讀起氣了花高說可不是高將
八轉意回情理高多花可有雲兄邲
雲雲本利亞共四銭來銀手
兄今了準平平玉可玉銭銀手老
趕到了他們王上運說是繼銀王
再三銭銀手將氣不兄人兄

《中國話》書影（來源：日本關西大學アジア文化研究センター鱒澤彰夫氏寄贈圖書）

總　序

　　語言是文化的重要組成部分，也是文化的載體。語言中有歷史。

　　多元一體的中華文化，體現在我國豐富的民族文化和地域文化及其語言和方言之中。

　　北京是遼金元明清五代國都（遼時爲陪都），千餘年來，逐漸成爲中華民族所公認的政治中心。北方多個少數民族文化與漢文化在這裏碰撞、融合，產生出以漢文化爲主體的、帶有民族文化風味的特色文化。

　　現今的北京話是我國漢語方言和地域文化中極具特色的一支，它與遼金元明四代的北京話是否有直接繼承關係還不是十分清楚。但可以肯定的是，它與清代以來旗人語言文化與漢人語言文化的彼此交融有直接關係。再往前追溯，旗人與漢人語言文化的接觸與交融在入關前已經十分深刻。本叢書收集整理的這些語料直接反映了清代以來北京話、京味文化的發展變化。

　　早期北京話有獨特的歷史傳承和文化底蘊，於中華文化、歷史有特別的意義。

　　一者，這一時期的北京歷經滿漢雙語共存、雙語互協而新生出的漢語方言——北京話，它最終成爲我國民族共同語（普通話）的基礎方言。這一過程是中華多元一體文化自然形成的諸過程之一，對於了解形成中華文化多元一體關係的具體進程有重要的價值。

　　二者，清代以來，北京曾歷經數次重要的社會變動：清王朝的逐漸孱弱、八國聯軍的入侵、帝制覆滅和民國建立及其伴隨的滿漢關係變化、各路軍閥的來來往往、日本侵略者的占領，等等。在這些不同的社會環境下，北京人的構成有無重要變化？北京話和京味文化是否有變化？進一步地，地域方言和文化與自身的傳承性或發展性有着什麼樣的關係？與社會變遷有着什麽樣的關係？清代以至民國時期早期北京話的語料爲研究語言文化自身傳承性與社會的關係提供了很好的素材。

　　了解歷史才能更好地把握未來。新中國成立後，北京不僅是全國的政治中心，而且是全國的文化和科研中心，新的北京話和京味文化或正在形成。什麽是老北京京味文化的精華？如何傳承這些精華？爲把握新的地域文化形成的規律，爲傳承地域文化的精華，必須對過去的地域文化的特色及其形成過程進行細致的研究和理性的分析。而近幾十年來，各種新的傳媒形式不斷涌現，外來西方文化和國内其他地域文化的衝擊越來越强烈，北京地區人口流動日趨頻繁，老北京人逐漸分散，老北京話已幾近消失。清代以來各個重要歷史時期早期北京話語料的保護整理和研究迫在眉睫。

　　"早期北京話珍本典籍校釋與研究（暨早期北京話文獻數字化工程）"是北京大學中國語言學研究中心研究成果，由"早期北京話珍稀文獻集成""早期北京話數據庫"和"早期北京話研究書系"三部分組成。"集成"收錄從清中葉到民國末年反映早期北京話面貌的珍稀文獻并對内容加以整理，"數據庫"爲研究者分析語料提供便利，"研究書系"是在上述文獻和數據庫基礎上對早期北京話的集中研究，反映了當前相關研究的最新進展。

　　本叢書可以爲語言學、歷史學、社會學、民俗學、文化學等多方面的研究提供素材。

　　願本叢書的出版爲中華優秀文化的傳承做出貢獻！

王洪君、郭鋭、劉雲
二〇一六年十月

"早期北京話珍稀文獻集成"序

清民兩代是北京話走向成熟的關鍵階段。從漢語史的角度看，這是一個承前啓後的重要時期，而成熟後的北京話又開始爲當代漢民族共同語——普通話源源不斷地提供着養分。蔣紹愚先生對此有着深刻的認識："特別是清初到19世紀末這一段的漢語，雖然按分期來説是屬於現代漢語而不屬於近代漢語，但這一段的語言（語法，尤其是詞彙）和'五四'以後的語言（通常所説的'現代漢語'就是指'五四'以後的語言）還有若干不同，研究這一段語言對於研究近代漢語是如何發展到'五四'以後的語言是很有價值的。"（《近代漢語研究概要》，北京大學出版社，2005年）然而國内的早期北京話研究并不盡如人意，在重視程度和材料發掘力度上都要落後於日本同行。自1876年至1945年間，日本漢語教學的目的語轉向當時的北京話，因此留下了大批的北京話教材，這爲其早期北京話研究提供了材料支撑。作爲日本北京話研究的奠基者，太田辰夫先生非常重視新語料的發掘，很早就利用了《小額》《北京》等京味兒小説材料。這種治學理念得到了很好的傳承，之後，日本陸續影印出版了《中國語學資料叢刊》《中國語教本類集成》《清民語料》等資料匯編，給研究帶來了便利。

新材料的發掘是學術研究的源頭活水。陳寅恪《〈敦煌劫餘録〉序》有云："一時代之學術，必有其新材料與新問題。取用此材料，以研求問題，則爲此時代學術之新潮流。"我們的研究要想取得突破，必須打破材料桎梏。在具體思路上，一方面要拓展視野，關注"異族之故書"，深度利用好朝鮮、日本、泰西諸國作者所主導編纂的早期北京話教本；另一方面，更要利用本土優勢，在"吾國之舊籍"中深入挖掘，官話正音教本、滿漢合璧教本、京味兒小説、曲藝劇本等新類型語料大有文章可做。在明確了思路之後，我們從2004年開始了前期的準備工作，在北京大學中國語言學研究中心的大力支持下，早期北京話的挖掘整理工作於2007年正式啓動。本次推出的"早期北京話珍稀文獻集成"是階段性成果之一，總體設計上"取異族之故書與吾國之舊籍互相補正"，共分"日本北京話教科書匯編""朝鮮日據時期漢語會話書匯編""西人北京話教科書匯編""清代滿漢合璧文獻萃編""清代官話正音文獻""十全福""清末民初京味兒小說書系""清末民初京味兒時評書系"八個系列，臚列如下：

"日本北京話教科書匯編"於日本早期北京話會話書、綜合教科書、改編讀物和風俗紀聞讀物中精選出《燕京婦語》《四聲聯珠》《華語跬步》《官話指南》《改訂官話指南》《亞細亞言語集》《京華事略》《北京紀聞》《北京風土編》《北京風俗問答》《北京事情》《伊蘇普喻言》《搜奇新編》《今古奇觀》等二十餘部作品。這些教材是日本早期北京話教學活動的縮影，也是研究早期北京方言、民俗、史地問題的寶貴資料。本系列的編纂得到了日本學界的大力幫助。冰野善寬、内田慶市、太田齋、鱒澤彰夫諸先生在書影拍攝方面給予了諸多幫助。書中日語例言、日語小引的翻譯得到了竹越孝先生的悉心指導，在此深表謝忱。

"朝鮮日據時期漢語會話書匯編"由韓國著名漢學家朴在淵教授和金雅瑛博士校注，收入《改正增補漢語獨學》《修正獨習漢語指南》《高等官話華語精選》《官話華語教範》《速修漢語自通》《速修漢語大成》《無先生速修中國語自通》《官話標準：短期速修中國語自通》《中語大全》《"内鮮滿"最速成中國語自通》等十餘部日據時期（1910年至1945年）朝鮮教材。這批教材既是對《老乞大》《朴通事》的傳承，又深受日本早期北京話教學活動的影響。在中韓語言史、文化史研究中，日據時期是近現代過渡的重要時期，這些資料具有多方面的研究價值。

"西人北京話教科書匯編"收錄了《語言自邇集》《官話類編》等十餘部西人編纂教材。這些西方作者多受過語言學訓練，他們用印歐語的眼光考量漢語，解釋漢語語法現象，設計記音符號系統，對早期北京話語音、詞彙、語法面貌的描寫要比本土文獻更為精準。感謝郭銳老師提供了《官話類編》《北京話語音讀本》和《漢語口語初級讀本》的底本，《尋津錄》、《語言自邇集》（第一版、第二版）、《漢英北京官話詞彙》、《華語入門》等底本由北京大學圖書館特藏部提供，謹致謝忱。《華英文義津逮》《言語聲片》爲筆者從海外購回，其中最爲珍貴的是老舍先生在倫敦東方學院執教期間，與英國學者共同編寫的教材——《言語聲片》。教材共分兩卷：第一卷爲英文卷，用英語講授漢語，用音標標注課文的讀音；第二卷爲漢字卷。《言語聲片》采用先用英語導入，再學習漢字的教學方法講授漢語口語，是世界上第一部有聲漢語教材。書中漢字均由老舍先生親筆書寫，全書由老舍先生録音，共十六張唱片，京韻十足，殊爲珍貴。

上述三類"異族之故書"經江藍生、張衛東、汪維輝、張美蘭、李無未、王順洪、張西平、魯健驥、王澧華諸先生介紹，已經進入學界視野，對北京話研究和對外漢語教學史研究產生了很大的推動作用。我們希望將更多的域外經典北京話教本引入進來，考慮到日本卷和朝鮮卷中很多抄本字跡潦草，難以辨認，而刻本、印本中也存在着大量的異體字和俗字，重排點校注釋的出版形式更利於研究者利用，這也是前文"深度利用"的含義所在。

對"吾國之舊籍"挖掘整理的成果，則體現在下面五個系列中：

"清代滿漢合璧文獻萃編"收入《清文啓蒙》《清話問答四十條》《清文指要》《續編兼漢清文指要》《庸言知旨》《滿漢成語對待》《清文接字》《重刻清文虛字指南編》等十餘部經典滿漢合璧文獻。入關以後，在漢語這一強勢語言的影響下，熟習滿語的滿人越來越少，故雍正以降，出現了一批用當時的北京話注釋翻譯的滿語會話書和語法書。這批教科書的目的本是教授旗人學習滿語，却無意中成爲了早期北京話的珍貴記録。"清代滿漢合璧文獻萃編"首次對這批文獻進行了大規模整理，不僅對北京話溯源和滿漢語言接觸研究具有重要意義，也將爲滿語研究和滿語教學創造極大便利。由於底本多爲善本古籍，研究者不易見到，在北京大學圖書館古籍部和日本神户市外國語大學竹越孝教授的大力協助下，"萃編"將以重排點校加影印的形式出版。

"清代官話正音文獻"收入《正音撮要》（高静亭著）和《正音咀華》（莎

彝尊著)兩種代表著作。雍正六年(1728),雍正諭令福建、廣東兩省推行官話,福建爲此還專門設立了正音書館。這一"正音"運動的直接影響就是以《正音撮要》和《正音咀華》爲代表的一批官話正音教材的問世。這些書的作者或爲旗人,或寓居京城多年,書中保留着大量北京話詞彙和口語材料,具有極高的研究價值。沈國威先生和侯興泉先生對底本搜集助力良多,特此致謝。

《十全福》是北京大學圖書館藏《程硯秋玉霜簃戲曲珍本》之一種,爲同治元年陳金雀抄本。陳曉博士發現該傳奇雖爲崑腔戲,念白却多爲京話,較爲罕見。

以上三個系列均爲古籍,且不乏善本,研究者不容易接觸到,因此我們提供了影印全文。

總體來説,由於言文不一,清代的本土北京話語料數量較少。而到了清末民初,風氣漸開,情況有了很大變化。彭翼仲、文實權、蔡友梅等一批北京愛國知識分子通過開辦白話報來"開啓民智""改良社會"。著名愛國報人彭翼仲在《京話日報》的發刊詞中這樣寫道:"本報爲輸進文明、改良風俗,以開通社會多數人之智識爲宗旨。故通幅概用京話,以淺顯之筆,達樸實之理,紀緊要之事,務令雅俗共賞,婦稚咸宜。"在當時北京白話報刊的諸多欄目中,最受市民歡迎的當屬京味兒小説連載和《益世餘譚》之類的評論欄目,語言極爲地道。

"清末民初京味兒小説書系"首次對以蔡友梅、冷佛、徐劍膽、儒丐、勳鋭爲代表的晚清民國京味兒作家群及作品進行系統挖掘和整理,從千餘部京味兒小説中萃取代表作家的代表作品,并加以點校注釋。該作家群活躍於清末民初,以報紙爲陣地,以小説爲工具,開展了一場轟轟烈烈的底層啓蒙運動,爲新文化運動的興起打下了一定的群衆基礎,他們的作品對老舍等京味兒小説大家的創作産生了積極影響。本系列的問世亦將爲文學史和思想史研究提供議題。于潤琦、方梅、陳清茹、雷曉彤諸先生爲本系列提供了部分底本或館藏綫索,首都圖書館歷史文獻閲覽室、天津圖書館、國家圖書館提供了極大便利,謹致謝意!

"清末民初京味兒時評書系"則收入《益世餘譚》和《益世餘墨》，均係著名京味兒小說家蔡友梅在民初報章上發表的專欄時評，由日本岐阜聖德學園大學劉一之教授、矢野賀子教授校注。

這一時期存世的報載北京話語料口語化程度高，且總量龐大，但發掘和整理卻殊爲不易，稱得上"珍稀"二字。一方面，由於報載小說等欄目的流行，外地作者也加入了京味兒小說創作行列，五花八門的筆名背後還需考證作者是否爲京籍，以蔡友梅爲例，其真名爲蔡松齡，查明的筆名還有損、損公、退化、亦我、梅蒐、老梅、今睿等。另一方面，這些作者的作品多爲急就章，文字錯訛很多，並且鮮有單行本存世，老報紙殘損老化的情況日益嚴重，整理的難度可想而知。

上述八個系列在某種程度上填補了相關領域的空白。由於各個系列在内容、體例、出版年代和出版形式上都存在較大的差異，我們在整理時借鑒《朝鮮時代漢語教科書叢刊續編》《〈清文指要〉匯校與語言研究》等語言類古籍的整理體例，結合各個系列自身特點和讀者需求，靈活制定體例。"清末民初京味兒小說書系"和"清末民初京味兒時評書系"年代較近，讀者群體更爲廣泛，經過多方調研和反復討論，我們決定在整理時使用簡體橫排的形式，儘可能同時滿足專業研究者和普通讀者的需求。"清代滿漢合璧文獻萃編""清代官話正音文獻"等系列整理時則采用繁體。"早期北京話珍稀文獻集成"總計六十餘冊，總字數近千萬字，稱得上是工程浩大，由於我們能力有限，體例和校注中難免會有疏漏，加之受客觀條件所限，一些擬定的重要書目本次無法收入，還望讀者多多諒解。

"早期北京話珍稀文獻集成"可以説是中日韓三國學者通力合作的結晶，得到了方方面面的幫助，我們還要感謝陸儉明、馬真、蔣紹愚、江藍生、崔希亮、方梅、張美蘭、陳前瑞、趙日新、陳躍紅、徐大軍、張世方、李明、鄧如冰、王强、陳保新諸先生的大力支持，感謝北京大學圖書館的協助以及蕭群書記的熱心協調。"集成"的編纂隊伍以青年學者爲主，經驗不足，兩位叢書總主編傾注了大量心血。王洪君老師不僅在經費和資料上提供保障，還積極扶掖新進,"我們搭臺,你們年輕人唱戲"的話語令人倍感温暖和鼓舞。郭鋭老師在經費和人員上也予以了大力支持,不僅對體例制定、底本選定等具體工作進行了細致指導,還無私地將自己發現的新材料和新課題與大家分享,令人欽佩。"集成"能够順利出版還要特别感謝國家出版基金規劃管理辦公室的支持以及北京大學出版社王明舟社長、張鳳珠副總編的精心策劃,感謝漢語編輯室杜若明、鄧曉霞、張弘泓、宋立文等老師所付出的辛勞。需要感謝的師友還有很多,在此一并致以誠摯的謝意。

"上窮碧落下黄泉,動手動脚找東西",我們不奢望引領"時代學術之新潮流",惟願能給研究者帶來一些便利,免去一些奔波之苦,這也是我們向所有關心幫助過"早期北京話珍稀文獻集成"的人士致以的最誠摯的謝意。

劉 雲

二〇一五年六月二十三日
於對外經貿大學求索樓
二〇一六年四月十九日
改定於潤澤公館

整理點校凡例

　　自1876年9月始，日本的中國語教育開始轉向北京官話。此後陸續出版了大批北京話教材、讀本和工具書，爲研究這一時期的北京話和域外漢語教學留下了寶貴資料。日本學界對這批文獻非常重視，已將代表性教材影印出版，主要收録在《中國語學資料叢刊》（波多野太郎編，不二出版社，1985年）和《中國語教本類集成》（六角恒廣編，不二出版社，1995年）兩部巨著之中。在國内，《日本明治時期漢語教科書彙刊》（張美蘭編，廣西師範大學出版社，2011年）和《日本漢語教科書彙刊（江户明治編）》（李無未主編，中華書局，2015年）的影印出版也給研究者帶來便利。美中不足的是，這批教材底本均爲竪排，異形詞、異體字、俗字和别字極多，一些手抄本字迹模糊，利用不便。爲了方便讀者使用，我們精選一批口語化程度高的代表性教材，重新録入後加以點校、注釋，横排出版。本套叢書主要服務於北京話研究，整理中儘可能保持彼時北京話的原貌。相關體例如下：

一　關於標點、符號

　　底本的標點不合規範，斷句也偶有舛誤。整理本依據《標點符號用法》，并結合文義重新標點。底本原有的批注一律放在脚注中，用※提示，以區别於整理者的新注釋。此外，底本中難以辨識的文字用□表示，并出注説明。例如：
　　　不在過强的人的左右爲□①，因爲生出是非來，常是弱的敗。
　　注釋：①底本字迹模糊，似爲"美"，又似"業"，列此備考。

二　關於底本訛誤之處

　　凡係底本中明確的錯訛、衍文、脱漏、倒文之處，均在整理本中直接更正

并出校注。舉例如下:

1. 錯別字

這麽著大家就把酒席都撤①了。
注釋:①撤:原作"撒"。

因繁體字或異體字而造成的錯訛,整理後不易看出,可稍作説明:

趕到了他們平上,硬説是才彀①五兩三錢銀子。
注釋:①彀:原作"彀"。够。

2. 衍文

做買賣别太手緊了,恐怕耽誤生意;也别太手松了,恐怕傷了①本錢。
注釋:①底本"了"後還有一"了"字,當爲衍字,今删。

3. 脱漏

像這①樣兒挖肉補瘡的事情,聽着真令人可憐可慘。
注釋:①底本無"這"字,據文義補。

4. 倒文

房德①就走到右邊兒廊子底下門礅兒上坐下了。
注釋:①房德:原作"德房",二字序誤,今改。

三 關於字形

簡體字、繁體字、異體字、疑難字均原樣録入。有的字與現在的用法有較大差異,在首次出現時注釋説明。例如:

就咂着嘴兒讚了讚,驪蹨①了半天,總搆②不着。
注釋:①驪蹨:躘縱。向上跳。※驪:上平,驤也,下倣此。※蹨:去聲,跳也,下倣此。

②搆：够。To plot, reach up to. ［美］富善（Chauncey Goodrich）《北京音袖珍字典》（*A Pocket Dictionary, Chinese-English and Pekingese Syllabary*，1891年，107頁）　※搆：讀上平，以物及物也，下做此。

人名、地名、書名的用字如果轉換後易引起混淆，則保留原字。

四　關於詞形

部分北京話詞彙的漢字形體無規範可依，同一個詞在不同作者筆下和不同詞典中往往有不同形體，以"嚼裹"一詞爲例，還有"嚼過""嚼骨""嚼果""嚼谷""嚼谷兒""嚼棍""嚼咕"等形式。類似情況極多，如"腦油—鬧油、頷磣—憨蠢、疙瘩—疙疸、合式—合適、皮氣—脾氣"。這些豐富的異形詞恰恰展現了彼時北京話最鮮活的面貌，對於考察北京話口語詞的面貌、詞源和定型過程都極有價值，如統一爲一個詞形，既無必要，也難令人信服。"與其改而不足信，改而不能盡，甚或改後反生歧義，莫如一律不改。"（許逸民《古籍字體轉換釋例》）因此，我們對底本中的異形詞采取"悉依其舊"的處理方式，保留原詞形，疑似的異形詞也都用現代漢語規範詞形注釋。例如：

他們彼此生了疑心，嫉妒很利害①，各自分散開了。
注釋：①利害：厲害。

讀音完全相同的一組詞，詞義部分相同，注釋時補充説明。例如：

他那門口兒寫著①"賈寓"，那就是他家。
注釋：①著：着，助詞。

與現今的叫法不一致的地名和品名，也當作異形詞處理，均保持原貌，例如"戒壇寺""海甸"。一些詞的用字與現今規範用字不同，如補語標記"得"作"的"、語氣詞"了"作"咯""喇"、"這麽"作"這們"、"做事"作"作事"、"什麽"作"甚麽"等，這些特殊用字往往反映了當時北京話的特殊發音,也當作異形詞處理,不作改動。

底本中一些帶有污辱蔑視色彩的用詞(如"拳匪"等)僅代表原作者當時的個人立場,這類情況循例均不加更改。

五 關於注釋

1. 对一些有特色的北京話口語詞加以注釋。如:

老太太、大姑兒①,您可憐我一個大。
注釋:①大姑兒:乞丐乞討時對中青年婦女的稱呼。(王秉愚編著《老北京風俗詞典》,中國青年出版社,2009年,149頁)

2. 涉及讀者可能比較陌生的書名、人名、歷史事件、歷史人物或特殊專名時儘可能注釋說明,并爲規範起見注明引用來源。例如:

貴班次①?
候補知州。
注釋:①班次:職位品級。[美]富善(Chauncey Goodrich)《官話萃珍》(*A Character Study in Mandarin Colloquial*, 1898/1916):"問作官的品職爲貴班次。"

3. 注釋詞義中有需要說明的異體字和校對情況時,先說明字形和校對情況,再注釋。如:

我剛才問他來著,他説他是琺藍作①的人。
注釋:①原作"琺是藍作"。琺藍作:製造加工琺藍的工廠。

爲方便讀者使用,所有注釋均采用脚注形式,各頁以①起始,獨立編序。目録不出注釋,序言視同正文處理。

六 關於書影

此次點校所據均爲已出版或公開的影印本。爲了更好地呈現原書面貌,卷首附有原書的書影。其中，《燕京婦語》原書現爲日本鱒澤彰夫先生個人收藏，其書影出自鱒澤彰夫先生編著的《影印燕京婦語》（好文出版社，2013年），《虎頭蛇尾》書影出自日本關西大學圖書館長澤文庫藏本，《伊蘇普喻言》書影出自日本關西大學東西學術研究所藏本，《北京風土編》書影出自日本築波大學附屬圖書館藏本，《搜奇新編》書影出自日本滋賀大學附屬圖書館藏本，《華語跬步》書影出自日本東洋文庫藏本，《亞細亞言語集》書影出自日本神户市外國語大學圖書館藏本，《北京事情》《北京風俗問答》《北京紀聞》《四聲聯珠》《今古奇觀》《急就篇》《華言問答》《中國話》《生意筋絡》《中等官話談論新篇》《官話指南》《改訂官話指南》十二種書影均出自日本關西大學アジア文化研究センター鱒澤彰夫氏寄贈圖書。

附書影的原則是儘量做到與點校本所使用的爲同一版本。但由於年代久遠，各書版本衆多，且多藏於日本，故此有兩種書影與點校本版本不一致：一種爲《官話指南》，點校本所使用的是1903年版，而其書影爲1900年版，但這兩個版本的内容和版式均相同；一種爲《虎頭蛇尾》，點校本爲排印本，其書影爲寫本，内容亦基本一致。另外，因編者能力有限，無法得見《官話續急就篇》《京华事略》點校本的原書，因此其書影暫缺。以上望讀者諒之。

本卷的編校工作由北京大學出版社崔蕊老師統籌，宋思佳、路冬月、唐娟華、王鐵軍、何杰杰等責編老師也付出了大量心血。高淑燕老師在疑難字識别方面提供了幫助，蔣春紅老師提供了《華語跬步》的底本，羅菲菲、郝小焕、謝超、趙正婕、農蕾、朱斯雲、趙芹、趙旭、曠濤群、吳蕓莉、李紅婷、許静、李郭然、黎楠婷在前期準備過程中予以協助，在此一并致以謝意。

陳穎　陳曉

2017年10月

總目錄[*]

燕京婦語	1
急就篇	91
官話續急就篇	139
華言問答	183
生意筋絡	273
中等官話談論新篇	303
虎頭蛇尾	373
中國話	387

---

[*] 《急就篇》和《官話續急就篇》由翟赟校注,其餘篇目由陳穎校注。

燕京婦語

解　題

　　《燕京婦語》是清末在日本出版的漢語會話書，主要以女性爲對象，包括寒暄、游玩、宴請、針黹、首飾、租房等女性生活内容，故名"婦語"。

　　《燕京婦語》原書共兩册，日本好文出版社於1992年出版了由鱒澤彰夫編著的排印本，又於2013年出版了影印本，將原書上下册合并爲一册，此次整理以2013年影印本爲底本。該書漢語課文的原著者不詳，由北邊白血鈔寫并譯爲日語。鱒澤彰夫根據日語譯文的特點，推測北邊白血是日本富山、新潟、莊内一帶的人。書中記載了1905年日軍占領奉天、鐵嶺事件，鱒澤彰夫認爲該書鈔録於丙午年即1906年，實際編著年代不晚於1906年，鈔寫地點青原山爲江西省吉安市的佛教文化名山。

　　原書上下册的封面正中都竪排"燕京婦語"四字，左下方題"總譯北邊白血"。上册封面左上角題"一号"，右邊題"丙午歲在青原山"。下册封面左上角題"二号"，没有鈔寫地點。

　　全書共22課266頁（含封面封底），上册共12課136頁，下册共10課130頁，從第4課起，每課分小節，從2節到14節不等。每頁版面分爲上下兩部分，上方是漢語對話内容，以"甲乙丙"等區分對話角色，下方是對應的日語譯文，均爲竪排書寫。漢字和日文均爲墨色楷書，同時用朱筆在漢字四角標調，即漢字左下角有朱點即爲陰平，左上陽平，右上上聲，右下去聲。全書字迹大體工整，偶有增删，或小字旁書，或圈塗重寫，個别地方漏標或錯標對話角色和標題。因爲是手鈔本，用字較隨意，如"麽""広"、"著""着"混用，表示數字的"拾""十"混用，"旗"作"旗"，"氣"作"気"等。

　　江藍生指出，該書反映了清末北京話的語音和語法特點，比如"去"讀爲"克"、"知道"弱讀爲"知得"、尊稱"您納""毸"、表方所"攔的這兒"等，這些高度口語化的現象對研究北京話歷史具有重要價值。[1] 書中還有很多反映清末北京民俗的内容，比如游山、賀壽、買布裁衣、種花、召裁縫匠作衣、召首飾匠製簪釧、召賣花者買花、召翠花匠修理鈿子等，具有鮮明的時代特色和地域特徵。

---

[1] 江藍生《〈燕京婦語〉所反映的清末北京話特色（上）》，《語文研究》1994年第4期；《〈燕京婦語〉所反映的清末北京話特色（下）》，《語文研究》1995年第1期。

目 録

[第一課　鄰人婦女早遇] …………………………………… 7
第二課　鄰人男婦午遇 ……………………………………… 8
第三課　鄰人婦女夕遇 ……………………………………… 9
第四課　中外婦人初会 ……………………………………… 11
第五課　戚屬探望 …………………………………………… 14
第六課　鄰婦遇談遊山 ……………………………………… 19
第七課　中外男婦賀年 ……………………………………… 22
第八課　中外男婦送行 ……………………………………… 25
第九課　中外婦人接風 ……………………………………… 27
第十課　中外貴顯婦人會晤 ………………………………… 29
第十一課　中外貴顯男婦会宴 ……………………………… 31
第十二課　親友男婦賀壽 …………………………………… 37
第十三課　陞官戚屬致賀 …………………………………… 49
第十四課　買布裁衣 ………………………………………… 52
第十五課　作衣 ……………………………………………… 62
第十六課　種花 ……………………………………………… 64
第十七課　打掃屋院 ………………………………………… 67
第十八課　召裁縫匠作衣 …………………………………… 71
第十九課　召首飾匠製簪釧 ………………………………… 74
第二十課　[召賣花者買花] ………………………………… 77
第二十一課　召翠花匠修理鈿子 …………………………… 79
第二十二課　尋房租住 ……………………………………… 82

[第一課　鄰人婦女早遇]①

甲　二姐，您喝了茶了？
乙　喝了。大妹々喝了？
甲　喝了。二大爺進裡頭②克③了広？
乙　進裡頭克了。
甲　學生起來了広？
乙　起來了，上學克了。
甲　啊，他倒起來的④不晚。估摸姑娘沒起來呢罷？
乙　起來了，梳頭哪。
甲　二姐，您可起來的不晚啊。
乙　我早些兒⑤起來，他們就起來了。
甲　是啊，您晚上估摸睡的早罷？
乙　睡的不早。您二哥吃烟，那⑥兒就睡了？
甲　吃大烟的人都是睡的晚，起的晚。
乙　可不是広。大兄弟沒該班⑦兒広？
甲　這兩天下班兒。爺々偬⑧早起來了？
乙　偬可起來的早哇，上街溜達克都快回來了。
甲　啊，偬真起來的早！
乙　我大大⑨也早起來了罷？

---

① 該書字句多有缺漏，整理本依目次及文義補出，以符號"[　]"標注。
② 進裡頭：進宮。
③ 克：去。
④ 的：得。
⑤ 兒：兒。
⑥ 那：哪，疑問代詞。
⑦ 該班：值班。
⑧ 偬：第三人稱的尊稱，和"您"相對。
⑨ 大大：滿族人稱伯母爲"大大"，有的也用來稱呼伯父。伯父又稱"大大伯兒"。

甲　您起來了,都喝完了茶了。
乙　上歲數兒的人倒都起來的早,不像偺們年青的人愛睡。
甲　真是的。您瞧我兄弟,賣硬米粥的都過來了,他還沒起來哪。
乙　您是沒甚広①事,好睡早覺兒。
甲　您那兒還沒弄②早飯呢?
乙　待會兒哪,剛作上鍋③。
甲　您瞧,那不是我爺爺回來了広?
乙　喳④,是您回來了。您這院裡坐着。
甲　哦,有工夫兒克。

第二課　鄰⑤人男婦午遇

婦　三叔,您吃了飯了?
男　吃了。二奶奶⑥吃了広?
婦　偏您了⑦。您沒上舖子克広?
男　待会兒克。您阿媽⑧上衙門克了広?
婦　上衙門克了。我妹妹作活呢広?
男　作活哪。
婦　回頭您叫我妹妹上我們這兒坐着來呀。
男　哦,回頭告訴他。二爺作買賣克了広?
婦　您姪兒作買賣克了。

---

① 甚広:什麼。
② 弄:原作"笄"。
③ 作鍋:坐鍋,把鍋放在爐竈上。
④ 喳:應諾用語。
⑤ 鄰:原作"憐"。
⑥ 二奶奶:"奶奶"是滿人對母親的稱呼,前加姓氏或排行是對已婚婦女的尊稱。
⑦ 偏您了:見面問候"吃飯了嗎"時,吃過飯的人用於回答的套語。也說"偏過了"。
⑧ 阿媽:滿人稱呼父親。後文第十三課作"阿麻"。多作"阿瑪"。

男　他這一程子①買賣好哇？
婦　這一程子買賣好。
男　他是見天②在家裡吃飯,是外頭吃飯哪？
婦　他見天吃完了飯纔走哪。
男　您那兒的飯倒早。
婦　您瞧,一起來喝完了茶就得先張羅他吃飯,好讓他走。
男　是買賣要緊。
婦　您那兒飯也早罷？
男　我們那兒的飯不能早,他們都起來的晚,那兒就吃了。
婦　我三嬸兒您竟瞧小孫子兒哪？
男　是,那孩子竟愛跟着他太太③。
婦　是那广着,他太太疼麽。您上我們這兒坐着來呀！
男④　哦,等二爺回來,我找他説話兒克。
婦　您姪兒趕到晚上就回來了。
男　啊,您這院裡坐着。
婦　哦,回來去。

第三課　鄰人婦女夕遇

婦　姑娘吃了飯了？
女　吃了。二大大吃了广？
婦　偏過了。
女　我大姐姐作活呢广？
婦　作活哪。
女　作甚广呢？

---

① 程子:一段時間。
② 見天:每天。
③ 太太:滿人稱呼祖母。
④ 男:原作"哦"。

婦　給你兄弟作鞋哪。
女　給我兄弟作甚広鞋呢？
婦　作藍寧紬面兒①青回子絨②四鑲的。
女　好哇！明兒您讓我姐姐給我瞧瞧。
婦　您上這院裡來瞧來罷。
女　哦，明兒去。
婦　您阿③媽回來了広？
女　没回來哪。
婦　今兒個怎広這早晚兒④還没回來呀？
女　今兒您上衙門⑤有差使，回來的晚一点兒。
婦　您這早晚兒回來，還在家裡吃飯麼？
女　没準兒。往往兒就在外頭吃，也有在家裡吃的時候兒。
婦　那麼這晚飯還得給您預備着罷？
女　得給您預備着，不定那一会兒回來就吃。
婦　您奶奶白日估摸没工夫兒作活罷？
女　您還提哪！叫孩子們鬧的直不能作。
婦　那麼晚上孩子睡了就能作了。
女　這孩子鬧着的哪，那兒就睡了。
婦　您那兒睡的早罷？
女　我們那兒睡的不早，得過了十一下兒鐘纔能睡哪。
婦　您這兩天作甚麼呢？
女　這兩天我老没作活，給我奶奶作汗褟兒⑥哪。
婦　您幫助您嫂子作一點兒也好。

---

① 藍寧紬面兒：藍色寧綢作衣服面料。寧綢：蠶絲織品，綢面平挺，帶明顯斜紋，適於做服裝，因產於南京，故名。
② 回子絨：平絨。
③ 阿：原作"啊"。
④ 這早晚兒：這個時候。
⑤ 門：原作"们"。
⑥ 汗褟兒：舊式貼身汗衫。

女　我嫂子本的活計就笨,再搭①上孩子鬧,更作不出甚麼來了。
婦　您嫂子也不笨,他是有孩子,就顕着不能作甚麼。
女　是那広着。
婦　姑娘上我們這児坐着來呀。
女　赶明児克。

第四課　中外婦人初会

［第一節］

中　您貴姓?
外　賤姓川島。
中　您貴國?
外　敝②國日本。
中　您府上在那児啊?
外　舍下在安定門裡頭分司廳児胡同。
中　您那児老爺好哇?
外　承問承問,好哇。
中　太太高壽了?
外　我幾拾幾歲。
中　您來北京幾年了?
外　我來北京幾年了。
中　您是貴國甚広地方児人呢?
外　我是敝國某某縣的人。
中　我聽見説貴國的婦女讀書認字的不少罷。
外　是,敝國女學堂不少,所以讀書認字的婦女們很多。

---

① 搭:搭。
② 底本"敞"均作"敝",以下不再注出。

中　我們敝國現在也立了幾處女學堂了。
外　我聽見說了。後來①若是貴國女學堂多了，那個讀書認字的婦女也就多了。
中　您說的很是，那是自然的。
外　我們敝國婦女的學問，不但是讀書認字就算得了，還有各樣兒的女工活計，更要緊的是教訓兒女們都得有忠君愛國的心。
中　啊，实②在的是很好。

第二節

外　太太您想，沒有比父母和兒女最親近的了。
中　是那広着，都是骨肉的至親。
外　作母親的要是有學問，教訓兒女自然就容易了。
中　太太說的對了，我也聽見我們老爺說過，貴國是這広着。
外　是。您那兒老爺您高壽了？
中　您四十五歲。
外　太太高壽了？
中　我四拾七歲，比我們老爺大兩歲。
外　太太是在旗③、在民④呢？
中　我們是在旗。
外　您貴旗那一旗呀？
中　敝旗是鑲黃旗滿洲。
外　您貴姓啊？
中　賤姓文。
外　您那兒老爺在那衙門恭喜呀？
中　在吏部當差。
外　您榮任是甚麼呀？

---

① 後來：以後。
② 实：實。
③ 旗：旗。在旗：隸屬旗籍。
④ 在民：隸屬漢籍。

中　是主事。
外　您跟前都有甚麼呀?
中　我跟前兩小子一個姑娘。
外　少爺都多大了?
中　大的兒二十一,小的兒十九了。
外　您的姑娘有多大了?
中　姑娘十六歲。
外　太太有造化的。
中　甚広造化呀,不過是多受累。

第三節

外　大少爺當差呢広?
中　當差哪。
外　在那兒當差呀?
中　在外務部當繙譯官。
外　啊,他會説那一國的話呀?
中　會説英國話。
外　二少爺還沒當差哪?
中　没當差哪,念書哪。
外　在那兒念書呢?
中　在譯書館學日本話哪。
外　啊,很好。如今貴國和敝國更顯着親睦了,學日本話也是要緊的。
中　對了,是要緊的。
外　您的姑娘梳上頭①了罷?
中　纔學梳頭。
外　他作活呢?
中　作活哪。他倒不笨,我教給他,倒作的頂好的。
外　大少爺成了家了広?

---

① 梳頭:女孩子到了十二三歲,把頭髮留起來,根據旗人和漢人的分別,梳成各種髮髻式樣。

中　成了家了。
外　少奶奶多大歲數兒啊？
中　他和我們大少子同歲。
外　您府上在那兒啊？
中　我在東四牌樓二條胡同住。
外　我有工夫兒到您府上給您請安去。
中　哦,不敢當啊。我還要到太太府上望看①々々,給太太請安克。
外　不敢當。太太有工夫兒再說話兒罷。
中　哦,有工夫兒再說話兒。

第五課　戚屬探望

第一節

甲　姥姥您好哇？
乙　好哇。姑娘好哇？
甲　好哇。姥姥您請啊。
乙　姑娘請罷,姑娘請坐。
甲　您請坐。
丙　外甥女兒來了？
甲　您好哇舅母？
丙　好哇。外甥女兒好哇？
甲　好哇。
丙　您阿媽和您奶奶都好哇？
甲　都好哇。舅母您請坐罷。
丙　哦,外甥女兒吃烟呢。
甲　哦,姥姥您吃烟呢。

---

① 望看:看望。

乙　姑娘吃罷。
甲　舅母您吃啊。
丙　您吃罷。
丁　您好哇？
甲　哦。你好哇？
丁　好哇。您喝茶呀。
甲　哦，姥姥喝茶呀。
乙　您喝罷。
甲　舅母喝呀。
丙　您喝罷。
甲　我姥爺和我舅舅都好哇？
乙丙　都好哇。
甲　我姥爺上那兒克了？
丙　您進裡頭該班兒克了。
甲　我舅舅也沒在家广？
丙　他上您姐姐那兒克了。

第二節

甲　啊，我兄弟他們都上學克了？
乙　都上學克了。
甲　他們都念的好广？
乙　大的兒念的笨，小的兒很聰明。
甲　那兒能都一樣啊。
丙　可說的呢！
乙　大的兒放學家來，叫他背書，他怎广也背不上來，氣①的我只要打他。您姥爺就勸，不叫我打他。
甲　您別生氣，他念着念着就好了。
乙　他那兒就念好了。

---

① 氣：原多作"气"，以下不再注出。

甲　他還沒到明白的時候兒哪。
乙　他還小呢？他今年都十四了，他得多喒①纔能明白呢！
甲　他趕情②都十四了？
丙　您當是他還小呢。他兄弟有多明白呀！
甲　他兄弟是機伶。
丙　他兄弟念書一點兒也不笨，比他好多了。
甲　您瞧我們四哥兒啊，他都開了講了③。

第三節

丙　啊，我聽見您阿媽提來着，那是有出息兒的。
甲　是啊，我阿媽疼他着的哪。
丙　趕情是疼啊，不像您大兄弟竟貪玩兒，懶怠念書，可就糊塗着的哪。
甲　他不糊塗，慢慢兒的就好了。
丙　您二兄弟可不那廣着，他真貪書，見天晚上放了學，他在家裡還念哪。
甲　啊，那纔叫您省心哪。
丙　也是不省心。
甲　他們這一位老師是那兒的人呢？
丙　先是南邊人，説話"吾呀吾呀"的聽不明白，把學生更給鬧糊塗了。
甲　那教給學生那兒行呢？
丙　可説的是哪。後來您舅舅就不用那一位先生了，又請了一位偺們這兒的先生教給他們。
甲　那趕情好了。

第四節

丙　外甥女兒這幾天作活呢廣？
甲　作活呢。

---

① 多喒：多早晚，什麼時候。
② 趕情：敢情，原來。
③ 開講：舊時學童就塾，先從死記硬背開始，有一定基礎後，塾師才開始講解四書五經的文理，叫"開講"。

丙　作甚麼呢？
甲　給我阿媽作鞋呢。
丙　啊，作甚麼鞋呢？
甲　給您作一雙回子絨雙臉兒鞋①。
丙　好哇，回子絨的結實。
甲　是結實。
乙　您姥爺也愛穿回子絨鞋。
甲　啊，您穿的是我舅母給作的？
乙　是您舅母給作的。
甲　我就愛我舅母作的鞋，作的有多好哇。
丙　哼②，還作的好呢。
甲　真是的。舅母您作甚麼呢？
丙　我給您兄弟作夾緊子③哪。
甲　您這兒的活頂忙罷？
丙　忙着的哪。您箄，竟他們爺兒幾個的鞋襪子就老沒完。

第五節

甲　是啊，我們那兒也是那麼着。
丙　您姥爺穿鞋省着的哪，您一雙鞋且④穿哪，那兒就穿壞了。您兄弟他們穿的費着的哪，差不多兒一個月就得一雙鞋。
甲　唉，可真是難為您納⑤呀。
乙　姑娘吃烟呢。
甲　我姥姥您吃罷。我姥爺您這一程子倒硬朗啊？
乙　您前幾天有一點兒咳嗽，這兩天兒⑥好了。

---

① 雙臉兒鞋：鞋面分三塊縫合，鞋面中間有兩道接縫的鞋。也作"雙樑鞋"。
② 哼：哼。
③ 夾緊子：夾層緊身衣衫。
④ 且：表示動作或狀態還得持續很長一段時間。
⑤ 您納：第二人稱的尊稱。
⑥ 底本"兒"字上有圈劃痕跡，此處姑且錄出備考。

甲　您估摸是那個酒喝的不對符①。
乙　可不是那広着麼。
甲　要是那麼着,您少喝點兒就好。
丙　您還提哪,誰敢説話呀。

第六節

乙　姑娘,連我勸您納②,您還不聽哪。
甲　也是啊。您這麼大歲數兒也没法子。
丁　您喝茶呀。
甲　我不喝了。天不早了,我要走了。
丙　外甥女兒再坐坐兒,等着吃完了飯再走罷。
甲　我不坐着了。
乙　您忙甚麼的,多坐坐兒,偺們娘兒幾個再説会子話兒。
甲　等底下③我有工夫兒來,我在您這兒吃飯。
丙　那趕情好,您再來,您挨④這兒住幾天。
甲　真是的,姥姥和舅母別送,您請回罷。
乙丙　哦,您慢慢兒的罷。
乙　到家裡替我問您阿媽和您奶奶好。
甲　哦,替您説。
丙　您都替我請安問好。
甲　都替您説。舅母您多会兒上我們那兒去呀?
丙　哦,有工夫兒克。

右所書有甲記者乃甥女言;
有乙記者乃外祖母言;
有丙記者乃舅母言;

---

① 對符:對付,合適。
② 您納:第三人稱尊稱。
③ 底下:以後。
④ 挨:在。

有丁記者乃僕婦言也。

第六課　鄰婦遇談遊山

第一節

甲　二姐，您瞧這個天兒有多好哇！
乙　真是的，一点兒風兒也没有，又不冷，夠多好哇！
甲　都有了賣芍藥花兒的了。
乙　是有賣的了。昨兒我們姑娘他們逛香山克，那兒的牡丹花兒都開了。
甲　您姑娘同着誰逛克了？
乙　前兒個，他姨兒打發他哥々來接他來了，我就叫他帶着他兄弟去了。
甲　他們住營子①裡他姨兒那兒了？
乙　住的②他姨兒那兒了。
甲　在那兒住了幾天呢？
乙　住了三天。
甲　他們碧雲寺甚広的都逛了罷？
乙　都逛了，還逛了臥佛寺了呢。

第二節

甲　啊，他們可逛的地方兒不少哇。那可難為他們走啊，那個山有多高哇！
乙　可不是麼。他兄弟倒不理會③，姑娘到今兒還嚷腿酸哪。
甲　那是那麼着。您箅那一年，我同着您哥々去逛了一盪④，那個山道可就且走會子哪，怎麼是不腿酸呢！那広他們逛了羅漢堂了広？

---

① 營子：此指香山脚下的健銳營八旗營房。
② 的：在。
③ 不理會：没注意，没覺察。
④ 盪：趟。"京語發音，往往有些字音含混不清，量詞'趟'，北京人發音有時介乎 tàng 和 dàng 之間，所以作品中直音書寫作'盪'，是有道理的。"（文康著、爾弓校釋《兒女英雄傳》，齊魯書社，1990年）

乙　逛了。我們姑娘回來直說，那個羅漢有好幾百，都數不過來。
甲　您瞧那個羅漢，可就塑的細着的哪。
乙　我瞧見過，那山上還有五座塔哪。

第三節

甲　那兒估摸逛的人不少罷？
乙　不少。那一天都有人去逛克。我們姑娘他們去的那一天，也不是①那一個大人宅裡的太太們還去了哪。
甲　啊，那兒還常有外國人去逛克哪。
乙　本自好麼。那個地方兒有多好哇。他們逛臥佛寺，瞧見臥佛那兩隻鞋有三尺多大。
甲　您瞧那臥佛多大呀？
乙　趕情大着的哪。他們還要逛玉泉山兒來着哪。
甲　那麼他們沒逛玉②泉山兒麼？
乙　沒逛。
甲　玉泉山兒倒不很遠。
乙　趕情的過了萬壽山幾里地就到了。

第四節

甲　玉泉山兒好着的哪。山底下那一個大泉眼，您瞧見過広？
乙　我瞧見過。那一年我們逛克，我在那兒喝水來着哪。
甲　我也喝過那個水，可就甜着的哪。偺們這兒的甜水那兒有那麼甜呢。
乙　可說的是哪。
[甲]　那個水可是硬，喝多了鬧肚子。
乙③　誰說不是呢？有一回我們逛克，人家在園子裡給我們沏的茶，我們都愛喝。我[們]石頭兒可就喝多了，到家裡直鬧肚子，鬧了三四天纔好。

---

①　也不是：也不知是。
②　玉：原作"王"。
③　乙：原作"甲"。

甲① 那是没喝慣那個水，喝慣了就不怕了。
乙 是啊，那個山水硬。您知道，那兒還有山洞哪。

第五節

甲 啊，我瞧見過，山洞兒裡還有石頭佛爺哪。
乙 那是菩薩，鏨的有多好哇。
甲 那裡頭陰涼陰涼的，要是熱的時候兒進那裡頭克，可就涼快着的哪②。
乙 啊，那可不是玩兒的，在裡頭工夫兒大了可不好。
甲 您瞧見山洞門兒上還有石頭鏨着字哪。
乙 啊，鏨的。他們說是一副對字，也不是甚麽字。
甲 您上玉泉山兒，是打③青龍橋兒那広④走麽？
乙 是打那麽走，過了萬壽山的後頭就是青龍橋兒，再往那広去，就快到了玉泉山兒了。

第六節

甲 那河沿兒上洗衣裳的多着的哪。
乙 在那兒洗衣裳纔好哪，那個水洗衣裳有多快呀。
甲 真是的。在那兒洗衣裳，不使城洗出來都是頂乾净的。
乙 他們洗衣裳，洗得了就曬的那河邊兒草地上。
甲 您瞧那有多麽省事啊⑤。趕⑥這一件衣裳洗完了，那一件衣裳就曬乾了。
乙 那真省事！
甲 您姑娘們這一道兒上也都逛了⑦？

---

① 甲：原作"乙"。
② 哪：原作"那"。
③ 打：從，自，表示起點。
④ 那広：那兒，那邊。
⑤ 啊：原作"呀"，圈劃抹掉後改寫爲"啊"，錄此備考。
⑥ 趕：等到。
⑦ 底本"了"字後有"罷"字，被塗抹掉，錄此備考。

乙　都逛了，還在海甸①街那兒吃飯來着哪。
甲　啊，那兒吃飯倒好。您這兩天没作甚広呀？
乙　我給您哥哥作襪子哪。
甲　那広偺們明兒説話兒罷。
乙　哦，您上我們那兒坐着克呀。
甲　明兒去。

第七課　中外男婦賀年

第一節

中　太太好哇？您新喜。
外　同喜同喜。您好哇？
中　好哇。
外　您請啊。
中　太太請啊。
外　您請罷。
中　今兒我來給老爺和太太拜年、道新喜。
外　不敢當，您請坐。
中　太太請坐。
外　您請坐罷。
中　老爺您没在家広？
外　他出去拜年去了。
中　喳，老爺好哇？
外　托福，好哇。您那兒太太好哇？
中　承問承問，好哇。
外　您喝酒哇。

---

① 海甸：海淀。

中　您喝呀。
外　您喝罷。您吃點心呢。
中　您吃啊。
外　您吃罷,這是我們敝國的點心。
中　啊,很好。

第二節

外　您的差事忙不忙啊？
中　頭年忙了些日子,這幾天不那広忙了。
外　您得拜幾天年呢？
中　得拜七八天哪。若是有工夫,趕緊的拜年,也得五天。
外　貴國新年過幾天年呢？
中　由正月初一到初五,過五天年。
外　今兒是貴國正月初二不是？
中　喳,今兒是敝國正月初二。您瞧今兒這個天兒倒很好。
外　是,不颳風就是好天兒。今兒個您沒上衙門去麼？
中　今兒早起①到了裡頭,由裡頭散了,到了衙門團拜,由那麼上您這兒來了。
外　我們老爺還没上您府上拜年去哪。
中　您這兒老爺事情忙,不必勞您駕了。

第三節

外　我們老爺是要去。
中　喳。您貴國新年是過幾天年呢？
外　敝國由正月初一到初三,過三天年。
中　那広拜年也是三天麼？
外　拜年也是三天,可是若是事情很忙啊,也有初五拜年的。
中　貴國姑娘和太太們也拜年広？

---

① 早起:早上。

外　也拜年。可是爺們先拜年，姑娘和娘兒們得過了初三纔拜年哪。如今風氣都開了，姑娘、娘兒們也有初一初二拜年的了。
中　啊，我們敝國是這麼着，爺們由初一到初五拜年。若是事情很忙，不要緊的親友，初六以後到十五還有拜年的哪。
外　是。您喝酒哇。
中　太太喝呀。

第四節

外　您就①這個菜。
中　喳。我們敝國到了年下②，娘兒們還有忌門。
外　甚麼叫"忌門"呢？
中　由正月初一到初五這五天裡頭，街坊和親友家的姑娘、娘兒們彼此都不能上誰家裡去，這就叫"忌門"啊。
外　這是甚麼意思呀？
中　這五天是新年新節的，要是娘兒們甚麼的上人家裡去，人說是不吉祥。
外　啊，這是貴國的風俗。
中　是。可是明白時務的人和耶穌③教的人，他們都不講究忌門。
外　對了。您再喝一点兒酒哇。
中　我不喝了，我要走了。
外　您忙甚麼的？
中　我打這麼④還拜幾家兒年哪。太太別送了，老爺回來，您提我給您請安道新喜。
外　替您說，不敢當。您到府上提我給太太請安道新喜。
中　不敢當。太太請回罷。
外　您請罷，勞您駕。
中　那兒的話呢，該當的。

---

① 就：喝酒或吃飯時搭配食用某種菜品。
② 年下：過年。
③ 耶蘇：耶穌。
④ 這麼：這兒，這邊。

第八課　中外男婦送行

第一節

中　太太好哇？
外　好哇。您好哇？
中　好哇。
外　您請啊。
中　太太請啊。
外　您請罷，您請坐。
中　太太請坐。
外　您請坐罷。
中　太太明兒個幾點鐘起身呢？
外　明兒早起六點鐘起身。
中　啊，明兒您是趕早車走哇？
外　是，明兒是坐早車走。您喝茶呀。
中　您喝呀。
外　您喝罷。昨兒您還給送吃的，謝謝。
中　那兒的話呢，您還賞給底下人錢。
外　哈，那算甚麼呀。您吃點心呢。
中　您吃啊。
外　您吃罷。
中　您瞧，今兒這個天很好。
外　是，今兒一点兒風兒也沒有。

第二節

[中]　您的行李甚麼的都打點好了？
外　都打點好了，就剩了隨手兒用的東西，還有倆箱子沒裝哪。

中　太太這幾天估摸事情忙罷？
外　可不是麼，這幾天歸着①東西甚麼的，又得裝箱子，還有好些個親友來送行，真是頂忙的。
中　您上公使舘去了麼？
外　去了，還有幾家親友我也都去辭行去了。
中　喳，該到的都得到。您這一盪回國得多喒回來呀？
外　得去三月纔能回來哪。
中　您這一去得走幾天呢？
外　走十來天。要是趕上舩没甚広就誤哇，不過十天就到了。

第三節

中　敝國離着貴國最近，要竟説走，連去帶回來，也就用二十天的工夫兒。
外　要是很快，還用不了貳拾天哪。因爲兩國所走的地方兒，不是火車就是輪舩，所以最方便。
[中]　是。太太要回了國，您那兒若是給我來信，或是送到我家裡，或是送到我們衙門都可以。
外　哦。您要給我們去信，也可以送到我們家去。
中　喳，那很好。
外　您知道我們住的地方兒啊？
中　知道，您從先②提過。
外　您今兒没上衙門呢？
中　今兒到了衙門，打衙門到您這兒給您送行。
外　勞您駕。
中　該當的。我要走了，太太。
外　您再坐坐兒罷。
中　我不坐着了，太太明兒個走，一路平安。
外　托您福。

---

① 歸着：收拾，整理。也作"歸置"。
② 從先：從前，先前。也説"以先"。

中　太太請回罷，別送了。
外　哦，再見罷。
中　再見罷。

第九課　中外婦人接風

第一節

中　太太回來了，您好哇？
外　好哇。太太好哇？
中　好哇。
外　您請啊。
中　太太請啊。
外　您請罷，太太請坐。
中　您請坐。
外　您請坐罷。
中　太太這一路平安呢？
外　托您福，壹路都平安。
中　太太府上諸位都好哇？
外　叫您惦記着，都好。
中　太太這連去帶回來也有三個①多月了罷？
外　差不多兒有四啊②月了。
中　顯着很快呀似的。
外　真是的，怎麼您又給送東西來呀？
中　那不過是③遮個羞兒。

---

① 底本"個"字被圈劃抹掉，依文義酌補。
② 啊：量詞"個"在"四"後音變爲"啊"。
③ 底本"是"字被圈劃抹掉，依文義酌補。

［外］　謝謝，叫您那兒老爺和您費心。

［中］　那兒的話呢。

外　太太喝茶呀。

［中］　您喝呀。

［外］　您喝罷。

［中］　太太這照像①是打本國帶來的？

外　是，您瞧這是我母親，這一邊兒是我哥哥，這一邊兒是我妹妹。

第二節

中　啊，頂好的！老太太估摸有七十多歲了罷？

外　㥛六十八歲。

中　啊，㥛頂有福的樣兒。

外　您誇獎了。上回您給我們的那個照像，我們帶回國去了，給我父親和我母親他們瞧，他們都説好。

中　那個照像還好呢？

外　是好。您吃點心呢。

［中］　太太吃啊。

［外］　您吃罷。

中　您瞧，我們老爺同着他們幾個朋友照了一張像，照的不好。

外　這兒的照像舘照的，有好的②，有不好。可是不好的多。

中　是啊。您知道這城裡頭那兒照的好哇？

外　要説這幾處照像舘，還是霞公府山本照像舘那兒照的好。

中　您説的對了，我瞧着他們那兒的照像是比別處照的好。

外　是。上次您那兒給我们去信，我們見着了。叫您費心。

第三節

中　您那兒給我們來信，還叫您費心哪。

---

①　照像：照片。

②　此處"的"字似爲後來所加，録此備考。

外　那兒的話呢。
中　您在道路上沒遇見鬧天氣呀？
外　就是往這麼來的時候兒，在海面上遇見颳了一天風。
中　您暈舩不暈舩呢？
外　慣了也就不理會了。
中　啊，您帶來的東西甚麼的都安排好了？
外　纔安排了一点兒，還有沒打箱子的哪。
中　太太這兒的事情多，那兒就安排好了。
外　是，這幾天不斷的親友們來。
中　真是的。太太我要走了。
外　您再坐坐兒罷。
中　我不坐着了，太太別送，頂忙的。
外　過幾天我到您府上給老爺和太太請安去。
中　不敢當，太太請回罷。
外　送送您，慢慢兒的罷。
中　哦。

第十課　中外貴顯婦人會晤

第一節

外　福晉①好哇？給福晉請安。
中　不敢當，太太好哇？
外　托福，好哇。
中　給太太請安。
外　不敢當。
中　太太請啊。

---

①　福晉：滿族親王、郡王和親王世子的妻子。

外　福晉請啊。
中　您請罷,太太請坐。
外　福晉請坐。
中　您請坐罷。
外　我今兒個來望看望看福晉。
中　勞太太駕,不敢當啊。
〔外〕　王爺好啊?
〔中〕　托福,好哇。您那兒大人好哇?
〔外〕　托福,好哇。王爺在府裡呢麼?
中　您沒在家,進裡頭克了。太太喝茶呀。
外　您喝呀。
中　您喝罷。您那兒大人差事忙不忙啊?
外　這一程子不那麼忙。
中　您吃點心呢。
外　福晉吃啊。
中　太太吃罷。

第二節

外　王爺得多喒晚①兒回來呀?
中　今兒個打裡頭出來,還要上西城拜客去哪,得晚上回來。
外　啊,三格格②來了。三格格好哇?
〔中〕　給太太請安呢。
〔外〕　別請安了,他還小哪。三格格吃點心呢。
中　太太別讓他吃了,您吃罷。
外　吃點兒罷,不要緊。三格格幾歲了?
中　他五歲。
外　啊,頂機伶的,很好。

---

①　多喒晚:多喒,什麼時候。
②　格格:滿人稱呼皇族的女兒。

中　還好呢,鬧着的哪。
外　都是那麼着,他還小哪。
中　是啊。
外　少爺們都好哇?
中　托您福,都好。太太喝酒哇。
外　福晉喝呀。
中　您喝罷。
外　福晉這幾天兒沒出門兒啊?
中　這幾天沒上那兒克。太太您就菜再喝点兒酒罷。
外　您別布①,我不喝了。
中　過兩天兒我還要到太太府上請安克哪。
外　不敢當,我要走了。
中　太太再坐坐兒罷。
外　我不坐着了,福晉別送,請回罷。
中　勞太太駕。
外　那兒的話呢。
中　您慢慢兒的罷。
外　哦。

第十一課　中外貴顯男婦会宴

第一節

甲　王爺好哇?
乙　好哇。您好哇?
甲　好哇。
丙　王爺好哇?

---

① 布:佈菜,分發菜肴。

乙　好哇。太太好哇?
丙　好哇。
甲　王爺請啊。
乙　大人請,太太請啊。
丙　您請罷。
甲　王爺請坐。
乙　您請坐。
丁　某公爺來了。
甲　啊,公爺好哇?
戊　好哇。大人好哇?
甲　好哇。
丙　您好哇?
戊　好哇。太太好哇?
丙　好哇。
乙　二哥您好哇?
戊　好哇。您早來了?
乙　我也纔來。
甲　您請坐。
戊　請坐請坐。
丙　福晉好哇?
乙　好哇。
丙　少爺格格們都好哇?
乙　托福,都好。他們都給太太請安問好。
丙　啊,不敢當。您那兒太太好哇?
戊　好哇。賤內①還問太太,那一天由我們回來好哇?
［丙］　好哇,叫您惦記着。

---

①　賤內:對人謙稱自己的妻子。

第二節

乙　您今兒個没進裡頭去麼？
戊　今兒個早起到了裡頭。聽見説明兒您衙門有揀選①麽？
乙　有揀選。
戊　有幾個缺呀？
乙　有六哇②缺。
戊　明兒甚麽時候兒揀選呢？
乙　明兒定的是辰刻。現在聽見説日本兵已經得了奉天了。
甲　是，電報已經來了。
丙　您喝茶呀。
乙　您喝呀。
甲　您喝罷。
戊　太太喝呀。
丙　您喝罷。
戊　我聽見説，這一個勝仗得了俄國的軍器糧草很多了。
甲　實在的是很多了。
乙　那麽得了奉天，鐵嶺也得了罷？
甲　是。可是他們俄國兵在鐵嶺那兒豫備③打仗的事情很用力，差不多兒和遼陽似的。

第三節

乙　啊，要是這麽著④，我想後來就容易打了罷。
甲　可是那麽着。俄國兵他們軍器槍砲甚麽的也是很便利，並且他們兵也能打仗，可就是不如日本兵。他們那麽些個人都是一個心，永不往後退，都是同心協力，所以常能打勝了。

---

① 揀選：挑揀選擇，指選擇任用官員。
② 哇：量詞"個"在"五、六"後音變為"哇"。
③ 豫備：預備。
④ 著：着，助詞。

乙　您説的實在的是。
丁　某大人打發人拿名片來了，説回覆大人，給大人請安。今兒個①有事不能來了。
甲　是了。
乙　某大人今兒不來了？他怎麼不來了呢？
戊　我聽説大概他今兒有約會兒。
乙　啊，我還聽見説增將軍叫俄國兵給裹了去了，這話實在麼？
甲　可是聽見説有那個事，增將軍又回了奉天了。

第四節

乙　啊，那好極了。
戊　是，那是很好。太太這幾天没出門兒麼？
丙　我昨兒個上某王爺府去了。
戊　啊，昨兒個他們那兒二少爺還上我們那兒去了哪。
丙　是。
乙　今兒這個天可很好！
甲　啊，要看昨兒晚上那個天，彷彿要颳風似的。
乙　可不是麼。
丙　請王爺們到那一邊兒坐着罷。
乙戊　喳。
丁　某王爺來了。
己②　您好哇？
甲　好哇。您好哇？
己　好哇。太太好哇？
丙　好哇。王爺好哇？
己　好哇。

---

① 底本"個"字被斜綫劃掉，依文義酌補。
② 此處及以下幾處"己"底本均作"巳"。

乙　哈,您怎麽這嗏晚①兒纔來呀?
己　您好哇?
乙　您好您好。
己　您好哇?您早來了?
戊　來了會兒了。
己　我今兒個來晚了,恕罪恕罪。
乙　今兒您上那兒去了?
己　那兒啊,家裡有人來了,説了會子話兒。他剛走我就來了,就到了就嗏晚②兒了。

第五節

甲丙　您幾位請坐罷。
乙己　您請坐,您請坐。
甲　您喝酒。
乙　您喝呀。
戊己　您喝您喝。
己　您那兒少爺外國話學的怎麽樣了?
乙　學的可以的了。您那兒學堂教日本文麽?
甲　有日本文。
乙　啊,那很好。
甲　現在敝國和貴國辦理的事情很多,學日本文最要緊。
乙　是。二哥前兒個上那兒去了?
戊　前兒個是到了東單牌樓外國飯店,有人請吃飯。
乙　有幾位呀?
戊　六哇人。吃外國飯的時候兒提起來可笑。
乙　怎麽?
戊　我們一塊兒吃飯,那裡頭有一個人不会使刀叉。

---

① 這嗏晚:這早晚,這個時候。
② 就嗏晚:這早晚,這個時候。"就"是"這"的音變。

乙　哈哈，那可顯着不得勁①兒。

第六節

[戊]　您還提呢，他管着比耳酒②叫三賓酒③。

乙　哈，那不叫人笑話麼，要是不懂得就別言語，裝糊塗就結了。

戊　不但那個呀，剛一上菜的時候兒，他拿起果子來就吃。

乙　若是那麼樣兒，實在是可笑。

己　真是可笑！

甲　您喝酒哇。

己　您喝呀。

丙　您就這個菜。

乙　喳，二哥您喝呀。

戊　我得了。

丙　您吃這個呀。

己　太太吃啊。

丙　您吃罷。

乙　怎麼着？偺們那一邊坐着罷，太太要彈那個琴。

戊④　啊，您聽，彈的真好！

乙　是。我要回去了。

戊　那麼偺們走罷。

甲乙　您再坐坐兒罷。

乙戊己　叫您和太太費心受累，謝謝。

甲丙　那兒的話呢，這累着甚麼了。

乙己　您別送了。

戊　您請回罷。

甲　送送。

---

① 不得勁：不合適。底本此句上方有三字硃批"不明亮"，錄此備考。
② 比耳酒：啤酒。
③ 三賓酒：香檳酒。
④ 戊：原作"戍"。

［戊］　叩頭了。
［甲］　候秉候秉①。
［戊］　叩頭了。

右所書有甲記者乃外國人東道主言；
有乙記者乃某王言；
有丙記者乃外國人東道主婦言；
有丁記者乃僕人言；
有戊記者乃某公言；
有己記者乃又一某王言也。

第十二課　親友男婦賀壽

第一節

甲　後児張老爺那児老太太的生日了。
乙　啊，壽礼偺們都給他們甚麽呀？
甲　您等我瞧瞧賬啊。他們給偺們作生日的東西還不少哪。
乙　都是甚麽？
甲　一桌②果子、一桌席、一罈子黄酒、一個壽幛③，還有一個封児。
乙　那一個封児是四兩銀票不是？
甲　是啊。
乙　這麽些個東西！偺們家裡有兩罈子紹興酒。
甲　偺們就把那個酒給他一罈子，再拿那個果席票，叫他們到飯莊子取了，明児一早挑到偺們家，打偺們這児連那個東西就叫人給送了克

---

① 候秉：客人告别時，主人說的客套話。
② 桌：原作"卓"。
③ 底本"幛"字旁有硃批"彰"字，録此備考。

了,好不好?

第二節

乙　那倒好。那麼偺們叫人削幛子①克呀。
甲　您把那個大紅洋呢的幛子拿出來瞧瞧。
乙　偺們有好幾個哪,都是人家給偺們作生日掛的。您瞧這一個好不好?
甲　這一個顏色兒深一点兒。
乙　深一点兒好,顏色淺就顯着糙了。
甲　那麼就使這一個罷。
乙　給他們削金字啊?
甲　削金字的。
乙　削甚麼字啊?
甲　我想那"壽比南山"甚麼的都俗了。
乙　那麼您想甚広字好呢?
甲　我想這四啊字,可也是舊的,可不那麼俗。
乙　哦,那倒好。甚麼字啊?
甲　是"海幄添籌"四啊字。

第三節

乙　啊,這四啊字我這②知道一個"海"字兒,不是那個"大海"的"海"麼?
甲　哈哈,可不是麼。
乙　您別樂呀,那三字怎麼講,您説我聽聽。
甲　這是仙人的故典,"海幄"是仙人的地方兒,"添籌"是添壽筭,這就是增長壽的意思。
乙　啊,我知道了,這倒好。偺們就叫他們刻字鋪給削這四啊字罷。
甲　今兒就叫他們拿這個幛子給削克。
乙　您把礼帖給寫出來呀,省得到了那一天現寫頂忙的。

---

① 幛子:上面題有詞句的整幅綢布,用作慶賀或弔唁的禮物。
② 這:"就"的音變。底本第十一課第四節"這嚐晚兒"作"就嚐晚兒"。

甲　我寫礼帖寫得了。
乙　怎麼寫的？
甲　祝敬：壽幛一端，金酒成罈，果席成桌。愚弟某拜。
乙　啊，這一個封兒怎麼寫的？
甲　壽敬四兩，愚弟某拜。
乙　後頭寫上了住處了麼？
甲　寫上了。

[第]四節

丙　送果席來了。
甲　叫他挑進來。
丙　叫你們挑進來，等一會兒打這兒還有別的東西，我跟你們一塊兒送了去。
丁　哦。
甲　擱的這兒罷。
乙　送果席來了？
丙　送來了。
乙　打開瞧瞧。
丁　您瞧。
乙　怎麼這瓜子兒掉下去了？
丁　這是碰了一点兒，我給您擺好了。
甲　這個鴨子不新鮮罷？
丁　是新鮮的，煮的太爛了。
乙　給你幛子和拜匣①，你跟他們一塊兒去。你提這兒老爺和太太給老太太和老爺太太請安問好。
丙　喳。你們倆人抬着酒，你們挑菓席。老爺，我們走了。
甲　你們小心一点兒。
丙　喳。

---

①　拜匣：拜客或慶吊時放置名片或禮單等小物件的木匣。

甲　想着要謝帖①。
丙　喳。

第五節

乙　您瞧，明兒那兒的人準不少罷。
甲　那是那麼着。他那兒走動兒寬②，現在還有些個趕至走③的哪。
乙　明兒他那兒估摸還是唱戲罷？
甲　還是唱戲，我聽見説是福壽班。
乙　啊，還是福壽好。他們是竟④二簧，没有梆子。上次偺們姑姑那兒滿月，唱的不是福壽麼？
甲　是啊。我記得武戲唱的是《蟠桃會》，您和⑤記得唱甚麼戲不記得了？
乙　啊，我想起來了，還唱《三進士》來着哪。
甲　對了，怎麼這嗏晚兒送東西的還不回來呀？
乙　啊，你們回來了？
丙　給您謝帖。那兒老爺給老爺太太請安道謝，賞了我們四吊錢。

第六節

乙　啊，你們吃飯克罷。
丙　喳。
乙　明兒是您先去我先去呀？
甲　明兒早一点兒起來，您先去。我打裡頭回來，再去也不晚。
乙　哦，就那麼着罷。
丙　太太起來了麼？

---

① 謝帖：接受禮物後表示答謝的回帖。
② 走動兒寬：交際廣泛。
③ 趕至走：主動、積極和人結交來往。"趕至"疑爲"趕着"的弱讀，是"上趕着"的省略形式，主動、積極之意。
④ 竟：净，只。
⑤ 和：應爲"還"(hái)字之誤。據孫德金(1989)調查，當代北京西郊火器營滿人讀"和"爲hán(江藍生《〈燕京婦語〉所反映的清末北京話特色(上)》，《語文研究》1994年第4期)。

戊　起來了,那兒梳頭洗臉哪。回頭穿好了衣裳、喝完了茶就走。你告訴趕車的,叫他套車罷。
丙　哦,把式套車,太太要走了。
己　哦,這就套。
乙　劉昇,你跟了我克。
丙　喳。
乙　你們誰和二老爺看家呀?
丙　老李和二老爺看家。
乙　啊,張媽拿烟荷包烟袋,偺們走哇。
戊　哦。
丙　太太下來了。
庚　喳。
戊　拿板櫈兒。
庚　哦。
戊　太太,您瞧那一邊兒搭棚那兒就是。

第七節

[乙]　啊,快到了。瞧瞧門口兒有多少車!
戊　您聽,都開了戲了。
乙　可不是麼,來了不少人了。你瞧着點兒衣裳!
戊　瞧着哪。
辛　太太好哇?
乙　好哇。
辛　某太太來了。
乙　您好哇,二姐?
壬　好哇。大妹妹好哇?
乙　好哇。
壬　破費您納。
乙　您別多禮了。
壬　您請啊。

乙　您請啊。

壬　您請罷。

乙　大大好哇？

癸　好哇。幹甚麽年年兒叫您費心，這麽勞動人。

乙　您別臊人①了，該當的。

壬　大妹妹請坐罷。

乙　大大您請坐，我給您拜拜壽。

癸　別及②，使不得。

[乙]　您請坐罷，使得。

壬　大妹妹您高見③罷。

乙　那兒那麽着的哪。您請坐，我給您叩了。

第八節

癸　没災没病的，有福有壽的。

乙　托您福。

壬　您請坐罷。

乙　您坐着。二姨兒您早來了？

子　姑奶奶好哇？

乙　好哇。您好哇？

[子]　好哇。大姑爺好哇？

乙　好哇，今兒他還來哪。

子　啊，奶奶這兒坐着！

乙　哦，您坐着。早開了戲了罷？

子　剛唱過頭一個戲克。我給您娘兒倆見一見。

乙　哦。

子　這是瑞三嬪兒，這是我外甥女兒。

---

① 臊人：讓人害臊羞愧。

② 別及：不要，不用。底本該課第十一節作"別加"，第十四節作"不及"。也作"別價"。

③ 高見：不必跪拜，站着行禮即可。

乙　您別那麼論。
丑　是那麼着。
乙　您好哇？
丑　好哇。姑奶奶好哇？
乙　好哇。
丑　姑奶奶請坐。
乙　三嬸兒請坐罷。
戊　太太，老爺來了。
乙　啊，在那一邊兒哪。
甲　二哥您早來了？
寅　我也剛來不大會兒。您請坐。
甲　您坐着，我到那一邊兒。

第九節

壬　大兄弟好哇？
甲　好哇。您好哇？
壬　好哇。謝謝大兄弟。
甲　您別臊人了。
壬　大兄弟請坐罷。
甲　喳。
乙　您給大大叩了頭了麼？
甲　叩了。
子　大姑爺好哇？
甲　喳。姨兒好哇？
子　好哇。
甲　您請坐，我到那一邊兒。
子　哦。
卯　您這兒坐着。
甲　您請坐。
卯　您今兒個沒進裡頭克麼？

甲　喳,今兒早起到了裡頭。
卯　您瞧,今兒這個天兒很好。
甲　喳,昨兒晚上天還陰來著哪。
卯　要瞧昨兒晚上那個天,是要下雨的樣兒,沒想到今兒這麼好天。
甲　這是本家兒①老太太的造化。

第十節

卯　實在的是。四妹妹來了,您好哇?
辰　好哇。三哥您好哇?
卯　好哇。
辰　三哥請坐罷。
卯　喳。您那兒大爺沒來麼?
辰　沒來。我大大來了?
卯　啊,惢在那一邊兒坐着哪。
辰　啊。
壬　四姐來了,您好哇?
辰　好哇。二妹妹好哇?
壬　好哇。
辰　給您納,我也沒給惢買点兒甚麼。
壬　謝謝您納。
辰　您別多礼了,我給大嬭兒叩頭克。
壬　別及了。
辰　大嬭兒,您好哇?
癸　好哇。我這兒謝謝您哪。
辰　您別臊人了,您請坐,我給您叩頭。
癸　別叩了,使不得。
辰　使得,您請坐罷,我來幹甚麼來了呢。
癸　年年兒這麼討您的禮,有甚麼好處啊!沒災沒病的,有福有壽的。

①　本家兒:事主,當事人。

第十一節

辰　借您的吉言。

壬　請您棚裡坐着聽戲克。

辰　哦。

巳　請您讓姑娘太太們坐兒罷,都擺齊了。

壬　哦,請您老娘兒、老姐兒們那一邊兒坐着喝酒罷。

乙　二姐,您先讓別人罷,我不忙哪。

壬　別加,您幾位請過來罷。

子　我替本家兒讓讓,您過來給替陪陪,這兒缺着坐兒哪。

丑　那麼您請罷。

乙　您請罷,我過克,您往裡來。

丑　您往裡克罷,我不能那麼坐。

乙　那麼您往裡克。

子　別那麼坐。

丑　姑奶奶,就別讓,您就請坐罷。

乙　那兒有那麼着的呢,我就坐下了?

丑　哦,您請坐罷,您同着我們姑奶奶那広坐。

第十二節

午　別加,您那麼坐罷。

子　您別讓了,是那麼坐。

午　那麼我就依實①了。

辰　您請坐呀。

丑　您請坐。

未　您請坐罷。我們是親戚,這麼坐着好。

壬　您喝酒哇。

乙　您別張羅了。

---

①　依實:聽從對方的話,按照對方的意思去做。

丑　您歇着罷。
壬　您吃這個呀。
午　您別布了。
壬　您老娘兒們、老姐兒們可得用實在着點兒啊！
午未　哦，您歇着罷。
子　您喝酒哇。
未　您喝呀。
丑　姑奶奶就這個。
乙　您歇手罷，三嬸兒。
辰　您怎麼不喝呀？
午　我不會喝酒，您喝罷。
乙　給您這個饅頭。
午　哦，您歇手罷。
辰　您怎麼不喫了？
未　我偏您了。

第十三節

午　您就這個呀！
乙　您歇手罷，別布了，我自取罷。您不喝酒，給您椀①飯呢。
午　哦，勞您駕，我撥一點兒罷。
丑　您就菜吃啊。
辰　我偏您了，您慢慢兒吃。
丑　我也偏您了。
乙　都用的當了麼？
午未丑　都用的當了。
未　那麼偺們那一邊兒坐着罷。
乙　這個武戲好。
午　啊，這是王母娘娘上壽《蟠桃會》。

---

① 椀：碗。

未　這個武旦兒有多好哇！
乙　這一個武旦兒是朱四十①兒。
午　是他,剛纔偺們吃飯的時候兒唱《硃砂痣》。那一個髯子生②是賈洪林兒不是？
乙　是賈洪林兒。那一個老旦是周長順,衫子③是石頭兒。
午　啊。
戊　太太,老爺吃完了飯先回去了,叫我告訴太太早一點兒回去。
乙　哦。

第十四節

申　謝謝老娘兒們、老姐兒們都到這兒賞臉。
乙子　那兒的話呢,您別多禮了。
午丑　可把您累着了罷？
申　累着我甚麽了？您請坐罷。
辰　瞧,紅人④兒上來了,謝賞哪。
乙　可不是麽。張媽！
戊　哦。
乙　你告訴劉昇,叫趕車的套車。
戊　哦。
午　怎麽,您不等着晚上回克呀？
乙　不及了,還要到我們親戚那兒哪。
午　啊,偺們再説話兒罷。
乙　再説話兒罷。
戊　太太,車套上了。

---

①　朱四十:京劇演員朱文英。
②　髯子生:京劇行當老生,戴髯口,也叫"鬚生"。
③　衫子:京劇行當青衣,多穿青褶子,故叫"青衫",簡稱"衫子"。
④　紅人:明清堂會習俗,演完主家選定的戲份後,老生和旦角穿上紅衣,扮成"紅人",在臺口向觀眾行禮,念吉語,主人賞喜錢。

乙　你拏衣裳包兒和烟荷包①、烟袋。
戊　哦。
乙　我走了，二姐。
壬　您忙甚麼的？大妹妹，您等着晚上再走，好不好？
乙　不及了，還到我們親戚那兒哪。
壬　啊，屈尊大妹妹。
乙　叫您受累。
壬　累着我甚麼了？您回克見了二兄弟，替我説請安、道謝。
[乙]　哦，替您説。

右所書有甲記者乃一男客言；
有乙記者乃一婦客言；
有丙記者乃一婦客之僕劉姓言；
有丁記者乃挑果席者言；
有戊記者乃一婦客之僕婦張姓言；
有己記者乃一婦客之車夫言；
有庚記者乃一婦客之守門者言；
有辛記者乃有賀事家之僕婦言；
有壬記者乃有賀事家少主人婦言；
有癸記者乃有賀事家老主人婦言；
有子記者乃二婦客言；
有丑記者乃三婦客言；
有寅記者乃二男客言；
有卯記者乃三男客言；
有辰記者乃四婦客言；
有巳記者乃有賀②事家茶工言；
有午記者乃五婦客言；

---

① 包：原作"苞"。
② 賀：原作"婦"。

有未記者乃六婦客言；
有申記者乃有賀事家主人言也。

第十三課　陞官戚屬致賀

第一節

甲　大舅母,您大喜了!
乙　外甥女兒不喜麼?
甲　舅母您請啊。
乙　外甥女兒請罷。
甲　給您納。舅母,我阿麻、我奶奶打發我來給您道喜。
乙　叫您老爺兒們花錢,謝謝外甥女兒。
甲　您別臊人了,這花甚麼錢了。
乙　您請坐呀。
甲　您請坐罷。
乙　您吃烟呢。
甲　您給我罷,舅母您吃啊。
乙　您吃罷。
甲　我舅舅沒在家呀?
乙　沒在家。今兒打裡頭回來,拜客去了。您喝茶呀。
甲　您喝呀。
乙　您喝罷。
甲　您是前兒個引見①的不是?
乙　是大前兒個引見的。
甲　您得多偺起身呢?

---

① 引見:清制,五品以下的京官和四品以下的地方官,在初次任用時須朝見皇帝,文官由吏部、武官由兵部分批帶領朝見。(黑龍江省出版局編《歷代官制簡釋》,遼寧省博物館 1976 年印,103 頁)

乙　得二拾幾兒哪！這些個行李甚麼的,那兒就打點齊了?

第二節

甲　可說的是哪。

乙　您瞧,別的東西甚麼的倒先不用帶那麼些個,打頭①衣裳、鞋和襪子我都給打點好了。

甲　那是那麼着。您跟我舅舅一塊兒去呀?

乙　我先不能跟着去哪。您舅舅說,您先到那兒,都安排好了,等着過幾個月再打發人來接我們來。

甲　哦,那麼着也好。您陞的是江蕪的知府不是?

乙　是江蘇。

甲　那兒離這兒有多遠兒呢?

乙　離這兒有二千多里地。

甲　啊,有那麼遠呢！得走多少天呢?

乙　走十幾天就到了。

甲　走的日子倒不多。

第三節

乙　聽您舅舅說,出前門上火車到天津,再打塘沽坐輪舩就快到了。

甲　啊,有這個火車快多了。

乙　是啊,您吃點心啊！

甲　我不吃,我剛吃完了飯不大會兒。

乙　您吃點兒罷。

甲　您吃啊。

乙　您吃罷。

甲　我舅舅陞的這個地方兒倒好哇。

乙　好哇！差一点兒没陞到廣西克。

甲　怎麼?

---

①　打頭:起初,開頭。

乙　這還筭是您姥爺那兒有人情，纔陞到江蘇。
甲　我舅舅您估摸得拜幾天客呢罷？
乙　得拜幾天哪。親友該到的都得到到，那兒就拜完了。

第四節

甲　您這個衣裳和鞋、韈子估摸得作不少呢罷？
乙　趕情得作不少哪。袍子、褂子甚麼的倒都不多，就是便衣兒穿的費，得多作幾件哪。
甲　哦，是那麼着。您這兒要是活忙啊，拿來我幫助給作作。
乙　哦，別累肯①您了，這兒多有人作了。
甲　有人幫助您作好。
乙　有叫裁縫作的，有家裡作的。
甲　到了那兒，裁縫也不少罷？
乙　那兒裁縫也不少，作甚麼樣兒活的都有。可是，您要把張裁縫帶了克。
甲　您帶了張裁縫克也好。
乙　張裁縫也願意跟了您舅舅克。

第五節

甲　那麼跟班兒的，您要帶了誰克呢？
乙　您要帶了劉昇克，我說劉昇歲數兒小，他不懂得甚麼。您舅舅說帶趙福克。
甲　對了，那倒好。劉升沒出過外，趙福出過外，他倒行。
乙　打雜兒的老郭還要跟出克呢！
甲　啊，他那個樣兒行麼？
乙　您可別瞧他那個樣兒，他幹點兒甚麼可就實誠著的哪！
甲　那纔好哪，出外總得老②誠人兒好。
乙　可說的是哪，您舅舅喜歡他。

---

① 累肯：使人受累。也作"累懇"。
② 底本"老"字後有"實"字被圈劃抹掉，錄此備考。

甲　是啊，他在您這兒這些年了。
乙①　可不是麼。這幾天有好些個親友給這兒薦人哪。可是您舅舅說，這一個知府用不了那麼些個人。

第六節

甲　都是那麼着，剛一得外任官，就都來薦人來了。
乙　可說的是哪。那兒用的了那麼些個人呢？
甲　這還得跟他們好好兒說，好推辭他們。
乙　那是那麼着。您再喝點兒茶罷。
甲　我不喝了，舅母。我舅舅得多偺晚兒回來呀？
乙　您回來還早着的哪，昨兒回來都掌燈以後了。
甲　我要走了。
乙　別忙哪，等着吃完了飯再走罷。
甲　不及，等您要走的時候兒我們還給您送行來哪。
〔乙〕　別及了，您再坐坐兒罷。
甲　我不坐着了，天不早了。
乙　那麼您回克都替我請安問好、道費心。
甲　哦，都替您說。舅母您請回罷，您別送了。
乙　哦，您慢慢兒的罷。
甲　哦。

第十四課　買布裁衣

第一節

甲　姑娘！
乙　哦，幹甚麼呀，奶奶？

---

① 乙：原作"甲"。

甲　今兒我帶你買布克。
乙　上那兒買布克呀？
甲　上後門買布克。
乙　偺們娘兒倆走哇？
甲　換上衣裳就走，給你挈着錢。
乙　哦。
甲　偺們走哇？
乙　走哇。
甲　二格，你和張媽好好兒的看着家。
丙　哦，您走罷。
乙　偺們在口兒上雇①車罷？
甲　在口兒上催②。
乙　這兒有輛車。
丁　催車呀？
甲　拉我們到後門橋兒。
丁　拉了去罷。是一送兒是來回兒啊？
甲　一送兒你要多兒③錢呢？
丁　幾個坐兒啊？
甲　就是我們倆坐兒。
丁　您給兩吊錢罷。
甲　你要那麼些個？
丁　您給多兒錢呢？
甲　給你一吊錢罷。
丁　您給一吊六罷。
甲　再給你添二百罷。
丁　一吊三，您要不要？

---

① 雇：原作"萑"。
② 底本此處和後句均作"催"，以下不再注出。
③ 多兒：多少。

乙　就給他一吊三罷。

第二節

甲　那麼你趕過來罷。
乙　你給拏板櫈兒。
甲　你往裡克。
乙　您坐好着點兒。
甲　今兒好天兒，街上人多。
丁　懷裡來，碰上了！
戊　你走罷，過去了。
己　老太太，您拏火兒吃袋烟兒。
甲　沒帶着。
己　您可憐可憐罷，給您請安了。
乙　您別給他。
甲　得了，給他一個叫他去罷。
庚　二嫂子，您上那兒克？
甲　哦，別請安。上後門克。車站站兒！
乙　大叔，您好哇？
庚　姑娘好哇？
乙　好哇。
甲　大兄弟，上那兒克了？
庚　我剛打裡頭回來。
甲　您到家裡問大大①和大妹妹好。
庚　喳，替您說。您請罷。

第三節

乙　偺們是在通興長買是在謙祥益買呀？
甲　在通興長那兒買罷，通興長那兒熟布也好。

---

① 此處"大大"二字均有淺色墨點改作"太太"，錄此備考。

乙　對了。
甲　得了,站着罷,就在這兒下車,你給數一吊三百錢。
乙　給你。
丁　您再多破費一点兒。
乙　你瞧你這個!這麼幾步兒,你還多要錢呢。
甲　你再多給他五哇大①罷。
丁　破費您了。
辛　老太太、大姑兒②,您可憐我一個大。
乙　不給你這個厭物③,剛下車就要錢。
辛　您心好,您可憐可憐罷。
甲　給他一個大,叫他去罷,別叫他跟着了。
乙　給你。
辛　唉,給您請安了。
甲　偺們往那麼溜達着回克,就買了布了。
乙　哦,偺們溜達遛達④。

第四節

甲　你瞧,今兒這兒買布的還不少。
乙　奶奶您瞧,偺們街坊劉二奶奶也在這兒買布哪。
甲　可不是麼。劉二嫂子!
壬　哦,二妹妹!買甚麼來了?
甲　我買布來了。您買甚麼?
壬　我也買點兒布。姑娘也來了?
乙　二大大,您買甚麼呀?
壬　我給你二大爺買一雙鞋面兒。

---

①　大:大錢,銅錢。
②　大姑兒:乞丐乞討時對中青年婦女的稱呼。(王秉愚編著《老北京風俗詞典》,中國青年出版社 2009 年,149 頁)
③　厭物:令人憎惡的人或東西。
④　遛達:溜達。

甲　您買完了？

壬　買完了。您和姑娘在這兒啊，偺們家裡見。

甲　哦，您回克了？

壬　回克了。

癸　您上街來了？

甲　啊，你們早吃了飯了？

癸　早偏過您了。您用點兒甚麼呀？

甲　我買竹標，還買點兒別的。

癸　那麼您裡櫃①瞧來罷。

第五節

子　好哇②。二太太、姑娘也來了。

甲　啊。

子　您請坐。拏水烟台，倒茶。

丑　您喝茶呀。

甲　您喝罷。

子　姑娘抽烟呢。

乙　您抽罷。

甲　你們把那好竹標拿來我瞧瞧。

癸　您得用多少尺啊？

甲　得用拾幾尺。

子　您再喝茶呀。

甲　不喝了。

子　姑娘喝呀。

乙　我不喝了。

子　給您抽烟捲兒罷。

乙　哦，您抽哇。

---

① 底本此處有"來"字被塗掉，錄此備考。

② 哇：原作"娃"。

子　您抽罷。
癸　您瞧這竹標。
甲　這是好的麼？
癸　這是頂好的。您常用，不能給您拏次的。
乙　奶奶，這個顏色兒太深，不要這個。
甲　那麼你再把那顏色兒淺點兒的拏來。
癸　哦，可以。您瞧這個顏色兒好不好？
乙　這顏色兒還顯着深一點兒似的。
癸　這是頂好的顏色兒，這個禁①洗，再淺，一洗就白了。

第六節

甲　那麼姑娘就拏這個罷。
乙　就拿這個罷。
癸　這是給您挑着好的拏的。您瞧這個布有多厚哇！
甲　可不是麼。
癸　您要多少尺啊？
甲　作個布衫兒，十四尺就彀②了。
癸　是您作是姑娘作呀？
甲　我們姑娘作。
癸　姑娘身量兒高，多量一點兒浮餘③也可以。
甲　那麼量拾四尺半罷。
癸　哦。
甲　您給多放點兒尺窩兒④。
癸　您瞧，這可放的不少了。您還用甚麼別的？
甲　你把那好回子絨拏來我瞧瞧。
癸　您得用多少哇？

---

① 禁：禁受，能承受。
② 彀：够。
③ 浮餘：富餘。
④ 尺窩兒：尺頭兒，尺碼。

甲　給我們孩子們作幾雙鞋,得用個四五尺。
癸　啊,您瞧這回子絨怎麼樣?
甲　這個頂好的麼?
癸　是頂好的。您瞧有多厚哇!顏色兒是足青,也不透黃。
甲　這是頂好的麼?
[癸]　是頂好的,再也没這個好的了。

第七節

甲　姑娘,你瞧這回子絨。
乙　就要這個罷,我瞧倒很厚。
[癸]　那麼您就拏這一塊罷。
甲　這一塊是多少哇?
癸　這一塊是五尺一寸多,算您五尺罷。
甲　就是罷。
癸　您不要甚麼了?
甲　不要甚麼了,你算罷。
癸　您給銀子給錢呢?
甲　我給票子。
癸　啊,兩樣兒共合市平①松江銀②二兩七錢,合錢連加底子是三拾二吊四百七拾五哇。
甲　你按着一兩銀子合多兒錢?
癸　一兩給您合拾一吊五,您就給三十二吊四百六就得了。
甲　姑娘,給他們三十三吊票兒,找給我們罷。
癸　給您,找給您五百二。

----

①　市平:一種銀兩重量單位標準。清時銀兩的重量標準不統一,民間市場慣用的銀兩重量單位稱爲市平,政府規定的標準稱爲官平。官平包括庫平(徵收租税所用)、漕平(徵收漕銀所用)、關平(徵收進出口關税所用)等。市平的標準在各地也有不同,如北京、天津有公砝平,漢口、貴陽有公估平,廣東有司馬平。市平通常比官平分量小,清末時,庫平一兩爲37.301克,公砝平一兩約36克。此處的市平當爲公砝平。

②　松江銀:松江府鑄造的銀錠,圓錘錠形。清中葉以後,北京市面流通十足銀和松江銀,松江銀的成色略低。

第八節

甲　你這回子絨是按多兒錢一尺算的？
癸　回子絨是三錢三，竹布是八分。
甲　啊,這回子絨又長①了罷？
癸　回子絨現在沒長,可是按去年説長多了。
甲　我説的哪。我拿着布,偺們走罷。
子　您娘兒倆不喝點兒茶了？
甲　不喝了,回克了。
子　娘兒倆有車了？
[甲]　我們在橋兒上下的車,回頭我們遛達着回克,還要在那一邊兒買一點兒別的東西哪。
子　啊,娘兒倆回去了。
甲　您別送了。
子　那麼不送了。
乙　奶奶,偺們往那麼瞧瞧克呀。
甲　走哇。
乙　您瞧那兒圍着好些個人,是打架的。
甲　借光。這一位大姐,他們那兒是為甚麼打起來了？
寅　他們那兒是爲賣東西不使小錢兒打架的。
甲　啊,是為那個呀。偺們走罷。

第九節

乙　奶奶,天還早哪。偺們回克,您給我裁衣裳啊。
甲　別忙,慢慢兒走。我這兩隻鞋有點兒脚疼。
乙　誰叫您不穿那一雙大些兒的來哪。
甲　那一雙不是樣兒②,我不愛穿。你瞧瞧,這麼早,偺們遛達着也到了

---

① 長：漲。
② 是樣兒：樣式好看。

家了。
卯　二大大。
乙　您瞧,小四兒在那兒玩兒哪。叫爹①呀。
卯　大爹。
乙　哦,好孩子。回頭叫你姐姐上我們這兒串門兒來。
卯　哦,我告訴他。
乙　張媽開門。
辰　哦。
甲　給你這個布,擱在屋裡。
乙　張媽,你給沏點兒茶,把剪子帶過來。
甲　呵,你瞧偺們娘兒倆這一臉土。
乙　喲！偺們先洗洗臉罷。

第十節

甲　姑娘,尺在那兒擱着呢？
乙　這兒哪,給您。
[甲]　你等我量量這個布,你瞧,整十四尺半多一點兒。
乙　真個的,布舖的尺不大。
甲　我照着你這個舊布衫兒給你裁。
乙　您可比我那一個裁瘦着點兒啊。
甲　還瘦呢？
乙　肥了不是樣兒。
甲　那麼再瘦一點兒。
乙　奶奶您吃烟哪。
甲　哦,你這個是身長四尺一寸。
乙　您給裁四尺二寸五就彀作的了。
[甲]　腰寬要九寸五。
乙　抬寬裁九寸。

---

①　爹:滿人稱呼叔叔或姑姑。

甲　袖長裁二尺二。
乙　袖口兒您給裁四寸五。
甲　你等我比比領子啊,領子裁一尺一寸五。
乙　底擺呢?
甲　底擺一尺三。
乙　對了,這作得了正合式①。
甲　你瞧瞧,還剩這麼一塊布,除了托領②、貼俏③、領條兒④、鈕襻兒⑤,就剩了這一點兒。
乙　那是那麼着。寧叫他有點兒浮餘兒,可別叫他不彀。
甲　得了。拿起來明兒再作罷。
乙　這一個您交給我個人⑥作罷。

右所書有甲記者乃買布之婦言;
有乙記者乃買布婦之女言;
有丙記者乃買布婦之子言;
有丁記者乃車夫言;
有戊記者乃又一車夫言;
有己記者乃乞丐言;
有庚記者乃買布母女路遇友人言;
有辛記者乃女乞丐言;
有壬記者乃買布母女在布舖遇其隣人劉姓婦言;
有癸記者乃布舖夥計言;
有子記者乃布舖掌櫃言;
有丑記者乃布舖學徒言;

---

① 合式:合適。
② 托領:領圈,襯在領口周圍的環形布。
③ 貼俏:縫合領口、袖口時,加上相應布條以隱藏毛邊、提供支撐。又叫"貼邊"。
④ 領條兒:用於衣服領子部位的布條。
⑤ 鈕襻兒:用布做的扣住紐扣的套。
⑥ 個人:自己。也作"各人"。

有寅記者乃買布母女路遇婦言；

有卯記者乃①買布婦女將至家路遇其隣人小兒言；

有辰記者乃買布婦家之僕婦張姓言也。

第十五課　作衣

第一節

甲　二姐姐，吃了飯了？

乙　偏您了。您早吃了？

甲　吃了。

丙　二大大，屋裏坐着。

乙　哦，坐着。姑娘幹甚麼呢？

丙　我這兒作活哪。

乙　喲，姑娘作布衫兒哪，我瞧瞧。

丙　貳大大可別笑話呀。

乙　啊，作的頂好的。

丙　還好呢！

乙　大妹妹，您瞧，繚的有多密呀！

甲　他要作，我就叫他作罷。

乙　瞧瞧，作的有多好哇！

甲　哼，二大大還誇他呢。二姐您喝茶呀。

乙　您喝呀。

甲　您喝罷。

乙　姑娘喝罷。

丙　二大大喝罷。

甲　張媽，拏水烟袋來。

---

① 底本無"乃"字，依文義補。

丁　二太太，您吃烟呢。
乙　哦，姑娘吃啊。
丙　您吃罷。我這兒作活哪。
乙　姑娘作罷，我們姐兒倆這兒説話兒，就誤姑娘作活。

第二節

丙　那兒啊，這就誤甚麼呀！
甲　二姐這兩天没上那兒克呀？
乙　大前兒個到了我們姑奶奶那兒。
甲　啊，您姑奶奶好哇？
乙　好哇。叫您惦記著。
甲　您的小外孫子兒估摸都會走了罷？
乙　喲，都滿地跑了。
甲　他們老没住家來呀？
乙　趕過了節兒，接他們家來住幾天。
甲　您姑奶奶也有工夫兒作點兒活呀？
乙　噌①，他叫孩子鬧的，也作不了甚麼活。那一天我把我們姑爺的鞋拏來我給作哪。
甲　好哇，怎麼疼女孩兒，怎麼疼姑爺。
乙　可不是那麼着麼。喲，瞧瞧，偺們這兒説話兒，姑娘都作了那麼些個了，作的有多快呀！

第三節

丙　喳，我還作的快呢？
乙　是作的快。瞧我們那兒媳婦兒，作點兒活可着慢着的哪，直是繡哪。
丙　您别説我大嫂子，我大嫂子作活很不慢。
乙　還不慢呢！姑娘這一個布衫兒，估摸後兒就得了罷？

---

①　噌：咳。

丙　後兒不差甚麽①了。
甲　前兒個使上，貼俏、周身都繚好了。
乙　啊，這就剩了托領、領條兒、鈕襻兒了，後兒得了。
甲　二姐，您再吃袋烟呢。
乙　我不吃了。您二哥估摸快回來了，我家裡瞧瞧克罷。
甲　您再坐坐兒罷。
乙　我不坐着了，您請回罷。
丙　二大大，我不送您了。
乙　哦，姑娘別送，作活罷。有工夫兒娘兒倆上我們那兒坐着克。
甲　哦，明兒去。

右所書有甲記者乃作衣女之母言；
有乙記者乃鄰人婦至作衣女家言；
有丙記者乃作衣女言；
有丁記者乃作衣女家之張僕婦言也。

第十六課　種花

[第一節]

甲　劉二！
乙　喳，幹甚麽呀，太太？
甲　你瞧這個天，種花兒好不好？
乙　趕情好。剛下完了雨，地還都濕②着哪。
甲　那麽你在那個東院裡丁香花兒的北邊，在那兒種望日蓮③兒。

---

① 不差甚麽：差不多。
② 濕：原作"顯"。
③ 望日蓮：向日葵。

乙　哦,那麼茉莉花兒在那兒種啊?
甲　茉莉花兒就種在西南上那一塊空地兒上罷。
乙　喳,還種扁豆不種啊?
甲　種啊,還種江西臘①和牽牛子哪。
乙　扁豆還種在儘西頭兒啊?
甲　別盡靠墻,我還要搭扁豆架哪。牽牛子就在南邊兒當間兒②那兒種罷。
乙　哦。太太,今年這個江西臘可別種的樹底下了。

第二節

甲　對了,種的樹底下不愛長。
乙　喳,我告訴您納,樹上竟往下掉虫子甚麼的。
甲　可不是麼,可惜了兒舊年偺們那個江西臘,遭遇③了有多少哇!
乙　您瞧,今年把江西臘種好了,您多賞我兩錢兒,我喝點兒酒。
甲　劉二,你怎麼這麼貧④呢,還沒種花兒哪,你就要酒錢!
乙　那兒啊,我沒和太太要哇,太太買花甶兒不買呀?
甲　我還想着要買花甶兒哪!你給買點兒桃花兒和杏花兒。
乙　您買榆葉梅和刺梅罷,桃花兒杏花兒都開過去了。

第三節

甲　怎麼這麼早都開過去了?
乙　太太,這還早呢?您没瞧見偺們後頭院兒那一棵杏樹都開了麼?
甲　是啊,也別説,都快穀⑤雨了。
乙　太太,買多少花甶兒啊?
甲　趕明兒個上廟,你給買個五六把兒就得了。

---

① 江西臘:草本觀賞花卉,又名"翠菊""藍菊"等。
② 當間兒:中間。
③ 遭遇:糟蹋。損害,浪費。
④ 貧:原作"頻"。
⑤ 穀:原作"榖"。

乙　喳，您給我錢呢！
甲　趕明兒再給你錢罷。
乙　哦。
甲　劉二回來，我告訴你話。明兒買花苞兒，可不要滿開開的，滿開開的都謝了，那就不成了。
乙　是，我知道，要半開不開的那個。
甲　哦，我就要那個。你還得打那麼帶點兒花子兒。
乙　買甚麼花子兒啊？
甲　你把那個大紅頂鳳指甲草兒，帶他二三百錢的來，明兒你就種，他們姑①娘們都愛使那個染指甲。

第四節

乙　喳，明兒我一塊兒帶來罷。
甲　李媽！
丙　哦。
甲　瞧瞧哥兒他們下學了沒有？叫他們吃飯了。
丙　哥兒他們下學了，都上那一邊兒瞧劉二那兒種花兒哪。
甲　你叫他們都來吃飯來罷。
丙　瞧瞧，他們都來了。
甲　李媽，我去年交給你那一點兒花子兒，你給收在那兒了？
丙　甚麼花子兒啊，太太？
甲　你怎麼這麼沒記性兒呢？我去年八月裡，沒在後頭院兒那兒交給你一包虞美人兒花子兒？
丙　啊，我想起來了！我擱在西屋裡連三抽屜②裡頭了。
甲　啊，回頭你拏出來，交給劉二，叫他種罷。
丙③　哦，回頭我交給他。

---

① 姑：原作"估"。
② 連三抽屜：長形案桌，上部有三個抽屜，下部是兩門櫃。也稱"連三"。
③ 丙：原作"乙"。

丁　奶奶，偺們吃飯呢。
甲　吃飯來罷，回頭下了學，再瞧種花兒的克。
丁　哦。
右所書有甲記者乃主人婦言；
有乙記者乃僕人劉二言；
有丙記者乃僕婦李媽言；
有丁記者乃主人之子言也。

第十七課　打掃屋院

第一節

甲　姑娘！
乙　啊。
甲　今兒個偺們拾掇屋子，院子也得拾掇拾掇。
乙　那麼叫劉媽幫助給歸着東西。劉媽！
丙　哦。
乙　你把這個活計甚麼的都包起來。
丙　哦，都包好了。
甲　劉媽！
丙　哦。
甲　你把這幾件衣裳給疊上。
丙　疊上了擱在那兒啊？
甲　擱在這一個櫃子裡頭。來，你幫助我搭這個箱子，把那幾件衣裳擱在箱子裡頭。姑娘！
乙　哦。
甲　你和劉媽把桌①子上零碎兒甚麼的，該擱在抽屜裡頭的擱在抽屜裡

---

①　桌：原作"卓"。

頭,該擱在匣子裡頭的擱在匣子裡頭。
乙　奶奶,您瞧,都擱好了。
甲　啊,把帽鏡①、盆景兒、花瓶、果盤、坐鐘②、掛鐘,都擱在那屋裏不碍事的地方兒去。這兒桌上還有兩枝兒翠花兒哪。

第二節

丙　太太,把這兩枝翠花兒擱在那兒?
甲　拏來交給我收起來罷。老趙!
丁　哦。
甲　你買完了東西了沒有?
丁　買完了。
甲　你這兒來,你和劉媽幫助我往那麽挪挪桌③子。
丁　哦。劉媽,你搬這一邊兒,我搬那一邊兒,往那麽一轉就過去了。可別碰了手哇,瞧手!
乙　瞧,劉媽真有勁兒啊!不怪他吃的這麽胖。
甲　得了,就擱在這兒罷,好掃掃後頭的土。你們把這個櫃子和這幾張桌子,還有茶几兒和櫈子甚麽的,都往外挪挪。姑娘!
乙　哦。
甲　你瞧那個箱子甚麽的都鎖好了麽?
乙　都鎖好了。
甲　劉媽,把舖蓋和包袱甚麽的,都擱在西屋裡炕上克。老趙,你把門和窗户都開開,先掃後担④罷,可拾掇乾净點兒。把桌子底下、棚上和墙上那些個土,都打掃乾净了。

第三節

丁　喳。劉媽,你掃裡頭屋裡,我掃外頭屋裡。掃完了拏那個大撣子担棚

---

① 帽鏡:置於幾案上,可照出人頭面的鏡子。
② 坐鐘:座鐘。
③ 桌:原作"卓"。
④ 担:撣。

和墻,等着土落下克,再拏担子撢桌子。掃完了炕,掃完了地,連窗台兒都掃乾净了,土落完了,再担一回。等着土出净了,再閧門關窗户,還得擦玻璃。

乙　老趙,都拾掇完了麽?
丁　都拾掇完了。
乙　等着土落净了,先關上窗户。奶奶,您叫他們挪這個桌子甚麼的。
甲　哦。劉媽這兒來,你和老趙把桌子甚麼的都挪過去,照舊都攔好了。
乙　瞧,劉媽没白吃這麼一身肉,他真搬的動。
丁　他一個鄉下人兒,有力氣。
丙　啊,那麼你不是鄉下人兒麽?

第四節

甲　别説話了,快搬罷。都搬好了,把西屋裡頭攔着的舖蓋包袱都拏過來,把帽鏡、盆景兒和鐘甚麼的都照舊攔好了。
丙　西屋裡的東西都拏過來了。
丁　帽鏡甚広的都攔好了。
乙　你瞧這個坐鐘,擺的歪着哪。
丙　您等我往那麼挪挪。
乙　得了,我把他擺好了。
甲　屋子都拾掇完了。吃飯罷,吃完了飯再拾掇院子。老趙,你吃完了飯了麼?
丁　我吃了。
甲　你跟陳二,你們倆人把前後院子都拾掇乾净點兒。瞧那外頭院兒,怎麼拉那麼些個狗屎啊?
丁　今兒早起打掃茅厠的没來。

第五節

甲　怎麼打掃茅厠的又没來呀?趕明兒他要酒錢不給他。你若瞧見院子裡有狗屎,打掃茅厠的要是不來,你就撮開就得了。
丁　哦,這個打掃茅厠的可惡着的哪,太太趕明兒不用給他錢。陳二!

戊　哦,幹甚麼呀?
丁　偺們拾掇院子。
戊　哦。
丁　咱們先把狗屎撮開,偺們拾掇裡頭院兒,拾掇完了裡院兒,再拾掇外頭院兒。
戊　哦,就那麼著。
甲　陳二!
戊　哦。
甲　潑水再掃罷!你瞧這個土有多大呀。掃完了,把土倒在外頭拐灣兒①大坑裡頭。
戊　哦,我們都是往大坑那兒倒。
丁　陳二,偺們倆人把這兩花盆往那麼挪挪。這兩花盆在這兒擱着,有點兒碍事。
戊　哦。
丁　得了,就擱在這兒罷。

第六節

戊　等我挑點兒水來,再把那一邊兒潑一潑再掃。
丁　哦,你挑水去罷。我叫劉媽把繩子上晾著這幾件兒衣裳收起來,這幾件衣裳都晾乾了,不收起怕是落土。
戊　那麼我打那麼叫劉媽來。
丁　你叫去罷。
戊　劉媽!
丙　哦,幹甚麼?
戊　你去把那院裡晾着的衣裳收起來罷,都乾了。
丙　哦,這就去。
丁　劉媽,你收完了衣裳,請太太上這兒來,瞧瞧這花盆怎麼擱着。
丙　哦。

---

①　拐灣兒:拐彎兒。

丁　挑這一盪水就彀了？
戊　彀了，不挑了。太太來了。
丁　太太，您瞧這兩花盆擱在這兒好不好？
甲　對了。我也要叫你們往那麼挪挪，擱在這兒很好。那個木頭影壁底下和魚缸後頭那個土，你們都撮出去了麼？
戊　都撮出去了。
甲　啊，好。瞧老趙鬧的這一臉土。老趙拾掇完了歇歇兒，回來買東西克罷。
丁　哦，一會兒就買去。

右所書有甲記者乃主人婦言；
有乙記者乃主人之女言；
有丙記者乃僕婦劉姓言；
有丁記者乃僕人趙姓言；
有戊記者乃僕人陳姓言也。

第十八課　召裁縫匠作衣

第一節

甲　裁縫來了。
乙　叫他進來。
甲　張師傅，叫你進去哪。
丙　喳。您好哇，太太？
乙　好哇。你好哇？
丙　好哇您納。
乙　我要作一件品月洋縐大裌襖。

丙　喳。您瞧材①料兒啊？

乙　你帶了材料兒來了麼？

丙　帶來了。您瞧，縧子②、邊子我也帶着哪。

乙　啊，姑娘！

丁　哦。

乙　你來瞧瞧這個材料兒來。

丙　姑娘好哇？

丁　好哇。

丙　您瞧瞧這材料兒。

丁　我瞧這個洋縐薄一點兒。奶奶，您瞧怎麼樣？

乙　這個花樣兒倒好，就是薄一點兒。

丙　您瞧這個洋縐不薄了，這是挑著好的拏的。

丁　這個顏色兒可好。

乙　那麼就使這個罷。

第二節

丙　您瞧這個紡絲，這是加重的。

丁　啊，若使這個作裡兒，可結實了。

乙　這個水紅顏色兒深點兒。

丁　對了。

丙　您要淺着點兒的有，可以給您換換。

乙　這個縧子花樣兒老點兒。

丙　您瞧這一樣兒好不好？青的金萬字不斷③。

乙　啊，這個好。

丁　奶奶，再配上這個紅灰竹葉梅的這兩道邊兒好不好？

乙　這麼配著好，外邊兒再緣一道庫金邊兒。

---

① 材：底本"材"字均作"栈"，以下不再注出。

② 縧子：絲綫編織成的帶子，用來鑲衣服、窗簾或枕頭的邊。

③ 萬字不斷：多個"卍"字聯合而成的幾何圖案，寓意"萬字不到頭"，具有吉祥意義。

丙　喳,您這麼配著作很是樣兒。您這一個作多大尺寸的?
乙　我告訴你,這兒有筆,你記上點兒。

第三節

丙　身長多少?
乙　四尺一寸。
丙　腰寬九寸。袖長二尺幾呀?
乙　二尺二。
丙　袖口兒您要幾寸?
乙　袖口兒五寸。
丙　領子一尺二行不行?
乙　行了,底擺要一尺二。
丙　喳,您要緣五擺?
乙　緣五擺。
丙　姑娘不作甚麼?
丁　你給我作一雙雪青洋縐單套褲。
丙　您要甚麼邊兒啊?
丁　我要青緞子邊兒,一道藍的兒紅花兒縧子,一道青的兒金萬字兒縧子。
丙　喳。太太這個袷襖洋縐使二拾四尺。
乙　紡絲裡兒估摸也得使那麼些個。
丙　也得使那麼些個。

第四節

乙　周身縧子邊兒使二拾五尺彀了罷?
丙　彀了。您這一雙套褲是二尺三呢?
丁　二尺三短一點兒,得二尺四。
丙　喳,二尺四。
乙　這兩樣兒得幾天作得了哇?
丙　今兒是十一,趕二十可以得了。

丁　你們給趕着一點兒作,十八得的了得不了哇?
丙　哦,趕着作,十八得了。
乙　連袂襖帶套褲,兩樣兒材料兒和手工一共多兒錢?你給開一個單兒。趕到送衣裳來,把單兒帶來,我給錢。
丙　就是罷。
乙　你們可給作好着點兒啊。
丙　您放心罷,錯不了。我回去了您納。
乙　你回去了?
丙　回去了。
丁　你們可給快作,別就誤了哇。
丙　是了,誤不了。

右所書有甲記者乃僕婦言;
有乙記者乃主人婦言;
有丙記者乃裁縫匠言;
有丁記者乃主人婦之女言也。

第十九課　召首飾匠製簪釧

第一節

甲　首飾樓楊掌櫃的來了。
乙　啊,叫他進來。
甲　哦。楊掌櫃的,叫你進去哪。
丙　喳。太太好哇?
[乙]　好哇。你好哇?
丙　好哇您納。
丁　楊掌櫃的來了。
丙　喳。二太太好哇?

丁　好哇。掌櫃的喝茶呀。
丙　您請罷,我喝了。太太打點兒甚麼呀?
乙　我要打一副鐲子。
丙　您要甚麼花樣兒的?
乙　我要活筒兒二龍戲珠的。
丙　那是時樣兒①的。
乙　那個分量有多大呀?
丙　那個分量不大,二兩五就得了。
乙　那個多兒錢手工啊?
丙　那個手工可大點兒,得二兩哪。
乙　怎麼那麼大手工啊?
丙　您箅,那個活很費工,不能和您多要了。您不信,您打聽,前兒個您這兒街坊李三太太,在我們那兒打的,就是二兩銀子的手工。

第二節

乙　啊,那麼我就打一副罷。
丙　喳,您不打別的了麼?
乙　我不打別的了。二妹妹,您不是要打扁方兒②麼?
丁　啊,我打一個扁方兒。
丙　您要多大尺寸的?
丁　我要九寸的。
丙　喳,您等我記上點兒。
〔丁〕　哦,你記上點兒罷,別忘了。
乙　你連我那個鐲子也記上點兒罷。
丙　喳,給您記上了。您這扁方兒要甚麼花樣兒的?
丁　我要洋鏨③海棠花兒的。

---

①　時樣兒:時興的花樣、樣式。
②　扁方兒:滿族婦女梳旗頭時橫插在髮髻上的扁平一字形髮簪,像尺子一樣。
③　洋鏨:西洋雕刻。

丙　您是要海鏨的是要起邊兒的？
丁　我要海鏨的。
丙　分量您是要二兩重的？
丁　要二兩的，你們可給鏨細着兒啊。
丙　是，手工必給您加細。就不用起邊兒了？
丁　不要邊兒，你們就給往細了打纔好哪。
丙　打得了拏來您瞧，準叫您挑不出不好來。
丁　得了。姐姐您不知得①，給偺們姑奶奶打的那一根扁方兒，打的有多糙哇。
乙　對了，那一根扁方兒打的是糙。姑奶奶還要還來着哪。

第三節

丁　這個鐲子和這個扁方兒，要是打的糙可不要。
丙　準給您打的細。您姑奶奶那兒那一根扁方兒，那是花朵兒大一點兒，他就顯着糙了，却來也不糙。
丁　那麼那一根扁方兒，手工你要多兒錢呢？
丙　手工您給一兩銀子。
[丁]　那兒使得了那麼些個手工啊？
[丙]　手工不多，是給您加細鏨。您筭，這個銀子行市也不大，不能多筭您的錢。
丁　那麼我這一根扁方兒得多會兒得呀？
丙　二十二可以得了。
丁　二十二準得了？
丙　準得了。
乙　我那一個鐲子二十二也得了？
丙　您那個鐲子可費手工，得二十八九兒得。
乙　那麼得了給送來，兩樣兒開一個賬單兒罷。
丙　喳。我都給您開的一塊兒罷。我回去了您納。

①　知得：知道。

乙　你回去了？
［丙］　回去了。

右所書有甲記者乃僕婦言；
有乙記者乃主人婦言；
有丙記者乃首飾匠言；
有丁記者乃主人婦之弟妻也。

第二十課　［召賣花者買花］

第一節

甲　賣花兒的來了。
乙　啊，叫他挑到大門裡頭來。
甲　哦。賣花兒的！
丙　哦。
甲　挑進來。
丙　哦。
甲　賣花兒的挑進來了。
乙　啊，姨太太！
丁　哦。
乙　偺們瞧瞧花兒克。
丁　哦，太太要買甚麼花兒啊？
乙　我要買兩枝兒戳枝兒花兒①。賣花兒的，你怎麼老沒過來呀？
丙　這幾天有點兒事，歇了幾天工。
乙　啊。你拏那個戳枝兒花兒我瞧瞧。
丙　您瞧這個。
乙　這個花兒怎麼不鮮活呀？

---

① 戳枝兒花兒：婦女髮型"兩把頭"常用"扒花"和"戳枝花"裝飾，前者鋪貼在髮上，後者插在髮上翹起。

丙　那麼您再瞧瞧這個。
乙　這個也不是樣兒。
丙　您要瞧這個不是樣兒，您説要甚麼樣兒的，明兒我給您帶來罷。

第二節

乙　我要丁香和海棠攢的一塊兒，大點兒的。
丙　您要幾枝兒啊？
乙　你給我送兩枝兒來罷。
丙　喳。您不要甚麼別的麼？
乙　我還要點兒別的。
丙　您要甚麼，明兒一塊兒給您帶來罷。
乙　不用，明兒送來那個再説罷。
丙　喳。
乙　那個花兒我可要那個好的。
丙　錯不了，不好的不給您拏來。
乙　姨太太買甚麼？買罷。
丁　我瞧瞧那個蝴蝶兒。
丙　您瞧這個蝴蝶兒好不好？
丁　我不要這麼大的，你再拏那個小著點兒的我瞧瞧。
丙　小著點兒的有，您瞧這個。
丁　啊，這個好。太太您瞧好不好？
乙　這個我瞧著倒好。
丙　您就要這個罷。您瞧這個蝴蝶兒，作的有多細呀，真賽活的！
丁　叫你説的這麼好。我們姑娘那一對蝴蝶兒比這個好的多。

第三節

丙　那您若定作，也有作的。那您可比這個得多花錢。
乙　你瞧，定作麼，就得多花錢。
丙　是啊。那個手工比這個大多了，要按著這個賣，我們得賠本兒。
丁　太太，您瞧這個好不好？
乙　這個好。

丙　您就拏那一枝啊？
丁　我再拏一枝兒。
丙　您拏兩枝兒彀了麼？
丁　彀了。
丙　您不瞧別的了？
乙　不瞧別的了。那兩枝兒花兒明兒一準①給我送來呀！
丙　明兒一準給您送來。
乙　那麼明兒送來再給你錢罷。
丙　喳，就是罷。
丁　給你這兩吊錢。
丙　您擱着罷。回去了您納。
乙　明兒早些兒給送來呀！
丙　明兒過來的早。

右所書有甲記者乃僕婦言；
有乙記者乃主人婦言；
有丙記者乃賣花者言；
有丁記者乃妾婦言也。

第二十一課　召翠花匠②修理鈿子③

第一節

甲　韓媽！
乙　哦。

---

①　一準：一定，肯定。
②　翠花匠：首飾匠。翠花指用點翠工藝製作而成首飾，即用金或鎦金的金屬做成底座，再把翠鳥背部的藍色羽毛鑲嵌在座上。原爲宮廷富豪之物，到了清末民初在民間流行。
③　鈿子：婦女戴在頭上的首飾。前如鳳冠，後加覆箕，上穹下廣；將頭髮分兩縷纏繞其上，再插上扁子、簪子、花等飾物。

甲　翠花兒作的①來了没有？
乙　没來哪。
甲　來了告訴我聲兒，叫他進來。
乙　哦。太太，翠花兒作的來了。
甲　叫他進來罷。
乙　我們太太叫您進去哪。
丙　喳。太太好哇。
甲　好哇。你好哇？
丙　好哇您納。
甲　你這一程子買賣好哇？
丙　托福哇，好哇。
甲　這幾天你們那兒活忙不忙啊？
丙　這幾天活可以的，也是忙。太太要作點兒甚麼呀？
甲　我要拾掇拾掇我那個鈿子。
丙　喳，您拏出來我看看。
甲　在櫃頂兒上擱着哪。韓媽，你把那一個橙子搬過來。

第二節

甲　給你這一個鈿盒。你瞧瞧這個土，拿扟子在院裡担担克。
乙　給您納，担乾净了。
甲　擱在這兒。你瞧瞧這個鈿子，是得拾掇不得拾掇了？
丙　啊，這個鈿子趕情是得拾掇了。
甲　我説是得拾掇了不是？
丙　您瞧這個牡丹花兒，這一個瓣的翠掉下來了。
甲　啊，可不是麽。
丙　您瞧這個葉兒也活動了。
甲　你瞧這一顆珠子也掉下來了。

---

① 翠花作的：翠花作坊的，即首飾匠。

丙　這一顆珠子在這兒哪。這兒也短①了倆珠子。

第三節

甲　給你,這兩珠子在這兒哪,都把他擱在一塊兒。
丙　喳,您這個鈿邊兒②這倆葉兒也有點兒歪了。
甲　還有這四根挑也得瞧瞧。
丙　這一根珠子線兒折了。
甲　那你們可給串好了。要不串好了,那個珠子容易掉下來。
丙　這個珠子線兒有不結實的都給您換換。
甲　那是那麼着。
丙　還有這一塊寶石也要掉下來了。
甲　是啊,你們瞧着辦罷。

第四節

丙　喳,那兒要是有掉了翠的,還有掉了石頭的、短了珠子的,我們給您該拾掇的拾掇,該補上的補上。
甲　就那麼着罷。你把那個掉下來的珠子、石頭都數數包上。
丙　喳,錯不了。
甲　那麼你就連鈿盒拏了去罷。
丙　喳。
甲　都拾掇好了得多会兒得呀?
丙　可是這兩天活忙一點兒,出了月③兒,初幾兒可以得了。
甲　初六得得了得不了哇?
丙　給您趕着點兒作,初六得了。
甲　得了你連帳單兒一塊兒給送來罷。
丙　一塊兒給您送來。我回去了,太太。

---

① 短:原作"端"。該課第四節第一句原作"端",後塗抹掉改作"短"。此處從改。短:少。
② 鈿邊兒:婦女頭飾鈿子的邊兒。
③ 出了月:到下个月。

甲　你回去了？
丙　回去了您納。

右所書有甲記者乃主人婦言；
有乙記者乃僕婦言；
有丙記者乃翠花匠言也。

第二十二課　尋房租住

第一節

甲　二哥您好哇？
乙　好哇。大妹妹好哇？
甲　好哇。我有件事情要求求您納。
乙　甚麼事呀？
甲　我們這兒住着這房不合式，要求您給找一所兒房子我們租住。
乙　您在這兒住着好好兒的，幹甚麼搬家呀？
甲　唉，您還提呢。這個街坊寔在是不講理。您大兄弟見天這麼當差，他又老實，那兒能和他們在一塊兒住呢？
乙　喳，可說的是哪。我大兄弟這麼公本①，和他們在一塊兒住着也是難。那麼您要找幾間房呢？
甲　我們住也得個十來間房。
乙　是啊，您現在還住着是八間房，少了您也是不彀住的。

第二節

甲　可不是麼。二哥您給分點兒心，給我們找找。那兒若有合式的，租好了我們就搬。

---

① 公本：老實，本分。又作"恭本"。

乙　可是挨著我們西邊兒,那兒現在有幾間閒房,估摸①是要出租。
甲　啊,那個房離②您那兒有多遠兒呢?
乙　離我們那兒才幾步兒。您知道,就是我們西邊兒不遠兒富家的那個房子麼。
甲　啊,我知道了。不是富二奶奶那個房子麼?
乙　對了,就是那個房。那麼我回去到富二奶奶那兒給您問問。
甲　哦,好麼。二哥您先別忙,再喝椀茶。
乙　我大兄弟回來,您和我兄弟商量商量再給您問克。

第三節

甲　您就趕緊的給問問克罷。您大兄弟也是很著急,他恨不能立刻找着房就搬哪。要是有合式的房,我們早就搬了。
乙　那麼您也瞧了兩處了?
甲　瞧了兩處都不合式,不是房太老,就是街房③不合式。您大兄弟説,總得找着合式的纔搬哪。
乙　是那麼着。俗語兒説:"三輩子修不下好街坊。"
甲　真是那麼着。
乙　大妹妹,我走了。
甲　您別忙,您再坐坐兒,等着吃了飯再走罷。
乙　您請罷。等着我大兄弟回來,您替我説,讓您聽信兒。我回克要是問好了,明兒我就許來。
甲　哦,那纔好哪。您多給分點兒心罷。
乙　就是罷。

第四節

甲　您到家問我二嫂子好。

---

① 摸:原作"模"。
② 離:此處及下句底本均作"豇",以下不再注出。
③ 街房:街坊。

乙　哦，替您説。
甲　您問學生和姑娘們好。
乙　哦，都替您説。大妹妹請回罷。
甲　哦。
乙　大兄弟在家呢麼？
丙　在家哪。二哥您好哇？
乙　好哇。
丙　您請罷。
甲　二哥，昨兒您回克好哇？
乙　好哇。
丙　您請坐。
乙　您請坐。您這一程子差事忙罷？
丙　這一程子很忙。
乙　偺們哥兒倆有幾天沒見了。
丙　趕情差不多兒有二拾幾天沒見了。
乙　有了。
甲　二哥您喝茶呀。
乙　您喝罷。您聽我大妹妹和您説托我給找房的那個事情了沒有？
丙　是，昨兒晚上我聽您大妹妹和我提來着，説叫您分心，有合式的房您給找一找。

第五節

甲　二哥您找了沒有？
乙　我給找了。
甲　好哇。
乙　昨兒個我打這兒回克，我就上富二奶奶那兒克，跟他一説。一共是拾一間房，分倆院兒，外頭院兒三間正房、兩間西厢房，二門裡頭，裡頭院兒是三間正房、三間南房。富二奶奶同着我瞧了。
甲　房好不好哇？

乙　房都很好的，清水脊①的門樓兒，屋子院子都有磚墁地②，四扇③屏風門還都半新子哪。
丙　那麼趕明兒我要去瞧瞧克。
甲　我也要瞧瞧克。
乙　您要去，您同着我大兄弟一塊兒到那兒瞧瞧克。
甲　哦，好麼。

第六節

丙　他這個房，富二奶奶要多兒錢房錢呢？
乙　房錢他說要租五兩哪。
甲　房錢可不少哇！
乙　大妹妹，那個房錢可不大呀。您筭，還不到五錢銀子一間哪。
丙　您不知道，現在偺們住着的這個房，不筭好，差不多兒五錢銀子一間哪。
乙　大兄弟，您多噆瞧那個房去呀？
丙　二哥，您今兒若沒事，我打筭今兒就同您瞧瞧克。
乙　也好，那麼偺們就着走罷。
甲　二哥您不再喝碗茶了麼？
乙　不喝了。
丙　那麼走哇。
乙　走罷。大妹妹，我們先去瞧瞧克，等着您多噆晚兒有工夫兒，您再去瞧瞧克。

第七節

甲　哦，累懇④您了。

---

① 清水脊：不帶裝飾的小型蓋瓦屋脊。
② 墁地：用磚、石等鋪在地面上。
③ 扇：原作"搧"。
④ 累懇：使人受累。又作"累肯"。

乙　這累着我甚麽了？偺們哥兒倆到那兒，若是瞧着合式啊，就事兒①偺們就和他把茶錢、房錢説好了。您瞧着若是不願意呀，偺們就作為勿庸議了。

丙　哦，您説的很是。偺們就那麽辦。

乙　再往西一拐灣兒，就到了富二奶奶那兒了。

丙　啊，就是那兒啊。那麽您先去，到門口兒言語一聲兒，您拍門罷。

乙　富二嫂子！

丁　誰呀？

乙　我呀您納。

丁　啊，張二兄弟啊，您請進來罷。

第八節

乙　二嫂子，我跟您説句話。

丁　甚麽呀？

乙　昨兒個我和您提要租房的那一位，同著我瞧房來了。

丁　哦，您讓進來罷。

乙　不用。您同着我們到那院裡瞧瞧房去。

丁　我使得。

乙　我給您姐兒倆見見。

丁　哦，我們認得哇。

乙　這是富二嫂子，這是文大兄弟。

丙　我短給您請安。

丁　那兒的話呢，偺們都常見哪。就是您要瞧房麽？

丙　喳。就是這院裡？

丁　老李開門哪！老李又睡了。開門哪！

戊　哦。

丁　您請啊。

乙　二嫂子請罷。

---

① 就事兒：順便。又作"就勢"。也説"就手兒"。

丙　您請罷。

第九節

丁　您瞧這個房怎麼樣？這都新收拾的不幾年兒①。
丙　啊，這房很好。
乙　您瞧這院子也寬綽，屋子甚麼的一點兒也沒壞。
丙　往那麼瞧瞧克。
乙　那一邊兒犄角兒是個中廁兒。要是您住這個房纔合式哪。大兄弟，您瞧著怎麼樣？
丙　我瞧着合式。您給問問二嫂子，房錢茶錢您要多兒錢呢？
丁　您要願意租哇，這不是張二兄弟同著您來了麼？也不是外人，房錢您給五兩銀子，茶錢您給兩分兒半。
丙　二嫂子，不多點兒麼？
乙　這麼辦罷，叫二嫂子少使點兒，您就圖個每月房錢準。您給多兒錢，每月房錢有我一面承管哪。

第十節

丙　您瞧，房錢我一個大也錯不了。
乙　大兄弟也不是那個人。
丙　那麼房錢我給五兩，這個茶錢我給您一分兒半，怎麼樣？
丁　得了，就是罷。那半分兒茶錢也不是我要，那是老李給看了會子房，給他的。
丙　就是罷。累懇您了。
丁　這累我甚麼了？
丙　那麼偺們走罷，明兒給您挈過茶錢來。
丁　是了，您可早些兒搬呢。
丙　我們搬的快。
丁　你們哥兒倆不到家裡坐坐兒了？

---

①　不幾年兒：没有幾年，指時間短。

乙丙　不坐着了。
丙　　累①您半天。
丁　　那兒的話呢。
丙　　二哥我這兒給您請安了，您多受累。
乙　　累我甚麼了？偺們哥兒這樣兒交情。趕明兒您先把茶錢給拏過去，快着點兒挑個好日子就搬了。
丙　　是。您家克了？改日再給您請安去。
乙　　等您搬過克，給您道喜。
丙　　不敢當。

右所書有甲記者乃求人尋房之婦言；
有乙記者乃為人尋房之中保人言；
有丙記者乃求人尋房婦之夫言；
有丁記者乃房主人婦言；
有戊②記者乃守房李姓言也。

　　　　　　　　　　　　　　　完了

---

① 底本此處有"懇"字被塗抹掉，列此備考。
② 戊：原作"戌"。

影印 燕京婦語 北邊白血鈔・總譯

印刷：二〇一二年一二月一四日
發行：二〇一三年 一月二五日
鈔者・總譯：北邊白血
編著者：鱒澤彰夫
發行者：尾方敏裕
發行所：株式会社　好文出版
郵政地址：一六二・〇〇四一
東京都新宿区早稲田鶴巻町五四〇林ビル三階
電話：〇三・五二七三・二七三九
傳真：〇三・五二七三・二七四〇
制作：日本學術書出版機構(JAPO)
印刷/製本：株式会社　オルツ
Ⓒ 2013 Printed in Japan ISBN978-4-87220-161-1

急就篇

高州区

解 題

《急就篇》，宫島大八著，昭和八年(1933)十月善鄰書院發行。該書是明治三十七年(1904)八月發行的初版《官話急就篇》的改定版。

宫島大八(1867—1943)，本名宫島吉美，日本明治至昭和前期著名書法家、漢語教育家。宫島大八曾就讀於東京外國語學校漢語科，明治二十年(1887)前往中國，在中國師從張裕釗(字廉卿)，學習漢文與書法。明治二十七年(1894)歸國，先後任帝國大學文科大學講師、高等商業學校附屬外國語學校主任教授。於1895年創辦"咏歸舍"，後發展爲善鄰書院，對當時的漢語教育影響甚著。

善鄰書院開設以後，宫島大八編纂了幾部頗具影響的漢語教科書，《急就篇》即是其中之一。《急就篇》卷頭是勝海舟的草書題字"數點梅花天地長"。全書編排了從漢語初級到中級程度的内容，由單語、問答、散語和作爲"附"的家庭常語、應酬須知七部分構成。

"單語"部分從數詞開始，以名詞爲主，還列舉了人稱代詞、指示代詞和動詞。收録的詞彙有的反映日常生活，如時間、天氣、食物、服飾；還有的則是專有名詞，如地名、人名、書名、山名等。另外還有漢字部首的讀法和一些特殊符號。

"問答"分爲"問答之上""問答之中""問答之下"三部分。"問答之上"由初版《官話急就篇》的102句改爲100句，采用一問一答的形式，均是較爲簡短的句子，大部分是十個字左右，如"來了麽？來了"；"問答之中"由初版的152句增至163句，采用兩問兩答或更多的形式，句式相對複雜，如"您坐那等車？我坐二等車。要床位票不要？那可不要"；"問答之下"由初版的74句減少至33句，前半部分是一些日常對話，後半部分是一些篇幅較長的故事，最後是日本民間傳説《桃郎征鬼》。

"散語"共有十一個部分，每部分是幾十個没有前後關聯的小短句。其中第九、十、十一部分多爲四字格，文言色彩比較濃。

"附"中的家庭常語與應酬須知由張廷彦執筆，内容是家庭生活中的日常會話及人際交往方面所需要的用語。

  《急就篇》是當時中國語教育之象徵①,自《官話急就篇》初版開始,經過多次再版,昭和八年改定版以來,又再版了 71 次②,發行兩萬餘部③,是當時廣受好評的極具代表性的漢語教科書。

---

  ① 據安藤彥太郎《中國語と近代日本語》,岩波書店,1988 年,40 頁。
  ② 據六角恒廣《中國語教本類集成》第二集"解題",1992 年,8 頁。
  ③ 參見六角恒廣著、王順洪譯《日本中國語教學書志》,北京語言文化大學出版社,2000 年,137－138 頁。

目 錄

單　語 ……………………………………………………	97
問答之上 …………………………………………………	100
問答之中 …………………………………………………	104
問答之下 …………………………………………………	117
散　語 ……………………………………………………	125
家庭常語 …………………………………………………	133

單　語

一　二　三　四　五　六　七　八　九　十　十一　十二　十三　十四
十五　十六　十七　十八　十九　二十　三十　四十　五十　六十　七十
八十　九十　一百
一百零一　一百零二　一百零三　一百零四　一百零五
一百一十一　一百一十二　一百一十三　一百一十四　一百一十五
二百　三百　四百　五百　六百　七百　八百　九百　一千
一万　十万　一百万　一千万　一万万
一個　兩個　三個　四個　五個　六個　七個　八個　九個　十個　十來個
一天　兩天　三天　四天　五天　六天　七天　八天　九天　十天
一年　兩年　三年　四年　五年　五年多　整十年
一個月　兩個月　三個月　四個月　半個多月
一號　二號　三號　四號　十號　幾號
第一　第二　第三　第四　第五
禮拜（星期日）　禮拜一（星期一）　禮拜二　禮拜三　禮拜四　禮拜五　禮拜六
上禮拜　下禮拜　一個禮拜
正月　二月　三月　四月　五月　六月　七月　八月　九月　十月　十一月（冬子月）　十二月（臘月）
一秒　一分　十五分（一刻）　一點鐘　一點半鐘　一點鐘過五分
一元　一毛（一角）　一毛五　一分　一元兩角五
一個銅子兒
一兩　一錢　一分　一兩七錢五分銀子

儞　我　他　誰　儞們　我們　他們　這裏（這兒）　那裏（那兒）　那裏（那兒）　這個　那個　那個　這麼　那麼　怎麼　甚麼
前頭　後頭　上頭　底下　左邊　右邊　中間兒　南方　北方　東西南北
時候兒　今天（今兒）　明天（明兒）　昨天（昨兒）　前天（前兒）　後天（後兒）

上月　本月　下月　今年　明年　去年　前年　後年　午前　午後　早起
晌午　晚上　天天（每天）　這程子　現在　上囘　下囘　這囘　從前　後來
剛纔　囘頭
天　太陽（日頭）　月亮　星星　風　雨　雪　雷　雲彩　天氣　春夏秋冬
地　山　水　江　河　湖　海　坡兒　礦

樹林子　橋　城　街　道兒　馬路　鐵路
村（屯兒）　鄉下　碼頭　火車站　通商口岸
人　男　女　父親（爹）　母親（媽）　兒子　孫子　哥哥　兄弟　姐姐　妹妹
叔伯弟兄　表兄弟　祖父　伯父　叔父　姪兒　舅舅　外甥　丈夫　媳婦
本家　親戚　朋友　先生　學生　皇上　百姓　官　兵　農人　買賣人（商
人）　醫生　和尚　東家　掌櫃的　木匠　瓦匠　裁縫　厨子　底下人　財主
窮人　無賴子　司機人　土匪　花子（要飯的）　新郎　新娘　老爺　少爺
太太　爺們　娘兒們
身體　腦袋　臉　眼睛　鼻子　嘴　舌頭　耳朶　手　脚　腿　嗓子　肚子
指頭　骨頭　鬍子　頭髮　牙疼　惡心　發燒　瀉肚
牲口　馬　驢　騾子　猪　狗　老虎　狐狸　猴兒　耗子　鳥兒　仙鶴　鴿子
蟲子　蠶　蚊子　蛇蚤　臭虫　飛禽走獸
金　銀　銅　鐵　鋼　錫　鑞　煤　炭

樹　花兒　草　竹　松樹　柏樹　桑樹　柳樹　洋槐　梅花　櫻花　牡丹花
玫瑰　茉莉
吃食　米　麥子　豆兒　高粱　芝蔴　麪　饅頭　包子　酒　煙　鹽　湯
香油　糖　醬　肉　鷄蛋　牛奶　薑　胡椒麫　蘑菇　葱　蒜苗　豆芽菜
蘿蔔　菠菜　茄子　笋　藕　黃瓜　韭菜　白菜　鴨子　海參　火腿　魚翅
燕窩　螃蟹　蛤蠣　海帶菜　桃兒　梨　李子　栗子　蘋菓　橘子　葡萄
核桃　棗兒　柿子　藥　鴉片
房子　屋子　門　牆　井　院子　客廳　茅厠　花園子　樓　衙門　學校
兵營　海關　公司　洋行　郵政局　兵工廠　飯館子　飯店　旅館

衣裳　帶子　帽子　鞋　布　洋布　呢　哈喇①　羊皮　綿②襖　馬褂兒　褲子
襪子　兜兒　手巾　綿紗

傢伙　機器　桌子　椅子　牀　鐘　表　傘　燈　書　紙　筆　墨盒兒
圖書③　硯台　煙袋　鑰匙　鎖　臉盆　茶碗　茶壺　碟子　筷子　匙子
酒杯　花瓶　鐵鍋　洋鐵罐子　刀子　鑽　剪子　鋸　刷子　牙籤兒　匣子
漆器　扇子　旗子　樂器　喇叭　鼓　胡琴兒　枕頭　鋪蓋　氈子　荷包
繩子　筐子　刀　砲　槍子兒　軍火　車　船　汽車　輪船　篷　洋火　貨
雜貨　洋錢　銀元　紙幣　鈔票　滙票
合同　章程　憑據　東西　價錢　事情　顏色　經費　性質　目的　機會
關係　社會　學界　商界　政事　機關　代表　科學　言語　腔調　議論
面子　風俗　力量　命運　海量
大小　遠近　生熟　紅白　緊鬆　長短　有無　勝敗　悲喜　可惜　可憐
結實　軟弱　熱鬧　靜閒　興旺　聰明　糊塗　體面　頷磣④　慷慨　要緊
麻煩　大宗　零碎　笑　哭　樂　悶　知道　認識　告訴　商量　盼望　打算
辦理　養活　遛達　睡覺　拾掇　打聽　介紹　交涉　贊成　反對　委任
令尊　令堂　令兄　令友　令正　令郎　令愛　貴國　貴處　貴寓　貴姓
貴庚　寶號　家父　舍弟　敝友　內人　小兒　小女　敝國　敝處　賤姓
世界各國　英國　法國　德國　俄國　美國　舊金山　華聖頓　西藏　蒙古
滿洲　奉天(遼寧)　北京(北平)　上海(滬)　天津　煙台　南京　下關　浦口
武昌　漢口　香港　廣東　青島　塘沽　張家口　山海關　哈爾賓⑤　海參崴
歸化城
揚子江　黃河　漢水　黑龍江　洞庭湖　泰山　華山　平漢鐵路　津浦鐵路
滬甯鐵路　省城　都市

---

① 哈喇：用羊絨、駝絨等原料織成的西式呢絨，作爲高檔面料，常用來製作西服、中山裝、軍大衣以及一些高級中式服裝。"哈"音 kā。
② 綿：棉。
③ 圖書：書籍，也指圖章。
④ 頷磣：寒磣。
⑤ 哈爾賓：哈爾濱。

口皮①　寧綢　杭緞　湖絲　端硯　紹興酒　高麗參　關東菸　日本刀
孔教　佛教　回回　耶蘇
文廟　武廟　喇嘛廟
堯舜　文王　孔子　孟子　秦始皇　漢高祖　諸葛亮　曹操　陶淵明　李太白
白樂天　蘇東坡　王陽明　曾文正公
四書　五經　史書　唐詩　小說　水滸　紅樓夢　康熙字典
一點　一鈎　一橫　一豎　三點水　草字頭　走之兒　寶蓋兒　提手
十干　甲　乙　丙　丁　戊　己　庚　辛　壬　癸
十二支　子　丑　寅　卯　辰　巳　午　未　申　酉　戌　亥
蘇州碼字②　丨　丨丨　丨丨丨　乂　 δ　亠　亠丨　亠丨丨　攵　十

問答之上

（一）來了麼？　來了。
（二）走了麼？　走了。
（三）去了麼？　去了。
（四）到了麼？　到了。
（五）是不是？　是。
（六）好不好？　好。
（七）買不買？　不買。
（八）可以不可以？　可以。
（九）要不要？　不要。
（一〇）完了麼？　完了。

---

① 口皮：張家口所產的皮毛製品。
② 蘇州碼字：一種起源於古代籌算的古老數碼字，曾長期流行於民間，多用於輔助記賬，是具有中國特色的俗文化。分豎、橫式寫法，豎式寫法分1—10位：丨丨丨丨丨丨乂δ亠亠丨亠丨丨攵十，橫式寫法的1—3爲"一二三"（其餘同豎式），還有若干變體。在進位"十、百、千"時，另有符號相配。書寫形式縱橫交叉，上下相疊，靈活多樣。隨着中式記賬方法的式微，這種數碼字從20世紀中葉起逐步隱退，但在一些文史資料中尚有遺存。也稱"碼子字"。

（一一）有没有？　没有。
（一二）有幾個？　有五個。
（一三）有多少？　有三十個。
（一四）還有沒有？　還有一個。
（一五）多少人？　十幾個人。
（一六）多少天？　五六天。
（一七）怎麼了？　病了。
（一八）怎麼樣？　好一點兒。
（一九）在家麼？　在家。
（二十）有甚麼事？　没甚麼事。
（二一）儞愛那一個？　我愛這個。
（二二）儞會不會？　會一點兒。
（二三）今天幾號了？　今兒十號。
（二四）幾時禮拜？　明天禮拜。
（二五）他來不來？　他準來。
（二六）您有工夫麼？　有工夫。
（二七）您去過麼？　我去過一趟。
（二八）您幾月走？　打算八月走。
（二九）由怎麼走？　起旱走①。
（三〇）這個叫甚麼？　油炸果②。
（三一）甚麼東西？　水煙袋。
（三二）多少錢？　十個銅子兒。
（三三）甚麼價錢？　一角五。
（三四）一共多少錢？　兩塊半錢。
（三五）現在幾點鐘？　快八點了。
（三六）這個表對麼？　慢一點兒罷。
（三七）儞看甚麼呢？　我看報哪。

---

① 起旱走：从旱路走。起：從，自，表示起點。旱：旱路。
② 油炸果：一種橢圓形油炸食品，類似油條。

（三八）有甚麼新聞沒有？　沒甚麼新聞。
（三九）今兒星期幾？　今兒星期三。
（四〇）他囬來了麼？　剛囬來。
（四一）他做甚麼哪？　瞧書哪。
（四二）他在那兒住？　他住在城外。
（四三）他做甚麼生意？　開一個洋貨舖。
（四四）誰來了？　李先生來了。
（四五）上那裡去？　上學校去。
（四六）這個在那裡買？　在上海買。
（四七）有甚麼用處？　用處不少。
（四八）飯得了麼？　快了。
（四九）水開了麼？　一會兒就開。
（五〇）沏甚麼茶？　沏綠茶罷。
（五一）貴姓？　姓張。
（五二）貴處是那裡？　敝處湖北。
（五三）您早起來了？　起來一會兒了。
（五四）喝茶了麼？　喝過了。
（五五）您從那裡來？　打家裏來。
（五六）用了飯了沒有？　偏過了①。
（五七）您請坐。　請坐請坐。
（五八）您請吃煙罷。　我不會。
（五九）您請喝茶。　您請。
（六〇）這一位是誰？　是我們舍親。
（六一）他怎麼稱呼？　他姓王。
（六二）他幹甚麼來了？　來遊歷來了。
（六三）貴國是那一國？　敝國日本。
（六四）您到這裡幾年了？　我是前年來的。
（六五）您會說中國話麼？　會說幾句。

---

① 偏過了：見面問候"吃飯了嗎"時，吃過飯的人用於回答的套語。也說"偏您了"。

（六六）您認得某兄麼？　見過一面。
（六七）您乏了麼？　我還不覺乎①乏。
（六八）您早來了麼？　我也是剛來。
（六九）這一向忙不忙？　不算很忙。
（七〇）您到我家罷。　改天請安。
（七一）您再喝一杯。　再喝就要醉了。
（七二）您還沒歇着哪麼？　還早哪。
（七三）把樓上窗户開開。　窗户開着哪。
（七四）您没出門麼？　早上出去了一趟。
（七五）他上那裡去了？　送人去了。
（七六）車來了麼？　一會兒就來。
（七七）剛纔地動②了。　是麼？我没理會。
（七八）那是怎麼了？　許是失火了。
（七九）您好啊？　好啊您哪。
（八〇）您府上都好啊？　託福都好。
（八一）令尊令堂都好啊？　是，都很康健。
（八二）久違久違。　彼此彼此。
（八三）久仰久仰。　豈敢豈敢。
（八四）叫您費心。　好説好説。
（八五）叫您受累。　那兒的話呢。
（八六）貴恙好了麼？　承問好了。
（八七）您一路平安。　託您福罷。
（八八）您用甚麼顏色的？　我要淺藍的。
（八九）一疋有多長？　照例五十三尺。
（九〇）多少錢一斤？　三毛錢一斤。
（九一）有甚麼新鮮花樣兒麼？　您瞧這都是時興的。
（九二）您不餓麼？　不餓，我剛吃了點心。

---

① 覺乎：感覺，覺得。
② 地動：地震。

（九三）儞冷不冷？　不冷，我穿着皮襖哪。
（九四）昨天甚麼時候兒囘的家？　不晚，也就是十點多鐘。
（九五）這公園裏儞進去過麼？　進去過，很好。
（九六）今兒有船沒有？　今兒個沒有，明天有。
（九七）衣裳洗去了麼？　洗去了，可還沒得。
（九八）明天禮拜儞上那裡逛去？　我約了一個朋友，看棒球兒去。
（九九）儞看那是軍艦不是？　我瞧着像個商船。
（一〇〇）那匾上寫的是甚麼？　寫的是"天下太平"。

問答之中

（一）儞數了沒有？　過了數兒了。　有多少？　整五十。
（二）天晴了麼？　晴了。　有風沒風？　沒有風。
（三）雨住了麼？　住了。　道兒好走麼？　還好走。
（四）是颳甚麼風？　颳西北風。　浪大不大？　倒不很大。
（五）儞帶着表哪麼？　帶着哪。　現在幾點鐘了？　九點半了。
（六）儞寫甚麼？　我寫信哪。　給誰的？　給我家裏的。
（七）他還沒到麼？　已經到了。　幾時到的？　昨天晚上。
（八）儞是那裡的？　糧食店的。　做甚麼來了？　送米來了。
（九）頭一站是那裡？　是前門。　末站呢？　是瀋陽。
（一〇）儞坐那等車？　我坐二等車。　要床位票不要？　那可不要。
（一一）儞坐過江輪麼？　坐過好幾趟了。　都到過那裡？　上過漢口、宜昌甚麼的。
（一二）拉我到琉璃廠。　儞給兩毛錢罷。　給儞十五個子兒。　儞上車罷。
（一三）黃鶴樓儞逛過麼？　上去過。　景致可好罷？　真是個大觀啊。
（一四）樓上是誰説話？　是王少爺。　有甚麼事？　來借書來了。

（一五）嚻的底下人呢？　他告假了。　得幾時囬來？　定規①是後天一早。

（一六）現在民國多少年？　是二十二年。　是甚麼年？　是癸酉。

（一七）這是甚麼河？　這就是鴨綠江。　九連城②在那裡？　前邊兒就是九連城。

（一八）他考中了沒有？　取上了。　取在第幾名？　優等第三名。

（一九）嚻敎幾班學生？　兩班。　一班有多少人？　一班是三十來人。

（二〇）這只船叫甚麼？　叫"海晏"。　是那個公司的？　是招商局的。

（二一）他們一天吃幾頓飯？　早晚兩頓。　竟吃米麼？　米麵都吃。

（二二）得叫煤了罷？　煤還有，得叫炭了。　得叫多少斤？　叫五十斤罷。

（二三）今天真熱。　我看比昨兒好一點兒。　怎麼？　今兒有點兒風。

（二四）今年講習會幾時開？　本月十五開。　開到多嗻？　開到八月三十一。

（二五）先生今日有學校沒有？　有學校。　一點鐘了，嚻該走了。　車來了我就走。

（二六）儞邀③一邀，這封信寄到東京，貼幾分？　掛號不掛號？　不掛號。　那麼貼三分就行了。

（二七）他是天天兒來麼？　是隔一天一來。　都是甚麼時候兒？　不是早起就是晚上。

（二八）那個學校一禮拜嚻去幾次？　就去兩次。　都是甚麼日子？　星期二和星期四。

（二九）儞們二位住在一處麼？　是一起住。　火食④怎麼辦？　倆人均攤。

（三〇）今兒不是月底麼？　是月底。　賬都還完了沒有？　差不多都給了。

---

① 定規：決定，確定。
② 九連城：今遼寧丹東市東北，明代稱九聊城，登城可遠眺鴨綠江，是明清時期中朝通商要地。
③ 邀：稱。也作"約"。
④ 火食：伙食。

（三一）我們遛達遛達去。　很好，可上那裡遛達去？　上萬牲園去。那太遠些了。上北海罷。

（三二）穿好了衣裳了麼？　穿好了。　拿傘不拿？　這麼好天，拿他做甚麼？

（三三）您没出門麼？　早起出去了一趟。　往那裡去了？　上花兒市去了。

（三四）儞爹上那兒去了？　上衙門去了。　媽呢？　在家裡做活哪。

（三五）某宅打電話來了。　甚麼事？　請您到他家裡去一趟。　行，儞囬他我就去。

（三六）某家送東西來了。　甚麼？　藕和西瓜。　説我道謝。　還給囬片不給呢？　總要給一個罷。

（三七）這個報主筆是誰？　是一位姓上官的。　議論怎麼樣？　還算平和。

（三八）今兒陰曆幾兒了？　許是十四了罷。可説不定。看看月份牌就知道了。

（三九）我要頭等床位票。　每位大洋四塊了。　小孩兒怎麼樣？　不到十歲的就是半票。

（四〇）把行李交到那裡？　交到櫃上罷。　交他們行麼？　您放心，萬無一失的。

（四一）這店裡住一天多兒錢？　一塊錢一天。　飯錢都在其内麼？　是連房帶飯，一包在内。

（四二）您要甚麼酒？　給我來兩壺燒酒。　燙不燙？　稍微的燙一燙，不要很熱了。

（四三）您想菜①罷。　來個炸丸子和拌雞絲。　還要甚麼？　先吃着看罷。

（四四）您是吃餅是吃麵？　我吃雜樣兒包子。　您蒸多少？　先拿十個來。

（四五）您不要湯麼？　要湯。　要甚麼湯？　要一碗芙蓉湯。

---

①　想菜：點菜。

（四六）聽說您到過北京了？ 這話早了，有小①十年子了您哪。 現在改變了罷？ 說是改變多了，所②不像原先的樣子了。

（四七）他是秘書長麼？ 是書記官。 是甚麼出身？ 是留學生。

（四八）公使到了麼？ 說是明天到。 儞接到那裡？ 不能很遠，也就是火車站。

（四九）合同上寫了年限了沒有？ 已經寫了。 究竟幾年？ 先寫了兩年，往後再續。

（五〇）這是他的親筆麼？ 怕是代筆。 怎麼見得呢？ 筆跡不很對。

（五一）令表兄在那裡？ 現在廣東。 有甚麼事？ 幫着人做生意。

（五二）我和您借一樣兒東西。 是借甚麼只管③說。 借皮鞋穿穿。 現成的，等等我給您拿去。

（五三）請您用點兒點心。 我剛吃了飯。 不必客氣。 到您這兒我還粧④假麼？

（五四）這個茶您喝着怎麼樣？ 甚麼茶這麼好？ 是龍井。 怪不得很香。

（五五）新禧新禧。 同喜同喜。 年都拜完了麼？ 快完了，還剩幾家。

（五六）您打算幾時動身？ 本月底或是下月初罷。 行李都預備好了麼？ 倒都預備好了，就等着護照哪。

（五七）您出門帶現洋⑤麼？ 我沒有帶現洋，帶着洋錢票子哪。 您總得帶點兒現洋，路上方便些。

（五八）儞是要銀元是要紙幣？ 不論那樣兒都行，可得搭點兒銅子兒。

（五九）儞來晚了，晚車已經開了。 怎麼，時間表改了麼？ 改了，儞還不知道麼？ 可不是，我纔知道。

---

① 小：用於數詞前，表示近於這個數字。
② 所：完全。
③ 只管：儘管。
④ 粧：假作。
⑤ 現洋：舊指銀圓，也叫"現大洋"。

（六〇）這溜兒①有客棧麼？　多着的呢。　屬那一家兒好？　都差不許多。

（六一）這站是那兒？　是豐台。　底下就是前門麼？　不是，還有一站哪。

（六二）夥計給我開賬來。　給僴開來了。　這個賬不對罷？　怎麼？我看儞算的多一點兒。　沒有，這是一定的價錢。

（六三）這疋寧綢多麼寬？　有二尺多寬。　長裏下呢？　和尋常的綢子相彷。

（六四）儞們有襪子沒有？　有，僴瞧這一雙怎麼樣？　這個太薄，還要厚點兒的。　那麼僴留這一雙罷。

（六五）這個太貴了，少點兒罷。　我們的買賣，言無二價。

（六六）儞們的活忙不忙？　這程子很忙，竟打夜作②。　總應該發財。借僴吉言罷。

（六七）我那馬褂兒幾時可以得？　後天可以得。　怎麼又是後天呢？這囘是決不能錯。

（六八）這個手巾怎麼賣呀？　一塊五一打。　太貴了，給儞一塊錢。一塊錢還不彀本兒哪。

（六九）行市落了沒有？　還是照舊。　怎麼老不落呢？　貨所是不來麼。

（七〇）大觀樓換了影片了麼？　剛換了兩天。　新的有甚麼特色呢？都是國產的大片兒了。

（七一）這個廟供的是甚麼佛？　供的是觀音菩薩。　總靈罷？　那自然，真有求必應的。

（七二）僴打那裡來？　打公司裏來。　怎麼這早晚兒纔散哪？　今兒月底，事情多一點兒。

（七三）這兒的出口貨，甚麼是大宗兒？　屬茶葉。　其次呢？　就是棉花。

---

① 這溜兒：這一排。
② 打夜作：夜間工作，做夜工。

（七四）儞是愛吃魚是愛吃肉？　我還是愛吃魚。　肉呢？　肉看甚麼了,牛和猪我倒可以吃,羊肉我可不大行。　羊肉最鮮,儞怎麼不愛吃？　我總嫌他有羶味兒。

（七五）這個告白①是儞繙譯的麼？　是我繙譯的。　怪不得好哪。　別過獎了,不過是塞責罷咧。

（七六）儞到敝國是有甚麼公幹？　我是考察商務來了。　儞打算在敝處做買賣麼？　不錯,我就是這個意思,請儞後來多照應。　理當的。

（七七）今兒到的人多不多？　不少,差不多三十來人。　怎麼去了那麼些人？　因為是禮拜,又趕上好天氣。

（七八）這個布真織的細。　細是細,就是不大結實。　怎麼會不結實呢？　大凡用機器織的,總沒有耐久的罷。

（七九）這屋裏太悶,儞快把窗户開開。　我是怕儞着涼。　説的糊塗,儞没覺着這屋裏炭氣多大？

（八〇）這兩天儞怎麼不騎自行車了？　我騎膩了。　怎麼纔會了兩天就膩了？儞真是三天半的新鮮。

（八一）某兄有信來了麼？　來了,他還問儞好來着。　好説,他没提還來不來麼？　他提還要來,可没準兒。

（八二）儞今兒甚麼時候兒回來？　得八點鐘以後。　給儞預備晚飯麼？　不用了,我在外頭吃。

（八三）這個飯儞吃着可合式？　還行,就稍硬點兒。　那麼明天我多悶會兒。　好,可也不要太爛了。

（八四）我那個胰子盒兒擱在那兒了？　在臉盆架子上擱着哪。儞没看見麼？　那個不是我的,是別人的。　那麼我給儞找去。　儞快着點兒,我這兒等洗臉哪。

（八五）這屋子太亂七八糟的,儞給快拾掇拾掇。　我剛拾掇的,怎麼又會亂了呢？　不用費話了,儞再收拾一回就得了。

（八六）給吳先生的那封信,儞給送去了沒有？　早就送去了,這是他的回信。　儞怎麼不告訴我一聲？問儞纔説。

---

① 告白:告示。

（八七）您瞧這天氣怎麼樣？　不碍,決不至下雨。　下起來怎麼樣？若下,我輸給您一個東兒①。

（八八）剛纔他和我説話,多不講禮。　他是小孩子,懂得甚麼,儞不必怪他。

（八九）這個點心是玫瑰餅麼？　餅倒對了,却不是玫瑰。　那麼可是甚麼呢？　就是常說的月餅麼。

（九〇）我聽説您下的棋很高。　我並不大會。　您別瞞着了。　瞞甚麼呢？我是個米棋②,那兒論到會下呢？

（九一）那個馬怎麼把脊梁腫了？　儞不要少見多怪,那不是馬,是駱駝。敢情是駱駝,我今天纔知道。

（九二）現在的電報是打那兒來的？　打天津來的。　有甚麼要緊的事情？　不過是滙錢的事情。

（九三）遠東運動大會今年是開在那裡？　説是開在東京。　各國的選手都得到罷？　那一定是。

（九四）那是甚麼聲兒？　是隔壁兒放爆竹哪。　有甚麼事？　光景③是祭神。

（九五）他家裏都有甚麼人？　他們娘兒倆。　他還没成家麼？　已經定下了,也就快娶了。

（九六）儞在上海住了些日子麼？　没能住,我到那兒第二天就開了船了。　那麼没聽戲麼？　我那兒有聽戲的工夫哪？連瞧朋友的工夫都没有。

（九七）這是涼水,儞喝不得。　不碍,我常喝。　儞若不聽話,趕鬧了肚子就後悔了。

（九八）明兒請您來,我給您預備點兒吃的。　叫您費心,我必要奉擾的。不過是家常飯,没甚麼菜。　那更好了。

（九九）怎麼這早晚兒您還不起來？　今兒我有點兒不舒服。　是怎麼

---

①　輸東兒：因比賽、打賭等輸了的人做東請客。
②　米棋：下棋的水平很低。
③　光景：大概。

不舒服了呢？　昨兒夜裏浮躺①來着,着了涼了。　可說的是呢！儞平常太不講衛生。

（一〇〇）快暑假了？　快了,還有一個禮拜。　現在正忙着考試了罷？　是,所以老沒能拜訪儞。　這回考試儞一定考在前頭。　那兒敢望哪,但求其合格就萬幸了。　太謙了,儞的成績我是知道的。　過獎了罷。

（一〇一）上交民巷往那麼去啊？　進了哈達門,一直的往西去,就是交民巷。　日本公使館也在那塊兒麼？　水關兒往北點兒,英國公使館的對面兒就是。

（一〇二）沈先生在家麼？　儞來的巧,他剛出去。　得甚麼時候兒回來？　沒準兒,反正早不了。　那麼我留個字兒罷。　也好。

（一〇三）剛進來的那個人是誰？　可是兩位哪,儞問那一位？　我問的是穿西服的。　那就是我們的買辦麼。

（一〇四）儞的中國話是怎麼學的？　不過是散學的。　散學的能說的這麼好,實在是儞天分高。　別過獎了。

（一〇五）儞會騎牲口麼？　我們北方人都會騎牲口。　南方人呢？　南方人會使船,所以說"南船北馬"。

（一〇六）甚麼叫"五族"？　漢、滿、蒙、回、藏,謂之"五族"。　"回"就是"回回"麼？　就是,甘肅那一帶回回最多。儞看那姓馬的,大概都是屬他們。

（一〇七）可是我問儞,阿拉善是在甚麼地方？　在外蒙古,就是古時的賀蘭山啊。　啊,本來②是這個轉音哪。

（一〇八）今兒他走了,儞給送行去了麼？　他走了麼？我並沒聽見說。　怎麼沒知會？　也許是他走的忙,沒肯告訴我。

（一〇九）這份股票一年能得多少利？　並不多,也就五六釐利。　都是甚麼時候兒到手？　每年春秋兩季兒。

（一一〇）儞怎麼這麼想不開？芝蔴點兒大的事,就和他打起來了。　我倒不是想不開,因爲他的行爲太可惡了。　依我說,儞還得容讓他些,纔合乎對待朋友的道理。　是是,我就聽儞的話罷。

---

① 浮躺：打盹兒。
② 本來：原來。

（一一一）㒲天天兒走這個道兒麼？　一天總要打一個來回兒①。　也不近哪。　走慣了也不覺乎遠了。

（一一二）這是甚麼花兒？　向日蓮。　那個呢？　晚香玉。　那爬架的又叫甚麼？　就是俗話叫做喇叭花。　嚄，儞這院子裏花兒真齊全。　都是些草花兒，没甚麼很值錢的。

（一一三）偺們出城釣魚去。　這時候有甚麼魚？　差不多的魚都有，鯉魚、鯽魚、華鯽魚甚麼的。　華鯽魚好釣麼？　那可得碰巧了。

（一一四）儞是屬甚麼的？　我是屬猪的。　儞比我大兩歲。　敢自②儞是屬牛的，怪不得做事慢。　別取笑了。

（一一五）這個菜儞吃得來麼？　怎麼？　我怕是不合儞的口味。　那兒的話呢，我吃着很合式。

（一一六）我不是還該儞倆錢兒了麼？　儞短我甚麼錢？　上回買書，儞不是給我墊上了麼？我今兒特意來奉還儞。　這點兒小事，儞何必掛心。

（一一七）他現在有了事了麼？　有了事了。　是甚麼事？　在海關上辦筆墨。　每月多少薪水？　四十塊錢，另外有十塊錢的津貼。

（一一八）閣下有日子榮行③麼？　定規是後兒一早。　後兒偏巧④我有事，怕趕不上送行去。　不用勞駕了，偺們的交情不在乎這個。

（一一九）儞若不拿東西，我就要鎖上了。　可以鎖上罷。儞把鑰匙交給我。　籤子貼不貼？　那倒不用了。　這些皮包儞是自己帶着呀，還是交給火車站呢？　這都是手使⑤的東西，我得自己⑥帶着。

（一二〇）這站停多大工夫？　停不了多大會兒。　我要下去解手行不行？　没那麼大工夫，儞等下站罷。

（一二一）這趟車我們坐成不成？　不行，這是貨車不搭客。　那麼還等到多咱哪？　不用着急，等會兒還要開車哪。

---

① 打一個來回兒：往返一次。
② 敢自：原來。也説"敢則"。
③ 榮行：稱他人出行的敬辭。
④ 偏巧：恰巧，偏偏。
⑤ 手使：手頭常用。
⑥ 己：原作"已"。

（一二二）今兒走了有五里地没有？　那兒有那麼遠，也不過有三里地。走了好半天，也不過三里多地？　儞有所不知，鄉下的里頭兒①長，跟城里頭的里差着哪。

（一二三）這屋裏怎麼這些個蚊子？　因爲挨着水近。　爲甚麼不搬呢？這兒的房錢賤，我捨不得搬。　儞真是捨命不捨財。　真豈有此理。

（一二四）儞找誰啊？　我找姓王的。　姓王的搬了。　搬到那兒去了？搬到東四牌樓六條胡同去了。　好找不好找？　一進口兒，路北第三門兒就是。　借光借光。　好說好說。

（一二五）儞還不歇着麼？　屋裏熱，睡不着覺。　儞何妨出來，在院子裏凉快凉快。　外頭有風麼？　很有點兒風，月亮也很好看。　那麼我就出去，不必竟在屋裏悶着了。

（一二六）貴國出口貨，一年縠怎麼個數目？　一年總在二萬萬左右。抵得住進口貨麼？　前幾年每年少個兩千萬，近來不差上下了。　足見貴國商務日見發達了。

（一二七）"平綏鐵路"這名字是怎麼起的？　是兩個地名，因爲這鐵道從北平起到綏遠城，故此纔叫這名字。　這條路能獲利麼？　究竟與地理上有些關係，利在其次哪。

（一二八）儞怎麼把我的花兒毁了？　不是我。　不是儞是誰？　得了，儞别着急了，趕到廟上照樣兒賠儞一盆。　儞認了就得了，那兒有真叫儞賠的呢？

（一二九）儞看那個人如何？　我看他倒很謙恭。　我告訴儞，他那謙恭正是他利害②的地方兒。　是了，俗語説："知人知面不知心。"

（一三〇）那個有鬍子的人，我瞧着有點兒面善。　他是偺們的街坊，儞怎麼會忘了麼？　不錯，儞提了我的醒了。

（一三一）他的姑娘給的是誰？　給的是一個山東人。　不是一個姓顔的麼？　是姓顔的。儞怎麼會知道呢？　我彷彿是聽人這麼説過。

---

① 里頭兒：一里路的實際距離。
② 利害：厲害。

（一三二）聽説令愛有點兒欠安，現在全癒①了没有？　叫儞惦記着，他不過受點兒感冒，現在已經大好了。

（一三三）儞跟前幾位世兄？　有三個小孩子。　都上學了没有？　入學的有兩個，一個還不到歲數兒。

（一三四）賓眷②在這兒哪麼？　没有，我是一個人來的。　總把家眷接來方便些罷？　我倒很願意，就是道兒太遠，家裏又離不開，故此没能一塊兒來。

（一三五）小姪兒今日特意來給老伯請請安。　勞儞駕。儞們老人家這一向康健？　託儞福，家父很好。　儞隨便坐着罷。　是，您不必張羅。

（一三六）閣下今年貴甲子？　我纔三十二，老先生儞高壽？　我已經六十一了。　很康健哪！　不行了，没有用處了。

（一三七）這句話我教過儞們麼？　儞没教過。　那麼現在我教給儞，這是很要緊的話，儞得好好兒記着。　是。　儞們都記得了麼？　還没哪。那麼我再説一回。現在可記得了罷？　是，忘不了了。

（一三八）天亮了麼？　亮了，可下雪哪。　儞把我的靴子先給拿出來。下這麼大雪，儞還上學麼？　下小刀子頂鐵鍋我也去，下雪可怕甚麼？　那麼儞帶把傘去罷。　不要，我穿外套就行了。生來一個爺們，若遇着出兵打仗，還説下雪得帶傘麼？

（一三九）儞每天甚麼時候兒起來？　我是六點鐘起來。儞呢？　我是天亮就起來。　儞真起的早啊，總得睡晌覺③罷？　没有，我向來白天不睡覺，可是晚上睡的早。

（一四〇）嗳呀，我窮的了不得，有甚麼法子没有？　儞的本錢很多呀，儞還怕窮麼？　我窮到這個地步上，還説甚麼本錢呢？　憑儞這個身矼④兒，憑儞這個才幹，我管保準是用不盡的錢，怎麼儞還説没本錢呢？

（一四一）儞帶着表哪麼？　帶着哪。　儞給我對對。　儞的表慢多了。慢多少？　慢二十多分。　怎麼會差這麼些個時候兒？　啊，站着了，儞忘

---

① 全愈：痊癒。
② 賓眷：敬稱對方的眷屬。
③ 睡晌覺：睡午覺。
④ 身矼：身軀。《羅馬字急就篇》(宫島大八，1935)對"矼"的注音爲 k'uang⁴。

了上弦了罷？　没有,我今兒個早起上的弦。　那麼是有了毛病了罷？　也許罷。

（一四二）好些日子没雨了,得下一場了。　説的對,再若不下,就怕旱了。　據我想,今年尤其得個好年頭兒纔好。　可不是麼,國家有軍務的時候兒,年成更要緊。

（一四三）姜太公是甚麼人？　即是周朝的吕尚。　他姓吕,怎麼又是姓姜呢？　因爲他封在齊國。　封在齊國,怎麼又有這麼個稱呼？　因爲齊國的老姓是姜,所以有這個稱呼。　是的,我纔了然了。

（一四四）明兒禮拜了,您打算作何消遣？　若好天兒,我想上一趟西山去。　您病剛好,總少出去爲是。　我這麼幾天了,連屋門兒都没出,真真悶極了。　您不會瞧書解悶兒麼？　瞧是瞧,若老不活動,身子總要吃虧的。這話説的也有道理。

（一四五）今年暑假,您不旅行去麼？　没有伴兒,我懶怠去。　您不嫌棄我,我可以陪着您去。　那好極了,是我求之不得的事。

（一四六）天今兒晴了,真痛快。　不錯,所有秋天的樣子了。　這以後許晴的時候兒多罷？　那一定,春秋多佳日麼。　偺們何妨趁着天兒去看看菊花去呢？

（一四七）他現在要轉某大學行麼？　轉學没甚麼不行,只看他的程度如何。　數學是他最得意的,别的功課也都在六十分以上。　那麼就趕緊把願書送去,可要帶着證明書纔好。

（一四八）他們是做甚麼那麼樂？　又打麻雀①哪。　您怎麼不勸勸他們呀？　已經上了癮了,勸也勸不過來。　豈有此理,好好兒的人,不看壞了麼？

（一四九）我告訴儞知道的道理。知道的就説知道,不知道的就説不知道,這就是知道的道理。　好,翻譯的真恰當。　（《論語》原文）知之爲知之,不知爲不知,是知也。

（一五〇）我要跟老師告一天假。　儞告假幹甚麼？　剛纔我家裏打發人找我來了。　那麼就去罷。明天可早點兒回來。　是。

（一五一）您服了我們的水土了麼？　這兒的水土和敝處差不多,那兒有

---

①　麻雀：麻將。

不服的呢？

（一五二）明兒您没事，偺們聚會一天。　明兒我有點兒事，偺們改天罷。　難道一天都没工夫麽？您若是早半天有事啊，偺們定晚局。　那麽明兒後半天罷。可有一層，千萬不要多花錢。

（一五三）我有一件事和您商量，請您明兒早起在家裏候一候。　您若是過來，可得在十點鐘以前。若是過了鐘點，我怕不能恭候了。　那麽明兒至遲九點必到。

（一五四）大喜大喜，聽説令愛出閣①，我特來給您道喜來了。　當不起，我因爲一件小事，本不敢驚動朋友們。您這麽大遠的來，實在是賞臉的很。您太言重了，偺們交情提不到②這個。

（一五五）今日是老伯的生日，我特意來拜壽來了。　不敢當，一説就是了。　應該的。這兒還有點兒粗禮，請您賞收。　太多禮了，我這裏謝謝。

（一五六）您請上坐。　我並不是外人，您拿我當客待作甚麽？　不是這麽説法，您是遠行的人，應該是這麽坐。

（一五七）儞没聽説，某家老太太過去③了？　是麽？儞怎麽會知道？我前天接着他一個電報。　那麽儞想怎麽着？　我打算寫副輓聯，託人帶了去。

（一五八）前次承您賞賜，多謝閣下盛情。　不過是一點薄禮，值得您道謝麽？

（一五九）請再喝一杯罷。　我實在喝不下去了。　不要裝假，儞是個海量，我都知道。

（一六〇）我來晚了，叫您受等。　不晚，諸位也都是剛到。　今兒請了有多少位客？　没有外人，全是常見的朋友。

（一六一）偺們這一別，不定得幾時見哪，我怪捨不得。　可不是麽，我心裏也是難受。　儞到了那兒，務必賞封信。　那一定要問候的。

（一六二）昨兒那一局，散的不早了罷？　可不是麽，到十一點鐘纔散的。

---

① 出閣：出嫁。
② 提不到：不應該提出來説。由"提不到話下"省略而成。
③ 過去：去世。

您到家就睡了罷？　　我本打算到家就睡,想不到有個朋友在家裏候着我哪,直談到兩點鐘纔睡得覺。

（一六三）天下有"三本",可曉得麼？　　甚麼叫"三本"？　　一國之本在庶民,一家之本在子弟,一身之本在精神。

問答之下

（一）先生您聽我説的話怎麼樣？　　您的口音很好,四聲也不錯,就是腔調兒有不對的地方兒。　　甚麼叫"腔調兒"？　　您連這個都不知道麼？您學話的時候兒,難道先生没教給您麼？　　是,我們的先生没教到這層。　　您聽我告訴您説,一句話裏頭,總有一兩個着重的地方兒,把那個字重念,自然就受聽了。　　請您説一個比方我聽聽。　　着比①"您上那兒去",您若把"那"字兒念重了就受聽,您若把"去"字兒念重了就不受聽了。　　承您指教,謝謝。

（二）這是誰的像篇兒②啊？　　我們一家子的。　　這位老太太是誰啊？　　我們家伯母。　　今年高壽了？　　七十六了。　　康健得很哪。　　托福。　　那位堂客是嫂夫人麼？　　不錯,是賤内。　　那位學生和姑娘又是誰啊？　　那是小兒、小女。　　令郎多大了？　　今年纔十八。　　令愛呢？　　比他小兩歲。　　真是造化啊。　　甚麼造化,不過是痴累。

（三）有個孩子,在一個野地裏看見了一個兩頭兒蛇。他就跑回家去,和他母親哭着説:"媽呀,您瞧,可了不得了！我看見了一個兩頭兒蛇。説是看見兩頭兒蛇必死,我恐怕活不了罷?"他母親説:"可是您把他怎麼樣了?"那小孩子説:"我怕是别人再遇見他受了傷,所以我把他打死了。"他母親説:"這個不碍的了。您既有這麼好的心,就決死不了了。"

（四）新喜新喜。　　同喜同喜。年都拜完了麼？　　還没哪,不過拜了幾家。　　您過年做甚麼消遣來着？　　没甚麼,無非是年年的俗套子。　　請您用點兒點心。　　不用了,我要告辭了。　　忙甚麼？　　我還要走兩家。　　實在勞

---

① 着比：比如,比方。
② 像篇兒：相片兒。

駕的很,改日我再回拜去。 那可萬不敢當,我來是應該的。

(五)儱打那兒來? 打家裏來。 儱來的正好,這兒有現成兒的飯,僭們一塊兒吃罷。 我一來就擾飯。 一個家常飯,勿須乎客氣。 那麼我就討擾。 這菜不好,儱將就着吃罷。 很好很好。飽了,吃不下去了。 真的麼? 在儱這兒我還粧假麼? 那麼僭們上書房裏喝喝茶去罷。

(六)我有個謎兒俩猜猜。 是怎麼個謎兒? 說遠就遠,說近就近。是吃的,是使的,是用的? 也吃不得,也使不得,也用不得。 這個謎兒怪呀。也不是人名兒、地名兒麼? 不是。 我實在猜不着,請儱宣①了罷。三十兒晚上和大年初一。 咳,實在妙極了。

(七)像我這樣兒人,能帶多少兵? 儱就是能帶十萬。 像俩哪? 我是越多越好。 俩既是多多益善,爲甚麼反叫我給拿住了? 儱雖不會用兵,可是會用將,因爲這個,我才叫儱拿住了。

(八)有個學生問他先生說:"天下事,甚麼是最容易的?甚麼是最難的?"他的先生說:"批評人的長短是最容易的,看見自己的短處是最難的。"那個學生又問,說是:"天下最可愛的是甚麼人?最可恨的又是甚麼人?"他的先生說:"天下最可愛的是能自立的人,最可恨的是不要強的人。"

(九)世上有四項人,就是士、農、工、商。那作官的和念書的都叫"士";種地的叫"農";作手藝的叫"工";作買賣的叫"商"。這四項人,都是有一定的事業。其餘那些無業的人,都叫"遊民"。若是遊民少,有事業的人多,國家就可以富強了。

(一〇)我小的時候兒,在學房裏很懶惰。就是我念書的時候兒,也常常兒的和別的孩子玩兒。我們玩耍②,自然是背着先生。有一天叫先生看見了,他說:"孩子們,俩們別這麼懶惰,俩們的眼睛總得看俩們的功課。俩們不知道'戲無益'麼?現在俩們年輕,正是學好的時候兒。不論誰,若是看見別的人瞧別處,不瞧書,准③俩們來告訴我。"那時我和我自己說,有一個學生我不愛他,我竟拿眼睛瞅着他,若是他不看書,我給他告訴去。不大的工夫兒,他果然往

---

① 宣:揭開,說破。
② 耍:原作"要"。
③ 准:允許。

別處瞧。這麼着我就到先生那兒，給他告下來了。先生說："儞怎麼知道他懶惰不看書呢？"我說："我是親眼看見的。""啊，儞親眼看見的。難道儞看他的時候兒，儞的眼睛就在書上了麼？"這麼着麼，我又叫先生拿住我的錯兒了。我見別的孩子都笑我，我把腦袋一低，先生也笑了。最好的是，永遠再不看別的懶惰孩子了。

（一一）大凡人在世上，"不欺"倆字最要緊。在家不欺父的，做了官一定是不欺君。那華聖頓小的時候，在花園子裏有他父親一顆心愛的櫻樹。有一天他父親沒在家，他拿斧子把那櫻樹砍躺下了。趕他父親回來，看見這個很生氣，就問家人說："是誰砍了那顆櫻樹了？"家人見問，嚇的顏色兒都變了，就說："大人所最愛的樹，誰都不敢遭蹋他的。"說話之間，華聖頓從外頭回來了。他父親就問他："孩子，儞看見是誰把我心愛的那櫻樹給砍躺下了？"華聖頓說："是我砍的，並不是別人。"他的父親聽這話，不但不生氣，反倒喜歡着說："既是儞自己說儞砍的，足見儞這個孩子不撒謊了。我雖然很愛那顆櫻樹，可是我愛儞不撒謊，比愛那顆櫻樹還利害哪。"這麼看起來，華聖頓從小時候不欺他父親，所以能成一代英明之主了。

（一二）有一天，有個小孩子在城外頭玩兒，忽然嚷了一大聲，緊接着聽那樹林子裏頭也有人答應了一聲似的。那小孩子覺着很詫異，就問："是誰在那兒呢？"真也怪，怎麼又是那麼一樣的聲兒，問我誰在那兒呢。那小孩子又一想，這必是有人耍①戲我哪。他可就說："儞是個傻子罷。"又聽那兒答應了一聲，也說得是"儞是個傻子罷"。那小孩子就氣得了不得，可就罵起那個學他說話的來了。趕那小孩子越罵那邊兒，那邊兒也照舊的越那麼罵他。這麼着，這孩子賭氣子，一直的往那樹林子找那個人去了。所也找不着是誰，只可又回到家裏來，就把那可氣的事告訴他母親說了。他母親說："儞錯了，那是儞自己聽儞自己的說話的聲兒，那就是'山音兒'。"這麼着，就把那山音兒的緣故說給他聽。又告訴他："若是儞說好聽的話，儞可也就聽見是好聽的話了。人和世界上交往也是這麼樣。別人怎麼應對我，就是我應對人的鏡子。儞若是不好好兒的待人，誰也不能好好兒的待儞。所以說：'出乎爾者，反乎爾者也。'就是這個意思。"

---

① 耍：原作"要"。

（一三）有一個人，在半夜裏給楊震送賄賂去。楊震説："我不敢領。"那個人説："夜裏又没人知道，儞怕甚麽？"他説："天知、地知、汝知、我知，怎麽説没人知道呢？"

（一四）有一個將軍，他的兄弟在營房裏當將官，犯了軍令了，那將軍就按着軍規把他正法了。趕第二天出殯的時候，這個將軍大哭起來了，説："殺儞的是將軍，哭儞的是哥哥。"

（一五）我們那兒有一個人忘性很大，他搬家把他的媳婦兒忘下了。這還不算新鮮，桀王、紂王連他的身體都忘了。

（一六）有一宗牲口叫"四不像子"，請問，怎麽叫"四不像子"呢？因爲他那個樣子，説馬不像馬，説牛不像牛，説他像驢和鹿罷，又不像驢和鹿，所以叫"四不像子"。

（一七）某處有一條狗，有一個野猫。有一天，這個狗追那個野猫，跳山過嶺的跑了半天，歸齊①他們倆都累死了，叫個莊稼人看見了，没費一點兒事，白得了這麽兩個牲口。這就叫"鷸蚌相持，漁夫得利"。

（一八）請教您一個典故，"朝三暮四"是怎麽回事呢？那説的是有一個人，養活一群猴兒，每天早起餧他們三個餑餑，晚上餧他們四個。那些猴兒很不願意。後來改了，早起餧四個，晚上餧三個，他們就喜歡了。所以説"以術愚人，朝三暮四"。

（一九）起來罷，鷄打鳴兒了。果然不是惡聲哪。走，偺們倆誰該着先鞭②了？

（二〇）等二十五年我若不來，儞就嫁人。我已經二十五歲了，再等二十五年，只好在棺材裏等儞罷。

（二一）穿布衣裳，戴布帽子，所以衛文公纔把國家興起來了。可見得儉省是治國的好着兒③。

（二二）孔子上了東山，看魯國就小了。趕上了泰山，看天下都顯着小了。這説的是人占的地步，要一層比一層高。

---

① 歸齊：最後，最終。
② 着先鞭：先揚鞭騎馬前行。
③ 好着兒：好招兒，好方法。

（二三）這件事太麻煩，我怕辦不好，您還是另請高明。　儞別推辭，這件事除了儞沒人了的。

（二四）所説的"以夷制夷""遠交近攻"，何嘗不是外交手段。　在我看，末了①未免自己②吃虧。　誰説不是？近時某國和某國的關係，豈不是好個適例③麼？

（二五）從閣下在此兩任，兩國的邦交日加親密，這都仗着閣下的力量。我是甚麼人，謬承閣下如此稱讚，實是慚愧之至。　這就是謂之太謙。　閣下説的好。

（二六）這一口刀，是我所秘藏的，請閣下留着做紀念罷。閣下這一分④盛情，我實在感激不盡。然而您秘藏的東西，我怎麼敢受呢？　我們倆相好多年，現在臨別，實在沒甚麼可餞的。常言説"寶劍贈與烈士"，除了閣下，沒人可送，您總得賞收。　那麼我敬領，謝謝！

（二七）現時"維新"兩個字，幾乎成了熟語了，可是我不知道這典故出在那裏。　是出在《大學》上"周雖舊邦，其命維新"的那句話。古人還有在臉盆上寫"苟日新日日新又日新"的幾個字，爲的是勸人時時自省，不要忘下的意思。　是了，我今日纔曉得"維新"兩個字的出處，領教領教。　好説好説。

（二八）"魚"字傍⑤兒一個"厥"字念甚麼？　念"桂"也行，念"厥"也行，可是賣魚的都吆喝"桂魚"。　按這個説，"桃花流水鱖魚肥"的那句詩，自然是念"桂"罷？　可不是。若把那個字念"厥"，未免成了笑話了。

（二九）昨兒我聽有人講"得過且過"，是何意呢？　那是句比喻。夜裏將冷，有個鳥兒在樹上叫喚："凍死我，凍死我，到了天明搭個窩。"趕出了太陽，他又改了説"得過且過"。　啊，原來如此。樂一時是一時，這是人情的通病啊。

（三〇）我説人哪，一天短不了鹽。　怎麼儞不早斷了煙了麼？　儞別打岔，我説的是"鹽"不是"煙"。　鹽哪，自然是短不了的，還用費話麼？

（三一）怎麼了？儞這個頦磣樣子，莫非是有了病了麼？　儞別亂來，我

---

① 末了：最後。
② 己：原作"已"。
③ 適例：適當的例子。
④ 分：份。
⑤ 傍：旁。

是貧也非病也。 儞看這一問一答多有趣兒,所以我説漢文的妙處全在聲音上。

（三二）我説人要緊的是資質,學問算不了甚麼。就拿南山的竹子説罷,若是筆直的做出箭來,射的分外的遠。 不錯,儞若是再安上箭翎子,射的不更遠了麼?

（三三）桃郎征鬼。 老年的時候兒,在一個地方兒有老兩口兒過日子。有一天,老頭兒上山上打柴去,老婆兒到河沿兒上去洗衣裳。正洗着的時候兒,忽然看見打上溜①裏,漂下兩個桃兒來,一個是紅的,一個是青的。老婆兒看見了,嘴裏可就念叨着説:"紅的上這邊兒來,青的往那邊兒去。"念了兩三遍,那紅的真就往他這邊兒來了。這麼着,老婆兒就趕緊的用手撈上來,一看是個熟透了的桃。他喜歡得了不得,趕緊把衣裳洗完了,就捧着那個桃回家去了,竟等着老頭兒回來和他一塊兒嚐嚐。趕一會兒老頭兒就回來了,老婆兒對他説了幾句家常話,然後就説:"儜瞧,我今兒得了點兒東西,請您吃。"説着就把剛纔得來的那個桃拏出來給老頭兒瞧。老頭兒説:"好大桃,僭們一塊兒吃罷。"就拏把刀把桃切下兩片兒來。忽然"哎呀"的一聲,迸出一個小孩子來了。他們倆獃了半天就説:"這是怎麼個事啊?"老婆兒説:"啊,我想起來了。莫不是老天爺可憐我們夫妻倆,在世上也没作過甚麼没德的事,半輩子没有兒子,這如今借着這個桃,賞給僭們一個孩子也是有的。我們就好好兒的養活他罷。"老頭兒説:"儞説的很是。"這麼着就給他起了一個名字,因爲他從桃裏生下來的,所以起名兒叫"桃太郎"。這桃太郎和平常的孩子不同,身量兒高,有過人的膂力②,而且又很聰明,夫妻倆疼得像寶貝似的。趕他到了十五歲上,身量兒已經長成人了,而且很有膽量。聽人説,有一個海島,裏頭有好些個鬼怪,害人鬧事,誰都害怕,不敢去。他聽見這個,就要去打那鬼怪,除這一方的禍害。有一天,對着他父母説:"媽呀,儞給我做幾個黍團子。"老婆兒説:"儞幹甚麼要黍團子?"他説:"我要到鬼島打鬼去。"老婆兒嚇了一跳説:"儞一個小孩子,怎麼能打鬼哪? 别胡鬧了,好好兒的在家裏孝順我們罷。"他説:"邪不侵正,那兒有人打不了鬼的理呢? 等我去把他們打散了,拏些寶貝來孝敬儞們老

---

① 上溜:上流,上游。
② 膂力:體力。

人家好不好？儘請放心叫我去罷。"老頭兒見桃太郎這麼說，就勸老婆兒說："儞看我們這個小孩子，生來就和別的孩子不同。他現在既然要打鬼去，也許是打得了的。我們只管叫他去罷。"老婆兒聽他這麼說，也沒法子，只得做幾個黍糰子給他。桃太郎都預備好了，勸他父母竟管①放心，等他拏寶物回來。這麼着，挑了一個好日子就走了。離家走不遠兒，道傍邊②兒忽然"汪③"的一聲，出來了一條狗，跪在桃太郎跟前磕一個頭說："桃太爺，儞腰裏綳的是甚麼東西？"桃太郎說："這是日本第一的黍糰子。"那狗說："請儞賞我一個，我可以給儞做伴兒。"桃太郎就給他一個吃，他果然跟着走。又走了一會兒，忽然出來了一個五彩鮮明的東西，在眼前一熀④，原來是一隻野雞，飛在桃太郎跟前，扇着翅髈兒說："桃太爺，儞那綳在腰上的東西是甚麼？"桃太郎說："儞不知道這是最好的黍糰子麼？"那野雞說："哦，這是黍糰子，我總沒吃過。若是賞我一個吃，我給儞領道兒。"桃太郎也給了他一個，他果然飛在前頭，帶着道兒走。正走着，打草堆裏跳出一個長毛紅臉的東西，"嘎嘎"的說："我是猴兒，儞腰上繫着的不是黍糰子麼？賞給我一個，叫我嚐嚐日本第一的好東西罷。"桃太郎笑着說："儞是猴兒，究竟比他們靈一點兒。儞既猜着是黍糰子，我就賞儞一個，儞肯跟我去麼？"猴兒說："儞既賞了我，我不敢不効勞的。"這麼着，桃太郎得了三個伴兒往前走。原來這鬼島有鬼門關兒。這天，看門的小鬼遠遠的看見有個人帶着三個禽獸往這麼來，趕緊的跑到裏頭，告訴鬼頭說："外頭有人來了。"鬼頭打發一個小鬼去看是甚麼人。一會兒，這小鬼兒跑回來說："來的是一個年輕的人，身上帶着刀，插着旗子，很有威風。還帶着一條狗、一個猴兒、一隻野雞，都很靈便。看那個樣子，大概是打我們來的罷。"鬼頭聽這話，嚇了一跳說："這可了不得了。"慌慌忙忙的傳令，叫那些個眷屬們都到關上去防守。一會兒紅鬼、黑鬼、綠鬼，和那些個小鬼兒們，一群有一百多個，都湊到關上來了。這時候兒桃太郎也到了，正往關上探望。忽然看見一個大鬼出來，腿上繫着虎皮褲子，手裏拏着一條鐵棍，站在門上頭，大聲的對桃太郎說："儞們是打那兒來的，上那兒去？我們這兒是鬼島，向來不許人進來的，儞們最好是回去。若

---

① 竟管：儘管。
② 傍邊：旁邊。
③ 汪：原作"旺"。
④ 熀：晃。

是敢往前來,我把儞們都吃了。想來儞們是走岔了路的,我也饒儞們,就快回去罷,別在這兒白把自己命送了,那就後悔不來①了。"桃太郎聽見,不由的生氣,就説:"儞們想我是甚麼人?我就是日本國的桃太郎。聽見儞們在這個地方兒害人鬧事,不遵王法,所以我特意來打儞們。《詩經》上説的:'普天之下,莫非王土,率土之濱,莫非王臣。'儞們是甚麼東西,敢在這兒胡鬧?現在我要把儞們都宰了,叫儞們知道日本國的利害!"説着吩咐野雞、狗和猴兒闖上前去。那鬼頭聽見"桃太郎"三個字,心裏十分害怕,可是扎挣②着説:"儞這個小孩子好大膽子,不知進退。我饒儞們,就是儞的萬幸了。怎麼儞倒不走,還敢説打我們?若不叫儞們嚐嚐我這鐵棒的利害,儞也不知道後悔。"説着在門上把鐵棍混③掄了一回,特意亮④他的勁兒,可是一面叫小鬼兒們把門關緊了,怕人家打進來。正在不可開交的時候兒,野雞忽然飛進門去,把門給敁⑤開了。那個狗看見門開了,猛然進去,把那黑鬼的腿咬了一口,黑鬼"哎呀"的一聲就跑了。那猴兒冷不防就跳到紅鬼的後頭,拏爪子把他脖子抓破了一道口子,紅鬼叫了一聲苦也跑了。只見桃太郎趕緊進去,也不拔刀,也不動鎗,手裏只拏着一把扇子打那鬼頭。打得鬼頭把鐵棒也扔了,慌的不知道怎麼着纔好,只得跪在地下,滿嘴裏哀告。桃太郎吩咐把他綑上了。別的鬼看見鬼頭被拏了,都到桃太郎跟前哀求饒命。桃太郎挨着次兒勸他們改邪歸正,都赦了他們的罪。鬼頭喜歡的無恩可報,把所有的珍珠寶貝都送給桃太郎了。桃太郎把那些個東西都分給狗、猴兒和野雞,打裏頭挑了幾樣難得的東西,帶回家去孝敬他的父母了。這往後鬼島都歸化於日本,那些個鬼子們也都漸漸兒的變成人了。這桃太郎的威名,遠近沒有不知道的了。到如今日本的風俗,媽媽教訓小孩子,都是拏桃太郎作榜樣兒,所以日本人一生下來,就知道打鬼。

---

① 後悔不來:後悔不及。
② 扎挣:挣扎,勉强支撑。
③ 混:胡亂。
④ 亮:顯示。
⑤ 敁:鵠,鳥禽啄東西。

散　語

第一

儞說呀。　怎麼不說了呢？　我說彀了。　我還說不好。　儞說給我聽聽。　我說的沒儞好。　我和他說準了。　我說的話儞明白麼？　我的話還沒學好哪。　他說的不大好，還可以明白。　這句話京話怎麼說？　他說的很清楚。　儞說的也不錯。　誰都說不過儞。　誰都沒有他說的好。　沒他說不上來的話。　儞說的比他怎麼樣？　我那兒比得上他，差遠着哪。　他現在甚麼話都會說了。　差不多都說上來了。　心裏有許多的話，可說不上來。　我說是說上來，還不能聽。　這句話我怎麼說也說不好。　我不是不說，我是說不上來。　今兒没預備甚麼，没甚麼可說的。　慢着點兒說，別說的這麼快。　這麼說明白是明白，總不大順。　儞這麼倒過來說，就受聽了。　我和他說了個大概。　一時說不盡。　說起來話長。　說話就是這個地方難。　學了一年的工夫，大概可以會說了罷。　儹們還接着昨天的話說。　要像儞說的這麼好，那可真不容易。　這話不用徃下說了。　這件事沒有大說頭①了。　說不出所以然。　儞是當面兒和他說的麼？　儹們先說明白了再辦。　那件事趕明兒再說罷。　我多噌這麼說來着？　他們說岔了打起來了。　儞給他們說和說和。　他總不肯說實話。　我簡直②的說出來罷。　他越說越糊塗。　說說笑笑的很熱鬧。　他們說甚麼，說的那麼熱鬧？　說也是白說。　請他做說客。　還有什麼可說的呢？　越說越不像了。　滿嘴裏竟胡說八道。　那個人一張嘴就是錢。　竟說瞎話，沒正經話。　說來說去還是爲錢。　他是能說不能行。　儞要說總得說透了。　這麼大了，儞還挨說③麼？　有話自請說，別拘泥。　這句話要徃恭敬點兒怎麼說？　儞若

---

① 說頭：可說之處。
② 簡直：直接。
③ 挨說：受批評。

是這麼説，他就答應了。　我是説好啊是不説好啊？　別竟儞一個人説，也得讓他説。　笑裏藏刀，別上他的檔①。　這是機密事，千萬別和人説。　這話説不得，若説出來是個笑話兒。　説話是越脆越好聽。　説到那兒，辦到那兒。　初學的時候兒，總得多練着説，不要發忲。

第二

他的買賣所做起來了。　這些活一天也做不完。　把他拆了從新②再做。　儞會做餃子麼？　他又做了一件好事。　他還做那個買賣麼？　他所做的全不對。　昨兒夜裏做了一個夢。　儞還是做那個夢。　這事誰也不肯做。　這件事我做不來。　儞既是做不上來，我也是做不好。　那件事辦的不做臉③。　做的越快越好。　好好的材料，叫他做壞了。　他是自作自受。飯是費得了，菜還沒做哪。　無論做甚麼事，總得有信。　做完了，還得請儞改。　他做事麻利④。　這個厨子做東西不乾净。　他做的詩很出名。任⑤事不做竟閒着。　一不做二不休。　他做事一點兒不專心。　既做大事，別怕招抱怨。

這麼辦一定行。　他辦事很快。　他果然辦成了。　沒他辦不了的事。現在還不能這麼辦。　這麼點兒事，還辦不了麼？　總得按着規矩辦。　那件事他一個人包辦。　要辦太費事，不辦又礙磣。　這個月我有好些個得辦的事。　若是這麼辦，真便宜他了。　那件事我可以幫着儞辦。　他辦事因循（不簡決）（顢頇）（拉絲）（不痛快）。　他有辦事的才幹。　他的事情越辦越糟了。　他辦事老是辦到半截兒。　既要辦，總得辦成了。　辦不動的事情，他偏要辦。　他那兒能辦這個事。　好好兒的事情都叫他辦糟了。　往後別這麼辦了。　他的事情辦不下去了，擱起來了。　要辦就辦一件大事。　竟説不行，總得辦。

---

① 上檔：上當。
② 從新：重新。
③ 做臉：長臉，體面。也作"作臉"。
④ 利：原作"悧"。
⑤ 任：任何。

第三

　　這個儞買的還不貴。　買不買不要緊,儞自請看。　既來了,多少買點兒罷。　這些個東西,我都得買。　要買就買好的,買這些個糠貨①做甚麼?　這個價兒儞可買不下來。　他們的買賣都是言無二價。　儞若是買的多,可以饒②兩個。　儞真會買東西。　這個表儞在那兒買的?　這不是買的,是得的。　這是攤子上買的。　這都是總得定做的,沒有賣現成的。　若是實牢價兒③,我就買幾個。　儞要的價兒太差遠了。　儞明天上橫濱去的時候兒,想着帶兩隻火腿來。　家裏白擱着好些個,儞又買做甚麼?　越買越揚,不要買他的了。　早知道這麼長錢,去年該多買下幾個。　他買下的,彀吃一年的了。　那些貨各舖子都賣短了,所買不着。　儞要買皮箱啊,到小市兒去買,要甚麼樣有甚麼樣。　我的話他不大懂,儞替我叫他再落點兒價錢。他說這是到家的價兒,再少了就賣不着了。　儞要打躉兒買,我可以讓點兒價錢。　若是零賣,就是這個價兒。　買的時候兒,我没理會有毛病,到家就看出來了。　現在市上買主兒多,賣主兒少。　現在買怕不上算④,過年再買罷。　儞到南紙店去買,甚麼樣兒的文具都有。　會買的不如會賣的。　圖賤買老牛。　寧買不值,少買吃食。　賣瓜的不説瓜苦。　收買古玩。　俗言説:"賒賣八當十。"還是現錢買現貨。　得了便宜買乖。　買空兒賣空兒。

第四

　　現在我要改裝了。　因爲是在内地遊歷,穿中國的服色方便些。　做一套常行⑤的衣裳,大概得多少錢?　平常的衣裳還是穿布的時候兒多。　做一件綢子布衫兒要多少尺?　砍肩兒⑥還是墨本緞兒的好,可是我要紫的。　穿馬褂兒規矩點兒。　拿鐵線紗做長衫兒,又涼快又好看。　夏布汗褟兒,穿着最舒服。　夏天人都愛穿兩截兒布衫兒。　儞還得拿把扇子。

---

① 糠貨:劣質產品。
② 饒:白送。
③ 實牢價兒:實實在在的價格。
④ 上算:合算。
⑤ 常行:平常,普通。
⑥ 砍肩兒:坎肩兒。

我這麼打扮起來,也像一個中國人罷? 穿洋布和哈喇,爲的是省錢。 四季兒的衣裳,就是皮衣裳貴。 若真講究好的,沒價錢。 貂皮頂貴,一千兩銀子一件的都有。

現在改裝了,我要租房子了。 那兒有房子,您給找一找。 店裏住太亂。 租廟裏的房子也行。 在人家兒住,還不大方便罷。 我總願意住正房。 頂好是獨門獨院兒。 房子好找,街坊不好搭。 那處房儞看過沒有? 那個房子我倒很中意,就是房租太大,我租不起。 新搬去的得拜街坊。 總是自己去遞名片。 這房子沒有臭蟲罷? 有井沒有? 院子沒樹太熱。城裏的房子貴,總得一塊錢一間。 我們租三間就彀了,另外還得有厨房。還得找一個底下人會做飯的纔好。 沒有許多的事,就是做飯拾掇屋子。一個月給三塊錢的工錢,飯可是我們管。 叫他包飯,或是開賬都行。 人要妥靠的,不要吃大煙的。

第五

這位是誰? 您給我引薦引薦。 久仰大名。 請教台甫。 請隨便別拘泥。 您請寬坐。 一向少見。 一向短過去請安。 這一向您好啊。改日到府上拜訪去。 我要告假了。 我失陪了。 偺們改天見。 沒事可以常來。 您請治公①罷。 我在家裏恭候。 偺們兩便②罷。 我有一件事奉懇③您。 我不好意思說。 這有甚麼難呢? 儞只管說。 我必盡心。我必效勞的。 前兒失迎得很。

昨兒儞賞東西謝謝。叫您花錢費心。 回家替我問太太好。 今兒給您道喜來了。 恕我來遲了。 路上都好啊? 行李都到齊了麼? 海面上沒甚麼舩悞麼? 路上承您照拂。 人地生疎,求您照應。 這是某人給您介紹的信。 我來的實在冒昧。 底下求您多指教。 令尊大人精神很好。 他的養法好。 您的造化大。 貴恙好了沒有? 時令不正,您得多留神。您這麼費心,我實在過意不去。 今兒沒預備甚麼,請您多用點兒罷。 屢次的討擾,我實在不好意思。

---

① 治公:上門拜訪時,發現對方有事,告辭時說"您治公"。
② 兩便:彼此方便(多用作套語)。
③ 奉懇:懇求對方的敬辭。

失陪失陪。　承問承問。　別送別送。　恭喜恭喜。　大喜大喜。　討擾討擾。　得罪得罪。　叫您費心。　叫您見笑。　叫您受累。　叫您多禮。　承您過獎。　蒙您厚賜。　實在盛設。　實在簡慢。　實在抱愧。　對不起您。　簡慢您。　請您寬恕。

第六

您來了。　您用甚麼東西？　我們不打價兒①。東西好，價錢便宜。　底下您多照顧。　掌櫃的貴姓？　寶號是甚麼？　這程子買賣好啊？　這是新到的貨，您用點兒罷。　不對路的，可以退回來。　價錢太貴，讓一點兒罷。您說您給多少錢。　這是照本兒賣給您的。　一塊錢一個，少了不賣。　您不用駁價兒②了。　我們不能多算您的錢。　您不用給現錢了。　給您記上賬罷。　倆邀一邀有多少斤。　倆們零賣不零賣？　倆要多少定銀？　今兒怎麼個行市？　行市又起了一點兒了。　一塊洋錢合多兒錢？　給倆五吊票子。　倆有樣子沒有？　這個花樣兒太老，我要時興的。　山東綢子用處最寬。　一疋是有多少尺啊？　這個合多兒錢一尺？　我要素的，不要帶花兒的。　您不用別的了麼？　我給您送到府上罷。　這幾年洋貨很興時③。這宗貨銷路廣。　他販的貨很對中國人的路。　他是做買賣的好手。　今年絲的行市很微。　市上有好些個貨沒賣出去。　那個銀行是很靠得住的，怎麼會虧空了？　他全賠在滙水④上了。　某國是日本的一個大銷路。

第七

貴學校是幾年卒業？　每月多少學費？　連學費帶火食，都算在其內。通共分幾班？　現在新添了科目了。　請的是北京先生。　報考的已經過了數兒了。　學校的規模很可觀。　學校的規矩很嚴。　現在有住學的沒有？他們的先生教法很好，學生也很認真。　現在普通學都學好了，該入專門了。考在前列的，都有獎賞。　不論留學那國，總得學那國的真道理纔行。　説

---

① 打價兒：還價。也説"打價錢"。
② 駁價兒：講價。
③ 興時：流行，時髦。
④ 滙水：在銀行或郵局辦理業務匯款時，按匯款金額所收的手續費。

洋學有益處,固然可以學。若是學了洋學,把本來的學問都扔了,那也太難了。

第八

清太祖是個英雄。　頭一代是順治皇上。　聖祖就是康熙皇上,他可以說得起是聖人。　雍正上諭,竟説做官的弊病。　乾隆是清朝最興旺的時候兒,國富民殷。皇上南巡了兩遭,那算是個盛典。　嘉道以後,就漸漸兒的衰微起來了。　咸豐年間,長髮賊鬧的正盛,英法聯軍也到了北京了,皇上上熱河避難去了。　國運和人的運氣一樣,有盛有衰。　共和也罷,立憲也罷,若是能有保護百姓的人,天下就可以得平安了,所以說:"保民而王,莫之能禦也。"　不是必得拿着刀去害人纔説殺,就拿一個壞法子去治理人,也是和拿刀去殺人是一樣的。"天下惡乎定?""定於一。""孰能一之?""不嗜殺人者能一之。"治理中國的法子,易於反掌,不過是保民而已矣。

第九

相與合作	圓滿解決	實際問題	交換意見	最要關鍵
所關尤鉅	開誠布公	中外宣傳	外交內政	日緊一日
是否可行	尚屬疑問	惟一方法	特殊事情	國策遂行
期無遺憾	社會組織	矛盾亦甚	國際協調	有無相通
內容複雜	發表聲明	競爭場裏	熱心研究	生產過剩
民生日蹙	經濟恐慌	金融切迫	生活程度	智識階級
時代不同	情形各別	大有關係	無些影響	以工代賑
生死關頭	制其機先	主客倒置	不即不離	不聞不問
慣用手段	何濟於事	既往不咎	轉禍爲福	車薪杯水
燎原之火	臨陣磨鎗	緩不及急	物極必反	捲土重來
嫁禍於人	居心叵測	弱肉強食	優勝劣敗	大同小異
少見多怪	莫名其妙	何堪設想	一言蔽之	談何容易
聞一知十	專心致志	欲罷不能	中道而廢	道聽途説
朝聞夕死	賢賢易色	孜孜爲善	亡羊補牢	綢繆未雨
何子之迂	猶勝于己	此日何日	敵國外患	外強內乾
羊質虎皮	人心不同	各如其面	衣不如新	人不如故
得隴望蜀	苦不知足	人定勝天	倒行逆施	三日不見

刮目而待	運用之妙	存乎一心	雖有利器	不如待時
樂天知命	安分守己	滿腔熱血	舉國一致	慷慨赴難
敵王所愾	大公無私	王道蕩蕩	虛心坦懷	光風霽月
夙興夜寐	民之父母	得道多助	吉人天相	人各爲主
易地皆然	彼亦人子	盜賊王臣	新進喜功	庸人誤國
宴安鴆毒	虎頭蛇尾	天步艱難	無代無之	玉成於女(汝)
國士無雙	大江東去	天限南北	美哉山河	龍盤虎踞
禍在蕭牆	土崩瓦解	政者正也	無信不立	天道無親
常與於善	善隣親仁	惟國之寶	國君好仁	天下無敵
保民而王	易於反掌	己所不欲	勿施於人	夫子之道
忠恕而已				

第十

　　滿招損，謙受益。　履霜堅冰至。　知幾其神乎。　積善之家，必有餘慶。　言忠信行篤敬。　德不孤必有鄰。　苟日新，日日新，又日新。　工欲善其事，必先利其器。　學如不及，猶恐失之。　他山之石，可以攻玉。　舜何人也，我何人也，有爲者亦若是。　後生可畏，焉知來者之不如今也。　內省不疚。　雖千萬人吾往矣。　我知言，我善養吾浩然之氣。　苟得其養，無物不長；苟失其養，無物不消。　中人以上可以語上也，中人以下不可以語上也。　鸚鵡能言，不離飛鳥。猩猩能言，不離禽獸。今人而無禮，雖能言，不亦禽獸之心乎？　相鼠有皮，人而無儀。人而無儀，不死何爲？　父兮生我，母兮鞠我。　惟桑與梓，必恭敬止。　女(汝)朝去而晚來，則吾倚門而望。女(汝)暮出而不還，則吾倚閭而望。　何哉汝所謂强者？南方之强與？北方之强與？抑汝强與？　行己①有耻，使於四方，不辱君命，可謂士矣。　士不可以不弘毅，任重而道遠。　待文王而後興者凡民也，若夫豪傑之士，雖無文王猶興。　過我門而不入我室，我不憾焉者，其惟鄉原乎！鄉原德之賊也。　靜以修身，儉以養德。非澹泊無以明志，非寧静無以致遠。　臣死之日，不使內有餘帛，外有盈財，以負陛下也。

　　亮說權曰："海內大亂，將軍起兵，據有江東。劉豫州亦收眾漢南，與曹操

---

① 己：原作"已"。

立争天下。今操芟荑大難,略已平矣,遂破荊州,威震四海,英雄無所用武,故豫州遁逃至此。將軍量力而處之。若能以吳越之衆,與中國抗衡,不如早與之絕;若不能當,何不案兵束甲,北面而事之?今將軍外託服從之名,而內懷猶豫之計,事急而不斷,禍至無日矣。"權曰:"苟如君言,劉豫州何不遂事之乎?"亮曰:"田橫齊之壯士耳,猶守義不辱。況劉豫州王室之胄,英才蓋世,衆士慕仰,若水之歸海。若事之不濟,此乃天也,安能復為之下乎?"權勃然曰:"吾不能舉全吳之地、十萬之衆受制於人,吾計決矣!"

第十一

既醉以酒,既飽以德。
縱我不往,子寧不嗣音。
我心匪席,不可捲也。
兄弟鬩于墻①,外禦其侮。
豈曰無衣,與子同袍。
旅力方剛,經營四方。
君子屢盟,亂是用長。
德音莫違,及爾同死。
他人有心,予忖度之。
既明且哲,以保其身。
豈其食魚,必河之魴。
莫赤匪狐,莫黑匪烏。
逝將去女,適彼樂土。
惠此中國,以綏四方。
周雖舊邦,其命維新。
吉甫作誦,穆如清風。
稱彼兕觥,萬壽無疆。

一日不見,如三秋兮。
我心匪石,不可轉也。
風雨如晦,雞鳴不已。
擊鼓其鏜,踊躍用兵。
王事多難,不遑啟居。
靡不有初,鮮克有終。
黽勉同心,不宜有怒。
不自我先,不自我後。
鶴鳴于九皋,聲聞于天。
衡門之下,可以棲遲。

具曰吾聖,誰知烏之雌雄。
豈弟君子,民之攸歸。
予懷明德,不大聲以色。
濟濟多士,文王以寧。
如月之恒,如日之升,如南山之壽。

---

① 鬩墻:弟兄們在家互相爭吵,比喻内部不和。鬩:爭吵。

家庭常語

北京 張廷彥 編

侍老

您起來了。 您請喝茶。 我給您裝一袋烟罷。 您今兒出門麼？ 您上那兒去？ 您是一早走,是吃了飯走啊？ 我給您預備飯去。 您穿甚麼衣裳？ 今兒天熱,您穿夾襖罷。 您是穿坎肩兒,是穿馬褂兒？ 我給您擓①一擓。 我給您拿上褶兒②。 您回來了。 您乏了罷？ 您擦擦臉罷。 您換衣裳罷。 妹妹,張羅阿媽洗臉。 我疊完了衣裳,給您做飯罷。 您先喝酒罷,飯這就得。 今兒街上土大不大？ 今兒家裏没人來。 今兒我舅舅來了。 瞧您來了,没甚麽事。 您今兒早歇着罷。 您還要甚麼不要了？ 炕都鋪好了。 痰盒兒、蠟燈、烟袋甚麽的,都給您豫備好了。 您請歇着罷。

臨幼

兄弟該起來了。 九點鐘了,儞快上學罷。 放了學就回家,别在外頭玩兒。 儞回來了。 怎麽這麽早就回來了？ 好好兒的玩兒去罷,别淘氣。 他比儞小,儞得讓着他。 儞帶他上街去罷。 小心車馬,儞老拉着他。 别去遠了,快點兒回來。 給儞錢,給他買點兒玩藝兒來。 他若走不動了,您把他抱回來。

款客

初見

您貴姓？ 您府上在那兒住？ 您是張二叔啊？ 我阿媽没在家。 您請進來坐罷。 常聽我阿媽提您,偺們爺兒倆没見過。 我二嬸兒好啊？

---

① 擓:捴,扯。
② 褶兒:長袍。也說"褶子"。

我兄弟、妹妹好啊？　您請喝茶。　您找我阿媽有事麼？　叫您惦記着。是，等他回來，我替您説，您多坐會兒罷。勞您駕。　您到家，替我説給二嬸兒請安，問我妹妹好。

常會

大舅母來了。　您好啊，我舅舅好啊？　您怎麼老没來了？　我正盼您來哪。　今兒您可別忙着走了。　您怎麼没帶我妹妹來啊？　今兒您不住下麼？那麼把車打發回去罷。　偺們娘兒倆説一天話兒，晚上再回去。　您不論怎麼説，也不叫您走，您在這兒屈尊一天罷。　我舅舅的差使好啊？　今兒這麼大熱的天，您大遠的來瞧我們，您還賞東西，謝謝舅母。

我母親今兒行人情①去了，臨走的時候兒説，若是舅母來了，可別叫走，大概不坐晚席就回來，您想我若留不下您，我母親不説我麼？　我今兒也不給您預備甚麼。　家常飯您還不賞臉麼？　您別粧假，您用的當了？　您請漱口。您不吃梹榔②麼？　您請吃煙。

行情

您大喜了。　今兒我母親本應當親自來給您道喜來。因爲前兩天着了點兒涼，還没大好哪。所以打發姪女兒來，給您道喜。也没得給我（兄弟）（妹々）預備點兒甚麼（交分子）（遞拜匣）（請一個安）。　甚麼時候兒發轎啊？女家在那兒住？　娶親太太是誰啊？　（入席）我不忙哪，您先讓外客，我又不是外人，應當替您張羅張羅。

我不敢那麼坐。　遵命了。　我先要和大娘告假。　叫您受累。

那兒的話呢。　您煩惱。　實在想不到他過去了。　我父母打發我給您道惱來了。　這是給我叔叔打紙的，您別膁人了。　明兒甚麼時候兒起槓啊？您想開了罷？　他的壽數到了，没法子。　他的塋地在甚麼地方兒？（入席告辭同前）

---

① 行人情：前往親友的喜事或喪事，送財物表示慶賀或弔唁。

② 梹榔：檳榔。

讀書

先生好啊！　請教先生，我應當先念甚麼書？　這句話的意思，我不大明白。　請先生再講一回。　這個字是那一聲？　有氣没氣？　這句話那個字重念？　我說的對不對？　我的口音怎麼樣？　這個字怎麼寫？　明兒學生有事，跟先生告一天假。　這兒有點兒粗東西，是學生孝敬先生的。　該上學了。　我打學房回來。　每天有兩點鐘的功課。　我學作詩哪。　我學畫畫兒哪。　我是二班的學生。　我們同班的是十個人。　明兒先生有事，放一天學。　我會說幾句，還說不好，請您多指教。　我的資質鈍，老學不好。　承您過獎了。

應酬須知

請教先生，我要到貴國去，不知道見人的禮節，怕是得罪人，請您指教指教。　那麼我可以大概說一說罷。

頭一次見面的人，儞可以問他貴姓、貴台甫、貴厲、貴衙門，千萬不可問他的名字，若問名字，他就惱了。

見過兩三次的人，就是忘了他的姓和號，也不可以再問了。若再問，他也不願意，因爲他想儞没把他擱在心裏。儞可以問尊父母都在堂啊？貴昆仲幾位？貴庚（高壽）？儞還得知道他好甚麼事，着比他好吃烟，儞別說吃烟有害；他好喝酒，儞別說喝酒有傷。這都是應酬世故的好法子。

儞去拜客，若是主人敬烟、倒茶，儞得站起來。就是底下人送茶，儞也得點點頭。若不這麼着，就算是狂傲，人就不喜歡儞。

儞既是客，儞得看出主人是忙是閒來。若没甚麼可談的，別坐的工夫太大了，招人心裏不願意。儞若約他逛去，或是約他吃飯，没有一說就應的理。他必推辭有事，儞別信以爲實，再切實的約他一回。他若肯擾，就應了；若實在有事，也就別再勉強了。

儞若作主人的時候兒，更得留神了。有客來拜儞，遠朋友儞得迎到門口兒，近朋友迎到屋門。

若等客進了屋子，儞纔打椅子上站起來，那就算不恭敬。有一回我和一個外國人告辭,他連椅子都没下。我打那兒永遠不理他了。他雖是没心,我總疑惑①他有意瞧不起我。送客無論遠近,總得送到門外頭。陪客説話,得滿面笑容,没話兒找話兒,客纔坐得住哪。這雖是浮面子②上的小過節兒,可也是萬不可忽略的。

着比拜客去,無論與主人怎麽近的交情,總是到門上,招呼一聲兒,不可一直的進裏頭去。

着比有三四位客同時來拜,應酬更難。若可以讓到一塊兒的,就讓到一塊兒。人人兒都得周旋幾句話,不能竟和一個人説。若是有要緊得説的話,得先和别位説:"願恕我,我和某兄幾句要緊的話,儞們幾位先談着。"

與堂客來往,尤其禮多。總得處處拘謹,不能大説大笑,就是正經話裏頭,也有好些不能説的。凡堂客梳頭、帶花兒、穿衣裳鞋甚麽的,愿都别加讚語。

若朋友帶着家眷們,千萬别光着脚去。給客倒茶,别倒半碗兒,喝了趕緊的倒。送禮總要雙的,不要單的,二、四、六、八都可以。這都是僧們兩國相反的風俗,不可不知道的。

急就篇 終

---

① 疑惑:懷疑。
② 浮面子:表面的社交關係。

昭和八年六月二十日百二十六版
昭和八年十月二日改訂初版印刷
昭和八年十月五日改訂初版發行
昭和十二年五月二十日改訂二十版發行
昭和十四年二月五日改訂三十版發行
昭和十四年三月廿五日改訂卅二版發行
昭和十四年五月十五日改訂卅三版發行
昭和十四年六月十五日改訂卅四版發行
昭和十四年七月五日改訂卅五版發行
昭和十四年十月五日改訂卅六版發行
昭和十四年十一月五日改訂卅七版發行
昭和十四年十二月十五日改訂卅八版發行
昭和十五年一月十日改訂卅九版發行
昭和十五年一月二十日改訂四十版發行
昭和十五年二月十日改訂四一版發行
昭和十五年二月二十日改訂四二版發行

改訂急就篇　　【定價金六十錢】

不許飜刻翻譯

　編輯者　東京市澁谷區千駄谷町五丁目八三七番地　　宮島大八
　印刷人　東京市牛込區市谷加賀町一丁目十二番地　　小坂孟
　發行所　東京市麴町區麴町五丁目七ノ二　　善鄰書院
　印刷所　東京市牛込區市谷加賀町一丁目十二番地　　大日本印刷株式會社
　發賣所　東京市本鄉區本鄉二丁目二番地　　文求堂書店

官話續急就篇

解 題

　　《官話續急就篇》全文係手抄，無序文、刊記、版權頁、編者及刊行時間，亦未記載發行所。封面有模糊字迹"宮島大八宛，手澤本"，全書末尾落款記有"宮島先生存，昭和十年三月十二日，康樹蔭妄書"，可見該書的編著時間至遲在1935年。

　　宮島大八(1867－1943)，本名宮島吉美，日本明治至昭和初期著名書法家、漢語教育家。宮島大八曾就讀於東京外國語學校漢語科，明治二十年(1887)前往中國，在中國師從張裕釗(字廉卿)學習漢文與書法。明治二十七年(1894)歸國，先後任帝國大學文科大學講師、高等商業學校附屬外國語學校主任教授。於1895年創辦"咏歸舍"，後發展爲善鄰書院，對當時的漢語教育影響甚著。

　　此次整理的《官話續急就篇》爲手寫稿之影印本，查考19世紀末至20世紀前期在日本出版的漢語教科書列表，此書並不在列，可推測其當時並未正式出版。據封面的"宮島大八宛，手澤本"(日語意爲"送與宮島大八，生前愛讀之書")，疑鈔本爲某人遺物。而落款"宮島先生存，昭和十年三月十二日，康樹蔭妄書"的時間"昭和十年"(1935)，此時宮島大八尚健在，疑封面的題字可能爲後人所加，但此書的來龍去脉還有待進一步考證。

　　可以確定的是，《官話續急就篇》的內容與後來出版的《續急就篇》(1941)有着很深的關聯。《續急就篇》有《續急就篇》(試用本)和《續急就篇》兩個版本(此二種均收入六角恒廣《中國語教本類集成》第二集第一卷)。《續急就篇》(試用本)沒有刊行日期，沒有目次，只有正文，由37章64頁構成，據六角恒廣介紹，這是供善鄰書院內部使用的教科書。昭和十六年(1941)，善鄰書院在《續急就篇》(試用本)的基礎上删補發行了《續急就篇》，共30章91頁。

　　我們將《官話續急就篇》(A)、《續急就篇》(試用本)(B)和《續急就篇》(C)進行了比較，可以看出三者的版本關係(數字爲該書章節序號，加黑部分表示不同)。

　　A32：啊，您來了。今兒您趕上雨了。
　　　　　好雨好雨。敝國有一句俗語兒説"春雨貴如油"麽。

　　　　您沒在路上淋着啊？
　　　　沒有，我是下過去這才出來的。
　　　　這場雨真痛快，我想莊稼人一定樂極了。
　B31：啊，您來了。
　　　　好雨好雨。
　　　　您沒在路上淋着啊？
　　　　沒有，我是下過去這才出來的。
　　　　這場真**痛快**，我想莊稼人**總該**樂極了。
　C20：啊，您來了。
　　　　好雨好雨。
　　　　您沒在路上淋着啊？
　　　　沒有，我是下過去這才出來的。
　　　　這場真**通快**，我想莊稼人**總該**樂極了。

以上可見另外兩種對《官話續急就篇》的刪改。再如《官話續急就篇》第一章，《續急就篇》（試用本）有不少改動，《續急就篇》則完全刪掉了這一章。

　A1：前天您到舍下，實在慢待得很，我今天給您謝步來，**就手兒**給您送那兩封信來了。
　　　　不敢當，您派人送來就**得了**，何必又親自來呢？
　　　　那兒的話呢？您有日子榮行麼？
　B1：前天您到舍下，**實**在慢待得很，我今天給您謝步來，**就着**給您送那兩封信來了。
　　　　不敢當，您派人送來就**行**，何必又親自來**哪**？
　　　　好說。您有日子榮行麼？

通過以上比較可以看到，《官話續急就篇》的"就手兒""得了""那兒的話呢"等更體現了北京口語的語言特點，對今天研究北京話的發展變化具有較大意義。

目 録

第一章　回拜敘別 …………………………… 145
第二章　招待旅客 …………………………… 145
第三章　續 …………………………………… 146
第四章　使令店夥 …………………………… 147
第五章　初見拜會 …………………………… 147
第六章　代租寓所 …………………………… 148
第七章　求聘西席 …………………………… 149
第八章　請妥西席 …………………………… 150
第九章　西席會談 …………………………… 151
第十章　功課入手 …………………………… 152
第十一章　捷徑法則 ………………………… 152
第十二章　花鳥談論 ………………………… 153
第十三章　僑民情形 ………………………… 154
第十四章　韻目用法 ………………………… 155
第十五章　參觀航空場 ……………………… 157
第十六章　考查北平原名變更 ……………… 158
第十七章　報紙幣制詳情 …………………… 158
第十八章　官民關係 ………………………… 160
第十九章　北平繁華處所 …………………… 161
第二十章　水之優劣 ………………………… 162
第二十一章　論煤需要 ……………………… 163
第二十二章　民亂根由 ……………………… 164
第二十三章　節氣非能效法西洋 …………… 165
第二十四章　交通關係民生 ………………… 165
第二十五章　輪船便利 ……………………… 166
第二十六章　暑熱關精神 …………………… 167

第二十七章　鳥語悠閒…………………………………………… 168
第二十八章　語學關切…………………………………………… 169
第二十九章　藉避暑遊歷蒙古…………………………………… 170
第三十章　　續…………………………………………………… 171
第三十一章　蒙古人民生活狀況………………………………… 172
第三十二章　宴客莊舘分別……………………………………… 173
第三十三章　續…………………………………………………… 174
第三十四章　度舊曆臘八情形…………………………………… 175
第三十五章　拜賀新年…………………………………………… 176
第三十六章　約友閒遊…………………………………………… 177
第三十七章　談舊式學房開學典禮……………………………… 178
第三十八章　談汕頭地震及方言之不同………………………… 179
第三十九章　優孟衣冠…………………………………………… 181

第一章　回拜敘別

前天您到舍下，實在慢待①得很，我今天給您謝步②來，就手兒③給您送那兩封信來了。

不敢當，您派人送來就得了，何必又親自來呢？

那兒的話呢。您有日子榮行麼？

定規是後天一早走。

那麼我到那天再來送行吧。

那可不敢再勞駕了。以後要有甚麼事情，偺們常常兒的通信就得了。

那麼我就尊命了。您到了北平見着他們二位，替我問好吧。

那是一定的，再見再見！

第二章　招待旅客

您將④下船。

啊。

請您到我們棧裏住去吧。

您們棧房在那兒？甚麼字號？

在紫竹林，離這兒很近的。字號是"佛照樓"。我們的房屋也寬大，應酬又週到，請您上那兒住吧。

好吧，你把我的東西都給照應好了。

請您放心，所有過關甚麼的，都有我們管呢。給您一張仿單⑤，請您一直

---

① 慢待：客套話，怠慢，招待不周到。
② 謝步：親友前來拜訪或賀喜、吊唁，事後回拜道謝。
③ 就手兒：順手，順便。也說"就勢兒""就事兒"。
④ 底本"將"旁邊有"要"字，列此備考。
⑤ 仿單：招攬顧客的廣告紙。

的到棧房裏,那兒有人先接待您納。

第三章 續

您來了,剛下船麼?
可不是麼。我的行李交給你們那個夥計了。
是了,沒錯兒。您一位麼?
一個人。我要住三等房,給我找一間乾净的。
是了,請您上樓吧。您瞧這一間怎麼樣?
就是他吧。你叫茶房先給打盆臉水來。
您用過飯了麼?
沒哪。
那麼這就給您開飯來吧?
也好。
某先生,您的行李①都給您搬上來了,您瞧對不對?
不錯,就手兒都搬到屋裏來吧。
您解②這兒上那兒啊?
我往北平去。
您得住幾天了吧?
我打算明天走。
您坐那盪車走啊?
我想坐快車。
快車是明天天亮五點鐘,那麼明天一早再叫夥計送您上車吧。我要失陪了,請您也歇着吧。
就是。

---

① 李:原作"裏"。
② 解:從,自,表示起點。

第四章　使令店夥

夥計，你這兒來，給我雇輛洋車去。

您上那兒？

我先到日本公使舘，然後再到蘇州胡同，不上別處去，就回來。務必先和他講好了價錢，省的回頭爭競①。

是。先生，車雇來了，說明白了是六毛錢。

好吧，你告訴他這就走。

是。

第五章　初見拜會

某先生在家麼？

在家哪，您貴姓？

這兒有名片兒，還有一封信，你給拿進去，就提我是新解東京來的，要拜會你們先生。

是，我們老爺說，請您裡邊坐。

久仰久仰。

彼此彼此。

閣下是幾時到的？

昨天晚上。

路上都平安吧？

托福還好。

前天接到惠南兄的一封信，提您要到敝國來留學。我總料着還得待幾天哪，沒想到閣下今天就到了，實在失迎的很呢。

---

① 爭競：爭執。

豈敢豈敢，給您添麻煩。

好說好說。那信內所說的，兄弟都知道了。以後有甚麼事情，只管盼咐，兄弟是必要盡①力的。

承您關照，我是初②次到貴國來，人地未免生疎。所有的事情，總要求您多指教。

豈敢。可是您現在那兒住着呢？

我在西河沿正陽旅③舘裡。

客店裡亂吧？

到④没甚麼的。

可是這回來，是為專學中國話來了？

打算租兩間清静的房子，好得用功。

敝國的房子倒有租給貴國人的，我給您找一找，大概總行吧。

那好極了，就求您費心吧。

某先生還給我介紹了一位某先生，在教育部作事，我想您該認識吧？

不錯，我們倆是熟人。

他公舘在那兒？

在舊刑部街西頭路南。

那麼我要和您告假，就此拜訪他去。

我也不留您哪，改日再過去回拜。

不敢當，請留步。

第六章　代租寓所

先生，有客來了。

請進來吧。

---

① 盡：原作"進"。
② 初：初。
③ 旅：旅。
④ 到：倒。

前天勞您駕，今特意來謝步。

太多禮了。

上次所談找房子的事情，現在已經找着了兩處：一處獨門獨院兒，一共有六間房；一處是兩間。都在東單牌樓附近，於用功尚不至於太亂。敝友還有兩間房，可以和閣下同住。那個人很開通，學問也不錯。若是願意在他那兒住，似乎比別處方便些。您以為如何呢？

我本來願意住在貴國人的家裡，一來學話不費難①，二來多認識朋友。既是令友肯賞臉，我是求之不得的。可有一層，像飲食甚麼的，又該怎麼辦②？

那沒甚麼不好辦的，就叫敝友的底下人代手兒伺候您也可以。要不然，您再單找一個人，也未為不可。

我倒願意不找人，只是太遭擾③人家，實在是不好意思的。

那倒不要緊的，您既有這個意思，我給您提到了就行了。

那好極了，所有一切的事情，還得求您分心代辦。偺們這樣兒的交情，我也不說感激的話了。

第七章　求聘西席

老兄，又有幾天没見了。

可不是麼，您搬過去合式啊？

很好很好。令友不但人開通，而且學問又淵博。兄弟起居飲食一切，他的管家格外的服侍慇懃，我倒有些過意不去了。總而言之，這都是您的抬愛。

您說的太重了，既是於您合式，我倒覺着很痛快。

但是還有一件無厭④之求，我想非托您辦不可。

您請說，如果我能辦，必要効勞的。

我是請兩位先生。

---

① 費難：費事作難。
② 底本多將"辦"作"辨"，以下不再一一注明。
③ 遭擾：打擾，受到招待。
④ 無厭：不滿足，指過分，超出限度。

您是要請那一路的？

總得學問好一點兒的。因為我學話之外，帶着學點尺牘①甚麼的。

教話的先生倒不難，文學深的一時恐怕沒有相當的。等我慢慢的想一想。

那麼就先請位教話的先生吧。

好吧，我趕緊給您請去。

您多分心吧，過兩天我再來打聽信吧。

就是就是。

第八章　請妥西席

天所暖和了。

可不是麼。您這兩天作何消遣呢？

沒有，竟給朋友寫信哪。

您以前說的請先生，我已然找着了。

費心費心。

那兒的話呢。

可是一位還是兩位呢？

是兩位。教話的是我的朋友，姓趙，號叫立言。教文的那一位，是莫兄給薦的，姓王，字芝俊。那位趙先生，他向來教官話，於教話上很有些經驗的。那位既是莫兄認識的，大約着總不會錯的。可不知道您願意不願意？

好極了，我既求您請，豈有不願意的呢？就求您同着我去見那兩位，好定規日子念書。

不用了，請您定個日子，我同着他們上您這兒來就是了。

那未免太勞駕了。

那不要緊的。究竟是多喒哪？

據我想，不可太耽延日子。今天是礼拜六，後天礼拜一最好，就可以請他

---

① 尺牘：書信，此處指書信等實用文體。

們來上舘。束修①那一層,又該當怎麼樣呢?

那倒好辦。貴國人請先生向來有一定的規矩,您也照例辦就行了。

很好很好。

我也要失陪了,偺們到那天再見吧。

您慢走,我不遠送了。

第九章 西席會談

我給您引見引見,這位是趙先生,這位是莫兄的朋友王先生。

久仰久仰。

彼此彼此。

請坐請坐。

不拘不拘。

前天我聽某兄說二位的學問很高,我就想着拜望去。今天倒先勞大駕,實在對不住。

那兒的話呢,我們一見如故,倒不用這麼客氣。

兄弟此次到北平來,打算要學貴國的語言文字。往後除礼拜之外,就求您天天兒到敝寓來,以便時常請益。

豈敢。就是我們文學淺薄,惟恐怕有負雅望。閣下如果不嫌棄,我們常來討論。

感謝感謝。今天初次見面,倒不便立刻用功,請趙先生由明天上午九點來,下午兩點鐘到四點鐘,請王先生教漢文。

是是。偺們趕明天再見吧。

您彼此都說妥了,明天就請二位來,我可不奉陪了。

---

① 束修:束脩,送給教師的酬金。

第十章　功課入手

先生您來了，請坐。

隨便坐。

今天是頭一天領教，務必求多費心，叫我快進步。

那是自然的，一定將我所知貢献閣下。可不知道您要學話是從何處學起呢？

向來敝國人留學的，他們都專學官話，至於寫信甚麼的，可不大講究。所以臨辦起事來，就覺着種種不便了。我想着另開生面，一個時辰領教説話，其餘的時間講尺牘和時文。還有一層要緊的，貴國的風俗人情，敝國人更得曉得的，能夠有甚麼捷徑，請閣下畧示一二。

閣下既學過官話，四聲甚麼的想必知道了。但是話條子①的書不下好幾十種，似乎得挑好一點兒的念，這纔不枉費工夫。比方《水滸》《三國誌》《紅樓夢》《兒女英雄傳》甚麼的，這些書文筆很好，話也通用。其中雖有不興時的話，倒也没甚麼妨碍。至於寫信一節，先得知道那體裁，然後再學着下筆。如果從今日為始，每日作一篇，有多半年的工夫也差不多會了。再説時文，倒不必求其深奥。請您看一分大報，按着所載的事情，天天兒您念我講，照着這麽辦，不但作文學話，連敝國的風俗人情也能知道十之八九了。您想一想，學話的這門捷徑還有比這個好的麼？

聽起這番議論來，足見的教育有法，欽佩之至。我從此就請先生按着所説的教吧。

第十一章　捷徑法則

閣下用過飯了麼？

---

①　話條子：原指記有口語的紙條，後泛指學話的資料和書籍。

偏過會兒了，我竟候着您納。

趙先生今天來了沒有？

來了，走了。

都念些甚麼？

是官話。至於我請先生，所為的學文字，語言在其次。因其甚麼呢？文學是言語的根基，若一味舍本求末，也沒大益處。惟是漢文浩如淵海，我在這兒雖然不過三年，總打算知其大概。先生可有甚麼高見麼？

您的見解却不錯，可是我也有個愚見。學文比不了學話，非十年的工夫，怕學不到好處。既是您在這兒不長，倒要想個事半功倍的法子纔好。

先生說的正合我的意思，究竟是怎麼個學法呢？就請您先說一說。

我想經書最要緊，可是一兩年絕念不完。倒不如先念四書，念完了如有餘力，跟着再念念五經。其次就屬史書了，看史書總是看編年的好，編年的又以《資治通鑑》為最全。然而這部書甚多，若沒真工夫，恐怕不容易看，最好是先挑着簡便一點兒的，像《通鑑輯要》或《易知錄》《鑑撮》等書過過目。過目的時候兒，即把歷朝的事蹟留心記一記。然後只要有餘暇，再願往深裹①追求也未為不可。再進一層說，從古至今所有政治民情的關係，滿②出在念四史上。就以現時而論吧，外面上瞧着很複雜，其實是陳陳相因，一點也沒大改變。若不看史書，又從何處知道這裡頭的真相呢？閣下係有志之士，可謂先研③究中國的歷史，一面再考察風俗。照這麼一互相印證起來，趕到年滿，於中國的事情大概齊④也就可以了然了。

果然高明！這些話於用功上真是大關鍵，我從此就遵命吧。

第十二章　花鳥談論

您在這樹底下做甚麼哪？

---

① 裹：裏。
② 滿：全部。
③ 研：研。
④ 大概齊：大概。

我聽黃鶯叫的很好聽。

您真是雅人深致。可是我想貴國的櫻花目下總開了吧？

按時早謝了，接着又開杜鵑呢。這兒的花現時開的都有甚麼？

現時海棠正盛，過兩天就開芍藥了。

要看芍藥有地方兒麼？

有，上中山公園或頤和園，還有豐台那一帶以花為業的居多。

趕到有工夫我們看看去。

就那麼辦。

可是我昨天出城，走到後孫公園，看見個安徽旅平中學校。這"旅平"倆字不知道有何取義，我向您請教請教。

那可是得一省的人拿出錢來設立的，所為本省人住在北平的，就便①上那兒念書去。

別省的人能去不能呢？

非得各省入各省的不行。

我還看見各處有好些個會舘，有一省的，也有一縣的，數起來不下八十多個，足見貴國人很有同鄉的義氣。

敝國人向來倒是重同鄉，因此纔有這義舉。

這個遺風尚還不失為古道，可佩服。

第十三章　僑民情形

昨天所談的旅平學校是外省人在北平念書的地方兒，那"華僑"倆字，也許是中國人在外國為商的總名兒吧？

您說對了，"僑"字本當旅居講，因此纔有這名詞。

這華僑人數兒您知道有多少麼？

總不只幾十萬吧。

在那國最多呢？

---

① 就便：順便。

屬美國,其次就是南洋了。

聽說他們在外國辦理的很有秩序,而且有團體。要遇見本國用錢,他們又肯捐巨款。像這樣熱心,實不可多得。

誰説不是?因為肯往出拿錢,政府裏頭方能特別的給他們那選舉權呢。

他們應有多少額?

總共六名,都在參議院,衆議院没有。

比如蒙①古甚麼的,各地也有議員麼?

既稱五族共和,所有漢、滿、蒙、回、藏的,人人都有。

可是貴國選舉議員的章程,得多少人選一個呢?

合八十萬人。

兩院共總②有多少名?

總有八百出頭吧。

您説這制度究竟合乎國體民情麼?

怎麽不合?要不合就不能定出這個章程來了。

是是。

第十四章　韻目用法

今兒天氣不妥當,怕要下雨吧?

也許,今兒個可是出了早霞了。

敝國有句俗語兒:"家雀洗澡,必要下雨。"不知道貴國有這樣兒話没有?

我們説:"螞蟻盤③窩,斑鳩叫唤。"這兩樣兒都主④下雨。

很有道理,這些個動物都有靈機,所以天時月令他們都能豫先⑤的知道。

哈哈,這麽説起來,人反不如牠們了吧?偺們竟顧了閒談了,倒忘了正經

---

① 蒙:蒙。
② 共總:總共,一共,合計。
③ 盤:原作"盤"。
④ 主:預示(吉凶禍福、自然變化等)。
⑤ 豫先:預先。

功課了。今天報上登着有甚麼新聞沒有？

沒別的，就有個電報，說是某省的官兵和某省的官兵起了衝突了。

咳，他們老搗亂，倒底①是為甚麼呢？

不用提了，若提起來，連我臉上也無光。

我一時說冒失了，先生可別見怪。我還有件事和您領教，凡是電報的末尾，總有兩個上下挨不上的字，像"東冬虞魚"甚麼的，究竟取其何意呢？

那個字叫作"坐日"，就是發電報日子的記號，因為電報字越②少越好，所以用詩韻，為的是簡便。

我了然了。比方"東"字是初一，"真"字是十一，大概就是這樣兒吧？

對了。

這麼說起來，敝國人要學中國的公文，必須得懂得詩韻這門吧？

豈止公文。凡分門別類的書，像姓氏、地理、年號和《佩文韻府》甚麼的，大半都是按着韻目編成的，若不懂，那兒能一查就查出來呢？

是了，那麼我先把詩韻跟先生念一念吧。

詩韻太多，一時念不完，可以先念念韻目，等念熟了，然後再看韻裏的字吧。

那麼請您這就教給我吧。

您聽我念：

  一東二冬三江四支五微六魚七虞八齊九佳十灰十一真十二文十三元十四寒十五刪

  一先二蕭三肴四豪五歌六麻七陽八庚九青十蒸十一尤十二侵十三覃十四鹽十五咸

  一董二腫三講四紙五尾六語七麌八薺九蟹十賄十一軫十二吻十三阮十四旱十五潸十六銑十七篠十八巧十九皓二十哿二十一馬二十二養二十三梗二十四迥二十五有二十六寢二十七感二十八儉二十九豏

  一送二宋三絳四寘五未六御七遇八霽九泰十卦十一隊十二震十三問十四願十五翰十六諫十七霰十八嘯十九效二十號二十一箇二十二禡二十

---

① 倒底：到底。
② 越：原作"越"。下一"越"字亦然。

三漾二十四敬二十五徑二十六宥二十七沁二十八勘二十九豔三十陷

一屋二沃三覺四質五物六月七曷八黠九屑十藥十一陌十二錫十三職十四緝十五合十六葉十七洽

以上平上去入共一百零六個字，您若常常念，用不了幾天的工夫就能熟了，以後要學作詩甚麼的，也就省事多多了。

實在領教，我就解今天念起吧。

第十五章　參觀航空場

您今天從家裡來麼？
不是，我是到南苑看飛艇去了，看回來之後，纔上您這兒來的。
司機的是那項人？
是航空學校的學生。
飛的好不好？
雖不十分好，可也算不錯。
可是這個南苑在那兒？
離永定門不過二三十里地。
這個地方兒從前是苑囿麼？
可不是麼。從前皇上打獵和看大操的時候就到那兒去。
那麼地方很大吧？
不小，俗名叫"南海子"。不斷的有人逛去。
裡頭可有建築麼？
有幾處兵營，新近又蓋上一座航空學校，所以那些學生們常在那兒演習飛艇。
很好很好，在這戰爭的時代，實在是一種利器，要缺少他是萬萬不行的。
誠然。等改天我陪您看看去，怎麼樣？
參觀我是最願意的，就怕道兒遠，未免的太勞駕了。
那不要緊的，您只知其一不知其二。要是坐汽車去，四十分鐘就到了，還用受累麼？

那麼下禮拜偺們去趟。

就是，明天再見吧。

第十六章　考查北平原名變更

昨兒偺們竟說飛艇來着，沒能說正經的。今兒可以談談了。

您是要問甚麼？

我聽說北平的古名兒叫"燕都"，又叫作"幽燕"，我不知道這個名稱是從那兒興的。

咳，這個名由來已久了。從在堯舜的時代，把天下分了十二州，幽州的地方兒正是現在的北平，所以如今還有時用這個名目。

"幽州"等了然了。那"燕都"又是甚麼意思哪？

當初周朝封列國的時候兒，就把這個地方兒封為燕國，因此北平為"燕都"，或是重復着說"幽燕"。

聽您這麼講我纔明白了，可是還要領教這"北京"的名兒，又是起在那朝哪？

明朝原是在南京建都，至永樂年間，由那兒遷到燕國，纔改稱"北京"。趕清朝入關，一直的到民國，仍用這個名兒，也沒改變。自從民國十七年，革命成功以後，纔改為"北平"。以上所說的不過是大概齊，您要是知道詳細，總得考察史書。

您說的很得要領，可以不必再往細裡考察了。

第十七章　報紙幣制詳情

啊，先生來了。今天很暖和，您走上道熱不熱？

雖說暖和，早晚兒可還有點兒凉。

現在是舊歷①幾月？

是閏二月。

離清明還有多少日子？

也就是四五天吧。

昨天先生說，看報是很長進學問的，可看甚麼報好呢？

報很多，是分大報和小報。

大報和小報有甚麼分別呢？

大報是文言的，小報是白話的。

我自然是要看大報了，究竟是那樣兒好？

都差不多。如果要多知道北方的事情，還是看北平的或是天津的報好。再要知道南邊的事情，自然得看南京、上海出的報。

那麼我這兒有一份《大公報》和《北平晨報》《全民報》《實報》甚麼的，請您指教吧。

可以可以，可是我給怎麼講呢？

我先從頭討教吧。

請說。

第一，這續邊印着"星期日"三個字，我知②道是禮拜，這"星"字兒可是怎麼個道理呢？

中國的舊歷，天天兒以二十八宿來分配，遇見"星、房、虛、昴"這四天，即是禮拜日，永遠不能錯，所以管着"日曜日"叫"星期"，每一週又叫"一星期"。

原來如此。再領教一件事。這《實報》上說："今日四張售大洋三分。""售"是"賣"的意思，我是知道的，這個"大洋"二字是怎麼講呢？

敝國的一塊洋錢換十二毛小洋錢，不能像貴國是的③，一塊洋錢永遠換十毛。所以我們買東西要講明白是大洋是小洋，要說大洋三分，就合十六個銅子。

敢情是這麼個緣故啊。像敝國人新來乍到的，那兒能一時就明白呢？

---

① 歷：曆。
② 知：原作"初"。
③ 是的：似的。

咳,我們的幣制所亂七八糟①,不但貴國人不清楚,就是我們也嫌他麻煩。可是這廣告刊例上所說的"封面二行起碼②",又是甚麼意思呢?

封面兒就是頭一張的上頭。要登告白,至少得兩盞,即或不夠,也按着兩行要錢,就叫作"起碼"。

我明白了,像底下說的"五十字起碼",大概許是按着五十字收錢吧。

對了,每逢"起碼"就是這個意思。

第十八章　官民關係

今天打雷了。

按時早該打了,就怕乾打雷不下雨。

本來去年冬天雪就少,趕轉過年兒來又大缺雨,再不下莊稼所要旱壞了。

誰說不是呢。報上也說星象將成圍,看京門子一帶人心都透③着慌了。

也難怪他們,古來土匪起事,都借着鬧饑荒④的年成兒。如今這樣兒若不預先的防備,恐怕不得了。

已經防不勝防了,還說甚麼預先呢?

話是這麼說呀,究竟得想個法子纔好。

法子沒別的,全在政府作官的身上。

那是一定的道理,偺們閒談不過徒把杞憂而已。

您提起作官,我還有件事問您,督軍和省長,比方前清的甚麼官?

就像總督和巡撫。不過有一層,那總督是文武兼轄,自從改了軍民分治,叫督軍專管軍事。

照您這麼說,我更糊塗了,既是軍民分治,怎麼各省的督軍們都要干預行政的事情呢?

您別太認真,官場裡本如同唱戲一樣,逢一場做一場,所以說"直把官場作

---

① 糟:原作"遭"。
② 起碼:起算。
③ 透:顯露。
④ 荒:原作"慌"。

戲場"。

您嘴太刻薄①了,然而我倒盼望着他們唱一齣好戲,給大家夥聽聽,纔能如人的愿哪。

第十九章　北平繁華處所

明天禮拜,我想出去遊玩遊玩,您説可上那兒好?

是要上熱鬧地方兒還是清雅地方兒呢?

那麽偺們先逛逛熱鬧地方兒吧。這些地方在那裡?

每逢七八開西廟(護②國寺廟),九號至十③二號開東廟(即隆福寺廟),白塔寺是逢五逢六開。再説花市是逢四開,土地廟是逢三開。這些地方兒都有一定的日子。

明天可是十二。

明天是隆福寺的末天兒。

我既然到了北平了,各地方兒全要瞻仰一回,纔不枉來這一趟哪。

還有公園、北海、故宮博物院、東安市塲甚麽的,天天都有好些個人逛去,比別處還好呢。

東安市塲都有甚麽?

吃、喝、穿、戴,以至於聽的、看的、使的、用的,無一不有。我怕您去慣了就老想着去了,把心總戀戀不捨的了。

我不至於吧?我倒聽説北平有個商品陳列所很可觀,何妨順便到那兒繞個灣兒④哪?

唉,您説得⑤這話有些外行,陳列所在前門外頭,東安市塲在王府井大街。趕逛完了市塲,天也就快黑了。再要去逛陳列所,也覺着太乏累了。

---

① 薄:原作"簿"。
② 護:原作"獲"。
③ 底本無"十"字,據文義補。
④ 繞灣兒:繞彎兒。
⑤ 得:的。

按您這麼説，倒不如分兩天去。

等下禮拜偺們再上陳列所。

就是吧。

第二十章　水之優劣

今兒天兒熱，您走渴了吧？

有一點兒渴。

那麼先請您歇歇兒，喝杯茶吧。

這茶很香，好像龍井。

不是，是由敝國帶來的。

怪不得我喝着有些異味呢。

敝國有一宗人，專講究喝茶用好水，他一嚐能嚐出是那兒的水來。可不知道貴國也有這樣的講究嗎？

怎麼沒有呢？廣東人就好品茶，沏茶的時候兒，很有許多的規矩。水哪，自然是要研究的。我聽說從先乾隆皇上說過，天①下的水好喝的，僅有六處，其中以玉泉山的水為最好，所以說"天下第一泉"。

若照您説喝茶論水，倒和敝國風俗相仿。可是這北平的自來水，就是引的玉泉山的麼？

是別處的，因為那兒水少，不够城裡的人用的。

這自來水公司在那兒哪？

東直門外頭不遠兒。

規模很大麼？

不算小，一切作用通②在公司裡頭。

您府上用得就是自來水兒吧？

我用的是洋井的。

---

①　天：原作"水"，旁有"天"字痕迹，據此酌改。

②　通：全部。

怎麼又叫洋井哪？

那洋井是貴國人鑿的，北平城內各處都有。

比自來水兒怎麼樣？

甜倒是甜，只為水重一點兒。

據我看，還是用自來水兒於衛生上有益處。

有益處我也知道，然而喝井水所為的經濟一點兒，并不是頑固不化。

第二十一章　論煤需要

北平城裏頭都用煤麼？

是用煤，木炭不過是引火用的。

尋常用甚麼煤呢？

明煤、硬煤、紅煤、煤球甚麼的。

那樣兒好呢？

那看用甚麼爐子了。比方洋爐子，就得用紅煤和明煤。像中國式的爐子，那還是煤球兒、硬煤好。

這些煤都出在西山麼？

南山也有，可沒西山多。

用甚麼運來的？

以前全使駱駝，近來改用火車了。

價錢貴不貴？

不如原先便宜了，煤球四毛錢一百斤，硬煤得六毛多錢。

敢情真比早已漲了。

您以為煤貴了？現在無論甚麼，沒不漲錢的。那所說的"長安不易居"可見不虛了。

我也記的孟子說過："民非水火不生活。昏暮叩人之門戶求水火，無弗與者，至足矣。"足見得那個時候兒水火不值錢了，比不了現時世界，一杯水、一根柴，沒有一樣兒不得用錢買的。

在我看，世界越文明，生活越艱難。那維新人美其名曰"程度高"，這不是自己冤①自己②麽？

（《孟子·盡心章句上》）聖人治天下，使有菽粟如水火，而民焉有不仁者乎？

第二十二章　民亂根由

"古人憂國祈年豐"這句話，真中肯綮。我看古今凡有反亂，大半都是因為凶災而起。我先往近裏説吧，明末的時候兒，流賊高迎③祥造反，就是借④着閭⑤中大旱的原因。那李自成即是他手下的將官，趕他死之後，李自成接着後手兒，苦⑥這麽一閙，居然的就把明朝給滅了。您説這凶年饑歲令人可怕不可怕？

新近我有個朋友由山東回來，跟我説那北幾省得年景兒很詳細。打去年冬天一直到脚下⑦，所没見雨，把莊稼都給旱壞了，間或有長麥子的地方兒，可也長不了多高，竟自⑧就秀了穗兒了。像這樣兒的年成如何能望收成哪？因此那一帶得百姓人心惶惶，惟⑨恐怕或早或晚搗起大乱來。再説山東一省二千多萬人，要一壞年成兒，可有甚麽完善的法子把他們都給拯救出來哪？萬一事出意外，一夫發難，四方響應，這個亂子可就要糜爛於全國了。目下政府當局的人有以共匪為可慮。依我的愚見，這些還在其次，惟獨荒年最與國計民生有莫大的關係。您所提的"憂國祈年豐"的那句話，真算是知其所本了。

---

① 冤：欺騙。
② 己：底本"己""已"多作"巳"，以下不再一一注明。
③ 迎：原作"迊"。
④ 底本"借"字旁邊還有"藉"字，列此備考。
⑤ 閭：關。
⑥ 苦：盡力地。
⑦ 脚下：現在。
⑧ 竟自：竟然。
⑨ 惟：原作"維"。

第二十三章　節氣非能效法西洋

天氣熱起來了，好像五月的樣子了。

可不是嗎？今年要不閏月，早過了端陽節了。

我請問您，現在無論甚麼事，全都要學西洋的法子，像這節氣也照着那麼辦麼？

節氣那那兒能改呢？各處有各處的時令，那是不能強同的。所改的陽曆無非用於官商，民人①改用的很少。雖然政府有廢除舊曆、普用陽曆的命令，然而在都市的商民是不敢違抗的，不過是有名無實，在鄉間的農民仍以舊曆為標準，錯一點兒就怕不行。

這時候兒春麥許要熟了吧？

熟了，眼下已經有割的了。

可是我看報上說，今年山東很缺雨，所有的莊稼一概都給旱壞了，百姓們沒有吃的，苦不可言，有去房賣地的，甚至於也有把孩子賣給別人的。像這②樣兒挖肉補瘡的事情，聽着真令人可憐可慘。

唉，處在這亂年頭兒，又趕上旱潦不收，以後怎麼個收場，實在不堪設想。

您也無庸擔憂。等到節下，偺們倆找個地方兒，好好的喝喝，給他個一醉解千愁吧。

甚妙，我就照辦了。

第二十四章　交通關係民生

昨天所提的水旱偏災③固為可慮，若如果交通便利，雖有凶年，也不足為

---

① 民人：平民。

② 底本無"這"字，據文義補。

③ 底本"災"後有長豎綫。

憂。何以呢？比如收成不好，北方缺米，可以上南方買去；南方缺麪①，也可以往北方運來。再往擴充裏説，東西兩洋各國遇見壞年成兒，都能彀互相通融，總不至於有絶糧之患。倘或交通不便，想着辦，可從那兒下手呢？

您這番議論實獲我的心意。就拿現在説吧，中國偌大的地方兒，通火車的纔有十幾省，其餘各樣兒交通一概更没辦到家。所以若一趕上鬧飢荒的年頭兒，百姓們就所得甘受其苦，一點兒法子也没有。有錢的是没處買去，貧寒没錢的是竟等着挨餓。交通不完備的害處，您説大不大呀？

急就篇第壹卷終

第二十五章　輪船便利

提起這個交通的事情來，真能把古來的局面都給翻過來。自從西洋人發明出輪船，走海就如履平地，能使五大洲的人您來我往也没有阻礙。那閉門自守的老規矩，可從此所行不下去了。

誰説不是呢？先不用往别處説，就拿湖北樊城説吧。原先那個地方兒是打南往北的必由之路，來往的客人們到了那兒，都必要盤桓幾天，故此把那個地方兒給興旺起來了。大凡出外的人，若和他一提，總没有不知道的了。像那麽熱鬧的地方兒，誰想的到一興江輪，所有走那股道的，都由漢口坐船奔上海，再换上海輪一直的進京。解這麽以後，樊城慢慢的就算冷落下去了。而今解那兒路過的人，只瞧見幾條大街和些個空房子，市面蕭條，不由動人傷感。再往上海説，原是個邊野不要緊的地方兒。從打開商埠以來，忽然成了個大碼頭，那貿易之盛，在東亞算是屬一無二的了。再往近日的説吧，津浦路一修成，鎮江的繁盛漸漸的遷移到浦口去了。這個光景直彷彿營口跟大連似的。這以②上所説得，未嘗不是因爲交通而使然。

---

① 麪：麵。
② 以：原作"一"。

您這一番議論，開通我的智識，起發①我的愚蒙。然而我也有一點兒發揮。自從修上西比利亞②鐵路，好像人通了血脈一樣，往來大陸越發顯着捷徑了。

說到這兒，您可別以為是破天荒，幾時再修成海蘭鐵道，接連上人家的鐵路，那時候兒我們亞細亞的局面，可不知道又要變成甚麼樣子了。

唉，這不算新奇。天空有個飛行機，海裏有個潛水艇，如此開通，非同小可。

真說得實在痛切。我說不過您，惟有甘拜下風吧。

第二十六章　暑熱關精神

今天天氣所透着悶熱，我坐着直打哈息③。

現在天長，您整天家④起早睡⑤晚的，焉有不發睏的呢？可是您提起打哈息來，我倒有一段⑥笑話兒，大可以說給您聽聽。

請說吧，倒可以解悶兒。

某處有一個聾子老頭兒，他有倆孩子，竟貪玩兒不念書。那老頭兒就和他們說："凡是老年人都勤謹，不像現時的人這麼懶惰。"正說着，他院子裡的雞恰巧叫喚了幾聲，那老頭兒聽不見，仍然得意的往下說："不但人，連老年的小雞兒都會按着時候兒打鳴兒。你看偺們院子養的那一羣小雞兒，一天到晚只見打哈息，總沒聽出過一回聲兒來。"

哈哈，您所說的很鬭⑦趣兒，我的睏也叫您給解過去了。

---

① 起發：啓發。
② 西比利亞：西伯利亞。
③ 哈息：哈欠。
④ 整天家：整天，成天。也作"整天價""整天介"。
⑤ 睡：睡。
⑥ 段：段。
⑦ 鬭：逗。

第二十七章　鳥語悠關

您早起來了？

是，起來會子①了。

我看您神氣有些慌慌惚惚②的，莫不成不舒坦麼？

沒有，就是昨兒夜裏短點兒覺，因此顯着沒精神。

怎麼沒睡覺③麼？

我將着的時候兒，猛然聽見有杜鵑鳥兒叫喚，不由的心中一動，就想起時事來了，以後怎麼也睡不着了，只好早早起來吧。

您說聽見杜鵑鳥，這個鳥兒在北方向來沒有的，您所聽見的許是別的吧？

為何不是呢？明明白白叫的是"不如歸去"麼。

是了。我記得宋朝邵康節先生，有一天走在洛陽的天津橋上，忽然聽見杜鵑鳥兒的聲兒，他就嘆息着說："怪呀，北方從前沒有這宗鳥兒，恐怕等不了十年，必有一個南方人以文字攪亂天下。像鳥兒這宗東西，是最得風氣之先的。天下要將治，地勢可從北往南；天下要將亂，地勢就由南往北。如今南方的地氣已經轉到這兒了，由此推算焉有不亂的理呢？"

若按這麼說，昨兒夜裡我所聽見的，一定是那個鳥兒無疑了。

對了，您瞧這位邵先生真能知機識微的，若比起現在不是腐就是俗來，可迥不相同了。

哈哈，您別儘自④尋人了，偺們說點新鮮的吧。

就那麼辦。

---

① 會子：一段時間。
② 慌慌惚惚：恍恍惚惚。
③ 底本"覺"字旁邊有"（足）"字樣，列此備考。
④ 儘自：總是，一直。也作"緊自"。

第二十八章　語學關切

我早已有件納悶兒的事情,老想着和您説,總沒遇機會,今天可趁着沒事要討教討教。

是甚麽事,請您説吧。

我看敝國人和貴國人來往,常有招人不願意的地方兒,這個緣故可在那兒哪?

也沒甚麽,我看貴國的人情和敝國差不多,彼此的交情倒也很投緣。您所見解的,我直猜不出是在甚麽地方來。

請您不要客氣,我因為這件事與我們國交很有切近的關係,必須請您説明了,千萬不要顧忌纔好呢。

既是如此,我就不揣冒昧的將所見到的説給您,對與不對,您可不要見怪。

那有這條兒理呢?您既然肯其直説,我是感激不盡了。

凡有貴國人來到敝國,不會説話,倒無關緊要。惟獨會説幾句的,不知道甚麽緣故,不知不覺的那臉上就帶出瞧不起人的樣子來了。再要一交談,那分兒粗率的口吻,總却不掉。在別人已經嫌棄了,在他還以為可了不得了。據我的眼看,像這樣兒的毛病①,當翻譯的居其多數兒。是甚麽緣故呢?皆因他學話的時候兒,沒跟正經人盤桓②過。天天所見所聞的,都是些個市井上的土話。趕日子長了,所給薰壞了,可就不容易再改了。若用他們當翻譯,那彼此周旋之間焉能自如哪?這話還在其次。往往見那所説的支那通事③,自認為熟習④情形,若是一説話,那分⑤神氣真令人難堪。雖是件小節,然而於感情上究竟不十分融恰⑥。況且敝國人最講究的是語言,常有為説話招惹出事非來

---

① 病:病。
② 盤桓:來往,交往。
③ 通事:翻譯人員。
④ 熟習:熟悉。
⑤ 底本"分"字旁邊有草書"兒"字,列此備考。
⑥ 融恰:融洽。

的。您説這言語一門,可是要緊不要緊?

您這番議論,真能把我們萬不可有的習氣全都給説破了。今天我真是"聞君一席話,勝讀十年書"了。凡屬要學中國話的,都應該這麼辦纔行呢。

豈敢。這無非您叫我説,我不能不隨便説説吧咧。

第二十九章　藉避暑遊歷蒙古

又歇伏①了,您打算避暑去麼?

照例總歇幾天伏。您提避暑那一層,我倒不願意上西山甚麼的,和他們一樣去做鬧。不但多花錢,而且也實在沒有一點兒益處。我想倒不如遠遠兒的出盪口外②遊歷去,一則可以避暑,二則又可以研究蒙古的風俗人情。先生以為如何呢?

高明,有志氣。要這麼樣,您不是避暑去,簡直的是吃苦去了。

您何必取笑兒?可是我聽別人説過,您從前出過一次口③,不知道您是到那兒去的。今天沒事,何妨請您説一説呢?

我去的是外蒙古的庫倫地方兒,還住過二年。那兒的事情畧微的明白個一二。

是遊歷去了,還是去辦甚麼事情呢?

我倒是奉官差去的。

携着寶眷沒有?

按規矩准其携眷,我因為道兒遠,沒帶家眷,只帶了四個底下人。

是走的那一條路?

所有出口的向來有五個口子,可是由張家口走的時候兒多,我也是由張家口走的。

從口上到庫倫有多少里地?

---

① 歇伏:伏天停工,避暑休息。
② 口外:泛指長城以北地區。"口"指長城的關口,如古北口、喜峰口等。
③ 出口:北京話中多指到張家口及以北地區。

若按着台站走，有兩千八百里地。若走商道，稍微的近一點兒。

請教"台站"是甚麼？

彷彿前清没有火車的時候兒，内地的驛站的樣子，專管傳遞文書、接送官差這些個事情。

共有多少台站？

總共有四十四個台站。

一天是走一台麼？

那倒没有一定，我那次整走了二十四天，合起來一天走了兩台的光景。

這條路好走不好走？

頭幾台山多，走着很艱難，往下就一馬平川，没甚麼難走的了。

都是用甚麼脚力？

不一樣，有坐車的，有騎駱駝和馬的，還有架杆車。

那底下人呢？

他們都騎馬。

如若天晚了，可有住處没有？

各台站的地方兒都搭着蒙古包，像我們走差的人都應該住在那裏。

比方我們民人住，行不行呢？

若私自通融，也没不行的，不過臨走的時候兒，多給他們水錢就是了。

像您這官差也給錢麼？

我給他錢？他還得給我錢呢。

第三十章　續

那是怎麼個道理呢？

您有所不知，等我告訴您就了然了。所有走台站的一個司官，到一站應該供給一隻羊，還有底下人們，每人每一隻羊腿。

您先等等説，若要這麼些羊，可吃得了麼？

我所説他給錢的那個緣故就在這兒哪。因為吃不了這些個，所以纔跟他們折價。那緣故就是拿羊折成銀子，要吃一隻折一隻，台數兒多了可就成了文了。

敢自有這麼個妙法子呢。蒙古人他願意麼？

願意是决不能的。無非是多年的陋規，他們叫作無可奈何。

唉呀，聽您這麼説起來，把我的高興給打回去了。我們撇開他，再説説那邊的景致吧。

您別掃興，若不是我説，您從那兒能曉得呢？這雖是無關緊要的事，也算是宗人情。由此而推，以前官場中的弊病也就可想而知了。

不錯。再請問您，若在路上餓了，可吃甚麼？

麵了、飯了的，全未嘗不可。

怎麼那路上也有賣飯食的麼？

並没有賣飯的，都是自己帶生的，擱在駄①子上駄着，趕到站上煿②熟了，就着羊肉大家夥兒一吃。

您一定行了。若我孤行客兒，豈能帶着若許的東西哪？

頂好是帶些個饅頭，又不壞又省事。再不然您就走商道，所有吃的和喝的全包給包程的管，您倒覺着輕便些。

怎麼個包法呢？

着比您坐火車到張家口，住在客店裏，那棧房裡就有往口外去的車。您雇車的時候兒就跟車上説，從張家口到庫倫，凡有一路的吃喝和車價一包在内，得給多兒錢。説妥了立個包單，那單子都註寫清楚了，怕的是反悔。至於那價錢，是臨走的時候兒先給一半兒，那一半等到地土再給。我瞧您若按着這麼走，反比走台站方便多了。

第三十一章　蒙古人民生活狀況

像這蒙古地方兒都是草地麼？

也不盡然。内站還算少，一過了陰山大半就全都是草地了。

---

① 駄：馱。

② 煿：煮。

怎麼又分內站呢？

凡歸察哈爾管的就叫內站。

我常見唐人的詩文裡頭提論陰山，那個陰山是不是這個陰山？

是的，一出口沒有幾台所看見的那山，就是提論的陰山。

我還聽說口外很缺水，倘或要是走渴了，可怎麼辦呢？

雖說水缺少，可是到了站上，那附近總有水井。若沒一點兒水，豈不把人都給乾死了麼？

怪不得他們老逐水草而居呢。喝的是有了，吃的又是那項哪？

左不過①牛羊肉和炒米、奶子甚麼的。

再者他們的生計可指着甚麼呢？

他們以牧養牲畜為生。若問這個用項②，皮毛、骨肉沒一樣兒不成材料的。他們雖不會農工，可有這些個牲口，也算是天然的產業吧。

啊，他們吃現成兒的，舒舒服服的過這個自然日子，您看有多大造化。像我們因人成事、沒一時能觳安閑的，比起來真是天淵之別了。

何嘗不是？幾時我們也找一個安樂的地方兒，一同的搬到那兒住去，嚐一嚐這滋味兒豈不好嗎？惟有一層，處在這亂世，別提蒙古老安靜，等那個潮流波及到那邊兒，我想他們也就不能安居樂業了。

真個的③，您那一年在庫倫也趕上獨立了麼？

誰說不是呢？我就因為那個亂纔回來的。現在既到了這個時候兒，還說甚麼"適彼樂土"哪？

第三十二章　宴客莊舘分別

啊，您來了。今兒您趕上雨了。

好雨好雨。敝國有一句俗語兒說"春雨貴如油"麼。

---

① 左不過：不過，無非。
② 用項：用途，作用。
③ 真個的：真的，確實。也作"真格的"。

您没在路上淋着啊？

没有，我是下過去這纔出來的。

這場雨真痛快，我想莊稼人一定樂極了。

那一定的。豈只他們，就連地方官也都非常的高興。所以蘇東坡作《喜雨亭記》就是因為這個。

自然，凡是好官，焉有不關民瘼①的呢？

可是您提起喜雨來了，我們用完功，何妨找個地方兒去湊一湊呢？

也好，這正可應了那句過陰天的俗語兒了。

原來還有這宗說法哪。我沒到貴國來的時候兒，聽人說北平飯舘子有三六九等，今天到底上那兒好？

呀，提起這宗買賣，開的不記其數了，若細談也足够一天的功課。

那麼索性您說一說，說完了我們就吃去。

我先給您講莊子吧。您可別②認錯了是莊周，有莊子有舘子。莊子是預備整桌的，舘子是隨時小賣。莊子的字號都是叫某堂，比舘子的房屋寬綽。凡有官商宴會和慶賀、唱戲、喪事、開弔，這些事都可以上那兒辦去，而且還有借那個地方兒行結婚禮的。若是三兩個人隨便吃飯，他也不敢說不應酬，左不過多算大價錢，吃的主兒也說不上不給來，這可圖其甚麼呢？我們打算隨便去，倒是上舘子比③莊子上強些。

第三十三章　續

舘子是怎麼說呢？

舘子是隨意便酌，預備的也齊全。至於他的字號名兒，也無非居、樓、園、舘，花錢並不多，吃的還實在。像福全舘、東興樓、致美齋甚麼的是最出名的。此外還有番菜舘和包辦教席，那雖是豫備外國人和回回們吃的，我們可也間或

---

① 民瘼：民衆的疾苦。
② 底本無"別"字，據文義補。
③ 比：原作"必"。

有去的。

這層我倒明白了。還說有論桌的話，那又是甚麼意思呢？

倘或請的客人多，總是預備整桌的好，又顯着恭敬，又不多花錢。

成桌的一定得在莊子上麼？

那倒不拘，舘子也可以辦。比較起來還是莊子上熟悉一點兒。

一桌有多少菜哪？

大概不下四十樣兒吧。可是那也不一定，要樣兒呢就多一點兒，少一點兒也可以。大約我數數您聽聽：四乾、四鮮、四蜜、四冷葷、四炒菜、四點心、四大碗兒、四海碗、四壓桌甚麼的，再若帶烤燒，那就是闊席面了。

我聽說貴國注重燕窩，您說的這席裏頭難道也有燕窩麼？

這麼許多的菜豈能穀沒有呢？若沒他還能叫"燕翅席"麼？

我又得請問，怎麼又叫"燕翅席"①？

哎，真可謂聰明。連這個再用解說，那未免的太難了。等以後我請客的時候兒，約上您作回陪，您就了然了。

何必等改天，今天偺們就試驗試驗吧。

這尤其是外行了。倆人要吃整桌的，不但蹧踐②錢，還要招人家以為是壽星呢（光大腦袋③）。

哈哈，若得這麼個名兒，也可以多活幾年哪。

第三十四章　度舊曆臘八情形

啊④，先生來了，外頭冷不冷？

今天冷的厲害，好在我穿着大毛兒皮襖呢。今天是敝國臘八兒，有個風俗，家家兒都要熬粥，不知道您喝着了沒有？

今兒早晨倒有人送給我，我不知道甚麼事，敢自這裡頭還有這麼個典故哪。

---

① 燕翅席：以燕窩和魚翅爲主菜的高檔筵席。
② 蹧踐：糟蹋，浪費。
③ 袋：原作"代"。
④ 啊：原作"阿"。

究竟您喝着好喝不好喝？

很好，就是太甜。

還送您別的沒有？

有黃芽韭、大白菜和乾菠菜餡①兒的包子。

這就對了，敝國送禮不能竟一樣兒，配四樣兒纔合乎規矩。

我和您打聽這黃芽韭出在那兒？

出在天津衛，俗話又叫"衛韭"。您要研究這個，實在的名兒即是古時說的薤②。再說那白菜就是古來說的菘。

若照這麼說，敢則③都有來歷的。

可不是麼？所以古文上說"春初早韭，秋末晚菘"啦。

先生真算研究的詳細。這臘八兒粥是使幾樣兒米熬的呢？

樣數兒很多的，有黃米、白米、江米、小米、菱角米、大麥米、香稻米甚麼的，另外再擱枣兒、栗子、榛仁、花生仁、核桃瓤兒和瑣子葡萄④等等的，像那蓮子、薏芒米⑤、桂元肉再要擱上點兒，喝着真是八寶粥的味兒。

想不到這喝粥，其中還有這麼些個學問。

這還算學問？若熬不到火候兒也是不受喝的。

那自然，做吃食講的是火候兒。我還要問您，我們是從幾時放年學呢？

那倒不拘，您若愛用功，少放幾天也可以，左右⑥我是沒事的。

第三十五章　拜賀新年

先生新禧了。

同禧同禧。閣下甚麼時候兒出來的？

---

① 餡；餡。
② 薤；草本植物，又叫作藠頭，葉細長，花紫色。鱗莖和嫩葉可用作蔬菜。
③ 敢則；原來。也說"敢自"。
④ 瑣子葡萄；甜而無核的小葡萄。
⑤ 薏芒米；薏仁米，薏米。
⑥ 左右；反正。

剛出來就到您這兒。

不敢當,我還沒去呢,您就先來了。

那倒不在乎,我也不是專為拜年來的,我是借着來和您談談。

很好很好,我也正没事呢,那麼您就在這兒吃飯吧。

謝謝,今天多坐會兒還行,改天再來討擾。

因為甚麼?

我還要到別處拜年去。

您這又頑固起來了,現時過這陰曆年,還講甚麼拜年不拜年呢?

話雖是這麼說呀,可是至好的朋友似乎也得去一去。若是別位,不瞞您說,我也要維維新,給寄張賀年片兒去。

若按這法子是最簡便,所以我也不出門了。可是您不肯吃飯,這兒有現成兒的餛飩,您吃一點怎麼樣?

那麼我就吃一點。這個做的很好吃。我又要請教,像這過年總要吃這個麼?

大概初二都要吃吧。

有甚麼講究呢?

初二是財神生日,因為這個樣子像元寶,所以大家吃他,無非求福的意思。

那就是了。我也應了那俗語兒了,剛吃喝完了就要走了。

哈哈,取笑兒了。

偺們初六再見吧。

第三十六章　約友閑遊

前者勞您駕。

豈敢,我去竟叫您費事。

偺們的交情還說到費事麼?那天您從我那兒又到了幾家兒?

一處我就回來了。

今天我到您這兒來,可不是為來回拜,打算約您出去一盪,看看敝國過年的景况。

好極了,我正想着要瞻仰呢。可有話在先,您可不要多費錢。

費不了甚麼,我本想請您聽戲,無奈這五天之內他們都不唱好戲。反不如隨便遊逛,逛完了吃頓小舘兒倒有趣兒。

那更好了,我來到貴國,小舘兒還沒進去過呢,今天也可以領畧領畧。倒底先上那兒去呀?

今天有個好地方兒,就是連我也是頭一次去。

您這一說我就明白了,莫不是新世界麼?

哈哈,真猜着了,可是您怎麼知道的?

我看見報上說的。

閣下的功夫真可以的了。

這也是承您的指教。

好說,還是您肯用功求學的緣故。我們走吧,道兒遠,得雇車去。

不用,我樂意步行兒。倘或遇見甚麼,就便可以問問。

就是就是。

第三十七章　談舊式學房開學典禮

先生來的真早啊。

也不算早了。

請坐請坐。今天是頭天開學,可以不必用功,請您談談吧。

那麼就談談。

比如這頭天上學,貴國是甚麼規矩?

在老年的時候兒,學房的屋裡供着聖人的牌位。先生一進門兒,就衝着聖人的牌位磕頭。先生磕完了,學生再磕,然後再給老師磕。這不都磕完了麼?學生就得給老師擺飯了。有家長的,家長陪着;沒家長,學生陪着。吃完了談一會兒也就該走了。趕初七,再照舊的用功。

現時也是這麼樣麼?

雖然不全是如此,可也離不開這個範圍。

那牌位寫甚麼字?

寫的是"大成至聖先師孔夫子之神位"。

我看朋友家裏有一個木牌兒,寫着"天地君親師"五個字,那又是甚麼?

那叫天地牌兒。總而言之,為學生的都得供俸①先師的意思。我還告訴您,不但讀書的,就連工商們也要供他們的祖師。

他們的祖師是誰?

那可不一樣,一行有一行的。比方木匠供魯班,裁縫供嫘祖,至於唱戲的也要供供唐明皇。

啊,敢情都有出處的。要按這麼說,凡當軍人的,全應該供關帝了。

豈止關帝,連岳王也在其內。

怎麼?

因為徙民②把關岳給合祀了。

辦的真有理,本來岳飛的功勞不在關夫子以下。若是一位供,一位不供,未免得缺典。這個廟可在那裡?

後門外頭西邊兒有一座關岳廟,那是載在祀典裡頭的。若是春秋大祭的時候兒,就有各等武官上那兒行禮去。

大祭在甚麼時候兒?

月份是二八月,聖人是祭丁,關岳是祭戊就是了。

領教。到那日子若是我趕上,請先生同我去一盪,看看貴國的禮節。

可以可以,待不了倆月也就到了。

第三十八章　談汕頭地震及方言之不同

汕頭地震的事情,您看見報了沒有?

看見了,可算是近來的新聞。

說傷人不少?

敢情不少,足足有二三千人哪。貴國地震不是向來不常見麼?

可是間或也有,可沒像這次這麼厲害的。

---

① 供俸:供奉。
② 徙民:移民。

在我想，這總算個奇災吧。

誠然，敝國這幾年甚麼災全都見過，稱得起是水火刀兵、無奇不有，想不到此次又鬧地動。

地震敝國那兒常有，據我看不算要緊。

話雖然是這麼說呀。姑不論①汕頭那兒是一個很小的地方兒，剛打完了仗，又接着發現地動，像這災禍一齊來，那兒的百姓可怎麼好呢？

那只好給他們辦善後吧。可是我聽説您到南邊，汕頭那兒您去過沒有？

不但到過，並且還住過二年呢。

在那年上？

庚子年的第二年上。

那麼還是清朝哪？

是光緒二十七年。

您到那兒作甚麼去了？

沒事，因為我們家兄在那兒作官，我借着看他去，就便遊歷遊歷。

那麼那兒得情形大概總都明白了吧？

不怎麼知道。

怎麼不明白呢？

因為語言不通。

難道您一國的人，説話都不相同麼？

若論敝國的語言，南省和北省是大大的不同。南北本是兩個音，再者廣東尤其的特別。每逢要是初到那兒的人，沒有不困難的。

那就是了。我問您，字同不同？

字倒一樣，就是發音不同。

到底是甚麼緣故呢？

其中有個説法。廣東在原先本是一個海島，就是所説的南粵。到漢朝以後，這纔歸化了中央。因此那個地方兒話，幾千年總没能一樣。這就是風俗習慣不能強同的道理。

敢情是有這麼個説辭呢。怪不得我聽廣東人説話，一句也聽不明白。要

---

① 底本無"論"字，據文義補。

像貴國好些省,一省有一省的話,我們要學話,可怎麼能全學會了呢?

您不必為難,只要學一處的,能以完全研究好了,別處的話,慢慢的也可以領會出來。我告訴您,凡學外國話,要緊的必須專一。若是學這一省一句,學那一省一句,亂七八糟,終久是那一樣兒話也不行。如果能學透一處的話,別處的也可以舉一反三了。

不錯,有道理。昨天王先生說,若學漢文能叡通一部經書,其餘別的經書便可以貫通。那個話大約和您所說的一個樣。

那是一定的,學文學話沒有倆理。

領教領教。

第三十九章　優孟衣冠

請問先生一個典故。

請說。

我常聽說"優孟衣冠"這一句話。到底是怎麼個因典①呢?

那是這麼個緣故。當初楚國的宰相孫叔敖死了,楚王十分得想念他。有一天楚王看見唱戲的優孟,他的像貌很像孫叔敖,就對優孟說:"你得像貌很像我們的宰相,我想,你得本事也必和他一樣。我現在要叫您當宰相,你願意不願意?"優孟說:"您叫我一個唱戲的作這麼大的官,實在恩典。可是我還得回家和我的媳婦商量。若是他願意我作官,可就要拜命的。"這麼着他就回家,喜喜笑笑的對他的媳婦說:"現在我們的運氣來了,我以後不用再唱戲了。"他的媳婦問他說怎麼着,他說:"我們國的宰相孫叔敖死了,我們的國王想他的了不得,叫我打扮出他的樣子來看了,為得是借着這個解悶兒。趕我扮出來,像貌神氣和他一樣,說我治理國政也必不能錯的,就命我作一國的宰相。我說我轉了運氣的緣故就是這個,妳願意不願意?"他的媳婦說:"到底你怎麼回復國王來着?"他說:"我各人怎麼好打主意呢?我和國王說明白了,得回家和妳商量,怎麼商量定規了,就怎麼回復王的。"他的媳婦說:"我的爺,你自己想想,你的

---

①　因典:原因典故。

聰明本事比孫叔敖怎麽樣？"他說："我那兒比得上他呢？"他的媳婦說："孫叔敖他那麽一個聰明仁德的人，一輩子作宰相，治理國政，憐恤百姓，全國的人沒有一個不露他的好處的。像他這麽一個忠清正直的好官，他死了又怎麽樣呢？家裏一個錢也沒有剩下，為他兒子的，簡直的連衣食都沒有，天天兒上山上去給人家砍柴為生。您想，像那個孫叔敖那麽樣兒的聰明才幹，趕他一死了，家道就落到這個樣子。現在你是怎樣兒的人？不過是一個戲子，除了唱些曲兒，沒別的能耐，遽然做上官，辦起國家的事來，你還有甚麽高妙的法子呢？我勸你，你還是唱你的戲去吧，那纔是萬全的法子哪。"所以說竟有樣子、沒有本事的人，就管他叫"優孟衣冠"。

啊，原來還有這麽回事哪，我今天纔了然了。

續急就篇　終

宮島先生存
昭和十年三月十二日
康樹蔭妄書

華言問答

解 題

《華言問答》是金國璞編寫的北京官話課本,1903年初版,1907年再版,由東京文求堂書店發行,分別在東京、京都、大阪和北京、上海、營口售賣。

扉頁正面正中竪排"華言問答"四字,右上方題"金國璞著",下面方框内注版權聲明"書經存案,繙印必究",左欄注明"東京文求堂藏版",扉頁背面正中題"大日本明治四十年四月再刊於東京"。

作者金國璞,號卓庵,直隷大興縣人,清末監生,同文館出身。他曾於1897年開始先後在東京高等商業學校附屬外國語學校、東京外國語學校、臺灣協會學校等機構教授漢語,回到北京後繼續擔任日本留學生的漢語教師。他曾編著多部漢語教科書,如《支那交際往來公牘》(1901)、《北京官話士商叢談便覽》(1901)、《華言問答》(1903)、《虎頭蛇尾》(1906)等北京官話課本,曾和平岩道知合著《北京官話談論新編》(1898),參與審訂《官話指南》初稿(吳啓太、鄭永邦著)。

全書竪排,共198頁,分爲三十章,以空格表示轉換談話角色,有句讀,個別地方斷句有誤。刊印字迹清晰,個別形近而誤(如"已一己""裏一裹")。

第一章至第二十章的對話内容以商業爲中心,包括辦貨發貨、住店、雇挑夫、買馬匹、拍賣、兑換銀票、借貸抵押、債務糾紛、詐騙、拉縴等,貿易項目包括日用品、綢緞、駝絨、茶葉、紙張和洋貨等。第二十章具有總結性質,分述店鋪掌櫃和伙計的應盡之責。第二十一章至第三十章講述衙門案例,包括商業糾紛、烟館窩贓、謀財害命、訛人財物、水手打架等,主要是大段獨白,對話性相對較弱。

全書描繪了和商貿有關的種種社會現象,也可以看到當時的語言學習和使用情況,如:"——您這京話是早會的罷?——是,我從十幾歲的時候兒在敝國東京高等商業學校裏學的北京話。——您說的話,全是我們北京的口音,清楚極了。不但没有一點兒貴國口音,就連您在南邊住過,也不帶南方的一點兒土音,真是天分高、口才好,佩服佩服。"對話中口語色彩突出,如:"——這店裏住着有兩位周老爺了,您問的是那一位呀?——我問的是起四川來的那位周老爺。""——李掌櫃的,您請屋裏坐罷。您這是解鋪子裏來麽?——是,解鋪子裏來。"

目 録

第一章 ……………………………………………………… 189
第二章 ……………………………………………………… 191
第三章 ……………………………………………………… 192
第四章 ……………………………………………………… 195
第五章 ……………………………………………………… 196
第六章 ……………………………………………………… 198
第七章 ……………………………………………………… 199
第八章 ……………………………………………………… 201
第九章 ……………………………………………………… 203
第十章 ……………………………………………………… 204
第十一章 …………………………………………………… 205
第十二章 …………………………………………………… 207
第十三章 …………………………………………………… 208
第十四章 …………………………………………………… 211
第十五章 …………………………………………………… 212
第十六章 …………………………………………………… 214
第十七章 …………………………………………………… 215
第十八章 …………………………………………………… 216
第十九章 …………………………………………………… 218
第二十章 …………………………………………………… 219
第二十一章 ………………………………………………… 221
第二十二章 ………………………………………………… 222
第二十三章 ………………………………………………… 224
第二十四章 ………………………………………………… 229
第二十五章 ………………………………………………… 234
第二十六章 ………………………………………………… 237

第二十七章 …………………………………………………………… 242
第二十八章 …………………………………………………………… 249
第二十九章 …………………………………………………………… 258
第三十章 ……………………………………………………………… 263

第一章

辛苦衆位。
您來了,您請坐。
掌櫃的貴姓啊?
豈敢,賤姓李,没領教您納。
我賤姓周。
您貴處?
敝處是浙江。
是那一府?
湖州府。
您在那衙門行走①?
我是在四川作官。
貴班次②?
候補知州。
您到京裡來,有何貴幹?
我是解餉③來了。
您是多喒到的京?
我到京有半個多月了。
您現在寓在那兒了?
我住在城外頭西河沿三和店裏了。
您打算用點兒甚麼東西?
我打算買一個小金馬表,可不知道您這舖子裏有没有。
有一個小金馬表,可不知道中您的意不中。

---

① 行走:任職。
② 班次:職位品級。[美]富善(Chauncey Goodrich)《官話萃珍》(*A Character Study in Mandarin Colloquial*,1898/1916):"問作官的品職爲貴班次。"
③ 解餉:運送錢糧。

那麼您拿來我瞧瞧。

您瞧,就是這個。

這個表大一點兒,還有比這個小一點兒的沒有了?

沒有了,就剩了這一個馬表了。

那麼這個表要多少銀子呢?

這個表您給四十兩銀子罷。

有甚麼少頭沒有?

沒甚麼大少頭。

我給二十五兩銀子,怎麼樣?

您給二十五兩銀子,可買不了。

你們有好墨鏡沒有?

有,您看這個墨鏡怎麼樣?

這個墨鏡有點兒綿①,還有沒有綿的麼?

這兒還有一個,一點兒綿也沒有,您瞧瞧。

這個可以的,要賣幾兩銀子?

這個您給十兩銀子罷。

我給五兩銀子,賣不賣?

五兩銀子不行您納。

那麼這兩樣兒歸了一塊兒説,少了多少銀子不賣罷?

這兩樣兒歸一塊兒説,您給三十五兩銀子,少了我們真不敢賣了。

那麼三十五兩,我留下就是了。給你們,這是四十兩的銀票,你們今兒晚上到錢舖裏把銀子取來,把你們那三十五兩銀子刨下,下剩②那五兩銀子和這兩樣兒東西,明兒早起你們打發人給我送到店裏去罷。

就是罷。

失陪了衆位。

您回去了。

---

① 綿:晶石上的瑕疵。
② 下剩:剩下。

第二章

借光您納,這店裏住著的有一位周老爺麼?
這店裏住着有兩位周老爺了,您問的是那一位呀?
我問的是起四川來的那位周老爺。
您寶號在那兒啊?
我是在城裏頭成興齋古玩舖裏。
那麼您跟我進來罷。
周老爺在屋裏了麼?有人找您哪。
是那一位?
是我呀您納。
李掌櫃的,您請屋裏坐罷。您這是解舖子裏來麼?
是解舖子裏來。
您請喝茶罷。
您喝罷。
我昨兒個買的那個表,您給帶來了麼?
是,都給您帶來了。這是您那個金表,這是那個墨鏡,這是找給您的那五兩銀子。
這個表,裏頭有配活①沒有啊?
您儘管找鐘表匠拆開看,若是有配活,您可以給我們退囘去。
是了,我還有件事請教您納。
豈敢,您有甚麼事情?
現在金子是多少換哪?
金子總在二十八換罷。
我有三十兩金條,前幾天我拿到金店裏換去,他們都給我二十七兩五錢銀子一兩,我沒肯換,我打算和人打聽打聽再換去。

---

① 配活:用舊的或殘次的零配件冒充新的。

您在誰家換來着？
我在裕泰和森記這兩家兒換來着。
二十七兩五少一點兒，現在可以換二十八兩銀子。
那麼我就拜託您，給我換換罷。
可以罷，那麼到了二十八兩，就給您換了罷。
是，到了二十八兩，您就給我換罷。
那麼您這銀子是多嗜用哪？
我先不等用哪，您換了就先在您的舖子裏存着罷，等底下我進城，到您那兒取去罷。
是了，那麼您交給我，我拿去給您換去罷。
您瞧，這是十根金條，準①市平三十兩。
不錯，是十根，那麼我同去了。
您回去了，勞您駕罷。
好說好說。

第三章

張和。
喳。
你把船雇妥了麼？
都雇妥了。
雇了幾隻啊？
雇了兩隻。
我不是叫你雇三隻麼，你怎麼雇了兩隻啊？
因爲河裏沒有船，就剩了這兩隻了。
這麼些個東西，兩隻船裝得下麼？
我想兩隻船不差甚麼裝下了。

---

① 準：不多不少，恰好。

這兩隻船，是幾兩銀子一隻雇的？

三兩銀子一隻雇的。

船價倒還不多。那麼你去雇幾個挑脚的①來，把東西都抬上船去罷。

不用雇挑脚的了，雇倆小車子就推了去了。

也使得罷。到了船上，往艙裏抬的時候，叫他慢着點兒，別摔了。把那兩個衣箱可要擱在上頭，預備着我還要拿衣裳哪。

是。老爺，我把東西都擱好了，請您上船罷。

跳板搭結實了麼？

是，搭結實了，您竟管走罷。

現在是順風麼？

不是順風，是頂風。

告訴船家說，偺們是在天津紫竹林下船。

是，他們知道是在紫竹林下船。

你去問問船家，紫竹林是那個客棧好。

是。回稟老爺知道，我問了船家了，他們說紫竹林有一個源和棧頂好，所有做官的老爺們來往，都是住在那個棧裏。

張和。

喳。

現在離天津還有多遠哪？

還有十幾里地。

你告訴船家說，偺們就在紫竹林新關馬頭②那兒靠船。

是。老爺，現在靠船了，您就下船麼？

是，我這就要下船。

那麼叫他們搭跳板罷。等他們搭好了跳板，來告訴我。

老爺，跳板搭好了，請您下船罷。

我現在先上源和棧裏去，你趕緊的雇人，把行李抬到棧裏去。

是，老爺不雇頂轎子坐了去麼？

---

① 挑脚的：替人挑運貨物的人，即挑夫。

② 馬頭：碼頭。

不用雇轎子了，我可以走着去罷。
老爺，行李都抬來了。
脚錢是多少？
脚錢是一吊錢。
你把這一吊錢拿了去，給他們罷。
是。
你去，把這棧裏的掌櫃的請來。
老爺，這就是本棧裏的掌櫃的。
掌櫃的請坐。
老爺請坐。您這是打算上甚麼地方兒去呀？
我要上上海去。
您打算搭火輪船去麼？
是，打算搭火輪船去。現在有要開的火輪船麼？
現在住着有三隻火輪船，有一隻是後天早起開。
後天早起開的這隻火輪船叫甚麼名字？
這隻船名字叫"山東"。
船好不好？
這隻船很好，客位也很乾净，船上人照應也好。
您這棧裏也管雇船麼？
是，我們這棧裏，代人雇船、代人上貨卸貨都管。
解天津到上海，一個人是多少兩銀子？
每一位是十五兩銀子。
那麼就托您到洋行裏，給我們商量商量，我們願意搭這隻山東輪船去。
就是您一位麼？
就是我和我底下人。
有幾個箱子？
十五個箱子。
那麼您等我到洋行裏給您商量去罷。
勞您駕罷。
好說您納。您暈船不暈船哪？

我没坐過火輪船,不知道暈船不暈船。

我到洋行裏給您商量了,客位船價是三十兩銀子,那十五隻箱子,他們說您給八塊錢的水脚①罷,共總是三十兩零八塊錢。

是了。給您這一包銀子和這八塊錢。

這一包銀子是多少兩?

這是我平好了的三十兩銀子。

那麼我給行裏拿了去。給您這兩張船票。

費您心,那個銀子短平不短平?

短一錢來的銀子,行裏說不用找補了。

那麼明天我們甚麼時候上船?

我想明天晌午您就上船罷,早些兒上去,爲的是消停②。

不錯,您説得很是。

第四章

老弟,你怎麼這程子總没來呀?

我是竟忙買賣的事情了。

你忙甚麼買賣事情了?

我和人搭夥,開了個舖子。

開了個甚麼舖子?

開了個雜貨舖。

是在甚麼地方兒?

是在這城外頭如意街路西裏。

是甚麼字號?

字號是"雙發"。

幾間門面?

---

① 水脚:水路運輸貨物的費用。
② 消停:此處指從容,安穩。

兩間門面。

多咱開的市？

大前兒個開的張。

你是和誰搭夥開的？

我是和福源糧食店朱掌櫃的搭夥開的。

就是你們倆人，沒有別人麼？

沒有別人，就是我們倆人。

你們一個人拿出多少銀子來？

一個人拿出四百銀來。

所有吃的用的東西，你們那舖子裏都賣麼？

是，吃的用的東西全有。

那麼商量商量，偺們交買賣可以不可以呢？

怎麼不可以呢？你若是肯照顧我們，那我們是求之不得的呀。

偺們若是交買賣，我們可是不能給現錢哪。

不用給現錢，一個月一算、一節一算都使得。

一節一算日子太多，我們交三順義都是一個月一算，偺們這也歸月賬就結了。

就這麼辦罷。明兒個我給你寫個摺子拿來，底下你用甚麼東西，打發人拿摺子到舖子裏取去就得了。

是了。

第五章

你們掌櫃的在屋子裏麼？

在後頭屋子，陪着客說話兒哪。

你到後頭告訴你們掌櫃的，就提我來了，要見他有要緊的話說。

掌櫃的，通和棧裏的方掌櫃的來了，說是要見您有話說。

你先讓他在西客屋裏坐一坐兒，我就出去見他。

請您在西客屋裏坐一坐兒，我們掌櫃的就出來見您。

是了。

遠峯，起棧裏來麼？

是，起棧裏來，你没出門麼？

没有。你來是有甚麽要緊的事麼？

是，我來見你，是問你買駝絨不買。

誰有駝絨啊？

有個客人有。

有多少斤？

有三萬斤。

我買不了這麽些個。

怎麽，三萬斤還多麽？

三萬斤雖然不算多，是因爲我上月買了四萬斤，發了走了，還不知道南邊的行市怎麽樣呢，所以我現在不敢買這麽些個了。

你竟管買下罷，這裡頭還有個緣故哪。

有個甚麽緣故哪？

這個客人賣了駝絨，還打算買一千多兩銀子的東洋油漆碎貨①哪。脚下各棧裏都没有東洋油漆碎貨，就是你這棧裏有。着比他買你一千兩銀子的東洋油漆貨，你買他三萬斤駝絨，就可以先折一千兩銀子的賬，下短②他多少，你再給他現銀子就得了嗎，你想好不好？

這麽辦也好，你把駝絨樣子帶來了麼？

我没帶來。

你怎麽不帶來呢？

我不知道你買不買呀。你既要買，我回頭就給你把樣子拿來。

可是，這個賣駝絨的客人是張家口的人麽？

他是張家口的人。

他没帶蘑菇來麽？

他説他有幾千斤蘑菇，還得兩天纔能到哪。

---

① 碎貨：零碎貨物。

② 下短：欠缺。

趕來到的時候，你把樣子先拿來看看，若是合式我就都留下了。
是了。
那麼你現在快囘去，把駝絨樣子給我拿來，把價錢問明白了給我開來。
是了，我這就給你取去罷。

第六章

辛苦掌櫃的，你這店裏住着有買賣客麼？
那上房裏住着的就是一位買賣客。
辛苦客人。
來了，掌櫃的。
您買緞子不買呀？
可以，你打開包袱，偺們瞧瞧罷。
您瞧，這一匹是紅青緞子，那一疋是青緞子。
有紅緞子沒有？
舖子裏有紅的，我沒帶來。您看看這紅青緞子和青緞子怎麼樣？
我不要紅青的，也不要青的，我就要紅的和藍的。
藍的和紅的，我們舖子裏都有，明兒早起我可以給您拿來看看。
掌櫃的貴姓？
賤姓趙。沒領教您？
賤姓楊。
貴處是甚麼地方？
敝處是宣化府。寶號？
小號"潤昌"。
就是這大街路東的潤昌綢緞舖麼？
不錯，就是那個。
貴同事的幾位？
我們十個人。
幾位跑外的？

四個跑外的。
貴東是本京的人麼？
是京裡的人。
寶號在南邊有坐莊①麼？
沒有坐莊。
沒有坐莊，是每年有人到南邊辦貨去麼？
我們不到南邊辦貨去，我們用的都是客貨。
買客貨賣，還有利麼？
利是有，不過沒有很大的利就是了。
所有京裏各綢緞舖，南邊都沒有坐莊麼？
大概都沒有罷。
我聽見說，山西省綢緞舖，南邊都有坐莊。
是，不錯，山西省的綢緞舖，南邊都有坐莊。我要失陪了，偺們明兒早起見罷。
您走麼？我不送了。
楊爺，我今天給您拿了一疋藍緞子、一疋紅緞子，您瞧瞧合式不合式？
顏色兒染的倒不錯，就是太薄，還有厚的沒有了？
紅的倒還有比這個厚的，藍的可沒比這個再厚的了。
那麼等我晚上到您舖子裏瞧去罷。
很好，晚上我在舖子裏候着您罷。
是，偺們晚上見。

第七章

兄台，你是多喒回來的？
我是上月十五回來的。
去了有多少日子？

---

① 坐莊：商號爲采購或推銷貨物在外地所設的常駐機構。

去了整倆月。
辦了來的都是甚麼貨呀？
辦了來的是潮煙①、糖和紙張。
貨都賣出去了麼？
是，都賣出去了。
這回辦來的貨得意罷？
可以的，賺了有五百多兩銀子。
好啊，這足見是您的眼力高啊。
甚麼眼力高啊，不過是趕上好行市就是了。
您這今年不出外了麼？
上秋②還得出一盪外。
還上甚麼地方去呀？
還得出一盪口。
出口去，是打算辦甚麼貨呀？
出口是辦皮貨去。
今年皮貨的行市怎麼樣？
皮貨的行市，大概總是有長無落罷。
你出口，到喇嘛廟去不去？
是，到喇嘛廟去。
您到喇嘛廟，我有一件事要奉託您。
是甚麼事情？
　　喇嘛廟有一個大有裕貨棧，掌櫃的姓包，是山西人。他那棧裏存着有我們的一千兩銀子，因爲總沒有妥靠的人到京裡來，所以這項銀子總也沒有寄來。您若是到那兒去，我可以給包掌櫃的寫一封信，託您給他帶了去。信裏頭我告訴他，叫他把那一千兩銀子交給您手裡，您就可以先拿那項銀子買貨。趕到我用錢的時候，再起您舖子裏使喚，您想可以不可以呢？
　　這麼辦很好，我們就可以少帶一千兩銀子出口去了。

---

① 潮煙：廣東舊潮州府出產的烟草。
② 上秋：進入秋天。

您願意這麼辦就得了。

這是怎麼一項銀子呢？

提起來話很長。當初包掌櫃的起山西到京裡來，就在偺們這城外頭晋益賬局子①裡當夥計，那個工夫兒他就和我們先兄相好。後來他解賬局子裏散了，他打算要起京裡辦襪貨到口外賣去。他沒有本錢，和我們先兄借一千兩銀子作本錢，我們先兄就借給他一千兩銀子，他就買了些個貨，出口賣去了。就這麼幾年的工夫兒，他就賺了不少的錢了。後來他就在喇嘛廟開了這個大有襪貨棧，脚下他也算是發了財了。

他和你還來往信麼？

是，我們一年總不斷的來往信。

那麼我若是拿着你的信去，他不至於不肯把銀子交給我呀？

那層您竟管放心，他決不能不交給您。

那麼着就很妥當了。

我還告訴您說，您到喇嘛廟，也不用租房子住，就可以住在他那棧裡。

可以在他那棧裡住麼？

很可以的。我和他是至好，信上可以給他寫上我和您的交情，他也必留您在棧裡住。

這好極了。我也要走了。

您同去麼？趕您走的前兩天告訴我一聲兒，我把信寫得了，交給您納。

是了。

第八章

老兄，我今兒特意來，和您借一匹馬騎兩天。

你要上那兒去呀？

我要下一趟通州。

你干甚麼下通州去呀？

---

① 賬局子：錢莊，靠存錢、放賬獲利。

我是給人説合事情去。

你給人説和甚麼事情去？

是這麼一囘事情。我有一個親戚姓吳，他去年在通州開了一個首飾樓，字號是"富華樓"。那舖子裏掌櫃的姓馬，是我的朋友，當初是我薦的，説明白的每月十兩銀子的勞金①。趕到新近我們親戚到舖子一算帳，看見帳上馬掌櫃的借的錢太多了，心裡不願意。趕算完了帳了，就告訴馬掌櫃的説，叫他後來每月就按着他的工錢使唤，不准另外借櫃上的錢。這麼着馬掌櫃的給我來了一封信，告訴我説，他現在不願意幹了，要辭買賣。所以我得去給他們説合説合。

你去打算怎麼給他們説合呢？

我打算叫我們親戚和馬掌櫃的立一個合同，給馬掌櫃的開出一股買賣來，不准他另外借錢，每年算下帳來，分給他一股利。他有這一股買賣和他的勞金，也就夠他過日子的了。您想我這麼給他們説合好不好？

這個辦法很好，那位馬掌櫃的作買賣可以罷？

是，他是個作買賣的好手。他原來是儯們這京裡聚珍首飾樓的徒弟，趕他學滿了之後，就在泰華樓當夥計，那個時候我就知道他能作買賣。後來他是因爲和泰華樓的東家不對，自己②不幹了，就在家裡閒了半年。可巧③有我們親戚開這個舖子，就託我給請一位掌櫃的，我就把他薦了去了。起開市到如今，他把買賣治料④的倒是很好。

是了。我晚上打發人把我那一匹紅馬給你送了去罷。

就是罷，費心費心。

好説好説。

---

① 勞金：勞動的酬金。
② 己：原作"已"。
③ 可巧：恰好，正好。
④ 治料：治理。

第九章

周掌櫃的，你是多喒來的？

我到了好幾天了。

你住在那棧裏了？

我住在祥發棧裡了。

你瞧了甚麼貨了沒有？

還沒有瞧甚麼貨哪。

你這盪來，打算辦甚麼茶呀？

我這回不是辦茶來了。

你不是辦茶，是來辦甚麼貨呢？

我是辦紙來了。

你又開了紙舖了麼？

我現在不開舖子了，幫人作買賣哪。

你怎麼各人①不開舖子了，倒去幫人作買賣呢？

因爲去年我辦去的貨，在海面上遭了風了，船壞了，把貨都沉了，所以買賣開不了啦，這纔幫人作買賣去了。

那麼你現在是在紙行裏幫夥哪麼？

不錯，是在紙行裏幫夥哪。

這個紙行是甚麼字號？

字號"廣和"。

從先來這地方辦過貨麼？

這個紙行是去年纔開的，這是初次來辦貨。

來了幾位同事的？

我們來了三個人。

你們三位來，打算是辦粗紙啊，還是辦細紙呢？

---

① 各人：自己。

粗細紙全辦。

我有個朋友開着個紙棧，粗細紙全有，價值①格外便宜。晚上我可以到您寓所裏去，同你們三位到那個紙棧裏去看看。

很好。您晚上大概得甚麼時候到我們寓所裡去呀？

我掌燈以前去罷。

那麼我們就老②候着您就是了。

第十章

你們東家在行裏哪麼？

在樓上寫字哪。

你去告訴你們東家説，我要見他有話説。

您怎麼稱呼啊？

你把我這個名片拿上去，給他瞧瞧，他就知道了。

東家，來了一個中國人，要見您有話説，請您看這個名片。

你出去告訴他説，我現在忙着寫信哪，不能見他，請他改天再來罷。

是。我們東家叫我告訴您説，他現在忙着寫信哪，不能見您，請您改天再來罷。

那麼你回頭告訴東家説，就提我見他有要緊的買賣的事情商量，請他明天早起務必在行裏等我。

是了，我回頭替您説罷。

東家現在在行裡哪麼？

在寫字房裡哪，您各人進去罷。

東家，我昨天來了，聽見説您公事忙，沒有見着您納。

可不是麼，昨天我是忙着寫信來着。

我來見您，還是爲上回那買賣的事情。

---

① 價值：價格。

② 老：一直。

是那一件買賣的事情？

就是那羊絨和草帽瓣子的事情。

那羊絨和草帽瓣子不是我買，是我的一個朋友，他在香港開行，他託我給他辦這個貨。上禮拜我把您送來的那羊絨和草帽瓣子的樣子，還有那行情單子，都給他寄了去了，等他有回信來，或長或短，我再告訴您說罷。

我過兩天就要回家去了。

怎麼？現在正是忙買賣的時候，您要回家去呢？

是因為我在本鄉地方開着一個舖子，前兩天我接着我們舖子的一封信，說我們舖子裏掌櫃的病的利害，恐怕要死，請我快回去，好把帳目交代給我，所以得趕緊的回去一趟。

您得去多少日子纔能回來呢？

若是我們那位掌櫃的病好了，我回來的就快。若是他死了，我可就得過兩三個月纔能回來哪。

那麼您走了之後，若是香港有信來，我和誰商量啊？

您可以和我們那棧裡李夥計商量就行了。

第十一章

您拉着的這匹馬，是您各人的麼？

是我各人的。

這匹馬可真不錯，一天能走多少里地？

一天總可以走三百里地。

能走三百里地，也就算是可以的了。我也打算買一匹好馬，可惜總沒有合式的。

您若是喜歡我這匹馬，我可以賣給您罷。

您若是賣給我，要多少銀子呢？

我是富賣呀。

您富賣，打算賣怎麼個價值呢？

我要賣一百五十兩銀子。

一百五十兩銀子，我可買不起呀。

您打算破多少銀子買馬呢？

我就打算破個幾十兩銀子買匹馬。

幾十兩銀子買不出甚麼很好的馬來。

您這匹馬雖然這麼好，也斷不能值一百五十兩銀子。

那可難說了。馬的分別多了，有日行千里之馬，有日行五百里之馬，有日行三百里之馬，有日行百里之馬，還有一天就走幾十里地的馬哪。像我這匹馬，不過算是中等兒的馬就是了，還到不了上等兒的馬哪。像那上等兒的馬，有值個四五百兩銀子的。像街上那套車的那馬便宜，您花十兩銀子就買了，您要那樣兒的馬麼？

那樣兒的馬，我自然是不買呀。若是有一天能走個一百里地的馬，那我就可以買一匹。

您既這麼說，我家裡還有兩匹馬，一天都能走一百五六十里地，您可以去看看。若是對式①，不到一百兩銀子我就賣給您納。

那兩匹馬都是甚麼顏色兒的？

一匹是棗兒紅的，一匹是白的。

是了。您府上在那兒住？

舍下在順治門裏頭油坊胡同。

您貴姓？

我賤姓王。

您在旗麼？

是，在旗。

您貴旗是那一旗？

敝旗廂紅旗蒙古。

您在那衙門行走？

我在理藩院當差。未領教您怎麼稱呼。

我賤姓方。

你是本京的人麼？

---

① 對式：合適。又作"對事"。

我是昌平州的人，在京裡落户多年了。

您現在有何公幹？

我脚下没事，我是候選。

那麼偺們改天再談罷。

是，這一兩天我到府上望看您去，就手兒瞧瞧那兩匹馬。

豈敢，我在家裡候着您就是了。

第十二章

老弟，你在家裡哪麼？

在家裡哪，您請進來罷。

老弟纔回來麼？

可不是麼，我是纔解衙門回來。大哥您請坐罷。

老弟請坐下。怎麼這一程子散衙門這麼晚哪？

是因爲快封印①了，公事忙些兒，所以不能早散。

老弟若没有用飯，您請先吃飯罷。

不忙，飯還没得哪，您用過飯了麼？

我偏過了。

那麼您請喝茶罷。

老弟别張羅，我找老弟來，是有一件事奉求。

豈敢，有甚麼事情？

我現在有一點兒要緊的用項②，求您給借一百兩銀子的印子③。

您打算是按着月打麼？

我打算是這麼個辦法。這城外頭有一個兩間門面的乾果子舖，字號是"泰興"。那房子是我的，一個月取十兩銀子的房錢，每月十五的日子，到日子拿摺

---

① 封印：從臘月下旬到次年正月中旬，官署停止辦公，把官印封存起來，稱爲"封印"。
② 用項：開銷的項目、用處。
③ 印子：高利貸的一種。借債人分期還款時，每次都在預先設立的折子上加蓋一印爲記，故稱。

子去就給錢,決不支日子。我想着借一百兩銀子,把房摺子交給他,每月叫他們拿摺子去取十兩銀子,取十一個月,便是一百一十兩銀子了。到那時候,他們把房摺子照舊還我,我算是還了他們一百兩銀子的本,給他們出了十兩銀子的利,您想我這個辦法好不好?

您這個辦法好是好,到底還不用這麼辦。

那麼怎麼辦哪?

城外頭有一個義合印局子①和我相好,我可以去給您借一百兩銀子,和他說開②了,每月您把纔說的那筆房錢取來,再給他添上五錢銀子的利,給他們送了去。送這麼十個月,便是一百零五兩銀子了,您算是給他們歸了一百兩銀子的本,出了五兩銀子的利,您想這麼辦好不好?

這麼辦更好了。可有一層,我怕是十個月給他們五兩銀子的利,他們嫌少不願意。

我和他們有交情,去和他們說一說,不能不願意。

那麼費老弟的心罷。

好說好說。您現在有幾處房產哪?

原本是三處,兩處住房,一處舖面房。前年我們舍妹出門子③,我没有錢辦事,賣了一處住房,現在就剩了我身底下住的那處房和這處舖面房了。

是了。

老弟,那麼我多偺來聽您的信哪?

我明天早起就出城給您辦去,晚上囘來我給大哥送到府上去罷。

好極了,那麼我就在家裡老候着您就是了。

第十三章

李順。

---

① 印局子:發放印子的店。
② 說開:公開講明事實和態度。
③ 出門子:出嫁。

喳。
你去瞧瞧誰叫門哪。
喳。
你們老爺在家裡哪麼？
是，在家裡哪，您請進來罷。
何老爺來了。
老弟請屋裡坐罷。
大哥，您吃了飯了麼？
沒吃哪，我是竟等老弟來，偺們一塊兒吃。
好極了，我也打算是在您這兒吃晚飯。
很好，那麼請您裡頭屋裡坐罷。
大哥，我先把銀子交給您罷。
不忙，吃完了飯再説罷。
先交給您納就完了。您瞧，這一包是二十錠零四塊兒，是一百兩。
那麼利錢就按着您所説的那麼辦，行了麼？
是，我已經和他們説開了，您每月就按着那麼給就得了。
勞駕勞駕。
好説好説。
老弟請吃飯。
大哥您別布，偺們自取罷。
就是。我不布，老弟可得依實。
您放心，我決不粧假。
老弟，您是今兒早起出的城麼？
可不是麼，我早起解家裡走的時候，太陽還沒有出來哪。
怎麼那麼早出的城，這時候纔回來呢？
我今兒個出城，先到了印局子給您辦這件事，又給別人説合了一件事，所以鬧到這時候兒纔回來。
給人説合甚麼事情來着？
是一件債務的事情。
是怎麼一件債務的事情啊？

城外頭九如街有一個廣成土局子①,是個天津人開的,他本姓湯,現在把買賣作虧空了。前幾天把各帳主子②請到一塊兒,託出人來説合,都按着五成打帳。各帳主子沒法子,也都應了。就是該順昌銀號有一千兩銀子,託人過去和順昌掌櫃的一説,也打算按五成打帳。順昌掌櫃的不答應,説是這一千兩銀子,本是浮借③去的,已經擱了有一年多了,老沒還,如今買賣虧空了,打算按五成打帳,那是決不行的,該多少兩還多少兩,少了一分一厘也不行。這麼着廣成土局子沒法子了,各處灣轉和順昌掌櫃的有交情的人去給他説合,總也沒灣轉着。可巧我們衙門裏張先生和廣成土局子湯掌櫃的相好,他知道我和順昌掌櫃的靠得住,這麼着他就同着④湯掌櫃的到我家裡去,再三的求我出去給他們説合。我實在推不開了,我就應許他們,今兒個出城去給他們説合。所以今兒早起給您辦完了事,打那麼我到了順昌家,給他們説完了這件事,我纔進的城。
　　您給説的是按着幾成歸還呢?
　　説開了,是按着七成歸還。
　　這您給説合的也就很好了。
　　大哥你慢慢兒的吃,我是得了。
　　怎麼,老弟吃飽了麼?
　　吃飽了。
　　那麼請喝茶罷。
　　我喝這一碗就得了。
　　再沏點兒新茶喝罷。
　　不用沏新茶了,我也要回去了。
　　忙甚麼了,再坐一坐兒罷。
　　不坐着了,我得趕緊的回去,是因爲今兒晚上張先生還要到我家裡聽那個信哪。
　　老弟既有事,我也不强留了,勞您駕。

---

① 土局子:賣鴉片的店鋪。
② 帳主子:債主。
③ 浮借:臨時借款。
④ 同着:陪同,與……一起。

那兒的話，偺們早晚兒見罷。

第十四章

高掌櫃的，上那兒去了？
我到了隆泰棧裡，瞧了會子賣叫貨①的。
東西多不多呀？
東西不少啊，巧了②總得賣一天纔能完哪。
是竟家常用的東西呀，還是有貨物呢？
有家常用的東西，也有貨物。
都是有甚麼貨物啊？
有殘洋布，有磁器③，還有玻璃。
賣了有多大工夫兒了？
賣了有一個時辰了。
您這還上那兒去呀？
我不上那兒去了，我就要回我們棧裡去了。
我有件事，託您給我們辦辦，行不行？
甚麼事情？
我打算要到隆泰棧買叫貨去。因爲這隻利順火輪船有我們棧裏五十包洋標布，三十箱火柴，總得今兒起下來。我若先買叫貨去，回頭再起貨，又怕是天晚了，散了關，今兒個可就驗不了啦。若等着起完了貨再去，又怕是去遲了，買不着甚麼貨了。所以我這兒很爲難。我打算您若現在沒事，就託您把船上的貨給起下來，我就先買叫貨去。您想可以替我辦辦不可以？
可以的，我給你們起下來，你們有人報關麼？
是，我們棧裡那個姓李的學買賣的，現在在火輪船上哪。您就把貨給起下

---

① 賣叫貨：拍賣。
② 巧了：可能，大概。
③ 磁器：瓷器。

來，叫他們裝在撥船①上，叫我們徒弟押着貨船到海關上去就得了，您就囬去您的罷。那報關上稅的事情，我們那個徒弟就可以辦了。

是了，那麼您把起貨紙交給我罷。

給您，洋布、火柴這兩樣兒貨，都在這一張起貨紙上哪。

這起貨紙簽了字了沒有？

簽了字了。

那麼您去買叫貨去罷，我這就上船上給您辦去。

勞您駕罷，晚上我到棧裏給您道乏②去罷。

那兒的話呢，嗒們晚上見罷。

第十五章

老弟，昨天我在廟上碰見你們那位令親李大爺，我看他說話怎麼那麼瘋瘋癲癲的，他有甚麼瘋病麼？

可不是麼，他是去年得的瘋病。

是怎麼得的？

是解氣上得的。

是怎麼氣的？

哎，提起來話長了。去年夏天，我不是出口去了麼，他在京裏忽然交了三個新朋友，都是外鄉人，盤桓了些日子，彼此都很投緣對勁。我們舍親原本是茶行人，那三人也懂得點兒茶行的事情，這麼着那三個人就和他商量，要搭夥上湖北買茶葉去，說是運到京裏來賣，總有對合子的利③哪。這麼着他也很願意，說明白了，一個人拿出一千兩銀子來作本，賺了錢，四股均分。這麼說妥了，大家把銀子就都拿出來了，就定規日子起了身了。趕到了湖北地方，他們住在一個店裏了，那三個人一商量，要把這四千兩銀子都交給我們舍親一個人

---

① 撥船：駁船，需拖船或頂推船拖帶的貨船。
② 道乏：通過口頭或宴請等方式表示謝意。
③ 對合子的利：相當於成本的利錢。

管理。我們親戚就答應了,把這四千兩銀子,他就收在他一個大衣箱裡了,拿一把鎖把箱子鎖上了,鑰匙是在他自己身上帶着。那三人見天到各茶棧裏看貨去,暗之中他們三人可就照着那把鎖配好了一把鑰匙。我們親戚是見天一個人兒在店裡寫帳看屋子。這一天有晌午錯①的時候②,他三人解外頭回來,就和我們親戚説,某茶棧裡有一宗茶葉,他們三人看不透,叫他去看看,這麼着我們親戚就去了。那三人等他走後,就拿他們配的那把鑰匙,把箱子開開了,拿出六個元寶來,照舊又把箱子鎖上了。趕他看完了茶葉,回到店裡,晚上算完了帳,開開衣箱一看,短了六個元寶,心裏很納悶兒,可就問那三人説:"我的箱子上鎖沒開,怎麼會丟了三百兩銀子呢?"那三人説:"你是管銀子的,又沒別人經手,況且鎖又沒開,丟了銀子,你問不着我們呀!丟這三百兩銀子,應當是你賠出來,還有甚麼説的嗎?"我們舍親聽這話也沒法子,就認了賠了,他可所不明白是怎麼丟的。趕他們把茶葉都辦好了,運到京裡來,偏巧趕上行市也不大好,把茶葉賣出去了一算帳,除去盤費③水脚,賺了一千二百兩銀子,分到我們親戚名下纔三百兩銀子。他就把這三百兩銀子賠了那丟的銀子了。他算是白出了一盪外,一個大錢也沒得着。後來有那三人的一個跟班的散了,這一天遇見我們親戚了,他就把那三人怎麼商量配假鑰匙、怎麼偷銀子、怎麼編事詑我們親戚賠銀子,一五一十全説出來了。我們親戚一聽這話,纔明白這銀子是這麼丟的,可就氣得了不得,就立刻出城到店裡找那三人去了。趕他到了店裡一問,那三人前幾天就起了身了。所以他就這麼一氣,就得了瘋病了,請了好幾個大夫瞧,也沒治好。這就是他得瘋病的緣故。

我們那胡同兒裏有一個大夫,專能治瘋病,我見他治好了好幾個人了。你過兩天兒同他到我們家裡去,我可以同着他到那個大夫那兒去瞧瞧。若能給他治好了呢,那不好麼?

既有這樣兒大夫好極了,一兩天我同他到您府上去罷。

就是罷,偺們一兩天兒見罷。

---

① 晌午錯:過了正午。也説"晌午歪"。
② 候:原作"侯"。
③ 盤費:盤纏費用。

第十六章

大哥,您那位令親張大爺,怎麼總不見上您這兒來了?

你不用提他了,他惱了我了。

他為甚麼惱了您了?

提起這個緣故來很可氣。今年春天他來找我,說是他西城有一處住房,有十幾間,他要拿那房契託我給他借一千吊錢。我可就和他說,我給你辦着瞧,可不定借得出來借不出來。我外頭不認得甚麼有錢的人,你是知道的。就是這北城有一家兒全盛木廠子,那個楊掌櫃的和我有交情,我就找他去了。和他一商量,楊掌櫃的說他手底下就有六百吊錢,湊不出一千吊錢來,叫我和我們舍親商量。若是願意押,就是這六百吊錢,分半利錢,還就在五天之內。過了五天,恐怕就拿這項錢買了木頭了,可就辦不了啦。這麼着我回來和他一說,他說六百吊不行,非一千吊錢不押,這麼就擱下了。趕過了有十幾天了,他又來了,把房契也拿來了,叫我拿着房契找楊掌櫃的去,說是六百吊錢又押了。我可就說:"那天我告訴過你,若辦就在五天之內,過了日子,恐怕拿那項錢就買了木頭了。現在過了有十幾天了,可不定他把那項錢用了沒有。我給你去問一問,成了你也別喜歡,不成你也別惱。"他說:"就是罷。"趕我去了,見了楊掌櫃的一問,他說前兩天已經把那項錢買了木頭了,辦不了啦。這麼我回來就回覆他了,他敢情解這麼就惱了我了,在各朋友地方講究①我,說我交朋友走親戚竟假着子②,所沒真的,永遠不肯給人出力,把我說了個一個大錢也不值。有我的幾個朋友,聽他這話,很替我抱不平,可就把這話都告訴我說了。趕到上月,我上西城一個朋友家行人情去了,遇見他也去了,我就在大庭廣眾指桑說槐罵了他一頓,他從此更惱了,所以也就不上我這兒來了。

我真想不到他是這麼個皮氣③,他若照這麼着,可恐怕朋友們將來沒人敢

---

① 講究:談論,評議。

② 假着子:假招子。

③ 皮氣:脾氣。

和他交往了。

不用等將來呀，就是現在朋友知道這件事的，就都遠着他了。

第十七章

老弟，我聽見說，你們那莊兒上有個人，前兒個掉在河裡淹死了，是真的麼？

不錯，是真的。

是你們緊街坊麼？

是緊街坊，就在我們房後頭那個籬笆門兒裡住。

是姓甚麼？

是姓馬，外號兒叫歪嘴子。

他是干甚麼的？

他先頭裡①是駛船，如今是在家裡閒着没事。

他怎麼會掉在河裡淹死了呢？

昨兒個知縣驗屍的時候，我聽見他媳婦兒告訴知縣，說是那天夜裡有三更多天，他起外頭喝了個大醉囬來，直嚷熱的了不得，要到河裡洗澡去。他媳婦兒攔他，不叫他去，他不聽，他就把大衣裳脫了，竟穿着條褲子就出去了。他媳婦兒直等到天亮，也没見他囬來。他媳婦兒很不放心，就出去順着河一找，就看見他在河裡淹死了，趕緊雇人打撈上來，就找了地保報了官。這麼昨天驗完了屍，裝了棺材就埋了。

真也可憐哪，洗了個澡就淹死了。

雖然死的可憐哪，這也是他默默中的報應啊。

怎麼是他的報應呢？

他先頭裏駛船的時候，有一天他運麥子到王家屯裏去，走到半道兒上，遇見一個孤單客人，帶着有四百兩銀子搭了他的船。這天晚上那個客人在船幫上出恭，一失脚掉在河裏了，直嚷救人。他船上有一個小夥計名叫王福子，聽

---

① 先頭裡：先前，以前。

見嚷，就要脱衣裳下河裡救去。他倒駡王福子，嗔得他多事，不叫他下去救去，王福子也就不敢下去了。那個客人可就這麼淹死了，他就把客人的那四百兩銀子眛起來了。趕他囘到家來，把船也賣了，就拿眛客人的那四百兩銀子，在儜們東邊兒那個鎮店①上開了個油坊，叫他個内姪在那個油坊裡料理買賣，叫王福子當夥計。後來因爲王福子和他内姪不對，倆人打了一架散了。如今王福子在這東門外頭路西裏那個三順酒舖兒當跑堂兒的哪。昨兒我在三順居喝酒來着，提起馬歪嘴子淹死了，王福子就把他從前所作的事情，一五一十的都告訴我説了。這麼看起來，他如今淹死了，這不是默默中的報應麼？

第十八章

李掌櫃的您來了，您怎麼這麼閒在②呀？
我今兒是同着我們這位朋友楊掌櫃的，到寶號來瞧瞧。
很好，請坐。
我先給你們二位見一見，這是渡邊先生，這是楊掌櫃的。
久仰久仰。
彼此彼此。
您台甫怎麼稱呼？
草字玉亭。請問渡邊先生台甫？
草字瑞軒。
在敝國有幾年了？
我原先是在福州做買賣，從前年纔到天津來的。
您這京話是早會的罷？
是，我從十幾歲的時候兒，在敝國東京高等商業學校裏學的北京話。
您説的話，全是我們北京的口音，清楚極了，不但沒有一點兒貴國口音，就連您在南邊住過，也不帶南方的一點兒土音，真是天分高，口才好，佩服佩服。

---

① 鎮店：集鎮。
② 閒在：空閒，清閒。

承您過獎。我當初學的本是北京的字音，後來雖然在南邊住了幾年，一句南邊話也不敢學，怕亂了我的口音，大概我覺着或者沒染上南邊的土音。

我聽着一點兒南方土音沒有，真是您的主意拿得穩，若是一染上南邊的土音，再改可就不容易了。

所以是了。

我們今兒到寶號來，是因為我們這位楊兄新立了一個事，現在可還沒開張哪。今兒過來打算要看一看寶號的貨物，若是有甚麼對路的貨，可以商量先定下幾樣兒。

是。楊兄新立的寶號是在那兒？

是在這北門外頭洋貨街。

寶字號？

小號是"森昌"。

寶號是打算賣洋貨麼？

不錯，是賣洋貨。

大概得多喒開張呢？

還沒定準日子哪。我是新近纔把那鋪子倒過來的，現在剛動手收拾門面，巧了還得過一個多月，纔能定日子開張哪。

您聽我說，這位楊兄倒過來的這個鋪子，現在一切的貨物都還沒預備哪，不知道您這屋裏現在都有甚麼貨，可以給他看看。

不瞞您說，現在我們這屋裏，所有的不過是一點兒應酬門市的零碎貨物，沒甚麼整宗兒的貨。新近接本國來信，說是下盪輪船來，那大宗兒的貨物就可以來了。趕來到的時候兒，我可以打發人去請二位過來看看。

很好。大概得多喒可以來到呢？

也沒甚麼大遠限①，不過再過一個禮拜，就可以到了。

那好極了，大約都是有甚麼貨物呢？信上提了沒有？

帶了一個單子來，都開着哪。貨物也不算少。您等這一兩天我把那單子繙譯出來，給您送過去罷。

您不必那麼費心了，過兩天兒我短不了往這麼來，我順便可以到這兒取

---

① 遠限：期限。

來罷。

那麼也好。

第十九章

前幾天我同來的那個楊掌櫃的，他和我是多年的朋友了，當初我們倆人是在一個洋貨棧裏學買賣，可是要講做買賣的本領，他比我強的多。

您太謙了，那位楊掌櫃的固然是有本事的，可是您現在領東開這麼大的買賣，若是本領小的人行麼？

您別過獎了。您聽我說，那個楊掌櫃的，他上廣東去幫人做了十幾年的買賣，他手裏也頗有幾個錢。如今他要開的那個洋貨鋪，是他自本自立的。他的意思是打算先買些個洋貨，暫且支持這個門市，後來他還要由寶號批些個大宗的貨物。他不知道您肯辦不肯辦。他和您是初會，也不好就提這節，所以他託我和您打聽打聽，後來他若是批甚麼貨行不行？

那有甚麼不行的呢？小號原不是竟做門市買賣，也帶發莊。不但要批甚麼現成的貨物，我們都能辦，就是定織甚麼綢緞布疋、定做甚麼器皿傢伙，我們也都能辦。所有本國那大製造局和各大行棧，差不多都和小號有個聯屬，辦甚麼事都不隔手的。

這真是妙極了！等過幾天我再同他來一盪，偺們當面把這話都唱明了，底下你們二位就可以覿面①商量共甚麼事了。

實在叫您分心。

那兒的話呢。這兩邊兒都是我的朋友，我也是該當爲力的。還有，您前兩天說是寶號的大宗貨物也快來了，不但楊掌櫃的要買些個貨，就是我們棧裏也得用貨。趕貨到了的時候兒，請您先賞我個信，我就約會楊掌櫃的一塊兒來了。若是貨物對我們兩下裏②的路，我們必要多留的。

就是。趕貨來到了，我先不知會別家，先給您送信去。

---

① 覿面：當面。
② 兩下裏：兩方面，雙方。

甚好甚好。

第二十章①

　　俗言説："三年出一個狀元,十年歷練不出一個買賣人來。"所以別把做買賣這件事看輕了。要知道,當掌櫃的有當掌櫃的的難處,當夥計的有當夥計的難處。

　　先説當掌櫃的的難處。不論是領東開個買賣,或是自本自立的一個買賣,打頭用人就是一件大不容易的事,自②先得有眼睛,看得出這個夥計有多大本領來,要量材任使,位置得宜。大概天下的人,有點兒本事的,總不免有點兒脾氣的,還要對付他的脾氣,可又要不受他的挾制,這點兒用度只可意會,不能言傳的。總要用其所長,舍其所短。若看那個夥計通達外面兒的事情的,就派他跑外的事情;長於應酬櫃面兒上買賣的事情的,就安置他管櫃上的事情;善於經理③收存貨物的事情的,就把他安置在局子裏,叫他經管收貨發貨的事情;那通曉筆底下算盤事情的,就把他安置在帳上,叫他專管銀錢出入一切帳簿筆墨的事情。只要他們能各盡其職,做掌櫃的的,就得好好兒的看待他。到了年終算完了大帳,該當考察各夥計這一年的功勞,查一查帳上他們平常誰有多少長支短欠。按他們的功勞大小,可以給他們豁多少長支,然後斟酌每一個夥計送多少謝儀④,總要辦得公正無私,叫他們心悅誠服,這麼樣就可以皷舞他們的精神,更要拿出真心來給櫃上盡心竭力的辦事情。掌櫃的能這麼駕馭夥計,這就是得其用人之道了。

　　至於説當夥計的,出來幫人做買賣,自己具一分本領出來幫人。既然遇見一位通達買賣事情的掌櫃的,就該當盡其自己所能的,幫助掌櫃的經理買賣,施其所長,叫掌櫃的能知道自己有多大本領,能器重自己,所謂是"貨賣識家"。

　　若是自己是當跑外的夥計,能給櫃上一年比一年多賣貨物,把買賣要越做

---

① 底本本章爲獨白,整理本按意義劃分段落。
② 己:原作"已"。
③ 經理:經營管理。
④ 謝儀:用以表示感謝的財物。

越寬，並且不給櫃上丟帳，還要耳目靈通，到處有人緣兒，能聯絡聲息。講買貨這節，不但自己有一分好眼力，看得出貨物的高低來，還要知道甚麼是如今的快貨，該當用甚麼價錢買，可以看幾成利。把貨買到手，雖不能說操必勝之權，可也得有七八成把握。能這麼樣，這就是跑外的潤手筆了。

若是自己是一個管櫃面兒上的夥計，先得有一分好談吐、好眼力，那買主兒一上櫃，就先看得出是個正經主顧不是個正經主顧來。他有來言我有去語，說出話來，又要叫買主兒喜歡，還不透虛假。講價錢，雖然嘴裏說沒謊價，可也要留一點兒活話兒，預備着萬一他所駁的價兒賣着可以合算，自己好有個轉圜的地步。就是讓一點兒價錢，總要亮出這個情面來，不但要賺他的錢，還要叫他喜歡。那買主兒原是進來買一樣兒東西，還要想法子給他看別的貨物，引逗着叫他再多買兩樣兒東西。又要給櫃上多做買賣，又要叫買主兒看着應酬的周到。談吐之間要冠冕，不透小器，應酬人要和美，不露卑微。所謂是"心裏一分，嘴裏一分"。只要進來一個買主兒，總要設法多少叫他買點兒東西走，不能叫他空出去。管櫃面兒上的事情，真能這麼樣兒的盡心，能不邀①掌櫃的敬重麼？

那管理局子事務的夥計，所有往裏收貨、往外發貨，最要留心的是查點明白件數兒，別短一件丟一件的。存收貨物，遇見鬧天氣犯潮的時候兒，該挪的挪，該晾的晾，總不要叫貨物受了潮濕。安放貨物，要挑那妥當地方兒，不至於有意外的損壞。只要貨物不丟不短，沒有損傷甚麼貨物，就算是盡其職任，對得起櫃上了。

再說那經管銀錢賬目的夥計，責任最重。一切銀錢出入，要隨時寫賬，不可以手懶，小心過去忘了，就要落賬的。收支的賬簿要一筆一筆的寫清楚了，叫人看着一目瞭然。所存的銀兩，每天晚上都要過平核對分兩②，所絲毫不差，票子洋錢都要過手點明白了，一文不短。到了月底或是年節，給主道③們開賬，都要查對明白了賬上的數目，前欠是多少，新欠是多少，然後共一個總碼兒，通共是欠多少，不可以有一點兒錯悞，叫人家犯疑，傷櫃上的聲氣。

---

① 邀：得到。
② 分兩：分量。
③ 主道：顧客，此處指債主。

若是櫃上當夥計都能如此用心，各盡其職，把買賣整理的鐵桶相似，就是每月吃櫃上的勞金，年終得櫃上的謝儀，自己問心準可以安了。

第二十一章

老弟纔下衙門麼？

可不是麼，纔回來。

今兒個衙門裡有甚麼新鮮案麼？

倒沒有甚麼新鮮案，有一件可笑的案。

是甚麼可笑的案哪？

偺們這皷樓東路北裡，有一個珍秀首飾樓，掌櫃的姓王，名字叫德勝，今兒個早起到衙門裡去告狀。知縣把他傳進去一問，他說是："有一個綿花①客，是南邊人，名字叫梅才，住在皷樓西李家衚衕。去年他在我們舖子裏打了有一百多兩銀子的首飾，把錢都給了。到了今年春天，他下蘇州去了。趕到今年夏天的時候，他媳婦兒打發那個姓王的老婆子到我們舖子裡去，說是他主母要賒一對包金四兩重的鐲子，還有一對五錢重的金鉗子②，說是梅才八月節間來就給錢。我想那梅才和我們交過買賣，沒該下過錢，我們很放心他。況且那個使喚老婆子，先頭裏梅才也打發他到我們舖子裏取過東西，我們都認得他。這麼着我們就把鐲子和鉗子賒給他了，我們就把這筆賬記上了。趕他回來，他說他不能給這筆錢。我問他：'怎麼不能給呢？'他說：'我出外的時候兒，並沒留下話，叫你們賒給我家裡東西，所以我不能給這個錢。'我就和他說：'雖然你走的時候兒沒留下話，叫我們賒給你們家裡東西，到底這個東西實在是你們大奶奶打發老婆子賒了去的。如今你既不肯給這個錢，那麼就請你把那兩樣兒東西給我們拿囘來就結了。'他說：'現在也不能把東西退囘來了。'我問他：'怎麼東西也不能退囘來呢？'他說他這個媳婦兒並不是他明媒正娶的，是他包着的一個

---

① 綿花：棉花。

② 鉗子：耳環或耳墜。

外家①。他新近解蘇州還没同來之先,他這個外家已經帶着老婆子偷跑了,所以他不能把東西拿囘來了。我和他要定了錢了,他所不肯給,所以我來告他,求老爺給判斷。"這麼着知縣就出票派差,把梅才傳來了,當堂一問王德勝所告的事是真的不是。他説是:"王德勝所告的都不假,但則一件,我下蘇州去的時候兒,我並没留下話,叫他賒給我家裡東西,他就不該當賒給纔是。如今我那個外家已經帶着東西跑了,我也不能把原物給他送囘去了,這個錢我決不能認還的。"知縣就説:"你雖然没留下話,叫王德勝賒給你家裡東西,到底你的那個外家打發人到舖子裡賒東西去,王德勝總②是因爲瞧得起你,所以纔賒給他的,況且他也不知道那是你的外家呀,這件事怎麼能歸罪於他呢?如今我給你們這麼斷,這不是十三兩銀子麼?你拿出六兩五錢銀子來還王德勝,下剩那六兩五錢銀子,叫他認個苦子③就結了,算是你還一半兒他認一半兒,你願意不願意?"梅才説他願意。又問王德勝,他也説願意。這麼知縣就叫他們倆人具了甘結④,給梅才三天的限,叫他給王德勝送六兩五錢銀子去,就這麼完了案了。您説這案不是個笑話兒麼?

第二十二章

老弟,我問你一件事。前兒個早起,我解你們那一條胡同兒裡走,看見有倆衙役鎖着倆人往西去了,後頭跟着好些個人瞧熱鬧。那倆人是干甚麼的?他們是犯了甚麼罪了,你知道不知道?

我知道,那倆人姓苗,是親哥兒倆,大的叫苗狸子,小的叫苗虎子,都是外鄉人,去年纔上京來的。就在我們胡同兒裡東頭兒開了個煙館⑤,見天招好些個閒人,黑下白日⑥的在煙館裏吃煙耍錢。那苗家哥兒倆素日還很不説理,常

---

① 外家:男子在別處所置的妾。
② 總:都,全。
③ 苦子:吃虧,苦頭。
④ 甘結:爲保證某事而交給官府的畫押字據。
⑤ 煙館:供人吸食鴉片烟的營業場所。
⑥ 黑下白日:不分日夜。

和人打架，所以我們那條胡同裡住的人，沒有不恨那倆人的。因為大前兒個夜裡，西街下夜的兵拿住了個賊，那個賊手裡拏着一包袱衣裳，當時就把他送到知縣衙門裡去了。知縣就問那個賊，素日都是在那兒窩贓。那個賊就說，他向來偷出人家的東西來，都是擱在苗家煙館裡去，那苗家哥兒倆也常給他銷贓。所以前兒個早起，知縣派了兩個衙役到苗家煙館裡去，就把苗家哥兒倆都鎖到衙門裏去了。

原來是這麼件事，這我就明白了。現在你沒聽見說是怎麼樣了？

我聽見說更可笑了。

怎麼更可笑了？

那苗家煙館裏有一個閒住的人，這個人先頭裡是在寶局①上給人瞧票子，如今沒事就在煙館裏借住。前兒個早起，衙役不是到煙館裡拿苗家哥兒倆去了麼，苗家弟兄臨走的時候兒可就託付他，先給看着舖子。就在那天夜裡，又去了一個賊，起那個煙館裡外間屋裡山墻上挖了個窟窿進去了，把煙俱②和箱子裡所存的幾樣兒賊贓全偷了去了。原來那天衙役把苗家弟兄帶到衙門裏去了，知縣就立刻升堂，審問他們倆人給賊窩贓、給賊銷贓的事情。他們倆不認，後來知縣吩咐，把那個賊帶上堂來質對③他們，他們倆還不認。知縣就叫衙役，每人打了他們五十板子，他們倆受刑不過了，就都招了。知縣又問他們，現在還有藏着的賊贓沒有，他們說還有幾樣兒賊贓，現在是在煙館裡箱子裡收着哪。這麼着昨兒個早起，知縣就派了兩個衙役，押着苗狸子到煙館起贓來了。那個看舖子的還沒起來哪，他們就叫開了門了。趕進去一瞧，外頭屋裡山墻上挖了個窟窿，桌子上的煙俱也沒了。他們就趕緊的進裡頭屋裡去，開開箱子一瞧，那幾樣兒賊贓全都丟了。問那個看舖子的，他說他夜裏睡着了，並沒有聽見有甚麼響動兒。這麼着那倆衙役沒法子，就又把苗狸子帶回衙門去了，也不知道將來是怎麼完案。

這開烟館本來就不是正經買賣，外帶着還給賊窩贓，這苗狸子弟兄們不成材料，可也真算到了家了。

---

① 寶局：賭場。
② 煙俱：烟具。
③ 質對：對質，對證。

第二十三章

　　當初我們家兄在外頭作知縣的時候，遇見過這麼一案。
　　是怎麼一案？
　　這天後半夜，有倆打更的在皷樓大街十字路口，遇見一個十幾歲的孩子，手裡拿着包袱，兜着一個東西，起包袱底下直往下滴打①血。這倆打更的看見這個，心裡就疑惑，可就問那個孩子："你這包袱裡兜着的是甚麼？"那個孩子說："是我起東邊兒湯鍋②裡買來的猪頭，要拿囘家祭財神去。"打更的說："你打開包袱給我們瞧瞧。"那個孩子就打開包袱了，給他們一瞧，敢情不是猪頭，是個男人腦袋。這兩個打更的看見這個人頭，可就把那個孩子揪住了，就問他："這個人頭是起那兒拿來的？"那個孩子就嚇哭了，連一句話也說不出來了。這麼着這倆打更的就把孩子和那個人頭都送到衙門來了。
　　這麼着我們家兄就立刻坐堂，叫衙役把那倆打更的和那個孩子、連那個人頭都帶上堂來了。趕他們到了堂上都跪下了，我們家兄抬頭一看，那個孩子不過十四五歲，長的眉清目秀很善靜的，可就先問那兩個打更的，是在那兒遇見的這個孩子拿着這個人頭。那倆打更的說："囘禀太爺，小的們昨兒個後半夜打更，走到皷樓大街十字路口遇見這個孩子，拿包袱兜着一個東西，小的們因為瞧見起包袱底下直往下滴打血，所以有點兒犯疑。這麼着小的們就問他，這包袱裏兜着的是甚麼，他說是纔解東邊兒湯鍋裡買來的猪頭，拿囘家祭財神的。小的們就叫他打開包袱給我們瞧瞧，他就打開包袱了。小的們一瞧，不是猪頭，是個人頭，小的們就把他揪住了，問他這人頭是起那兒拿來的，他就哭了，嚇的連一句話也說不出來了。這麼着小的們就把他連那個人頭都送到衙門來了，求太爺問他就是了。"
　　這麼着我們家兄就叫那兩個打更的囘去了，然後就和那個孩子說："你不用害怕，你告訴我說你姓甚麼，叫甚麼名字，在那兒住家，今年多大了。"那個孩

---

① 滴打：滴答。
② 湯鍋：本指屠宰牲畜時煮熱水去毛的大鍋，後用作屠宰場的代稱。

子説："小的姓韓，名字叫雲，在這皷樓西邊兒巾帽胡同住家，今年十四歲了。"又問他："家裡有甚麽人？"他説："小的的父親死了好幾年了，現在小的就跟着小的的母親過日子。"又問他："你父親活着是幹甚麽的？"他説："小的的父親是個秀才。"又問他："你們母子現在是指着甚麽過日子呢？"他説："小的的父親留下了有幾十畝地，現在和人夥種着哪，每年分個十幾石粮食。另外小的的母親還給人做點兒針線活挣幾吊錢，搭補着過日子。"又問他："你平常在家裡做甚麽呢？"他説："小的平常在家裡，就是跟着小的的母親念書。"又問他："這個人頭你是解那兒拿來的？"他説："小的本來是起的太早了，到皷樓東邊兒路南裏那個天和湯鍋裡買猪頭去了。趕小的到了那兒，湯鍋的門還關着哪，裡頭可點着燈。小的叫了半天的門，那個周屠户纔出來問是誰，小的説：'我要買一個猪頭。'他説是：'還没宰猪哪。等我給你看看去，有剩下的猪頭没有。'這麼着他就進裡頭屋裡去了，不大的工夫他就又出來了，就説有昨天晚上剩下的一個猪頭，問我要不要。我説我要。這麼着他就開開了一扇門，我剛要往裏走，他不叫我進去，叫我在外頭等着。這麼着我就把包袱遞給他了，我告訴他拿包袱把猪頭給我兜好了，他答應了一聲，就又把門關上了。待了不大的工夫兒，他把猪頭給兜好了，把門開了一扇，拿出來遞給我了。我問他要多少錢，他説給五百錢罷，我就給了他五百錢，我也没打開包袱瞧，就兜着走了。趕走到十字路口，就遇見那倆打更的，問是兜着甚麼。我告訴他們是祭財神的猪頭，他們叫我打開給他們瞧瞧。趕我打開包袱一瞧，敢情不是猪頭，是個人頭。他們倆就把我揪住了，問我這人頭是起那兒拿來的。我嚇的就哭了，連一句話也説不出來了，這麼他們就把我送到衙門來了。小的買的實在是猪頭，不知道周屠户爲甚麽給我一個人頭，小的實在不知道這人頭的來歷，求太爺把周屠户傳來，問他就知道了。"

這麼我們家兄又問他説："你家裡並不是寬綽，像這平常祭財神，就燒一股香就得了，又何必買猪頭呢？就是買猪頭也不必起那麽早啊。這裡頭必有緣故，你要告訴我實話。"韓雲就説："這裏頭有個緣故。因爲小的住的那院子裡，有一棵槐樹死了，小的就和我母親商量，要把那棵死樹刨躺下，劈了作柴火。我母親就答應了，叫我刨那棵樹。這麼着小的就拿钁頭一刨，起裡頭刨出一個破罈子來。小的就把那個破罈子拿出來一瞧，敢情是一罈子銀子。小的就喜歡的了不得，趕緊的跑到屋裡去告訴小的的母親。小的的母親聽説，就出來瞧了一瞧，可就和小的説：'這不義之財，得之恐怕有禍，莫若還照舊把他埋上倒好。'小的就説：'這明擺着是老天爺瞧着偺們母子窮，特意叫偺們刨着這罎子銀子，爲得是好過日子。這又不是偷人家的銀子，可有甚麽禍呢？'小的的母親聽這話，就叫小的先把那罎子銀子攔在屋裡床底下去罷，説是等明兒早起，買一個猪頭，祭了財神，偺們再用那銀子。這麽着小的這天晚上躺下之後，心裡就惦記這件事，飜來覆去的所睡不着，直翻騰到三更天纔睡着了。趕小的睡醒了一覺，後半夜是大月亮，小的疑惑天快亮了，就趕緊的起來，拿上一塊包袱和錢，就開門上街買猪頭去了。趕小的走到大街上，一聽梆子纔打四更，纔知道是起的太早。又一想，既然出來了，就去買猪頭去就是了。想不到就遇見了這麽件禍事，這就是小的的實供。"我們家兄又問他："你刨出來的那罎子銀子，還在你家裡攔着了麽？"他説："現在還在小的屋裡床底下攔着了。"這麽着我們家兄就吩咐衙役把韓雲帶下去，暫且散押着，不准欺負他。衙役答應了，就把韓雲帶下去了，然後就退堂。

吃完了點心，把地方①也傳來了，這麽着我們家兄就坐上轎子，帶上了書辦衙役，叫地方帶路，就到韓雲家裡去了。

趕到了那兒，我們家兄進院子裡一瞧，果然有刨躺下的一棵死樹。然後就把韓雲的母親叫出來問話。我們家兄一看韓雲的母親，長得很良善，是個賢慧的婦人，可就叫他把那一罎子銀子拿出來了。我們家兄瞧完了，就叫書辦寫了封條，把那個罎子封好了，叫那個婦人還照舊的攔在屋裡去了。又問了會子他家裡的事情，他説的和韓雲所説的都是一樣的話。這麽着我們家兄又安慰了他會子，叫他放心，不用害怕，不過暫且把韓雲散押幾天，也受不着甚麽屈，等完了案就把他放回來。那個婦人聽這話就感激的了不得。這麽着我們家兄就坐轎子囘衙門去了。趕到了衙門就立刻出票，派了兩個衙役到皷樓東邊兒天和湯鍋，把周屠户傳來。不大的工夫兒就傳到了，我們家兄就立刻坐堂。趕把周屠户帶上堂來一瞧，長的是一臉的黑麻子，重眉毛，大眼睛，滿臉的兇氣。他到了堂上了，就跪下磕了一個頭説："小的周青給太爺磕頭。請問太爺，傳小的來是有甚麽吩咐的事麽？"我們家兄就問他："你那湯鍋裡有幾個夥計？"他説："先頭裏有一個夥計，上月散了，現在就賸了小的一個人了。"又問他："昨兒個

---

① 地方：地保。

後半夜,有一個孩子到你湯鍋裡買猪頭去了,你記得不記得了?"他説:"小的記得,那個孩子名字叫韓雲,他常到小的湯鍋裡買肉去,小的認得他。不錯,他昨兒後半夜到小的湯鍋裏買了一個猪頭去。"又問他:"韓雲到你湯鍋裡買猪頭,你爲甚麼給他一個人頭呢?"趕我們家兄問他這句話,就留神看他臉上,可就有點兒變顔變色的。就見他磕了一個頭説:"囘稟太爺,小的賣給韓雲的是猪頭,並不是人頭。"我們家兄就説:"你既給他是猪頭,怎麼韓雲走到十字路口,遇見打更的,叫他打開包袱一瞧是人頭呢?"周青説:"小的賣給他的實在是猪頭,並不知道那人頭的事情。太爺若一定問那人頭,就請太爺問韓雲就是了。"我們家兄就説:"你既説你不知道,那也沒法子了。"就吩咐衙役把周屠户帶下去,暫且押在班房裡。衙役荅應了一聲,就把周青帶下去了,我們家兄也就退了堂了。

趕吃完飯之後,快落太陽的時候了,我們家兄就換上了便服,帶了一個書辦兩個衙役,也不坐轎,就步行兒,叫地方帶路,就到周屠户那個湯鍋裡去了。趕到了湯鍋,叫地方把門撥開了,我們家兄進去了一看,前頭是兩間屋子,後頭有一個小院子。趕到了後院子一瞧,靠着東邊兒墻有一個蓆棚子,那棚子裡頭堆着好幾綑秫稭。我們家兄就叫那倆衙役進那個棚子裡去,把那幾綑秫稭都搬出來。這麼着衙役就都搬出來了。趕都搬完了,那倆衙役就過來説:"囘稟太爺,那秫稭底下是一個坑,上頭是拿草和土浮蓋着哪。小的們不知道那坑裏頭是甚麼東西,没敢動,請太爺的示下。"我們家兄就吩咐那倆衙役:"把那個坑扒開瞧瞧,裡頭有甚麼東西,來告訴我説。"那倆衙役荅應了一聲,就又進棚子裏扒那個坑去了。趕他們把那個坑扒開了,就趕緊的跑過來説:"囘稟太爺,小的們把那個坑扒開了一瞧,裡頭有一個沒頭的死屍。"我們家兄就問:"是個男屍是個女屍?"衙役説:"是個男屍。"這麼着我們家兄就進棚子裏,看了一看那個死屍,然後就叫衙役囘到衙門去,把那個人頭取來,把件作也傳來。

不大的工夫兒,衙役把人頭也取來了,把件作也傳來了,我們家兄就叫衙役把那個死屍起坑裡搭出來,擱在平地上了,又叫件作拿那個人頭,擱在那個死屍的腔子上比了一比,不錯。又驗了一驗,是拿刀殺的,身上並没有別的傷。趕驗完了,我們家兄就叫地方拿一領蓆把死屍蓋上了,叫他看守着,這麼着就都囘衙門去了。

趕到了衙門,我們家兄就立刻坐堂,叫衙役把周屠户帶上堂來了。我們家兄就説：" 周青，我剛纔到你那湯鍋裡去了，起你那後院子坑裡，搜出一個没頭的死屍來，拿這個人頭擱在那個腔子上比了一比，不錯，是一個人，這你還説你不知道那人頭的事麼？" 周屠户一聽起他後頭院子裡搜出死屍來了，他臉上顔色立刻就變了。這麽着又問他：" 那個被害的是誰？他姓甚麽？是因爲甚麽把他害了？快實説罷。" 周屠户就説：" 事到如今，小的只可實説就是了。那個被害的是小的的夥計，他名字叫張順。他在小的湯鍋裡有十幾年了，我們倆平常並没有仇。因爲這幾年湯鍋的買賣不好，小的零碎短下他有一百多吊錢的工錢，他常和我要這個錢，小的没錢給，就隨口支吾①他。趕到昨兒晚上，他解外頭喝了個大醉囘來，他就告訴小的他不幹了，要囘家去，叫小的把短他的工錢立刻都給他。小的就和他説現在是真没錢，勸他再忍倆月，等小的想法子借了錢來還了他，那個時候他再囘家去。他不荅應，張口就罵小的，他罵了半天，小的也没言語。後來他要睡覺了，可就和小的説：' 明兒早起你若是不給我預備出錢來，僣們倆是白刀子進去紅刀子出來。' 説完了，他可就躺下睡了。小的一想，他張口罵人實在可惡，又恐怕明兒早起若是預備不出錢來，他和小的拚命。小的是連怕帶氣，可就起意把他殺死。小的聽了一聽，他打呼睡着了，小的就拿了一把宰猪的刀把他殺了，把腦袋切下來扔在地下了。小的這個工夫剛要把死屍拉到後頭院裏去，就聽見有人叫門。小的出去問是誰，就聽見韓雲説他要買一個猪頭。小的那個時候正是心忙意亂，就荅應説是還没宰猪哪。又聽見他問有剩下的猪頭没有，小的一時也不記得有剩下的没有了，可就到裏間屋裡一瞧。小的是眼離了，就瞧見木盆裡有一個猪頭。小的就問韓雲要不要，他説他要。這麽着小的就開開了一扇門，他就要進去，小的不叫他進去，小的就把包袱接過來，又把門關上了。小的進屋裡去，也没留神細看，就拿包袱把那個猪頭兜上了，拿出去，開開了門，就遞給韓雲了。他問小的是多少錢，小的就隨口要了五百錢。他就給了五百錢，然後他就把猪頭兜了走了。趕他走之後，小的就要把那個死屍拉到後頭院子裡去埋了，一找那個人頭，可就找不着了，小的就怕是扔在那個木盆裏，當猪頭給韓雲拿了去了。這麽着小的就先在那個蓆棚子底下刨了個淺坑，把那個死屍浮埋上了，上頭拿幾綑秋稭盖好了，把屋裡院裡的血跡都打掃乾净了，然後又在屋裡找了半天那個人頭，還是没有，

---

① 支吾：用話應付搪塞，含混閃躲説話。

心裡越想越害怕。趕到天亮了,小的就聽見街上有人說,有一個十幾歲的孩子,拿包袱兜着一個人腦袋,走到十字路口叫打更的拿住了,送了縣了。小的就知道是這件事犯了案了,心裡可就更不得主意了。這麼着小的就打算把屋裡的東西歸着好了一逃跑。誰知道剛把東西歸着好了,太爺就派差傳小的去了。這麼着小的就跟着差役來了。小的先不敢認,恐怕辦重罪。如今太爺既然把死屍搜出來了,小的没法子,不能不認了,只可實招就是了。"

我們家兄叫書辦把他口供寫了拿下去,就叫他畫了供,給他上了刑具,就把他擱在獄裏去了。然後就叫衙役把韓雲帶上堂來了,可就和他說:"那人頭案我已經審明白了,是周屠户害的,與你無干。你家裏刨出來的那罈子銀子,本來應當入官的,因爲我念其你們母子寒苦,賞給你們用罷。從此你要好好兒的念書,巴結①功名,你就回去就是了。"趕韓雲走之後,又派人去把周屠户湯鍋裡的傢伙都折變了,給那個被害的買了一口棺材,把死屍裝上了埋了,房子叫房東收囘去了,可就把周屠户定成死罪了,就這麼完了案了。

第二十四章

兄台你提起命案來,我也想起一件命案來了。我有一位老夫子,先頭裏作知州的時候,遇見過這麼一案。這天早起有一個年輕的婦人到衙門告狀去了,我們老夫子就把那個婦人傳進來了,問他爲甚麼事情告狀。就見那個婦人跪在大堂上,眼淚汪汪的說:"小婦人姓史,丈夫名字叫史亮,就在這東關外五里地榆林莊住家。因爲這東關裏頭崔家上月買了小婦人家幾十兩銀子的麥子,應到昨兒個給錢,這麼着小婦人的丈夫昨兒晚上就到崔家取錢去了,一去就没回來。小婦人等了他一夜,很不放心,趕到今兒早起,就到東關裏崔家一問。他們說小婦人的丈夫昨兒晚上到他們家裏,快落太陽了,他們留他吃的晚飯,喝了半天的酒,天可就黑了。他們和他把賬算明白了,給了他五十多兩銀子,他就回去了。小婦人聽這話更不放心了,就又出東關各處一找。趕找到東關外頭東南地方,有一座樹林子,過了那座樹林子,有一個很深的大水坑,就瞧見

---

① 巴結:努力爭取。

小婦人的丈夫倒背着手兒綑着,在水坑裏淹死了。小婦人一想,這必是有人圖財害命,把他捆上扔在水坑子裏了。求太爺給拿兇手,給小婦人的丈夫伸寃。"

這麼着我們老夫子就帶着書辦、衙役、仵作,到了那個地方,叫人把那個死屍打撈上來了。叫仵作把那兩隻手鬆開了一驗,死鬼嘴裏頭填的是黃土。是先填上的黃土,後拿繩子捆上的手,扔在水坑子裏頭了,身上幷沒有別的傷。趕驗完了,我們老夫子就叫那個婦人,先買棺材裝殮起來,等着慢慢兒的再拿兇手。這麼着我們老夫子就站在那個地方,四週圍一看,就看見東南有半里地遠,有個鎮店,那個鎮店東北有一個高坡子,那坡子上頭是一個村莊兒。我們老夫子就問地方:"那個鎮店叫甚麼名字?"地方說:"那個鎮店叫清水鎮。"又問他:"那個高坡子上的村莊兒叫甚麼名字?那個地方住着有多少家子百姓?都是作甚麼的?"地方說:"那個村莊兒叫柳林莊,住着有十幾家子百姓,有幾家子是趕脚的,下剩那些家子都是種地的。"我們老夫子聽完了這話,就坐上轎子囘衙門去了。

趕他囘到衙門去,吃完了早飯,就叫一個底下人,把衙門裏的一匹驢備好了,拉到衙門後門兒外頭等着。我們老夫子就把官衣服全脫下來了,換上了一身粗布衣服,把靴子也脫下來了,換上了一雙舊青布的鞋,扮作一個走路的買賣人的樣兒,又拿了一塊包袱,包上兩件衣服兩吊錢,拿上了一個鞭子,就偷着出衙門後門兒去了,就把那個包袱擱在驢身上了,然後就認上鐙①騎上了驢,叫那個底下人囘去,不用跟着,也不用告訴人說。這麼着他自己就騎着驢,出了東門,到清水鎮訪案去了。那時候正是七月裏,滿地裡都是莊稼,我們老夫子騎着驢,一路上看了會子莊稼,然後就到了清水鎮一瞧,那個鎮店也不很大,那個街不過有一里多地長,那兩邊兒有十幾個舖子。他走來走去,就見有一個小飯舖子,門口兒有兩棵大柳樹,裡頭有五六個人吃飯。這麼着他就下了驢,他就把驢拴在一棵柳樹上了,就進了那個飯舖子裡,挑了一張小桌子就坐下了,要了一壺酒兩樣兒菜,就慢慢兒的喝着酒,打算要聽那些個吃飯的人們都講究些個甚麼。

聽了半天,大家所講究的都是種地和作買賣的事情,幷沒人提這人命案的事,我們老夫子未免心裏有點兒着急。就又聽見有一個吃飯的人和櫃上坐着

---

① 認鐙:騎馬、驢、騾等,先蹬上一只脚,另一只脚找尋幷蹬在鐙子上。

的那個掌櫃的説:"掌櫃的,你聽說偺們這地方又出了一件新聞①的事麽?"我們老夫子聽見這句話,心裏一動,想着這個人說的一定是這個人命的案了,可就留神聽着。就聽見那個掌櫃的問是甚麼新聞的事,那個人說:"偺們這南莊子上住着有一家兒姓趙的,他們家的老太太昨兒個得了霍亂,請了一位扎鍼的大夫來。趕這個大夫剛進到屋裡坐下,也得了霍亂了,就直吐直拉。不大的工夫,大夫死在這個病人家裡了。大家只顧忙這個大夫了,可就忘了給老太太再請一個大夫來了。趕到日平西的時候,老太太也死了。你説這件事新聞不新聞?"那個掌櫃的就説:"像這件事,可也實在是少有的。"我們老夫子聽了半天,說的並不是這件人命的案。又聽了會子,吃飯的人都不説話了,我們老夫子心裡説,這個命案今兒個大概是訪不着了,可就打算着把飯錢給了,要同衙門去。

　　這個工夫忽然進來一個人,穿着短衣裳,有四十多歲,黑鬍子,是個胖子。趕他進裡頭去了,就聽見櫃上那個掌櫃的問他:"老張,你起那兒來呀?"那個人說:"我是到柳林莊上找王牛子去了,打算要雇他的驢,送我們姑奶奶回婆家去。趕我到了他家裏,見他在院子裏坐着了。我進去了,問他的驢在家裏没有,他説他的驢没在家,給人駝糧食去了。我又問了他幾件別的事,他都是所答非所問,彷彿他心裏有甚麼鬧心的事似的,又像是有甚麼症候似的。我看他那樣子,大概是要瘋。"那個掌櫃的説:"那王牛子他倒不是要瘋,他是偶然得了點兒外財。他巧了是鬧財哪。"那個人就問他:"得了點兒甚麼外財呀?是撿着了,是刨着了?"那個掌櫃的説:"也不是撿着了,也不是刨着了。昨兒個晚上掌燈之後,他到我們舖子來了,手裡拿着五十多兩銀子,交給我給他收着。我問他那是那兒的銀子,他説是他昨兒個趕着驢,送一個客人到東關裏去,遇見他一個舅舅起外頭跟官②回來,住在一個店裏了,這麼着就給了他五十多兩銀子。他説怕是銀子在他手裡他就胡花了,所以他拿來交給我給他收着。我告訴他説,我們這舖子出來進去的人太多,倘或給你丟了倒不好,莫若還是你各人拿回去收着去罷。這麼着他就拿了走了。你説他現在心神不定的,巧了是那五十兩銀子支使的。"那個人又説:"這個話不對。我先頭裏和王牛子在一個

――――――――――
① 新聞:新鮮。
② 跟官:跟隨伺候官員。

院子裏住過好幾年，我並沒聽見説，他有個舅舅在外頭跟官，我想他這銀子來路不明。偺們那邊兒水坑子裡不是有個圖財害命的案麼，別説那是王牛子幹的罷？"那個掌櫃的就説："老張你別胡説了，那邊兒水坑子裏死的那個命案，今兒早起纔驗的，聽説兇手還没拿着哪。現在人都不敢提那件事，你可別混説，小心弄出是非來。"那個人説："得了，我再不敢説了。你叫夥計給我拿一壺酒、拿一碗燉肉來，再給我烙半斤餅，我吃完了還得給我們姑奶奶找驢去哪。"那個掌櫃的説："正辦①。你吃完了飯幹你的去吧。"我們老夫子聽這話對了景了，心裏説："這個命案有了頭緒了。"這時候倒不好立刻就走，怕是人疑惑。這麽着又要了一壺酒一樣兒菜，慢慢兒的喝完了，把飯錢給了，慢慢兒的出了飯舖子，抬頭看匾上的字號是"悦來居"。這麽着就解開驢騎上，就向衙門去了。

趕到了衙門就立刻出票，派了倆衙役拿着鎖，到柳林莊去把王牛子拿來。那倆衙役就趕緊的去了，待了半天就把王牛子鎖來了。我們老夫子就吩咐升堂。趕衙役把王牛子帶上堂來了，我們老夫子抬頭一看，王牛子也不過二十多歲，身量也不很高，一臉的油泥，長得很粗。就見他到了堂上，跪下磕了一個頭，説："小的王牛子給大老爺磕頭。小的素日並没有爲非做歹，不知道衙役爲甚麼把小的鎖來了。"我們老夫子就問他："王牛子，你家裡都有甚麼人？是指着甚麼過日子？"王牛子説："小的家裡就是有一個老母、一個兄弟。小的那個兄弟名字叫王騾子，他是給人家當長工。小的是趕脚，一天挣幾百錢養家。"又問他："這東關外頭水坑子裡死的那個人，是你害的不是？"就見他聽這句話，臉上立刻就黃了，就趕緊的磕了一個頭説："那個水坑子裡死的那個人，小的實在是不知情，並不是小的害的。"我們老夫子説："你説那個人不是你害的，我已經打聽明白了，那個人實在是你害的。"王牛子説："大老爺既然説那個人實在是小的害的，可有甚麼憑據呢？"我們老夫子就説："你聽我告訴你，那個死鬼他名字叫史亮，就在這東關外五里地榆林莊住家。有一個人看見史亮昨兒晚上掌燈的時候，帶着五十多兩銀子回家去，雇的你的驢。趕走到東關外頭那座樹林子裏，你拿黄土把他的嘴填上了，拿繩子把他的手捆上了，就把他扔在那個水坑子裡了。然後你把他那五十多兩銀子，拿到清水鎮悦來居飯舖子裡去了。你求那個舖子裡的掌櫃的給你收着，那個掌櫃的不管，叫你各人拿回去收着，

---

① 正辦：正當的辦法，此處意爲"這就對了"。

這麼着你就拿了走了。因爲看見這件事情的人，也認得你，也認得他，所以來告訴我說了，這我纔把你拿來了問你。現在既有這麼個對證，你還不說實話麼？"趕說完了這句話了，就見王牛子磕了一個頭說："囘稟大老爺，小的並沒作這害人的事情。小的昨兒晚上拿着銀子到悅來居去，那倒是眞的。因爲小的昨天送一個客人進城，在東關裏頭遇見小的的一個舅舅，赶外頭跟官囘來，住在一個店裏了，把小的叫到店裏去了，給了小的五十多兩銀子。小的怕是銀子在小的手裏就隨便胡花了，這麼着就拿到悅來居去，打算求那個掌櫃的給收起來。誰知道那個掌櫃的他不管，這麼着小的就拿囘家去了。那個銀子實在是小的舅舅給的，並不是小的害人得來的。"我們老夫子聽這話，就又問他："你說那銀子是你舅舅給你的，你的舅舅姓甚麼？"王牛子說："小的的舅舅姓朱。"又問他："你的舅舅住在那個店裡了？"他說："小的的舅舅就住在這東關裡富順店裡了。"我們老夫子就說："這個好辦，我可以派差到富順店裡，把你舅舅傳來，當堂一問就明白了。"王牛子聽這話就趕緊的說："囘稟大老爺，不用傳小的的舅舅去。因爲他不是這本地人，他是山西人，他昨兒個告訴小的說，他今兒早起就起身囘家去了。大老爺現在若是打發人傳他去，他早就起身了，也是傳不了來。"我們老夫子說："這事也好辦，我可以派差把那個店裡的掌櫃的傳來，問問他，前兩天有這麼個姓朱的客人在他店裡住着沒有，也就明白了，你想怎麼樣？"王牛子聽這話可就不言語了。

我們老夫子看他身上直抖搂^①，可就把驚堂木一拍說："王牛子，你快實說罷！你若是再不招，我就要動刑了。"王牛子聽說是要動刑，就害了怕了，說："大老爺也不用動刑，小的實招就是了。"我們老夫子就說："那麼你快說。"王牛子說："小的趕腳爲生，家裡很窮。昨兒個晚上小的趕着驢囘家去，走到東關外頭天就黑了，就遇見了那個死鬼雇小的的驢到榆林莊去，一百錢雇妥了的。赶他一上驢，他手裡拿着的一個包袱掉在地下了，他就和我說：'我現在是醉了，勞你駕你給我撿起那個包袱來罷。'這麼着小的就給他撿起來了。赶小的拿到手裡掂了一掂，很沉，小的就遞給他了，問他這包袱裡包着的是甚麼東西，他說是包着的是剛纔買的一疋布，還有五十多兩銀子。小的聽說有五十多兩銀子，又見他是喝醉了，可就起了不良的心了。赶走到那座樹林子裡了，小的見那個

---

① 抖搂：顫抖，哆嗦。

死鬼騎着驢睡着了,又見樹林子裡連一個人都沒有,可就起他的背後給了他一拳頭,把他打下驢來了,小的就趕緊的把他搵在地下了。他剛要嚷,小的就拿了一塊黃土填在他的嘴裡了,然後就把小的紮腰的一根繩子解下來了,把他倒背着手兒捆上了,就把他拉出樹林子去,扔在水坑裡了。這麼着小的又進樹林子去,把驢拉上,把那個包袱拿上,出了樹林子,又到水坑子邊兒上瞧了一瞧,他已經淹死了。小的一想,若是把那銀子拿回家去,又怕小的的母親問那銀子是那兒的,小的沒話答對,這麼着小的就拿着那個銀子,到清水鎮悅來居去,託那個掌櫃的給收着。他不管,小的沒法子就拿回家去了。小的的母親問小的是那兒的銀子,小的可就撒了一個謊說,是有一個人交給我五十多兩銀子,託我給買幾頭驢,另外還送了我一疋布。小的的母親就信了真了,可就把銀子和布都收在箱子裡了,連一分一厘也還沒動哪。這就是小的的實供。"

　　這麼着我們老夫子就派了兩個衙役,押着王牛子到他家裡,把原贓五十多兩銀子起來了。然後又把史亮的媳婦兒傳來了,我們老夫子就和他說:"你的丈夫是叫一個趕驢的王牛子害了,我已經把兇手拿住了,把原贓五十多兩銀子也起來了,如今交給你拿回去罷,這個兇手我按着律叫他給你丈夫抵償就是了。"那個婦人很感激的了不得,就磕了一個頭,下堂回去了。這麼着又把王牛子帶上堂來了,把他的供招①都叫書辦寫了,拿下去叫他畫了供,給他上了刑具,立刻叫禁子②來,就把他攔在獄裡去了,然後我們老夫子就把他按着圖財害命的律,定成斬罪了。

第二十五章

大哥,你上那兒去了?
我到北門外頭去趯③達了一盪。
街上有甚麼新聞麼?

---

① 供招:招供,供詞。
② 禁子:獄卒,在監獄中看守罪犯的人。
③ 趯:遛。

倒没有聽見有甚麼新聞,我在北門外頭可看了一個熱鬧。

您看了一個甚麼熱鬧啊,説給我聽聽。

偺們這北門裡珠寶巷兒住着有一個秀才,姓周名字叫自清。今兒個早起他出北門,上一個親戚家裡去,在大道上撿了一塊花布手巾,裡頭包着一個元寶。他打開了瞧了一瞧,沒敢動,又包上了。他就坐在一棵樹底下,打算等着若是有人來找,就給人家了。

趕他等了半天,就見有一個人拉着馬來了,滿地下直瞧。周自清就問那個人:"你找甚麼了?"那個人説:"我丢了銀子了。"周自清就問他:"是拿甚麼包着的?"他説:"是拿一塊花布手巾包着的。"周自清説:"你不用找了,是我撿着了,我坐在這兒竟等着人來找哪。"説話之間就遞給那個人了。趕那個人伸手接過去了,也不給周自清道謝,就把花布手巾打開了,瞧了一瞧,説:"我這手巾裡包着的是倆元寶,怎麼如今剩了一個了呢?"周自清説:"我撿着的就是一個,你原來包着的是幾個,那我如何知道呢?"那個人説:"我原來包着的是倆元寶,這必是你昧起一個元寶來。"周自清説:"我若是昧起你一個來,就連這一個我也不給你了,我作甚麼給你一個、昧起你一個來呢?"那個人説:"我懂得你的意思,你撿了我倆元寶,你還我一個,你料估①着我也不能再和你要那一個了,你又得一個拾金不昧的名,你又白得一個元寶,你這叫名利兼收。我現在就是和你要定了那一個元寶了,你總得給我纔行哪。我打十六歲就在街上混混,如今我四十多了,不懂得你這套法子,那我可真成了傻子了。你若是不給我那個元寶,偺們倆就是官司,先叫你在衙門裡住幾天,你也就知道我是誰了。"周自清聽這話,氣的臉都白了,就説:"若不然你先搜搜我的身上,瞧瞧有你的元寶沒有。"那個人説:"我搜你的身上作甚麼呀!你昧起我的銀子來,你也就早擱在一個地方藏起來了,你還肯帶在身上麼?"周自清説:"再不然,眼頭裡②就是一座關帝廟,偺們倆到那個廟裡,一個人燒一股香起誓去。若是我昧起你一個元寶來,我立刻現世現報;若是你訛我,你也應誓。你想怎麼樣?"那個人説:"那神靈不管偺們這個事,偺們也不必燒香去。你若一定不給我,偺們倆立刻到衙門打官司去。"傍邊兒有好些個人勸那個人,那個人所不答應,橫的了不得。

---

① 料估:預料,估計。

② 眼頭裡:眼前,面前。

俩人正鬧的不可開交了，可巧這個工夫本縣的太爺起那兒過，周自清就和那個人說："你不是要和我打官司麼？現在本縣的太爺來了，偺們倆攔輿告狀好不好？"那個人說："很好。"趕轎子臨近了，他們倆就攔住了轎子一喊寃。知縣就叫站住了轎子，就問他們倆人是爲甚麼喊寃。周自清先說："生員是本地的秀才，名字叫周自清，就在這北門裡頭珠寶巷住家。今兒早起生員出北門來，要到北鄉一個親戚家裡去。走到這個地方，在地下撿了一塊花布手巾，裡頭包着是一個元寶。生員打開瞧了一瞧，又包上了，就坐在樹底下，打算等着有人來找，就給他了。趕等了半天，就見這個人拉馬來了，滿地下直瞧。生員就問他找甚麼了，他說他丟了銀子了。生員又問他是拿甚麼包着的，他說拿一塊花布手巾包着的。生員就告訴他說不用找了，是生員撿着了，這麼着就給了他了。趕他接在手裡，打開瞧了一瞧，他說是他原來包着的是倆元寶，他訛生員昧起他一個元寶來。老父臺明鑒，若是生員打算昧起他的銀子來，生員就連這一個元寶也不給他，豈有給他一個、又昧起他一個來的理呢？生員和他講了半天的理，他所不答應，他和生員要定了那一個元寶了。他說生員若是不給他那一個元寶，他要和生員打官司。生員和他商量，到關帝廟燒香起誓去，他也不去。他一味的不說理，傍人勸他，他也不聽。正在無計奈何之際，恰巧老父臺起這兒路過。生員實在是寃屈的了不得，故此攔輿喊寃，求老父臺詳情判斷。"

趕周自清說完了，知縣又問那個人是怎麼件事。那個人說："小的問稟太爺，小的名字叫貝成，在西關裡城隍廟街住家，就在家裡開放賬局子。因爲這北門外頭東北地方王家屯有小的一個朋友，前兩天託小的給買兩個元寶，小的昨兒個起錢市上給他買妥了兩個。今兒早起小的拿一塊花布手巾包上了這倆元寶，騎馬到王家屯給人家送去。因爲小的騎在馬上偶然睡着了，趕小的醒了一瞧，那包銀子丟了。這麼着小的就下了馬，拉馬往囘裡走，順着大道這麼一找那包銀子。趕走到這個地方兒，周自清在樹底下坐着哪。他問小的找甚麼哪，小的說丟了銀子了，他問小的銀子是拿甚麼包着的，小的說是拿一塊花布手巾包着的。這麼着他就說是他撿着了，然後他就給了小的了。趕小的接過來打開一看，裡頭就剩了一個元寶了？小的就問他，這本是倆元寶，怎麼會剩了一個了呢？他說他就撿着一個元寶，那個元寶他說他不知道。小的知道他是昧起一個元寶來，所以小的就和他要定了那一個了。他不肯給，他還要和小的到廟裡燒香起誓去,小的不去,小的要和他到衙門打官司去。正在這兒鬧的不可開交了,可巧太爺打這兒路過,所以小的喊寃,求太爺把那一個元寶給小的追出來就是恩典。"

趙知縣聽他說完了,可就和周自清說:"這件事你們倆都錯了。你撿的是一個元寶,他丟的是倆元寶,這明擺着的,你撿着的這個元寶並不是他所丟的,你給他作甚麼呀?這總是因爲你素日作事心地公平,所以老天爺加護①你,特意叫你撿着這麼一個元寶。這事與貝成沒甚麼相干,你可以把這個元寶拿囘去,自己使喚去罷。他丟的是倆元寶,叫他各人再去找去就結了。"貝成聽這話就說:"囘禀太爺,小的雖然丟的是倆元寶,如今小的情願意認一個元寶的苦子,求太爺把這個元寶叫小的領去罷。"知縣說:"不行,你丟的是倆,他撿的是一個,這是不相符的,他撿的旣不是你的銀子,你不可以混認。"周自清還不肯拿了就走,還在那兒站着哪。知縣又說:"周自清,你還不走麼?在這兒站着作甚麼?我告訴你,你竟管拿了這個元寶使喚去,若是有誰不答應你,你到衙門去告訴我說,我必要重辦他的。"這麼着周自清就道了謝,拿着那個元寶走了。知縣就盼咐起轎走了。所有那些瞧熱鬧的人,沒不拍巴掌樂的。那個貝成垂頭喪氣的,拉着馬也走了。

第二十六章

老弟這兩天幹甚麼來着?

我這兩天是到縣衙門裡,聽審案的去了。

聽審甚麼案去了?

就是前幾天河西大街水手打群架的那一案。

不錯,我也聽見說,前幾天河西大街有水手打架的事情,可不知道是爲甚麼。

我這兩天聽知縣審他們,所有這案的始末根由我都明白了。

你旣都明白了,可以說給我聽聽。

---

① 加護:加意保護。

這案是廣船①上的水手和粮船上的水手打起來了。那廣船上的人都是廣東人，那粮船上的水手都是寧波人。因爲那天晚上有三個②廣船上的水手在河西大街三元樓吃飯來着，可就都喝醉了。趕他們三人吃完了飯，到一個寶局裡去，就遇見了七八個粮船上的水手在那兒耍錢哪。這三個③廣船上的水手進寶局裡去坐了半天，也没耍錢。忽然有那粮船上的一個水手說丢了票子了，就疑惑是這三個④廣船上的水手偷了去了，就問這三人，看見他的票子了没有。這三個⑤水手就有了氣了，這麼一罵他們。那幾個粮船上的水手就都過來打這三個水手。有別的耍錢的人給他們勸開了，那廣船上的水手就都回去了。那幾個粮船上的水手裡頭，有一個年老的就說："偺們也快回去罷，那三個⑥廣東人一定是回船上邀人拿傢伙去了。偺們若不快回去，小心回頭他們來，偺們没拿傢伙，可就要吃他們的虧的。"大家聽這話有理，就都走了。

趕走到大街上一個雜貨舖門口兒，就遇見廣船上來了十幾個水手，都拿着傢伙，就把粮船上的水手都砍傷了，內中有一個叫火槍打死了。這個工夫兒，地方就趕緊的到巡檢衙門去報了。巡檢就騎着馬帶着幾個兵來了，把廣船上的水手拿住了五六個，下餘⑦的就都跑了。這麼着巡檢就把粮船上受傷的那幾個水手和拿着的那幾個廣船上的水手，當時就都送到縣衙門去了。昨⑧兒早起知縣帶着仵作到河西大街，把那個被槍打死的水手驗了。

趕到回衙門去，就把官醫傳來了，給那幾個被傷的水手都上上了藥，然後可就坐堂，把那兩隻船上的水手都帶上堂來了。知縣就先問廣船上的水手是爲甚麼打架，就叫他們裡頭一個人回話，别人都不准言語。就見內中有一個水手磕了一個頭，說："小的名字叫劉幅，小的們這六個人和跑回船上去的那四個人，都是在林永順船上當水手。昨兒個晚上小的同這個姓張的和那個姓王的水手三個人，在河西大街三元樓吃飯來着。趕吃完了飯了，我們三人一商量，

---

① 廣船：廣東船。
② 底本無"個"字，依文義補。
③ 底本無"個"字，依文義補。
④ 底本無"個"字，依文義補。
⑤ 底本無"個"字，依文義補。
⑥ 底本無"個"字，依文義補。
⑦ 下餘：餘下。
⑧ 昨：原作"今"。

上那兒去好呢,那個姓張的説:'偺們上寶局瞧耍錢的去罷。'這麼着小的們三個人就到寶局上去了。趕小的們進了寶局,就見有好幾個粮船上的水手在那兒耍錢哪,小的們就在傍邊兒看着。待了半天,有一個粮船上的水手説他丟了票子了,他們就問小的們看見他的票子了没有。小的們情寔①没拿他們的票子,又搭着小的們三個人喝醉了,見他們一問,可就生了氣了,就張口駡他們來着。他們不答應,他們又仗着他們人多,就過來打小的們。有別的耍錢的人就趕緊的過來,把我們勸開了。小的們三個人氣的了不得,就回船上去了。然後就告訴了夥計們説了。夥計們聽説都很有氣,就商量拿傢伙找他們打架去。這麼着我們十個人,有拿棍子的,有拿刀的,就下了船,到那個寶局上找他們去了。趕小的們走到大街義和雜貨舖門口兒,就遇見那幾個粮船上的水手了。小的們就這麼一駡他們,他們也駡小的們,小的們就要拿刀砍他們,他們就拿磚頭打我們,這麼着我們就拿刀把他們砍傷了。這個工夫巡檢老爺帶兵去了,小的們就把刀棍都扔了,剛要跑,没跑脱,就被拿住了。那四個人可就跑回船上去了。這就是小的的寔供。"知縣又問他:"死的那個粮船上的水手,是你們誰拿槍把他打死的?"劉幅説:"小的們並没拿火槍的,我們拿着的都是刀棍。小的們打架的時候,也聽見了一聲槍響,可不知道是誰放的槍。太爺若不信,可以把那個義合雜貨舖裡的人傳來問一問,就知道小的們有拿着火槍的没有了。"

這麼着知縣又問那粮船上的水手:"你們是爲甚麼打架?"也叫他們裡頭一個人回話。就見他們裡頭有一個有鬍子的水手磕了一個頭,説:"回禀太爺,小的名字叫李亞金,小的們都是寧波人,在新福太粮船上當水手。昨兒晚上小的同着這六個人,和那死鬼張亞保,共總八個人,在河西大街一個寶局上耍錢來着。這三個廣船上的水手到寶局裡瞧耍錢的去了。小的那個夥計陳亞福丟了四吊錢的票子,疑惑是這三個廣東人偷了去了。這麼着小的們就問這三個廣東人看見票子了没有。他們三個人都喝醉了,聽見問他們,可就生了氣了,張口就駡小的們。小的們不答應,就要打他們。有傍邊兒別的耍錢的人就過來給我們勸開了,這三個廣東人就走了。小的料估着他們必是回船上邀人拿傢伙去了。小的可就和這七個夥計説:'偺們快走罷,那三個廣東人巧了是回去

---

① 情寔:實在,確實。

邀人拿傢伙去了。倘或他們囘頭來了，偺們手裡又沒有傢伙，必要吃他們的虧的。'他們七個人聽小的說的話有理，可就都不要錢了，就和小的一塊兒都走了。趕走到大街上那個義合雜貨舖門口兒，就遇見廣船上的水手拿着棍子、刀都來了，見了小的們就這麼一罵。小的們也罵他們，他們就要拿刀砍我們，我們就拿磚頭打他們，他們就拿刀把小的們都砍傷了。這個工夫兒巡檢①老爺就帶着兵到了，可就把他們拿住了幾個，連他們帶小的們就都送到衙門來了。"知縣又問他："你們那個夥計張亞保，是誰拿槍打死的？"李亞金說："小的不知道張亞保是誰拿槍打死的。小的可聽見有一聲槍響，可不知道是誰放的。小的也沒看見那廣船上的水手裡頭有拿着火槍的，就見他們拿着的都是刀棍。雖然那廣船上的水手是小的們的仇人，到底他們沒拿着火槍，小的也不敢誣賴他們。"這麼着知縣就叫衙役把他們都帶下去了，說是明兒個晌午再問罷，然後知縣就退了堂。

趕到今兒個晌午，我又到衙門聽去了，知縣把義合雜貨舖的一個人也傳來了，把那天廣船上跑囘去的那四個水手也拿來了。知縣就坐堂，先叫衙役把義合雜貨舖的那個人帶上來了。知縣就問他："你叫甚麼名字？"他說："小的叫趙和。"又問他："你是掌櫃的是夥計？"他說："小的是掌櫃的。"又問他："前兒個晚上，那廣船上的水手和糧船上的水手打架，你看見了麼？"他說："小的看見了。"又問他："你看見他們兩下裡拿着的都是甚麼傢伙？"他說："小的看見廣船上的水手拿着的都是刀棍，糧船上的水手都沒拿着傢伙。"又問他："你看見那廣船上的水手有拿着火槍的沒有？"他說："小的就看見那廣船上的水手拿着的都是刀棍，並沒看見他們有拿着火槍的。小的不敢撒謊。"知縣又問他："死的那個糧船上的水手，是誰拿槍打死的，你看見了沒有？"他說："小的看是看見了，就是不敢說。"知縣說："你竟管說，我決不能露出是你說的來。"這麼着他就說："太爺既不能露出來是小的說的，小的可以囘稟太爺知道，那個水手不是廣船上的水手打死的。"知縣就問他："那麼是誰打死的呢？"他說："小的那天晚上看見廣船上的水手和糧船上的水手正在街上打架哪，就有一個本地的雁戶②姓鄧，他扛着一桿槍，手裡提溜着倆野鴨子，在傍邊兒站着看熱鬧來着。後來小

———

① 檢：原作"撿"。
② 雁戶：打野鴨和大雁的獵戶。

的就見他衝着一個粮船上的水手放了一槍，然後他就跑了。不大的工夫兒巡檢老爺帶着兵就到了，小的就聽見說有一個水手是叫火槍打死了，小的就知道是那個雁戶打死的，小的也不敢多嘴。如今太爺既然把小的傳來了問這件事，小的不敢不寔說了。"知縣又問他："那個雁戶叫甚麼名字？在那兒住家？"他說："那個雁戶名字叫鄧秀，就在這河西大街船板胡同住家。"

趙和說完了，知縣就叫他同舖子去了，然後就派差，叫地方帶路，去到船板胡同傳鄧秀去了。待了半天就把鄧秀傳來了。趕衙役上堂回話說把鄧秀傳到了，知縣就吩咐把他帶上來。這麼着衙役就把鄧秀帶上堂來了，他就跪下磕了一個頭說："小的鄧秀，給太爺磕頭，不知道太爺把小的傳來有甚麼吩咐？"知縣就問他："鄧秀，你平常是作甚麼事情？"他說："小的平常是打野鴨子爲生。"知縣又問他："前兒個晚上，廣船上的水手和粮船上的水手在河西大街打架，你看見了沒有？"他說："前兒個晚上小的起那兒路過，看見他們打架了。"又問他："你看見他們在那兒打架，你爲甚麼拿槍把粮船上的那個水手打死了呢？"他說："小的雖然看見他們打架了，小的也沒勸架，也沒拿槍打人，小的就在那兒看了半天的熱鬧就回家去了，小的並不知道他們誰把誰打死了。"知縣說："鄧秀，你也不用撒謊，有好幾個人看見你一隻手提溜①着倆野鴨子，一隻手拿着槍扛着，在那兒看他們打架來着。後來你就衝着粮船上的一個水手放了一槍，你就走了，你如今還撒謊做甚麼？你快寔說了，免得我動刑。你若不說，我可就要動刑了。"鄧秀聽這話，想了會子，然後就說："既然是有人看見了，小的也不能不說了。"知縣說："你快說，你是爲甚麼把他打死了？"他說："小的同稟太爺，前些日子小的在河東一個小河溝子裡，打了一隻野鴨子，叫一個粮船上的水手搶了去了，小的就趕緊的跑了去，追上他了，和他要那隻野鴨子。這個工夫兒又有一個水手起小的身後頭來了，把小的揪住了，使勁的一推，把小的推在傍邊兒一個水坑子裡。趕小的起水坑子裡爬出來，他們倆已經跑遠了，也追不上他們了。小的的衣裳全濕了，氣的了不得，沒法子，就回去了。趕到前兒個晚上小的打野鴨子回來，走到河西大街，正遇見廣船上的水手和粮船上的水手打架哪。小的就看見那天推小的的那個水手也在裡頭了，小的就想起他那天推小的的那個仇來了。又一想，趁那個亂的時候把他打死，必沒人知道是

---

① 提溜：手提。也說"提摟"。

小的打死的。這麼着小的就拿槍衝着他放了一槍。見他立刻就躺下了，小的就趕緊的抽身跑了。小的料估着一定沒人看見，誰知道還是有人看見了。這就是小的的實供。"

這麼着知縣就先叫書辦把鄧秀的口供都寫好了，拿下去叫他畫了供，就叫衙役給他上了刑具，叫禁子把他下在獄裏去了，然後又叫衙役把那兩隻船上的水手都帶上堂來了。知縣就先和粮船上的水手說："這案本來也應當治你們的罪，無奈我念其你們身上都受了傷了，寬恕你們的罪，放你們回船上養傷去。你們回去趕緊的買一口棺材，把張亞保的屍首裝殮起來埋了。後來你們再若是不安分，下船來打架，我必要重治你們的罪。你們回去就是了。"粮船上的水手一個人磕了一個頭，都下堂去走了。然後知縣就吩咐把廣船上的那十個水手都枷號上了，枷在河西大街鬧事的地方去，判的半個月的限期，趕滿了限打放①。就這麼把這案斷完了，知縣就退了堂了，我也就回來了。

第二十七章②

我有一位年兄，他先頭裏在山東作知縣的時候，有一年夏天我到山東望看他去了。正是我在他那衙門裏住着的那些日子，我見他辦過這麼一案。

這天早起，南門外頭青石堡地方的地保到衙門來稟報說："小的所管的那青石堡地方，住着有一家兒姓柴的，是小兩口子過日子。那個姓柴的名字叫順義，年紀有二十多歲，他是裁縫手藝，在南門裡頭一個成衣舖裏耍手藝③。他娶媳婦兒到如今，不過纔四個月。他因爲家裡沒人，所以他見天晚上回家去。現在因爲天氣很熱，他見天晚上在院子裏搭舖睡覺，他媳婦兒在屋裡睡覺。今兒早起他媳婦兒起來了，到了院子裏一看，他的男人叫人殺了，腦袋不見了。這麼着他就趕緊的把小的找了去看了，叫小的來報太爺知道。"我們年兄聽了，就趕緊的帶着書辦仵作到青石堡去了。

① 打放：釋放。
② 底本本章爲獨白，整理本依文義劃分段落。
③ 耍手藝：匠人做工。

趕到了柴家，那個媳婦兒出來迎接。我們年兄看那個婦人長的很體面。趕進去一瞧，住着的是一個小院子兩間房子，就叫仵作一驗，是拿刀殺死的。這麼着我們年兄就問那個媳婦兒，多大歲數兒了，娘家姓甚麼，都有甚麼人，是作甚麼。那個婦人哭哭啼啼的說："囘禀太爺，小婦人今年十八歲了，過門纔四個月。小婦人的娘家姓湯，就在這南邊兒不遠劉家村住。小婦人娘家就是小婦人的父親和母親，並沒別人。小婦人的父親是賣線爲生。當初是小婦人的父親和小婦人的公公是至好的朋友，這門親是小婦人的父親和小婦人的公公當面定的。後來小婦人的公公死了，直到了今年春天，小婦人的丈夫孝滿了纔過的門。起過門之後，我們兩口子很和睦，從來没打過架拌過嘴，這是街坊四鄰都知道的。小婦人的丈夫今年二十四歲，是裁縫的手藝，在這南門外頭一個成衣舖裡耍手藝。因爲家裡没人，所以他見天晚上囘家來。這幾天因爲天氣很熱，他就在院子裡睡覺，小婦人在屋裡睡覺。今兒早起，小婦人起來，到院裡一瞧，就把小婦人嚇了一大跳，就見小婦人的丈夫被人殺了，腦袋不見了。這麼着小婦人就趕緊的出去，把地方找來，叫他看明白了，然後就叫他到衙門去報知太爺。求太爺給拿兇手，替小婦人的丈夫伸寃。"

這麼着我們年兄又把那一塊兒的街坊傳了幾個人來，問他們平常看見過白日裡都是有甚麼人常到柴家來。那幾個街坊都說，平常並没有看見過有甚麼人常到他們家裡來，他們這個街門永遠是關着，也没見這個婦人出去過，并且他們小兩口子從來没打過架拌過嘴，很和氣的，這個媳婦兒實在是個賢慧的婦人。

這個工夫兒，那個婦人的父親聽見這件事也來了，見了我們年兄，就跪下磕了一個頭，說："小的湯懷，給太爺磕頭。小的是賣線爲生，今年五十多歲，就跟前這麼一個姑娘，嫁了這個柴順義。起過門之後，他們兩口子很和氣，小的這個姑爺也很顧家，小的倒覺着很放心。誰知道禍從天降，他現在忽然會遭兇死，實在是萬萬想不到的事情。小的就是求太爺派差拿兇手，給小的的姑爺伸此大寃。"說完了直哭。我們年兄安慰了他們父女會子，叫他們先買棺材，把屍身裝殮起來，等着訪拿兇手。這麼着我們年兄就囘衙門去了。

趕到了衙門，就派了好幾個衙役，各處訪拿兇手。那幾個衙役直訪拿了有七八天，連一點兒消息也没有。屍親是隔兩天一遞催呈，請給他們快拿兇手。我們年兄心裡很着急。後來他想了一個法子，寫了幾張賞格，貼在各城門各鎮店人得瞧的地方，那賞格上寫着：誰若知道這個兇手的姓名，來衙門裡報，本縣決不能露出這個人來，可以賞銀十兩；若是知情不舉，查出來必重治其罪。

趕這賞格貼出去，過了有兩三天，這天晌午，忽然衙役進來，見我們年兄回話，說是外頭有一個十幾歲的孩子，到衙門來說是要見太爺，有機密的事情稟報，請太爺的示下。我們年兄就叫衙役把那個孩子帶進來，到書房裡去。我們年兄就趕緊的到了書房裡坐下。不大的工夫兒，就見衙役把那個孩子帶進書房來了。我們年兄一看這個孩子，有十四五歲。他剛要跪下，我們年兄說："你不用跪下，你就站着回話就是了。"我們年兄就問他："你叫甚麼名字？是在那兒住家？是來報甚麼機密的事情？"那個孩子就說："小的名字叫朱成，今年十五歲，在這南門外頭拴馬椿兒住家。小的家裡父母都在，小的的父親是各雜貨店報行市的，小的是在這東門外頭竹杆巷兒一個姓白的財主家裡當跟人①。小的的主人今年三十多歲，名字叫白崑，也不念書，也沒有功名，外頭有倆燒鍋②，有十幾頃地的產業。小的的主人很逍遙自在，見天就是各處走走逛逛。因爲這南門外頭有一個村莊兒，裡頭住着有一家兒姓湯的，是老兩口子，跟前有一個姑娘，那個老頭兒是個賣線的。因爲去年小的的主人起那個村莊兒過，遇見那個姑娘在門口兒買東西哪。小的的主人一瞧那個姑娘長得很體面，可就動了心了，就在那個村莊兒一個舖子裡一打聽，說是那家兒姓湯，是個賣線的姑娘。趕他回到家去，就找了一個素日認得的媒婆子，叫他到那個湯家去，和那個姑娘的父母商量，打算要娶那個姑娘作偏房。應許那個媒婆子，若是把這件事給說成了，謝和③他十兩銀子一對鐲子。這麼着那個媒婆子就到湯家說去了。趕他回來告訴小的的主人說，湯家老兩口子說是他們的那個姑娘已經有了婆家了，還說就是沒有婆家，他們也不肯把姑娘給人家作妾，說叫小的的主人死了心罷。小的主人聽這話大失所望。趕到今年春天，聽見說那個姑娘要過門了，一打聽，纔知道敢情是給了青石堡住着的那個姓柴的裁縫了。小的的主人就很歎息的了不得，說是很好的一塊羊肉落在狗嘴裡了。趕到前些日子，小的的主人不舒坦了。小的主人家有一個管事的，人很聰明，名字叫田保，這天進客屋裡去，和小的的主人算賬。趕算完了賬了，可就問小的的主人，

---

① 跟人：僕人，隨從。
② 燒鍋：造酒的作坊。
③ 謝和：感謝。也說"謝候"。

是怎麼不舒坦了。小的的主人就說,因爲要娶湯家的那個姑娘作偏房,沒娶到手,後來又聽見說那個姑娘給的是青石堡住着的一個姓柴的裁縫,這麼着連氣帶急,就不舒坦了。田保聽這話就說:'您若是還一定願意娶湯家的那個姑娘作偏房,我有個法子可以娶到手。'小的的主人就趕緊的問他有甚麼法子,他說:'這個法子現在不好說,等晚上沒人的時候兒,我再告訴您說罷。'這麼着田保就出去了。趕到晚上,小的的主人不叫小的在客廳裡伺候着,叫小的出去了,就把田保叫進客廳裡去,商量了好大半天的工夫兒,小的也不知道是商量些個甚麼事情。趕到第二天早起,小的就見田保騎了主人的一匹驢就走了,小的也不知道他是上甚麼地方去了。趕到日平西的時候,就見他回來了,又帶了一個人來。那個人是個高身量,有四十多歲,黑鬍子,大眼睛。趕田保把那個人帶到客廳裡去了,小的的主人就叫小的出去了,不知道他們都是說了些個甚麼事情。後來吃完了晚飯,又見田保同着那個人出去了半天,掌燈的時候纔回來的。趕到夜裡有三更天的時候,小的的主人要喝酒。小的正在客廳裡伺候小的的主人喝酒的這個工夫兒,就見白日裡田保帶來的那個人,穿着短衣裳,手裡拿着一個皮口袋,腰裏掖着一把尖刀,起外頭進來了。到了屋裡,解皮口袋裡頭拿出一個人頭來,把小的嚇了一大跳。這個工夫兒田保也進來了。小的的主人就說小的:'你不用在這兒伺候着了,你去睡覺去罷。'小的聽這話就出去了。趕到了我各人屋裡,心裡很害怕,躺在床上翻來覆去的所睡不着。趕天亮了就見田保進小的屋裡來了,就和小的說:'你不用害怕,昨兒個來的那個人是我的朋友。因爲主人惦記着娶那個姓柴的媳婦兒作妾,娶不到手,叫我把那個人找來了,打發他到青石堡去,把那個姓柴的裁縫殺了,爲的是後來好娶那個媳婦兒。你既瞧見了那個人頭了,你可別和別人說,若是叫人知道了,那可了不得。主人叫我給你這一錠銀子,不叫你外頭告訴人說,你可記住了,千萬別說。那個人頭我已經埋在後頭院子了,我那個朋友現在也回去了。'這麼着他把那錠銀子就給小的了,小的接過來就收起來了。趕到了昨兒個,小的告假回家去了,把這錠銀子交給小的的父親了。小的的父親就問這是甚麼銀子,小的就把這件事告訴小的的父親說了。小的的父親說,這案事太爺已經出了賞格了,訪拿這個兇手,說是賞格上說若是有人知道那個兇手的姓名,到衙門報了,太爺決不能露出這個人來,另外還有賞賜;若是知情不舉,將來查出來,必要重治罪的。小的的父親怕是將來這件事犯了案,連累了小的,所以叫小的拿着這錠銀子到衙門來，把這件事稟報太爺知道，求太爺免小的的罪。"説完了把那錠銀子拿出來，給我們年兄看了。

我們年兄聽他説完了，可就説："你説的這話都是真的麽？"朱成説："都是真的，若是有一句謊言，太爺把小的當堂打死。"這麽着我們年兄又説："你父親很明白，叫你來告訴我説，我一定不能露出是你説的來。這案事你既來告訴我説了，我也決不能治你罪。這錠銀子你可以拿去使唤，另外我還賞你十兩銀子。"這麽着就叫底下人去到内堂取十兩銀子來。那個朱成説："太爺既不治小的罪，就是格外的恩典，小的實不敢領太爺的賞賜了。"我們年兄説："我賞格上説是誰來報信給誰十兩銀子，如今你來報信，也是應當給的，你不准推辭。"這麽着就給了他十兩銀子，叫他先回家去，外頭不必説這件事。這麽着朱成就磕了一個頭回去了。

趕朱成走之後，我們年兄就叫了兩個衙役來，告訴他們説："你們倆到東門外頭竹杆巷白家去，把他們家的那個管事的田保傳來，就提因爲春天交的那個錢粮，那個賬目不對，叫他來還得算算那個賬。"衙役答應着去了。

趕到後半天兒，就見去的那倆衙役進來回話，説："小的們已經把田保傳來了。"這麽着我們年兄就吩咐升堂。趕我們年兄入了公座①，就叫把田保帶上堂來。趕田保上了堂，跪下磕了一個頭説："小的田保，蒙太爺呼唤，趕緊的就來了，不知道太爺問的是那項錢粮的賬目不對，求太爺示知，小的好再算一算。"我們年兄就説："田保，我傳你來，並不是爲錢粮的事情。我有一件事問你，這南門外頭青石堡住着的那個姓柴的，是誰殺的，你知情不知情？"田保聽問他這件事，可就有點兒發毛，就説："小的實不知情。"我們年兄説："你説你不知情？這案事出來之後，有好幾天所没拿着兇手，這麽着我昨天到城隍廟殿裡燒了一股香，求城隍爺給我托夢，告訴我兇手是誰。趕到昨兒夜裡三更天，城隍來給我托夢，告訴我説，是你的主人白崑和你定的計策，雇了一個人，半夜裏到青石堡去，把柴順義殺了，人頭是你埋的，叫我把你傳來問你，所以我把你傳來了。你是因爲甚麽幫着你的主人把他害了，你快實招罷。"田保説："實在没有這麽件事，恐怕是城隍老爺説錯了。太爺的明鑒。小的的主人和小的與那個死鬼素不相識，無冤無仇，爲甚麽要把他害了呢？"我們年兄説："田保，你那

---

① 公座：辦公的座席。

是胡説。城隍是神,決不能説錯了。你若是不肯實招,我也不必問你,我今兒晚上再到城隍廟裡去燒一股香,告訴城隍説你不肯認,我請城隍派小鬼,把你的魂靈拘到陰間去問你,我看那個時候你説不説。依我勸你,現在你認了,倒是你的便宜。你各人想一想,是那麽着好,要拿定了主意。"田保聽這話,不由的渾身直抖搣,嚇的臉①上成了窗户紙了,想了一想,然後就説:"既是這麽着,小的實説就是了。"我們年兄説:"這倒是正辦,你實説罷。"

他就説:"小的在白家管事有六年了,主人白崑待小的很好。因爲新近小的的主人忽然不舒坦了,這天小的到客廳裏和小的的主人算賬去了,趕算完了賬了,小的就問他,是怎麽不舒坦了。他説是因爲去年他起南門外頭劉家村路過,看見有一家兒有一個姑娘在門口兒買東西,長的很體面,他就在一個舖子一打聽,説是那家兒姓湯,是個賣線的老兩口子,就跟前這麽一個姑娘。這麽着他就囘來了,託了一個媒婆子,到湯家去和姑娘的父母商量,打算要娶那個姑娘作妾。趕媒婆子囘來,説是那個姑娘已經有了婆家了,那個姑娘的父母還説,就是沒有婆家,他們也不肯把姑娘給人家作妾。這麽着他聽這話,所沒了指望了。趕到今年春天,他聽見説那個姑娘要過門了。一打聽,纔知道給的是南門外頭青石堡地方住着的那個姓柴的裁縫,可就很嘆息的了不得。就起那麽,他心裡時時刻刻總惦記着那個姑娘,又到不了手。趕到了前些日子,他可就不舒坦了。這麽着小的就説:'我有個主意,可以把那個媳婦兒娶到手。'他就問小的有甚麽主意。小的因爲那個跟人朱成在傍邊兒哪,不便説這個主意,小的就説:"等晚上沒人的時候再説罷。"趕到晚上,他就把小的叫到客廳裡去了,一個人沒有,他就問我有甚麽法子可以娶那個婦人。小的就説:'若是打算娶那個婦人,除了是把那個姓柴的殺死纔行哪。'他問我:'怎麽能把姓柴的殺了呢?'小的也是一時貪圖錢財,就告訴他説,小的認得一個朋友,名字叫姚熊,是個獵户。他住家在這縣城東邊兒有四十里地,地名兒叫安和鎮。這個姚熊他會飛簷走壁,他冬天是到山裡打獵去,夏天常作賊,到財主家偷東西去。小的説:'若是把他找來,叫他半夜裏到柴家去,把那個裁縫殺了,然後那個婦人就守了寡了。況且那個婦人,他男人既是遭兇死的,別人大概都嫌他不吉祥,也就都不大願意娶那個婦人了。趕過這麽一個月倆月的,再打發媒婆子到湯

---

①　臉:原作"瞼"。

家去，和那個婦人的父母說，就提您還願意娶那個婦人作妾，我想，到了那個時候，他們也就答應了。您想這個主意妙不妙？'小的的主人就說，這個法子很好，就叫小的去把姚熊找來，情願意給他一百兩銀子，叫他去辦這件事，還應許事完之後給小的五十兩銀子。這麼着第二天早起，小的就騎着驢到安和鎮去了。趕小的到了安和鎮姚家，見了姚熊一說這件事，他很願意。這麼着小的就把他帶來了，見了小的的主人一商量，說給他一百兩銀子，他也都答應了。說明白的是把人頭拿來作對證，這麼着就定規妥了。趕到吃完了晚飯，小的同他出去，到了青石堡地方，叫他認準了柴順義的家門，看好了路徑，然後我們倆就同來了。趕到二更多天，他就穿上了短衣裳，帶上了他的一把尖刀、一個皮口袋就走了。趕到三更天，小的正在院子裡坐着哪，就見姚熊越墻進來了，手裡拿着那個皮口袋，腰裡掖着他那把尖刀。這麼着小的就後頭跟着他進客廳裡去了，就瞧見小的的主人在客廳裏喝酒，朱成在傍邊兒伺候着。這個工夫兒，姚熊就起皮口袋拿出一個人頭來，小的的主人就叫朱成出去睡覺去了。姚熊就說，他到了柴家越墻進去的，看見了一個年輕的小夥子，在院子裡一個舖上，蓋着一個夾被睡覺哪。屋裡窓戶也揸着了，他扒窓戶往屋裡看了一看，有一個年輕的婦人在炕上睡覺了。他料估着那必是柴順義的媳婦兒，院子裡睡覺的這個年輕的小夥子必是柴順義，這麼着他就拔出刀來把柴順義殺了，把腦袋剌下來，裝在皮口袋裡。然後他越墻出來了，他就竟找沒人的地方兒走就同來了。小的的主人很喜歡，就趕緊的給他斟酒道謝，又叫小的把人頭拿到後頭院子裏去埋了。我們三個人直談到天快亮了，小的的主人就拿出兩個元寶來給了姚熊，就叫他趕緊的囘去了。趕姚熊走之後，小的的主人就拿出一個元寶來給了小的，又拿出一小錠銀子來，和小的說：'剛纔朱成瞧見那個人頭了，恐怕他到外頭說去，你拿這小錠銀子去給朱成，把這件事索性告訴明白他，可囑咐他，千萬別在外頭說去。'這麼着小的就拿着那小錠銀子，就到了朱成屋裡，把這件事告訴明白他了，囑咐他別在外頭說這件事，把那小錠銀子也給了他了。小的本想這件事辦的很機密，沒人知道，決犯不了案的，誰想到城隍老爺不容，給太爺托夢，說是小的和小的的主人把柴順義害的，這也是小的害人的報應。事到如今，無可奈何，只可認罪就是了。"

這麼着我們年兄又派了兩個衙役去，把白崑傳來了。趕白崑到了堂上，我們年兄就叫田保質對他的主人。田保就和他說："主人您可別怪我都說出來了,因為偺們害柴順義的那件事,城隍老爺已經托夢於太爺,告訴太爺説了,這麼着太爺把我傳來了問我,我可全都招了,依我説您也招了罷。"白崑聽這話,嚇的顏色兒都轉了,他没法子也就都招了。這麼着就叫他們主僕都盡了供,先給白崑上了刑具,叫禁子把他帶到獄裡去了。然後就派捕廳帶着衙役押着田保,到白家後頭院子裡,把柴順義的頭起來,把田保得白崑的那五十兩銀子也追出來了,這纔又給田保上了刑具,收在獄裡去了。

　　這麼着我們年兄就寫了一封信,派了四個衙役,去到安和鎮,把這一封信面交那個鎮店上的汛官①。信裡頭寫着是,請那個把總帶着衙役拿那個姚獵戶去,還要把姚熊原得白崑的那一百兩銀子也起來。那四個衙役就帶着信走了。趕到第二天早起,那個汛官帶着衙役來,見了我們年兄,説是他帶着衙役到了姚家,纔知道姚獵戶忽然前兩天得了子午痧②死了,取了隣保切實的甘結,把姚熊原得白崑的那一百兩銀子也起來了。趕汛官都交代完了就回去了。然後我們年兄就把屍親柴湯氏和湯懷都傳來,告訴明白他們,柴順義是白崑和田保定的計策,雇姚熊殺死的。現在三個犯人已經有一個得了暴病死了,這倆犯人都拿住下了獄了,將來必要給柴順義抵償的。叫他們父女把柴順義的頭領去埋了,又把田保和姚熊得白崑的那一百五十兩銀子都賞了柴湯氏了,叫他可以拿這個錢去置幾畝地,為得是後來好有養贍③。那父女很感激的了不得,都磕頭給我們年兄道了謝,就回去了。然後我們年兄把這案詳報上司,把白崑、田保都定成死罪了。

第二十八章

老弟,你這程子沒到衙門聽審案的去麼?
前兩天去了,聽審了一案。
是甚麼案哪?
是一件盜案。

---

① 汛官:駐防官。
② 子午痧:即霍亂。因起病兇猛,有子時發病午時死亡的危險,故名。
③ 養贍:贍養。

是怎麼個盜案，你還記得不記得了？

是，我還都記得。

那麼你説給我聽聽。

前幾天早起，偺們這西門外頭東新莊住着的有一個鄉下小財主，到衙門來喊寃告狀。知縣就升堂，把他傳進去了一問，他姓甚麽，在那兒住家，是爲甚麽事情來告狀。他説："小的名字叫石仁，在西門外頭東新莊住家，種地爲生。因爲這西門外頭桑麻村住着有一個人，名字叫李萬，前幾天賣給小的十隻牛。説明白的是十天之後給銀子，若是這十天之内，這十隻牛裡頭有病死的，那不算是買主的。過了十天之後，若是有病死的，那可就算是買主的了。就這麼定規妥了，小的把那十隻牛就拉到家裡來了。趕到了昨天，這十隻牛裡頭有一隻黑牛病死了，小的一算買的日子，纔彀七天，這麼着小的就打發人去，把李萬找來了，叫他把那隻死牛抬間去。趕他來了，瞧了一瞧那個死牛，他説那個死牛□□□□①，説是小的拿別的死黑牛，把他那隻活黑牛抵換了去了。小的就説他那是胡説，就叫他到牛圈裡找他那隻活黑牛去。趕他到了牛圈裡瞧了半天，並没有別的黑牛了，他還始終不肯認那隻死牛是他的。這麼着小的就和他鬧起來了。有小的的長工把他勸走了。趕他臨走的時候，就拿手指着小的説：'你這個行爲，小心叫賊打搶②你。'小的聽這話也没理他，他就走了。趕到三更天的時候，忽然來了七八個人，都勾着臉③、拿着刀，越墻進來了，把屋門砍開了，大聲嚷着説：'李老萬打發我們搶你們來了！'這麼着他們就進西裡間屋裡去，把箱子上的鎖擰了，打開箱子拿了有幾十兩銀子，還有幾件衣裳去。小的家裡就是有倆長工，他們看見來的人多，不敢上前拿他們。小的是在東裡間屋裡睡覺，小的手裡没有傢伙，也没敢出去拿他們。趕賊都跳墻出去了，小的的那倆長工就約會了幾個街坊追了會子，也没看見他們是往那麽去了。所以現在小的來禀報太爺知道，求太爺把李萬傳來，和他要那幾個賊，把搶小的的那銀子和衣裳給追出來，就是恩典。"這麼着知縣就坐轎子到石仁家去，驗了一驗那被搶的情形，然後就告訴石仁，在家裡聽傳就是了。

---

① 底本此處有四字空缺，疑爲"不是他的"，列此備考。

② 打搶：搶劫。

③ 勾臉：在臉上勾畫塗抹以免被人認出。

這麼着知縣回來了，就派差把李萬傳來了。趕把李萬帶上堂來了，知縣看他那樣子，是個老實種地的人，不像個作賊的，就問他："你是爲甚麼事，昨兒晚上和石仁吵鬧？"就見李萬磕了一個頭，說："小的李萬，是在這西門外頭桑麻村住家，種地度日，家裡養活些個牛馬。因爲前幾天東新莊住的那個石仁，買了小的十隻牛，並沒有中人過付①，都是小的和他覿面定規的。說明白的十天之後給銀子，若是這十天之內，這十隻牛裡頭有病死的，那還算是小的的牛；若是過了十天之後有病死的，那就算是他的牛了，就不與小的相干了。趕到了昨兒個，纔彀七天的日子，他打發人把小的找了去了，他說是小的賣給他的那十隻牛裡頭，有一隻黑牛病死了，叫小的把那隻死牛抬回去。小的素日知道石仁做事詭詐，這麼着小的就細瞧了瞧那隻死牛，不是小的賣給他的。小的賣給他那十隻牛裡頭可有一隻黑牛，那隻黑牛通身全是黑的，沒有點兒別的顏色。這隻死黑牛脖子底下有一塊白顏色，他拿黑烟子塗着哪。小的一看那塊黑顏色，不是生來那麼黑，小的就拿手擦了一擦，直往下掉黑烟子，就露出那白顏色來了。小的雖然看出那個毛病來了，可沒說破了，小的就說這隻牛不是小的賣給他的，是他拿別的死黑牛把小的的那隻活黑牛抵換了去了。他聽這話就急了，他說小的那話是胡說，又叫小的到他牛圈裡瞧去。趕小的到牛圈裡瞧了半天，並沒有別的黑牛，小的知道他是把小的賣給他的那隻黑牛藏起來了，小的一定不肯把這隻死牛抬回去。就因爲這個，我們倆人鬧起來了。後來有他家的一個長工把小的勸走了。太爺若不信，可以打發人到他家，驗一驗那隻死黑牛去，脖子底下有一塊白，是拿黑烟子塗着了，小的決不敢誣賴他。這就是小的的實供。"

知縣又問他："李萬，你既認出來那隻死牛不是你的，你不肯抬回去，那很有理。到底你爲甚麼昨兒個夜裡又打發了七八個人，勾着臉、拿着刀到他家裡去，搶了他的銀子和衣服走了？這是甚麼理呢？難道你不知道到人家打搶去是大犯法的事麼？"

李萬聽這話很詫異，可就磕了一個頭說："這是那兒的話呢？小的昨兒個起他家裡回去，就沒出來，竟在家來着，小的怎麼能打發人到他家裡打搶他去呢？這必是他恨小的不肯認那隻死牛的緣故，所以他誣我爲盜。小的實在沒

---

① 過付：交易的中間人經手交付財物。

作這個事，求太爺詳情。"

知縣説："石仁今兒早起到衙門來，説是昨兒個你們倆爲那隻死牛鬧起來了，有他家的長工把你勸走了。趕你走的時候，指着他説：'你這個行爲，小心叫賊打搶你。'他聽這話也没理你，你就走了。趕到半夜裡，就有七八個人勾着臉、拿着刀，跳墻進去了，把他屋門砍開了，大聲嚷着説：'李老萬打發我們搶你們來了！'這麽着就把屋裡的一個箱子上的鎖擰了，打開箱子，搶了幾十兩銀子、幾件衣服去，所以他來告你。我也到他家裡驗了，情實是被①了盜了，故此我把你傳來問你，到底你昨兒個起石仁家裡臨走的時候，是説那打搶他的話了没有？後來你是打發人半夜裡搶他去了没有？"

李萬説："回稟太爺，小的昨天起他家裡臨走的時候，可指着他説來着，説你這個行爲，小心叫賊打搶你。這不過是小的一時間氣忿的話，叫他小心遭報的意思。小的也没想到，可巧夜裡他家裡就真被了盜了。小的是知道王法的人，如何敢打發人打搶他去呢？至於他家裡被盜的事情，小的實不知情。太爺若不信，小的同院子住着有一個街坊，名字叫陳善，他是個賣藥的。昨兒晚上，小的竟在他屋裡看他配丸藥來着。太爺可以把他傳來問一問他，昨兒晚上小的出去了没有，是有甚麽可疑的人到小的的家裡去來着没有，太爺就知道小的知情不知情了。"

這麽着知縣就叫衙役先把李萬帶下去，押在班房裡聽審，然後就一面派縣丞到東新莊石家，驗一驗那隻死黑牛，脖子底下是拿黑烟子塗着那塊白顔色没有，一面又派了兩個衙役去到桑麻村，把和李萬同院子住的那個賣藥的陳善傳來。衙役就去了，知縣就先退了堂了。

趕待了會子，衙役回話，説是把陳善傳來了。這麽着知縣就又坐堂，叫衙役把陳善帶上堂來。趕陳善到了堂上，磕了一個頭説："小的陳善，蒙太爺傳喚，趕緊的就跟差人來了，不知道太爺把小的傳來有何盼咐？"知縣就問他："陳善，你和李萬作了有多少年的街坊了？"陳善説："小的和李萬一個院子住了有七八年了。"又問他："李萬素日爲人怎麽樣？"他説："李萬是個老實種地的人，平常是很安分。"知縣又説："現在東新莊住的有一個人，名字叫石仁，他家裡昨兒夜裡被盜。石仁來告訴我説，搶他家的那幾個賊，大聲嚷着説是李萬打發他

---

① 被：遭受。

們去搶的。我把李萬傳來了問他，據他說，他昨兒晚上竟在你那屋裡看你配丸藥來着，並没有出來。所以我把你傳來問你，昨兒個晚上到底李萬出來了没有？昨兒晚上有甚麼人到他家裡去來着没有？你要據實的說，不可以撒謊。"陳善說："昨兒個小的賣藥回來，看見李萬解外頭進來，一腦門子的氣。小的問他是怎麼了，他說他和東新莊石仁，爲賣牛的事情吵翻來着。小的勸了他半天，他的氣可就消了。趕吃完了晚飯，小的在屋裡配丸藥，他就到小的屋裡去，直看到三更多天，纔回到他那屋裡睡覺去了。他昨兒晚上實在没出來，也没有人到他家裡去，小的說的這都是實話。至於李萬那個人，小的是最信服。他是個老實人，小的敢保他決不能作那打搶人的事情，若是太爺查出那石仁家裡被盗是李萬打發人去搶的，小的情甘認罪。"知縣說："既是這麼着，你囘去就是了。"這麼着陳善囘去了。

這個工夫兒，縣丞進來見知縣說話，他說他到石家去，驗了那隻死黑牛了，情實牛脖子底下有一塊白顔色，是拿黑烟子塗着哪。說完了縣丞就囘去了。這麼着知縣又派了幾個衙役和馬快^①，各處訪拿那夥子賊去了，然後就退了堂了。

趕到了昨天早起，衙役進來見知縣囘話，說是外頭有一個老和尚來，要見太爺，有稟報的事情。這麼着知縣就坐堂，叫那個和尚進來。趕衙役把那個老和尚帶上堂來了，那個和尚就向知縣打了一個問訊^②，然後就跪下了。知縣抬頭一看，那個和尚有五十多歲，可就問他："你是來告狀啊，還是有甚麼事情來稟報呢？"那個和尚說："小僧是替一個人伸寃來了。"知縣說："既是這麼着，可以免跪，你站起來囘話就是了。"這麼着和尚就站起來，又打了一個問訊。知縣又問他："你法名叫甚麼？是在那個廟裡修行？你是給誰伸寃來了？"那個和尚就說："囘稟太爺，小僧法名叫普修，是在西門外頭東新莊西邊兒三官廟裡修行，如今小僧是給西門外頭桑麻村住的李萬伸寃來了。"知縣又問他："你給李萬伸甚麼寃來了？"他說："小僧昨兒晚上聽見說，東新莊住的石仁家裡前兩天被盗，他到衙門來，告的是李萬打發賊去搶的。小僧平日和李萬相好，深知他是個老實人，這案決不與他相干，他實在是被屈，所以來見太爺，替他伸寃。"知

---

① 馬快：衙門裏偵緝逮捕罪犯的差役。
② 打問訊：出家人行禮。

縣就問他："你怎麼知道搶石家的賊不是李萬打發去的？莫非你知道搶石家的賊是誰麼？"那個和尚説："小僧知道那夥子賊的消息。"知縣説："你怎麼知道那夥子賊的消息呢？你可以告訴我説。"

那個和尚説："囘禀太爺知道，小僧的廟後頭本是一片空場，前兩天晚上掌燈的時候，小僧到後頭院裡鎖佛堂去了，忽然聽見墻外頭有倆人説話。小僧就把身貼着墻，聽那倆人説話。就聽見一個人説：'你去找我是有甚麼事麼？'就聽見那個人説：'你聽我告訴你，今兒個我到東新莊給劉家送活去了，走到石家門口兒，就聽見裡頭吵翻。我細一聽，敢情是老萬和老仁爲賣牛的事情吵翻哪。有一個人直勸老萬走，就聽見老萬説，老仁你這個行爲，小心叫賊打搶你。然後就見老萬出來走了。我不瞞你説，我今年的買賣很不好，這個破家直顧不上。我聽見老萬説這句話，我可就起了一個意，打算找你商量商量，約會幾個人，今兒夜裡，偺們都勾上臉，我家裡有給人打的幾把腰刀，偺們拿上到石家打搶去。偺們進去就大聲嚷着説，是李萬打發偺們去搶的。因爲白日老萬説過那麼句話，夜裡偺們去這麼一説，就對了景了，石仁將來必告老萬打發人去搶的，罪歸在他身上，就不與偺們相干了。趕把東西搶出來，就先都拿到我家去，偺們大家再分。我找你去就是爲這件事，可巧遇見你了。你想你願意不願意？'小僧一聽這個説話的人，認得他。他姓皮，是個鐵匠，在東新莊西邊兒、桑麻村東邊兒四寶村住家。小僧又聽見那個人説：'脚下我也是一點兒落子①没有，怎麼不願意呢？無奈立刻没地方找這麼幾個人去。'這個説話的，小僧可不知道是誰。又聽見那個皮鐵匠説：'你不是認得些個趕大車的麼？你可以去找這麼幾個趕大車的來，幫偺們去，那不好麼？'又聽那個人説：'你倒提醒我了。你想可以找他們幾個人來就行了？'皮鐵匠説：'可以找他們五個人來，再搭上偺們倆人，共總七個人也就彀了。'又聽那個人説：'那麼我這就找他們去罷。'皮鐵匠就説：'你就快去找他們來罷，我在家等你。'那個人答應着，倆人就走了。那個時候，小僧也不知道他們説的是那個老萬。趕到了昨兒晚上，小僧聽説石仁在太爺案下，告李萬打發人打搶他去了，小僧纔想起這件事來。太爺若拿這夥子賊，就先把四寶村住的那個皮鐵匠拿來，自然就知道那幾個賊都是誰了。"

---

① 落子：生活上的着落（指錢財等）。

知縣聽完了這話,可就問他:"你這話全是真的麼?"和尚説:"小僧説的話都是真真切切的,萬不敢撒一句謊。那個皮鐵匠素日和小僧也沒仇,不過因爲這案李萬被屈,小僧不能不出頭替他伸寃就是了。"這麼着知縣就叫和尚回廟裡去了,然後就派了倆馬快,到四寶村把皮鐵匠傳來了。

知縣就叫衙役把他帶上堂來了。他跪在堂上,磕了一個頭説:"小的皮連,給太爺磕頭。"知縣就問他:"前幾天夜裡,你都是和誰去到石家打搶去了?你要快實説。"皮連説:"小的是打鐵的生意,安分守己,並沒有作那打搶人的事情。"知縣説:"那天晚上,有我衙門的人看見你和一個人在三官廟後頭商量,夜裡頂着李萬的名,到石家去打搶去。你們倆人説的話,這個人都聽見了,你如今還推辭不認麼?"皮連説:"小的真沒作這個事,求太爺施恩。"知縣説:"你既不招,我就要動刑問你了。"這個工夫兒,剛叫衙役動刑,皮連就説:"太爺別動刑,小的招就是了。"知縣説:"那麼你就快招。"

皮連就説:"小的本來是個鐵匠,因爲今年買賣不好,見天家裡是吃一頓挨一頓,沒法子。因爲那天小的去到東新莊,給劉家送活去了,走到石家門口兒,聽見裡頭李萬和石仁爲賣牛的事情吵翻了。小的就聽見李萬説:'石仁,你這個行爲,小心叫賊打搶你。'然後就見李萬出來走了。小的聽這話,可就起了不良之心了。趕回到家去,就想了一個法子,打算要頂着李萬的名,去到石家打搶去。小的就想起來,小的有一個朋友,他在四寶村南邊兒望石村住家,他名字叫蔡虎。當初他在西門裡頭一個客店裡當夥計,去年散了,在家裡閒着,也是窮的了不得。小的就打算去找他,叫他約會幾個人,幫着一塊兒打搶去。趕小的走到三官廟,就遇見蔡虎往這麼來了。小的就把他叫到三官廟後頭一商量,他也願意。這麼着他就到南門外頭流水村去,約了五個趕大車的來,到了小的家裡。小的也不知道他們都是姓甚麼,連小的和蔡虎,共總七個人,都勾好了臉,把小的給人家打的幾把刀都拿上,就到石家去了。趕到了石家,進去把屋門砍開了?小的們就大聲嚷着説,是李萬打發小的們去搶的。趕進到屋裡去,把一個箱子上的鎖撑了,打開箱子搶了一包銀子,不過有幾十兩,還有幾件衣服,就趕緊的跑了。這麼着大家又都到了小的的家裡,把贓分完了,他們就都洗了臉回去了。小的就分了一件衣裳、十幾兩銀子,現在還都在小的家裡收着了,沒動哪。後來聽見石仁告的是李萬打發人去打搶的,太爺已經把李萬拿來了,小的們很放心,料估着小的們準漏了網了,想不到還是犯了事了。這就是小的的實供。"

　　這麽着知縣就派了倆馬快到望石村去，把蔡虎鎖來了。趕到了堂上，知縣就叫皮連質對他，他就説："小的當初本是在這西門裡頭雙順店裡當夥計，去年散了，在家裡閒的很苦。那天晚上，小的要到西門裡頭找人去，走到三官廟門口兒，就遇見了這個皮連。他把小的叫到廟後頭去，和小的商量，打算要頂着李萬的名，到東新莊石家打搶去。小的因爲也是窮急了，就答應了。他知道小的素日認得些個趕大車的，他叫小的約會五個趕大車的來，幫着一塊兒打搶去。這麽着小的就到了南門外頭流水村去，約會五個趕大車的來。那五個人有倆姓王的，一個姓張的，一個姓李的，一個姓雷的，就都到了皮連家裡。然後就都勾上了臉、拿上了刀，就到石家打搶去了。小的們到了石家，就大聲説是李萬打發小的們搶去了。小的們進了屋裡去，打開箱子，搶了一包銀子和幾件衣服，就趕緊的跑囬來了。又到了皮連家裡，大家分完了東西，洗了臉就都囬去了。小的就分了三錠銀子，没分衣裳。小的昨兒個花了一錠，現在還有兩錠在家裡收着了。小的所説的都是實供。"這麽着知縣叫書辦寫了他們倆人的口供，叫他們倆畫了供。

　　知縣又問蔡虎："你知道那五個趕大車的，現在都還在家裏了麽？"他説："今兒早起小的還遇見了那個姓張的了，小的問他來着，他説因爲這幾天他們五個人都没攬上客載，所以都還在家裡閒着了。"這麽着知縣就派了兩個馬快，押着皮連到他家裡，把那十幾兩銀子和那件衣裳起來，又派典史①帶着十幾個馬快，押着蔡虎，先到他家裡起出那兩錠銀子來，解那麽帶着他到流水村去，把那五個趕大車的拿來。趕典史帶着他們都走了，知縣就先退了堂了。趕到了後半晌，典史帶着馬快們囬來了，見了知縣，説贓也起來了，那五個趕大車的也都鎖來了。趕典史把事情都交代完了，就囬他各人院裡去了。押着皮連起贓去的那倆馬快，也早就帶着皮連囬來了。知縣就吩咐升堂，把他們都帶上來了。那五個趕大車的到了堂上，也全都招了，也叫他們都畫了供。把贓查了一查，就是短一錠銀子，别的全對了。就叫衙役給他們七個人上了刑具，叫禁子把他們都擱在獄裡去了。然後知縣就派了一個衙役，到東新莊去把石仁傳來，叫他領囬贓物去。

———

① 典史：知縣下面掌管緝捕、監獄的屬官。

待了會子，把石仁傳到了，知縣叫衙役把他帶上堂來了。知縣就説：＂石仁，搶你家的不是李萬，是四寶村住的一個鐵匠皮連。因爲那天他起你門口兒路過，聽見李萬和你吵翻，他就起意，約會望石村住着的蔡虎，又邀了五個趕大車的，共總七個人，頂着李萬的名，到你家去打搶的。現在七個賊我都拿住了，贓也都起來了，就是蔡虎花了一錠銀子，下餘的東西都還有哪。我已經把那七個人都下了獄了，我一兩天把這案詳報上司，等囘文到了就正法的。如今我把你傳來領贓，可有一層，你得説實話，你家裡那隻死黑牛，到底是你的還是李萬賣給你的呢？＂他説：＂那隻死黑牛實在是李萬賣給小的的。＂知縣説：＂李萬他告訴我説，他賣給你的十隻牛裡頭，可有一隻黑牛，那隻牛通身都是黑的。你這隻死黑牛脖子底下有一塊白顏色，是拿黑煙子塗着了，一擦就往下掉黑烟子，他看出來了，所以他知道不是他賣給你的那隻黑牛。他雖然這麼説了，我還怕是他一面之詞不可信，這麼着我又派縣丞老爺到你家去，把那隻死黑牛驗了一囘。不錯，脖子底下真有一塊白顏色，是拿黑烟子塗着了，一擦就掉黑烟子，就露出那塊白顏色來了。你到如今還不承認麼？你若是一定不認那隻死牛是你的，這個贓物你也領不了去，我就把銀子和衣服都賞給拿賊的馬快了。你認不認，快説就是了。＂石仁聽這話，可就着了忙了，就説：＂小的認就是了。那隻死黑牛原是小的家裡舊有的牛。小的買了李萬那十隻牛之後，小的的這隻死黑牛就病了，叫獸醫治了會子，也没治好就死了。小的因爲買李萬的那十隻牛裡頭有一隻黑牛，小的一看這隻死黑牛和那隻活黑牛很相彷，就是脖子底下有一塊白顏色。小的又一算日子，買李萬的牛剛殼七天。小的就想了一個法子，拿黑烟子把他脖子底下那塊白顏色塗上了。小的想着可以抵換他那隻活牛了。這麼着小的就叫長工把那隻活牛拉到小的的一個親戚家裡去了，然後打發人把李萬找來了。小的原想着李萬必看不出那隻死牛脖子底下那塊白顏色來，誰知道李萬來，他全都看出來了，他就不認這隻死牛是他的。就因爲這個，小的就和他鬧起來了。如今太爺既查明了，小的認罪就是了。＂這麼着知縣就説：＂石仁，這都是因爲你居心不正，打算拿死牛換人家的活牛，這纔招出賊來搶你家去了。如今贓物許你領去，你安心訛賴李萬，也是有罪的，我也不能袒護你，不治你罪。＂

這麼着知縣就叫衙役把石仁打了十板子，然後把贓物給了他了。又叫衙役把李萬帶上堂來了。知縣就告訴他説：＂搶石仁家裡的賊，我已經都拿住了，查明白了，不與你相干。這案是三官廟普修和尚給你伸的寃。那隻死牛石仁也認了，是他家舊有的牛，我也治了他的罪了。如今你和石仁同去，可以把牛價算清了，從此以後，你們倆誰也不准忌恨誰，還是照舊的相好。若是一塊兒共事，總要公道老實，不准彼此哄騙。你們同去就是了。"這麼着李萬、石仁都答應着，磕了頭下堂同去了。

第二十九章

孟先生，您纔下衙門麼？

喳，纔下衙門。

您請家裡坐罷。

是，我有好些日子沒到府上請安了，今兒個可以到府上，偺們談一談。

豈敢，您請書房裡坐。

喳，老兄請坐。

這幾天衙門裡有甚麼大案麼？

沒甚麼很多的大案，就是前天審了一件人命的案。

是怎麼個人命的案哪？

是件圖財害命的案。

那麼請您把這案說給我聽聽。

可以，您聽我告訴您說。前天晌午，有偺們這東門外頭八里村住的一個賣布的，到衙門來告狀，知縣就把他傳進去了。趕他到了堂上跪下說："小的呂壽，給太爺磕頭。"知縣就問他："呂壽，你在那兒住家？是爲甚麼事情來告狀？你細細兒的告訴我說。"

他說："囘稟太爺，小的就在這東門外頭八里村住家，弟兄兩個，小的的哥哥名字叫呂福。小的弟兄兩個都是賣布爲生，小的的哥哥常到山東德州去販布囘來，小的和他兩個人挑到各村莊兒裡賣去。小的住的那個村兒裏有一個土地廟，那個廟裡頭住着一個外鄉人，名字叫藍貴。他先頭裡是個賣風筝的，後來沒事，就在那個土地廟裏住着。這個人素日好喝酒，小的的哥哥也是愛喝酒，他們倆就常在廟裡一塊兒喝酒，很對勁。因爲今年夏天，小的的哥哥又要到德州辦布去，藍貴聽見説了，就和小的的哥哥説，他有一個朋友在德州跟官，他現在没事很窮，打算要到德州找那個朋友去，給他找個事情，要和小的的哥哥搭帮走。説明白的起這兒到德州去，一路的盤費都是各人花各人的。這麽着小的的哥哥就答應了，然後他們倆人就起身走了。自從他們走之後到如今，有三個月了，小的的哥哥也没回來。小的到各信局子去打聽，也没信來。向來小的的哥哥到德州去，來回不過一個月，獨這回去三個月還没回來了，小的很不放心。况且舊存的貨物也都賣完了，不能作買賣，又很着急。趕到今兒個早起，小的到西關外頭要賬去了。趕回來的時候，在西關外頭大街上遇見藍貴了。小的見了他，就問他是多偺回來的，他説他回來有倆月了。小的又問他小的的哥哥的消息，他説他不知道。小的問他：'你和我哥哥一塊兒到德州去的，到如今没回來，你怎麽會不知道呢？'他説他同着小的的哥哥到了德州就分了手了，他就找他那個朋友去了。後來因爲打聽他那個朋友散了，回家去了，他没見着，所以就回來了。他説起和小的的哥哥分手之後，他就没遇見小的的哥哥，這麽着他就回來了。小的問他脚下在那兒住着了，他説他在西關外頭洪順店裡住着了。小的看他那説話的樣子很可疑，又見他穿的衣裳也比先頭裡體面多了，小的恐怕他是把小的的哥哥害了，所以小的來禀報太爺知道，求太爺把藍貴傳來問問他小的的哥哥的下落。"知縣就問他："你哥哥帶着有多少銀子到德州去的？"吕壽説："小的的哥哥帶着有四百兩銀子。"這麽着知縣就説："你先下去，等我把藍貴傳來問問他。"説完了，就叫把他帶下去了。

然後知縣就派了兩個衙役，去到西關外頭洪順店裡傳藍貴去了。趕待了半天，去的那倆衙役回來了，見了知縣，説："小的們到了西關外頭洪順店裡，一問藍貴，那個店裡掌櫃的説藍貴剛纔已經搬了走了。小的們問他搬在那兒去了，那個掌櫃的不肯説，所以小的們把那個店裡的掌櫃的帶來了，請太爺的示下。"這麽着知縣就升堂，叫衙役把那個店裡掌櫃的帶上堂來。趕衙役把他帶上堂來，他就跪下了。知縣一瞧那個店裡掌櫃的，有五十多歲，黄鬍子。知縣就問他叫甚麽名字，他説："小的名字叫姜立。"知縣又問他："你店裡住着有一個人，名字叫藍貴，他在你那店裡住了有多少日子？他現在是搬在那兒去了？"姜立説："那個藍貴，他在小的店裡住了有倆月了，他今兒個早起解外頭回來，忽然就搬了走了，小的不知道他搬在那兒去了。"知縣説："姜立，你也不用撒謊，現在是因爲有一件事，得把藍貴傳來作見証，也没甚麽大關係。他既是起你店裡搬走的,你再不能不知道他是搬在那兒去了,你可以告訴我說,他是搬在甚麼地方去了。你若是不說,我將來也找的着他,那個時候我若是查出來,你早知道不肯說,我可要重治你罪的。"姜立聽這話就說:"太爺若是能不露出來是小的說的,小的就可以禀太爺知道,他是搬在那兒去了。"知縣說:"你竟管說,我決不能露出是你說的來。"姜立就說:"小的也不知道他素日都是辦些個甚麼事情。小的就見他今①兒個早起,解外頭回來,臉上帶着慌慌張張的樣子。到了他屋裡,就把他的行李都歸着起來。然後他就把我找到他屋裡去,告訴我說,他現在要找一個別的地方住去。小的問他是爲甚麼,他說他是爲躲一個人。小的又問他搬在甚麼地方住去,他說他搬到西邊兒寶局裡住去,囑咐小的,不論有甚麼人到店裡打聽他,都別告訴他的住處。他還囑咐小的,見天早晚還是叫夥計給他往寶局裡送飯去。這麼着他就把短小的的房錢飯錢都給了,然後他就搬了走了。所以太爺派差人到店裡去問他,小的不敢說,就是爲這個緣故。這就是小的的實供。"知縣說:"既是他搬在寶局裡住去了,我現在派差跟着你去,你就把衙役帶到那個寶局的門口兒,你就囬去你的,也露不出來是你帶去的。你想怎麼樣?"姜立說:"太爺既叫小的帶衙役去,小的可以帶他們去,指給他們那個寶局就是了。"這麼着知縣就派了兩個衙役帶着吕壽作眼線,就都跟着姜立去了。趕到了寶局的門口兒,姜立指給他們,就囬店裡去了。

那倆衙役和吕壽進寶局裡一瞧,藍貴正在那兒耍錢哪。吕壽就指給衙役了,衙役就拿出鎖來,把他鎖上了,就帶了衙門來了。知縣正坐在堂上審別的案了,趕把別的案問完了,就叫衙役把他帶上來了。他就跪下說:"小的藍貴,給太爺磕頭。小的並沒犯法,不知道差人爲甚麼把小的鎖來了?"知縣看他穿的是綢子衣服,可就問他:"藍貴,你是甚麼地方的人?當初你是幹甚麼的?"他說:"回禀太爺,小的是京東人,當初是裱糊匠的手藝,在這地方開冥衣舖。後來舖子關了,就糊風箏賣。就在這東門外頭八里村一個土地廟裡住。"知縣又問他:"你是在那一個土地廟裡認得的那個賣布的吕福麼?"他說:"不錯,小的是在那個廟裡認得的吕福。"又問他:"今年夏天你同吕福上德州去,怎麼到如今他還沒囬來呢?你知道他的下落麼?"

他說:"小的今年夏天的時候兒,因爲在土地廟裡閒住着沒事,見天就是當

---

① 今:原作"昨"。

賣着過日子，窮的了不得。後來忽然聽見呂福説他要上山東德州辦貨去，小的可就想起來，小的有一個朋友在德州跟官，這個人和小的至好，小的打算去找他，叫他給我打算個事情。這麼着小的就和呂福一商量，要和他搭幫上德州去，他也很願意，這麼着小的們就一塊兒起了身了。趕到了德州，小的就和他分了手了，他辦他的貨去了，小的找小的的朋友去了。趕小的到了那個朋友跟的那位老爺那塊兒一打聽，纔知道他已經散了，回家去了，這麼着小的就趕緊的回來了。自從小的和呂福分手之後，小的所没有遇見他，所以小的不知道他的下落。趕到今兒個早起，小的遇見呂壽了，他説他的哥哥還没回來。他問小的他的哥哥是上那兒去了，小的如何知道呢？"

　　知縣説："你同呂福上德州去的，到如今他還没回來了，也没有信來。你既先回來了，你怎麼也不到呂家去打聽打聽呂福回來了没有，你就住在洪順店裡了？我聽見呂壽説，你先頭裏在八里村土地廟裡住着的時候兒很窮，如今你怎麼出了一趟外回來，就這麼濶起來了？你穿的衣服也不像很窮的樣子，你又在店裡住着，花費也不少。況且你到了德州，你又没見着你那個朋友，那麼你如今花的這是那兒的錢呢？"

　　藍貴説："小的回來之後，因爲自己的零碎事情很多，我又想着呂福必早回來了，所以没到呂家去。小的到了德州，雖然没見着那個朋友，那個時候小的身上還有幾兩銀子，就拿出來作了盤費回來了。小的現在在店裡住着的花費，和小的置衣服的錢，是因爲有幾個人先頭裡該小的的錢，如今小的閒着没事，就找他們把舊日該小的的錢都要來了使喚。"

　　知縣説："你説你現在花的錢，都是人家該你的錢，你要來了使喚，這是個没對證的事情，還可以由你撒謊。我問你一件事，你今兒個早起在西門外頭大街上遇見了呂壽，後來你回到店裡去，你就趕緊的搬家，你還囑咐店家，别告訴人説你是搬到那兒去了，這是甚麼意思呢？"

　　他聽問他這句話，可就有點兒張口結舌的，勉强説："我搬家是因爲躲我的帳主子，我囑咐店家别告訴人説我的住處，是恐怕帳主子找我去。"知縣説："你説你搬家是爲躲帳主子，你在洪順店裡住了倆月了，你爲甚麼不早搬呢？怎麼單今兒個早起你遇見了呂壽了，你回去就趕緊的搬家，這不是明擺着有緣故麼？"他聽這麼問他，臉上可就露出那惶恐的樣兒來了，就説："那不過是小的今兒早起忽然想起來，怕帳主子上店裏找小的去，這麼着就搬了走了，並没有甚麼緣故。"這麼着知縣就把驚堂木一拍,說:"藍貴,你說實話罷,你是怎麼把吕福害死的?你不說,我就要拿刑具拷問你了。"他就又磕了一個頭,說:"小的並没有害吕福。"知縣見他不認,就叫衙役打了他四十板子,他受刑不過了,可就說:"小的招了。"知縣說:"你快說,你是在甚麼地方把他害死的?"

藍貴說:"小的在八里村土地廟住着的時候兒,認得那個吕福,因爲他愛喝酒,小的也愛喝酒,所以彼此很對勁。今年夏天吕福又到廟裡去和小的喝酒,他告訴小的說他要上德州辦布去。小的就問他帶多少銀子去,他說他帶四百兩銀子去。小的那個時候兒正没落子了,聽見他帶着這麼些個銀子去,可就起了不好的心了。小的就撒了一個謊,說是小的有一個朋友在德州跟官,打算要找那個朋友去,託他找個事情,要和他搭幫走,各人花各人的盤費。吕福也很願意。後來定規了一個日子,就起了身了。小的和他一路上有時候雇牲口走,也有時候搭車走,小的總没得下手害他。這天我們倆人到了一個鎮店上,那個地方離德州剩了一天的路了。因爲下了車之後没雇着牲口,小的兩個人就各人背着各人的行李步行兒走。趕走到一個曠野的地方兒,忽然下起雨來了,我們倆人就找了一個破廟進去避雨。那個廟裡頭連一個人也没有,小的兩個人就在裡頭避了半天的雨。趕雨住了,小的就瞧見廟裡頭有一眼井,那個井口很寬。這麼着小的就使了一個法子,先到井口那兒往裡瞧了一瞧,然後就鬧了一個詐語,告訴吕福說,井裡頭有一條大長蟲。他聽說就過去往井裹①一瞧,小的起他的背後就使勁的一推,把他推在井裡頭去了,然後就搬了一塊大石頭,往裡一扔,就把他壓在井裡頭了。小的回頭把他的行李連小的行李,趕緊的扛起來了就走了。趕到了一個鎮店上,可巧遇見了一輛往這麼來的囘頭脚②的車,小的就坐了那輛車囘來了,住在西門外頭洪順店裡了,把吕福那四百兩銀子,換了一百兩銀子,買了幾件衣服,下剩的就作了店裡的房錢飯錢了。那三百兩銀子,就放給小的現在住的那個寶局的掌櫃的樓新使唤着了,每月他按着三分給小的出利錢。小的原想着從此就平安無事了,想不到今兒早起,小的忽然在街上遇見吕壽了,他見了小的就直問他哥哥的下落,小的雖然拿話支吾過去了,到底看他臉上的那個神情兒是有點兒疑心。後來他問小的在那兒住

---

① 裹:原作"裏"。
② 囘頭脚:利用返程捎帶貨物的運輸方式。

着了,小的就信口説出來在洪順店裡住着了。趕他走之後,小的很後悔告訴他準住處了,恐怕再等些日子他哥哥不回來,他還是要找小的去。這麼着小的就先到了寶局裡,和樓新借妥了一間房子,然後就回到店裡去搬家。小的告訴店裡姜掌櫃的説,若是有人打聽小的的住處,可千萬別説。這麼着小的把店錢飯錢都給清了,就搬了走了。誰知道太爺就派差帶着呂壽,到寶局裡去把小的拿來了。現在那三百兩銀子是在樓新手裡了。小的所供是實。"

這麼着知縣就叫他畫了供,然後派了倆衙役,押着藍貴到寶局裡去,解樓新手裡把那三百兩銀子要出來了,把藍貴的行李衣服也起來了,都拿回來交給知縣了。知縣這纔叫禁子給藍貴上了刑具,收在獄裡去了。又叫衙役把呂壽帶上堂來了,告訴他,他哥哥實在是藍貴在路上給害了,把那三百兩銀子和藍貴的行李衣服都叫他領了去。呂壽眼淚汪汪的把銀子東西領了去,磕了一個頭回去了。把藍貴就定了斬罪了。

第三十章

大哥,我告訴您一件事情。

甚麼事情?

昨兒個我到縣衙門去了,聽見何師爺告訴我説,前兩天知縣審了一件圖財害命的案。

是怎麼一件圖財害命的案?你説一説。

他説,前幾天晌午的時候,有一個人揪着一個人,拉着一匹小黑驢到衙門來告狀。知縣就坐堂,叫衙役把他們倆人連那匹驢都帶上堂來了。知縣一看,一個是黑鬍子,有四十多歲,一個是没鬍子,有三十多歲。那個有鬍子的急的臉緋紅,直往下流眼淚。那個没鬍子的嚇的臉刷白,也説不出話來了。

這麼着知縣就先問那個有鬍子的人:"你姓甚麼?是甚麼地方人?爲甚麼事情來告狀?細細兒的告訴我説。"就見那個人説:"回稟太①爺,小的名字叫喬山,是河南人,弟兄兩個,小的的兄弟名字叫喬林,在這本地鼓樓南開設晉隆

---

① 太:原作"大"。

雜貨舖。因爲現在小的舖子裡白礬和胡椒都賣完了，前兒個晌午小的的兄弟要到臨溪鎮雜貨棧裡買白礬和胡椒去。那個臨溪鎮離這兒西門有八十多里路，在這縣城西南地方。小的因爲我那個兄弟愛喝酒，恐怕他帶着銀子買貨去，路上有失閃①，可就攔他，不叫他去，小的打算我自己去。他不聽，一定要去，他說他在路上決計一點兒酒不喝，這麼着小的就答應了叫他去。他就把舖子裏的一匹小黑驢備好了，帶上了三個元寶買貨，又帶上了兩吊錢的盤費，就騎驢走了。那個時候天就有晌午錯了。趕到平西的時候就下起雨來了，小的算計着，他那個時候必到不了臨溪鎮。那個雨直下到掌燈纔住的，小的也不知道他是叫雨隔在甚麼地方了，心裡很不放心。昨兒個一天又沒見他回來，心裡更不放心了。趕昨兒夜裡三更天的時候，小的夢見我兄弟眼淚汪汪的來了，和小的說：'哥哥，我已經叫人害了，你想法子給我報仇就是了。'小的聽這話就要把他揪住，細問一問他，誰知道小的剛一揪他，他把小的一推，小的就醒了，心裡頭"噗騰噗騰"的直跳。小的越想越可疑，可就翻來覆去的所睡不着了。趕到今兒早起，小的細想夢裡的情景，又見小的兄弟還沒回來，恐怕他是真叫人害了。趕吃完了早飯之後，旁晌午②的時候，小的忽然想起來，這西門裡頭精忠廟門口兒有一個算命的段先生，算的卦很靈，小的打算要去給我兄弟算一卦，問一問吉凶。這麼着小的就叫徒弟看着舖子，小的就出來要到西門去。剛走到鼓樓西邊兒，就遇見這個人騎着那個小黑驢，解西往東來了。趕那個小黑驢瞧見了我，他就一叫喚，趕緊的跑到小的跟前兒來，就站住了。小的一瞧，正是小的舖子裡的那匹驢。小的本來因爲我兄弟沒回來，正鬧心哪，忽然看見這個人騎着我們的那匹驢來了，小的可就急了，就把那匹驢揪住了，可就問這個人：'你怎麼騎着我兄弟的驢來了？我兄弟是上那兒去了？'他聽這話就說：'這匹驢是我各人的，你問我你兄弟上那兒去了，我通不知道。你要打算訛我的這匹驢，你可是錯翻了眼皮了。'小的聽這話又氣又急，就和他說：'我怎麼是訛你的驢呢？這明擺着的是我們的那匹驢，我兄弟騎着上別處去了，到如今他沒回來，驢到了你手裡了。我現在不但是和你要這匹驢，我還要和你要我兄弟了。'他就說：'你真是要訛定了這匹驢了，那說不得了，我和你到衙門說理去就結

---

① 失閃：閃失。
② 旁晌午：接近中午。也作"傍晌午"。

了。'小的就説:'巧極了,你不和我打官司,我還要和你打官司哪。'這麼着我就起驢上把他揪下來了。小的怕是他扔下驢跑了,就一隻手揪着他,一隻手拉着驢。這個工夫兒,就有幾個過路的人,勸小的別和他打官司,要給我們倆人説合這件事。小的就和他們説:'你們衆位別管,我不是竟爲要這匹驢,這裡頭關係有人命的事情。'那幾個人聽這件事情裡頭有深沉,可也就都不敢管了。這麼着小的就揪着他到衙門來了。求太爺追問他,這個驢他是解那兒得來的,問他是怎麼把我兄弟害了,就是恩典。"

　　知縣聽這話,就問那個人:"你姓甚麼?是甚麼地方人?是作甚麼買賣的?這匹小黑驢你是解那兒得來的?要細細兒的告訴我説。"就見那個人磕了一個頭,説:"囘稟太爺,小的名字叫焦韞,是山西平陽府的人,和小的一個鄉親,名字叫雲起祥,在臨溪鎮地方夥開增盛顏料舖。因爲這鼓樓東邊兒德源木廠子,上月用了我們舖子裡幾十兩銀子的顏料,應許這兩天給銀子,這麼着小的昨兒個吃完了早飯,就雇了一匹驢,騎到雙橋站。那個雙橋站是個鎮店,離這兒五十里地,起這兒上臨溪鎮去,總得解雙橋站過。因爲有一個桐油①客人在雙橋站西北半里地白塔村住家,小的昨兒到了雙橋站,可就上白塔村找那個桐油客人,打聽桐油行情去了。因爲小的和那個桐油客人談的工夫大了,天晚了,小的就住在雙橋站一個小客店裡了。那個客店裡的掌櫃的名字叫蕭豹,就是他們夫妻兩口子,並沒有夥計。趕到今兒個早起,小的起來,看見院子馬棚裡拴着這匹小黑驢。小的就問蕭豹,這是誰的驢,他説前幾天有一個客人住在他店裡了,因爲盤費短住了,就把這匹小黑驢賣給他了。小的就問他,這匹驢他是打算自己養活着呀,還是打算賣呢。他説若是有人買他就賣。這麼着小的就告訴他説小的要買,問他要多少錢。他説他當初是八吊錢買那個客人的,如今不打算賺錢,還打算賣八吊錢就得了。小的看這匹驢八吊錢很便宜,這麼着就留下了。小的現換了幾兩銀子,把驢價給了,小的就騎着這匹驢往這麼來了。趕到剛纔正走到鼓樓西邊兒,這個驢忽然一叫喚就跑到這個人跟前兒去了。這個人抬頭一看,就把驢揪住了,他問我:'你怎麼騎着我兄弟的驢了?我兄弟是上那兒去了?'小的一聽這話很詫異,心裡可有點兒氣,就説:'這個驢是我各人的。你兄弟上那兒去了,我通不知道。你兄弟上那兒去了,與我全不相干。

---

① 桐油:一種植物油,是製造油漆、油墨的主要原料。

你打算要訛我的這匹驢，那你可是錯瞧了。'他聽我這話就急了，說是這個驢實在是他兄弟的，他兄弟騎着上別處去了，到如今沒回來。他不但和小的要這個驢，還要和小的要他兄弟了。小的聽這話，想他是一定要訛小的這個驢。這麼着小的就要和他到衙門來說理，他說他還正要和小的打官司哪。說話之間，他就解驢上把小的揪下來了，他一隻手揪着小的，一隻手拉着驢。這個工夫兒，就有幾個過路的人勸他別打官司，要給我們倆人說和。他不答應，他說這件事情裡頭關係有人命。那幾個人聽他這話有深沉，可也就都不敢管了。這麼着我們倆人就到衙門來了。小的情實是起雙橋站那個客店裡買的那一匹驢，至於這個驢是喬山兄弟的不是，小的並不知道。求太爺把雙橋站客店裡的那個掌櫃的蕭豹傳來，問他就可以知道詳細了。"這麼着知縣就和喬山說："你現在先囘鋪子去聽傳，我這就派差到雙橋站傳蕭豹去。"這麼着喬山就磕了一個頭，下堂先囘鋪子去了。

知縣就又吩咐一個衙役，把那個小黑驢先拉到馬圈裡去餧養，然後就派了四個衙役，帶着焦韞作眼線，去到雙橋站把蕭豹夫妻鎖來。又囑咐那四個衙役，到了雙橋站，先把那個地方的地保找上，叫他跟着一塊兒到那個店裡去。趕把蕭豹夫妻拿住的時候，叫那個地保先看着那個店。那四個衙役都答應了，就帶着焦韞起身到雙橋站去了。這麼着知縣就退了堂了。趕到第二天旁晌午的時候，那四個衙役回來了，見了知縣囘話，說是："小的們昨兒晚上到了雙橋站，找着了那個地方的地保顧祥，一商量，恐怕半夜裡到店裡拿他們去，有客人在那店裡住着倒不方便，又恐怕拿着他們往囘裡走，路上有失閃，這麼着小的們就在那個地保的窩鋪裡住了一夜。趕到今兒個早起，天剛亮，小的就同着那個地方，帶着焦韞，到那個店裡把蕭豹夫妻全都拿來了，把焦韞也帶囘來了。"

這麼着知縣就坐堂，吩咐衙役先把蕭豹帶上堂來。趕衙役把蕭豹帶上堂來了，知縣抬頭一看，那個蕭豹年紀也不過有四十歲，小鬍子，矬胖子。就見他跪下磕了一個頭，說："小的蕭豹，給太爺磕頭。小的是在雙橋站開店為生，平常安分守己，並不敢為非做歹，不知道太爺為甚麼派差，把小的兩口子都鎖來了？小的實在是良民，求太爺開恩。"知縣就問他說："蕭豹，那姓焦的客人那個小黑驢，是起你店裡買的麼？"蕭豹說："不錯，那個姓焦的客人的那個驢，實在是解小的店裡買去的。"知縣又問他："那個小黑驢，你是起那兒得來的？"蕭豹說："囘太爺知道，前幾天有一個姓李的客人，騎着那個小黑驢，住在小的店裡了。因爲他短住了盤費了,就把那個小黑驢賣給小的了,小的是八吊錢買下的。趕昨兒早起,那個姓焦的客人在小的店裡瞧見那個驢了,他要買,小的就還照原買的價兒八吊錢賣給他了。小的所供是實。"

知縣聽他這話就說:"蕭豹,你說的這話全都不對。這鼓樓南邊有一個晉隆雜貨舖,那個掌櫃的名字叫喬山。他昨兒晌午走到鼓樓西邊兒,遇見那個姓焦的客人騎着那個小黑驢,這麼着他就揪着那個姓焦的客人,拉着那個驢,到衙門來告狀。據他說,那個小黑驢是他的,因爲前兩天晌午,他兄弟騎着那個驢到臨溪鎮買貨去了,一去就沒回來。他很不放心,打算要到西關給他兄弟算命去。趕他走到鼓樓西邊兒,就遇見姓焦的騎着那個小黑驢來了。那個驢起老遠的看見他就叫喚,就跑到他跟前兒去站住了。他抬頭一看,正是他們的那個驢,所以他就揪着那個姓焦的到衙門來,求我給他作主,和那個姓焦的要他兄弟。趕我問那個姓焦的,據他說,他是在臨溪鎮開顏料舖,他前兒個晚上住在你那店裡了,昨天早起他起你那店裡買的那匹驢。至於說那個驢究竟是誰的,他並不知情,求我把你傳來問你。所以我如今把你傳來問你。據你說,那個小黑驢是一個姓李的客人賣給你的。既是姓李的賣給你的,怎麼喬山說那個驢實在是他的呢?"蕭豹說:"天下一樣兒牲口多着的呢,也許這個小黑驢和喬山的那個驢一樣,也未可知。"知縣說:"天下一樣兒的牲口,自然是多着的呢。到底那個驢爲甚麼看見喬山就直叫喚,然後就跑到他跟前兒去站住了不動? 若不是喬山的驢,能這麼樣麼?"蕭豹說:"太爺的明鑒,人還常有認錯了人的時候了,何況牲口呢? 或者那個驢認錯了主人了,也是有着的。"這麼着知縣就說:"據你這麼說,那個驢實在是一個姓李的客人賣給你的,並沒有別的緣故?"蕭豹說:"實在是個姓李的客人賣給我的,真沒有別的緣故,小的所說的都是實話。"知縣說:"既然你所說的都是實話,那就是了。"這麼着知縣就吩咐一個衙役先把蕭豹帶下去,押在班房裡。

趕那個衙役把蕭豹帶下堂去了,知縣又叫一個衙役去,把蕭豹的媳婦兒帶上堂來。趕衙役把蕭豹的媳婦兒帶上堂來了,知縣抬頭一看,是個矮身量,一臉的麻子,小眼睛大嘴。趕他到了堂上跪下,磕了一個頭說:"小婦人蕭強氏,給太爺磕頭。"知縣就說:"蕭強氏,前幾天有一個姓喬的客人住在你們那店裡了,你男人把他害了,把他的那個小黑驢賣給一個姓焦的客人了。趕我剛纔把你男人傳來一問他,據他說,害那個姓喬的客人,都是你的主意叫他害的。所以我現在把你傳來問問你,到底害那個姓喬的客人,是你的主意還是他的主意？你要據實的説,不可以撒謊。"就見蕭强氏聽這話氣的臉通紅,就磕了一個頭説:"太爺可千萬別信我男人的話,他那個人良心都喪盡了,小婦人決没出主意叫他害那個姓喬的客人,都是他自己的主意把那個人害了。小婦人有個細情,太爺聽一聽就知道了。"知縣就説:"你有什麼細情,可以説給我聽聽。"就見蕭强氏説:"囘稟太爺,小婦人十幾歲的時候,我的母親就死了,並没有親兄弟親姐妹,就跟着我父親過日子。後來我父親開了這個萬全客店,小婦人就跟着我父親在店裡過日子。小婦人的男人蕭豹,他本是雙橋站鎮店上的人,他父母早就都死了,就剩了他孤苦零丁一個人了。小婦人的父親因爲他能寫會算,就把他邀到店裡去管賬,另外還有倆夥計幫着料理買賣。那些年買賣很不錯。後來小婦人的父親看着小婦人的男人很聰明,又勤謹,可就招他爲女婿了。趕成了親之後,又過了幾年,小婦人的父親就得了病死了,那個客店就算是我們兩口子的買賣了。誰知道我男人當上東家,不過有半年的工夫,就忽然改了皮氣了。外頭交了好些個狐朋狗友,見天上寶局耍錢去。店裡的買賣他也不管,客人們去住店,要甚麼吃的喝的全没有。房子漏了,夥計們叫他拿錢收拾,他也不管。這麼着客人們住店的一天比一天的見少了。那倆夥計見買賣蕭索了,就都辭了不幹了,竟剩了他一個人料理買賣了。他還是不安分,見天還是出去耍錢去。小婦人屢次的勸他,他所不聽。偏巧今年雙橋站鎮店上開了一個通順客店,所以小婦人這個店裡的買賣更不行了。趕到了前幾天,小婦人的男人在寶局上耍錢,輸了好幾百吊錢,没錢給人家。那寶局裡的人,一天好幾盪到店裡催錢去,他就很發愁的了不得。可巧那天平西的時候忽然下起大雨來了,就有一個客人拉着那個小黑驢到店裡避雨去。那個客人本來打算雨住了就走,誰知道那個雨越下越大,直下到掌燈纔住的,這麼着那個客人就住下了。然後就拿出幾百錢來,叫我男人出去給他打酒買肉去。趕我男人打酒買肉囘來,把菜做得了,給那個客人擺好了,那個客人就讓我男人和他一塊兒喝酒。趕他們倆人喝起酒來了,我男人就問那個客人姓甚麼,是做甚麼買賣的,如今這是上甚麼地方去。那個客人就説他姓喬,是在這縣城裡頭開着個雜貨舖,如今是帶着一百多兩銀子,要到臨溪鎮買貨去。小婦人的男人一聽,那個客人帶着有一百多兩銀子,可就起了不良的心了,他就假粧着請那個客人喝酒。偏巧那個客人又愛喝酒,這麼着他就又出去打了有一斤酒來,他就讓那個客人儘量兒一喝。趕那個客人把那一斤酒都喝完了，可就醉的了不得了，然後就躺在炕上睡着了。我男人把傢伙都撿出來了，把屋門給那個客人帶好了，可就到我們各人的屋裡來，和小婦人商量，打算要把那個客人害了，把那一百多兩銀子得到手，除了還賭賬，還可以剩些個錢作買賣。小婦人聽這話就攔他說，那是傷天害理的事情，可萬做不得，就是現在没人知道犯不了案，將來也是要遭惡報的。他聽小婦人這話有理，可就説：'你説的不錯，那麼我就不害那個人了。'説完了，我們倆人也就都睡覺了。趕到後半夜，小婦人睡着了，小婦人的男人把我叫醒了，告訴我説，他已經把那個客人殺了。小婦人聽這話，就嚇了一身涼汗，就問他，是甚麼時候出去殺的。他説他躺下之後，心裡盤算了會子，若是不把那個客人殺了，他便没錢還賭賬，也没錢做買賣。這麼着他聽了一聽小婦人睡着了，他就輕輕兒的起來，把切菜刀摸在手裡拿上了，輕輕兒的把屋門開開了，出去走到那個客人的屋裡窗户底下，聽了會子，客人打呼了，他就慢慢兒的把客人住的那屋裡的門推開了，進屋裡去，走到炕的跟前兒，摸着客人的腦袋，就舉起切菜刀來，照着那個客人的脖子上就使勁的一砍，就把客人的腦袋砍下來了。這麼着他把刀扔在那屋裡地下了，就跑過來，叫小婦人起來，去到那屋裡，幫着他把那個死屍拉到後頭院裡去。這麼着小婦人就起來了，跟着他到了客人那屋裡，點上燈，炕上好些個血，腦袋在地下了，那把切菜刀也在地下扔着了。小婦人的男人就催着我，快幫着他把那個死屍拉到後頭院子裡去。這麼着小婦人就拉着那個死鬼的右腿，他提溜着那個人腦袋，拉着死鬼的那條左腿。趕拉到了後頭院子裡去，他就刨了一個坑，找了一領舊席，把那個死屍連腦袋都拿席裹好了，就埋在那坑裡了。然後過到前頭院子來，把客人的一個捎褳①拿到我們住的那屋裡一瞧，裡頭有三包銀子，一包是一個元寶。依他的主意，趕到天亮就要拿到錢舖裡換錢去，小婦人就勸他説：'先别換那銀子，因為這條街上的人，没有不知道偺們是很窮的，如今你忽然拿着這麼些個銀子到錢舖裡換去，這不是招人疑惑麼？你先把那銀子收起來，等過個五六天，你拿出一個元寶到錢舖裡換去，就提是客人託你給換的。等再過十天八天的，再拿一個，到别的錢舖裡換去，也説是客人託你給換的。勻這麼三回換，就免得人疑惑了。'他聽這話，就把銀子還照舊的裝在捎褳裏，擱在一個箱子裡

---

① 捎褳：捎馬子，可搭在肩頭或驢、馬背上的長形厚布袋，中間開口，兩頭可盛物。

頭了。他又到客人住的那屋裡去，把炕上地下的血跡都打掃乾淨了，把那把切菜刀也拿過來了。趕都拾掇完了，天也大亮了。這麼着還是把店門開開，照舊的做買賣。就是這天晚上，那個姓焦的客人住在小婦人的店裡了。趕到昨兒個早起，姓焦的客人出來，看見馬棚裡那個小黑驢了。他問那是誰的驢，小婦人的男人就撒了一個謊，說是前幾天有一個客人住在小婦人的店裡了，因為短住了盤費了，所以把驢賣了，是八吊錢買下的。那個姓焦的客人願意買那匹驢，我男人就八吊錢賣給他了。趕那個姓焦的客人騎了那個驢走之後，小婦人抱怨我男人，不該把那個驢賣了，恐怕那個死鬼家裡的人認了去，可就把這案事攪出來了。他說不碍事，天下一樣兒的驢多着的哪，那兒能那麼巧就叫人認了去了呢。如今果然還是應了小婦人的話了，還是起那個驢身上犯了案了。小婦人的男人實在是壞了良心了，原本是他出的主意，又是他自己動手害的那個客人，怎麼他到了堂上，告訴太爺說，是小婦人出的主意，把那個客人害了呢？小婦人實在是沒出這個主意，求太爺問我男人就是了。"

這麼着知縣又叫衙役把蕭豹帶上堂來問話。趕蕭豹到了堂上，他媳婦兒就和他說："害那個客人，不是你的主意麼？我還攔你來着，你不聽。怎麼如今犯了案了，你倒告訴太爺說，是我給你出的主意叫你害的呢？如今當着青天老爺，你要說明白了，到底是誰的主意害的。"蕭豹聽這話，急的臉通紅，張口結舌，不知道說甚麼好了。這個工夫兒，知縣把驚堂木一拍，說："蕭豹，你害那個姓喬的客人的事情，你媳婦兒全都實招了，你還不快招認麼？"蕭豹聽這話就說："事情既到了這兒了，小的實招就是了。"這麼着他就說，他素日怎麼好耍錢，把買賣作虧空了，新近又怎麼該下了輸贏賬，沒錢還，可巧那個姓喬的客人那天晚上住在他店裡了，他們倆人一塊兒喝酒，那個人怎麼說他帶着一百多兩銀子買貨去，他聽這話，就起了不良的心了，這麼着他就把那個客人灌醉了，半夜裡怎麼起來把他殺了，怎麼把他埋在後頭院子裡了，一五一十的都說了。這麼着知縣就叫書辦把他們兩口子的供招都寫好了，拿下去叫他們倆人畫了供，然後又叫衙役，去到晋隆雜貨舖把喬山傳來。趕衙役把喬山傳來了，到了堂上跪下了，知縣就告訴喬山說，他兄弟喬林是叫蕭豹害了。喬山聽了這話，就直哭啼不止。

知縣就坐上了轎子，帶上了仵作書差，押着蕭豹，帶着喬山，就到雙橋站店裡驗屍去了。趕到了那兒，把那個死屍刨出來一驗，果然是拿刀殺的。驗完了，就叫喬山買了一口棺材，把屍首裝殮起來了，然後把那三個元寶和那把兇刀都起出來了，叫地保看着屍棺，就都回來了。趕到了衙門就升堂，先叫衙役把喬山帶上堂來，把那三個元寶和那個小黑驢都叫喬山領了去了，叫他趕緊的把他兄弟的屍棺埋了，告訴他說，蕭豹將來一定給他兄弟抵償的。喬山聽完了這話，就磕了一個頭，拿起捎褲來，下堂拉上驢走了。知縣又叫衙役把蕭豹和焦韞都帶上堂來。趕他們倆人到了堂上都跪下了，知縣就先叫禁子給蕭豹上了刑具，攔在獄裡去了。然後就和焦韞說："這案事我已經審明白了，是蕭豹把喬山的兄弟喬林害了，你買那個小黑驢並不知情，所以這案事與你不相干。那個小黑驢我叫喬山領回去了，你可以回去你的就是了。"焦韞答應着，磕了一個頭下堂走了。知縣又叫衙役把蕭豹的媳婦兒蕭強氏帶上堂來了。知縣就說："蕭強氏，你男人害那個姓喬的客人，你雖然沒出主意，也沒幫着他動手謀害，到底事後你並沒到衙門來出首①告他，你也有個知情不舉的罪。按着律應當把你杖責，無奈我念其你是個婦人，不便責打，格外施恩，准其你收贖你的罪名。我問你，你娘家還有甚麼人？"蕭強氏說："回禀太爺，小婦人娘家就有一個叔伯哥哥，名字叫强能，是個油漆匠，就在這西門外頭瑞源油漆作裡耍手藝。"這麼着知縣就派了一個衙役，去到西門外頭瑞源油漆作裡，把强能傳來了。知縣叫他回去預備一兩銀子拿來，就把蕭強氏領回去。强能答應了，就回去預備了一兩銀子拿來了，當堂交代明白了，把蕭強氏領回去了。知縣又叫衙役把那把兇刀入了庫了，然後出文書詳報上司，把蕭豹按着圖財害命的律，定成斬罪了。

華言問答　終

---

① 出首：告發，檢舉。

明治三十六年三月二十八日　　　印刷
明治三十六年四月一日　　　　　發行
明治四十年四月五日　　　　　　再版發行

著作所有權
　著作者　　金國璞
　發行者　　田中慶太郎　　　東京市本鄉區湯島壹丁目壹番地
　印刷者　　野村宗十郎　　　東京市京橋區築地三丁目十一番地
　印刷所　　株式會社東京築地活版製造所　東京市京橋區築地二丁目十七番地

　發行所　　文求堂書店　　　東京市本鄉區湯島壹丁目壹番地
　　　　　　　　　　　　　　電話下谷八百貳拾番
　　　　　　　　　　　　　　振替貯金口座二一八番

賣捌所
東京市神田區一ツ橋通町十六番地　　文求堂書店
東京市日本橋區通三丁目　　　丸善株式會社
東京市神田區表神保町　　　　東京堂書店
東京市神田區表神保町　　　　中西屋書店
京都市上京區寺町通二條南　　松田書店
大阪市南區心齋橋筋一丁目　　松村書店
大阪市東區博勞町四丁目　　　丸善株式會社
清國北京崇文門內　　　　　　日華洋行
清國上海英租界棋盤街　　　　泰東同文局分局
清國營口永世街　　　　　　　濱井書店

生意筋絡

解　題

　　《生意筋絡》是1903年在日本出版的商貿漢語課本，從書末的版權頁可知，發行方爲東京文求堂書店，分別在東京、京都、大阪、神户和上海售賣。

　　扉頁正中竪排"生意筋絡"四字，上有小字"燕語"。右上方題"長白桂林先生校閲，長崎御幡雅文譯述"，左下角注明"御幡氏藏版"。

　　御幡雅文（1859—1912），日本長崎人，曾於東京外國語學校漢語學科學習漢語，1879年被日本陸軍參謀本部選派到日本駐北京公使館學習北京官話，後來又學會了閩南話、上海話。他先後在日本軍隊、上海日清貿易研究所、臺灣總督府、三井物產上海支店等地擔任漢語教官和翻譯，《生意筋絡》就是他在三井書院教書期間爲商社職員編寫的。他的漢語課本代表作是《華語跬步》，另外還編了《滬語便商》《滬語津梁》《官話須知文案啓蒙》《生意集話》《臺灣土語讀本》等。

　　桂林先生校閱全書並作序，此人生平不詳，曾受聘於御幡雅文，教其學習威妥瑪《語言自邇集》和《文件自邇集》[①]，後來還協助御幡雅文在上海日清貿易研究所教授北京官話。

　　另一篇序言出自湖南陶森甲。陶森甲（1855—1914）是湖南寧鄉人，字榘林，歷任内閣中書、江南候補等職，民國初年任湖南辰沅永靖觀察。他參與各政治派系活動，和日本政壇軍界人物也有來往，輯有《日本學校章程匯編》。

　　兩篇序言均提到該書和句曲王氏《生意筋絡》關係密切。句曲（今江蘇句容）王秉元所纂《生意世事初階》的成書時間應在1786年以前，1844年杭州項名達續刊《貿易須知》，1879年蠹城言慎金重刊《貿易須知》，1922年上海宏大善書局刊印王秉元著《生意經絡》，卷内又名《貿易指南》，内容與光緒本《貿易須知》基本相同[②]。從内容上看，這幾部書都是學徒學習及商業貿易的注意事

[①] 譚皓《日本參謀本部首批"清國語學生"考略》，《北京社會科學》2014年第6期。
[②] 張海英《從商書看清代商業知識的傳授——以〈生意世事初階〉、〈貿易須知〉、〈生意經絡〉的刊印變化爲個案》，載《故宫博物院八十華誕暨國際清史學術研討會論文集》，紫禁城出版社，2006年。

項，字句頗有相似之處，具有承接關係。御幡雅文"以北京官話逐條演説"（陶森甲序）、"以北京語筆諸簡端"（桂林先生序），故名爲"燕語"，署爲"譯述"。

全書竪排，未分章節，共 141 條逐一排列，每條之上均以"一"標記分隔，字右下方以"、"表示停頓。文中間雜雙行小字，或列選用詞句，或注釋字音、詞義及出處。除陶森甲序爲手録，其餘部分均爲刊印，訛誤多爲形近字（如"了－丁""地－他"）。

通過御幡雅文的"譯述"，可以看到清末民初的商業經營面貌，也可以看到百餘年來的語言變化，如《生意世事初階》第一條："學小官，第一要守規矩、受拘束。不以規矩，不能成方圓；不受拘束，則不能收斂深藏。譬如美玉，必須琢磨成器，況頑石乎！"《生意筋絡》第一條："做徒弟的人，頭一樣兒要守着規矩，又要服管，不守規矩就不能學成，不服管就不能安静。就比方是一塊粗石頭，也得磨好了才能做東西。"

序

聖門四科，列言語於政事之上，左氏稱子産有辭，自來文學家、政治家、外交家莫不崇尚詞令。商政一門，尤恃三寸不爛之舌，何也？富商大賈，挾重貨、游異鄉，片語隔閡，馴致入寶山而空返，闠闠紛紜，過客駢肩接踵，一語投契，頓成交易，此中離合消長之機，未可輕心相掉也。東瀛御幡先生，出示句曲王氏《生意筋絡》一書，驟觀似甚煩瑣，而爲海客貿易計，則詳盡可貴。先生復以北京官話逐條演説，乃益明白曉暢。爰促其重印，餉遺海外士商，毋使東邦獨擅其能，不亦公而溥乎？

癸卯夏五月　湖南陶森甲

《生意筋絡》一書，句曲王氏所輯，爲初學貿易之津梁。要雖不能闡其秘奧，然遵是以求，亦不難得之矣。東國御幡先生有見於時事，慨然懷陶朱五湖之志，獲此書，喜之。講授餘暇，以北京語筆諸簡端，謂使諸生誦讀，兩受其益。余惟子貢貨殖聖門所不諱，况斯學之設，既以研究貿易爲名，尤不可不思。有以副其實者，異日市中載寶，海上生財，安知不肇基於此？故余樂而爲之序。

光緒辛卯長至後　桂林

做徒弟的人，頭一樣兒要守着規矩，又要服管。不守規矩就不能學成，不服管就不能安靜。就比方是一塊粗石頭，也得磨好了纔能做東西。

學徒清早起來就掃地、撣櫃、擦桌椅、添硯水、潤筆、擦戲子，給人倒洗臉水、燒香、沏茶，這都是初學應該做的事情。

學徒要站在柜後頭，櫃裡櫃外都要照看周到，得瞧着別人做買賣，聽他說什麼話，到了彼此交買賣，說話連貫的地方兒，必要記在心裡。

舖子裡有客來了，等他坐下就裝烟過去，說"請用烟"。裝過烟，退兩步，再回頭走，就拿茶碗，或現沏茶，或倒壺裡的茶，倆手捧着送過去，說"請茶"。如果客人坐的工夫大了，再裝烟倒茶。客走了，就把茶盅、烟袋擱回原處兒，不可隨手亂扔。

進舖子學買賣的，第一要緊的全在活動，必得先學眼面前兒①的事情，樣樣兒都要熟練靈便了，眼睛耳朵手兒脚兒都要麻利。再用心學看銀洋的成色、算盤、寫字，還要學禮貌。這些樣兒都會了，纔算入了學買賣的門兒了。

做徒弟的，不要多嘴多舌。要是眾人在一塊兒說話，就可以聽着，別混插言兒，有的說過："緊睜眼，慢張口。"

學徒萬不可扭別②，要是扭別，就是蠢笨的人了。比方那個人指撥③着說你，他的本事一定比你高點兒，纔能勾說你，你要和他抬扛拌嘴不肯服他，你的生意是一輩子也不能學成的。

學徒不但不可以扭別，更不可嫌長輩嘴碎嘮叨的。他說你也是要你好，不然他說你幹什麼？你若嫌他嘴碎變了臉子，後來應當說你的[地方兒/時候兒]④也不說你了。歲數兒小，要是不聽說，怎麼能成人呢？

學徒總要服管聽話。你要服管聽話，那個人就是把他所有的本事都教給你，他心裡也是喜歡的。你若不服管不聽說，他教你一回兩回三回，到底不改不聽，那個人往後不但不說你，倒[奉承起你來了/給你高帽兒戴了]。爲什麼呢？你既是不服管不聽說，何苦來和你做仇，[任憑/隨]你一輩子學不成，誰還

---

① 眼面前兒：眼前，面前。
② 扭別：別扭，不順從。
③ 指撥：指點，點撥。
④ 底本豎排，雙行小字爲並列選用詞語時，整理本以"[/]"標出；雙行小字爲注釋字音、詞義時，以"（ ）"標出。

管你呢？豈不是各個兒①就悮了麼？

學徒要知好歹。比方舖子裡有兩人，一个人愛説你，一个人不説你，倒想説你的是壞人，不説你的是好人。那兒知道不説你的是壞了[腸子/心術]了，説你的是不肯[辜/孤]負了朋友的托咐了。到後來你要學成了，就知道説你的是恩人，不説你的是壞人。你要學不成，還倒説，説你的是仇人，不説你的是恩人。但凡纔學的人不可以不明白這个理啊。

學徒總不要嘴鈍胆小。稱戥子、看成色、算盤、筆墨、説話、禮貌，這些个事必要問一問，某大爺、某叔叔、某先生、某大哥，都求指教告訴。別呆着臉兒，一聲兒不言語，彷彿木頭人兒似的。若這麼樣，學到老也不中用。全要嘴上活動，恭恭敬敬的問人，那个人斷没有不告訴你的。有説"叫人不賠本，只在舌頭打个滾兒""哄死人不償命"。你學了乖，藏在你肚子裡，就是賊打火燒也丟不了，豈不是一輩子的受用麼？

學徒千萬不要嘴饞，或在灶上偷吃的，或偷錢在外頭買東西吃，或要人的東西吃。要是這樣，不但没出息兒，而且名聲也壞了，是務必要戒的。

做學徒的人，先得有規矩。走有走相，站有站相，坐有坐相，吃有吃相，睡有睡相。這五樣兒，務必要端端正正的，纔成規矩。走道兒務必要平着身子，搭拉着手兒，一步一步的往前看着走。要是碰見長輩，必得恭敬，千萬別賊眉鼠眼，東瞧西望，摇摇擺擺，隨便混跑。要是有這種壞樣兒，快快的改了。站着必要挺着身兒站穩了，規規矩矩的。不要挨墻靠壁兒，托腮頰咬手指頭，這些个毛病兒萬使不得。坐着應當平平正正的，只跨半邊兒椅子，低着頭搭拉着眼皮兒，不要仰着、斜着、蹺腿、摇波稜蓋兒②。要是有了這个樣子，成什麼規矩呢？吃東西要慢慢兒的，筷子碗不要響，菜別撒開了吃。最討厭的是貪多嚼不爛，常常噎着了，或是不住筷兒，或是滿碗裡胡撥（音八）拉，或是吃了又吐出來，或是没吃先拿鼻子聞（嘴噴鼻子聞）③，或是鬧④一桌子。要是有這些个樣子，快快兒的得改了。睡覺最好是跨着波稜蓋兒，側着身子，合着眼睛，閉着嘴

---

① 各個兒：自己。也説"各自各兒"。
② 波稜蓋兒：膝蓋。
③ 底本此處爲單行字加括號。
④ 鬧：弄。

（眼睛嘴都要閉着）①，定着神，瞇着眼，好好兒的睡。最不要劈着腿，伸着胳臂，波稜蓋兒搭橋兒②，自言自語、嗜③聲嘆氣或是躺着唱曲兒，這種樣子都要不得。

　　學徒没有在櫃裡頭坐着的規矩。除了吃飯之外，只好一天站到晚。這並不是不叫你坐着，皆因柜裡頭都是你的長輩，不是東家和掌櫃的，就是了事的④和夥計。總而言之，都是你的師傅，你怎麼敢坐着呢？

　　掃地的時候兒，先把水噴匀了，爲的是不起土，必得一笤帚挨一笤帚輕輕兒的掃着，別叫土飛一屋子。再者，要有掉在地下的銀錢什麼的，立刻就撿起來，交給掌櫃的，千萬別自各兒⑤藏在腰裡，因爲恐怕是有人要試探你的心，所以不能不謹慎。地下要有字紙，撿起來擱在簍子裡，別隨手亂扔，也別瞧見不［撿/管］。

　　拿雞毛撣子撣⑥櫃的時候兒，先把土歸在一塊兒，然後再撣了去，恐怕有銀子渣兒什麼的，務必要留神纔好。

　　住家兒開舖子，大凡掃地的時候兒，都要往裡掃，別往外掃。這是家常兒的忌諱，不可以不知道。

　　學徒耳朵要能聽，心裡要能記，要懂得害臊，要臉上和氣，這四樣兒都是萬不可少的。耳朵能聽，就是要時時的聽長輩吩咐教導；心裡能記，就是各樣兒事情都別忘了；懂得害臊，就是用心學買賣，不做不要臉的事；臉上和氣，就是見人親熱，做事活動。這纔是生意人的面子。人人都喜歡誇獎，豈不是好麼？

　　念書寫字，總要吃了飯、閒着没事的時候在裡柜⑦上學去。字要規規矩矩慢慢的寫，要是有事來了，立刻就擱下，正是忙裏偷閒了。聖人說的"行有餘力，則以學文"是人人該當遵守的。

　　學算盤，務必要在晚上没事的時候兒，請人指教，細細揣摩，那个法子久而

---

① 底本此處爲單行字加括號。
② 搭橋兒：蹺二郎腿。
③ 嗜：嘆氣的聲音。
④ 了事的：主管事務的人。
⑤ 自各兒：自己。也作"自個兒"。也說"自己各兒"。
⑥ 撣：原作"担"。
⑦ 柜：原作"柜"。

久之的自然明白通達了。白日裡切不可學,白日打空算盤,是開舖子最忌諱的。

稱戥子務必把毫繫(音細)①兒理清了,拿住了再提起來。不要高高低低的,總在手裡活便②。稱小戥子必要和嘴一般兒齊,大戥子必要和眉毛一般兒平。別慌別忙,稱準了再報數兒。

看銀子的成色,整錠的要看他的面兒和底兒,再看是那一路的銀子。但是成色雖然是一樣,傾銷的手工各樣兒不同,務必要留神的。要是整銀子沒雙邊兒③,怕有灌鉛的。俗語兒說:"銀無重邊即是假。"要是疑惑瞧不透的,夾開就知道了。要夾的時候兒,必得先和銀主兒說明白了再動夾剪,要不然他或者訛你,叫你賠也不定。零塊兒的要看寶色④,看墻兒⑤,看底面兒和容(音刻)口⑥,紋銀⑦是紋銀的底面兒,九五⑧是九五的底面兒,都有一定的。要是底面兒不對,必得小心細瞧。又說"銀無二色",如果墻兒亮的奇怪,容口太光滑,就應當夾開,是銀子是銅,立刻就曉得了。

學徒說話,要響亮大大的聲兒。別含含糊糊、半吞半吐的,叫人聽不出來。更不要胡說八道、嘻嘻哈哈的。也別撒謊,也別鬧笑兒。要是別人說頑笑⑨話兒,你只當沒聽見,總別答言兒,這纔算學買賣的道理呢。

近來南省都是用洋錢,那個成色也有好歹真假的分別,和看銀子的法子彷彿一樣,其實[不一樣/兩經(道)]。這是錢行專門兒的本事,外行不能很明白。但凡使洋錢,務必找內行的人看真切了,萬別大意,恐怕要吃了虧。洋錢按着市價,或長或落。出入找錢,總按着貨價的多少,詳細算明白了。別鬧出錯兒

---

① 毫繫:秤上的提繩。
② 活便:靈活,隨機應變。
③ 雙邊兒:成色好的銀子有兩道邊兒。
④ 寶色:原指寶物的奇光异色,此處指銀錠的顏色。白銀的顏色白潤,氣孔中有金黃色的多彩寶光。
⑤ 墻兒:銀錠的側面。
⑥ 容口:疑指銀錠的邊緣接口。容,《集韻》渴合切,合也。又作"察口""查口"。余象斗《新刻天下四民便覽三台萬用正宗·商旅門》(1599):"銀色實生涯之本領,過眼須要留心。……九六二者猪鬃察口,九六七鋼者菱木色察,九四五干者,蘆花之察,九四五鋼者,粉紅察口。"察,通"容",《廣韻》宅加切,深貌。王秉元《生意世事初階》(1786):"塊頭者,看其寶色、墻光、底臉、查口。"
⑦ 紋銀:十成足銀,表面有紋絲,是清代通行的一種標準銀兩。
⑧ 九五:九五銀,含銀量百分之九十五的白銀,白色帶霜,價值比紋銀略低。
⑨ 頑笑:玩笑。

來，叫買主兒說話。

學徒過了一二年，學的[有/得]點兒[眉目/門路兒]了，就要大着胆子，到柜上做幾囘生意，千萬別發怯。比如這個買賣，你做着費事，別人自然上去幫你一囘兩囘，闖開了就好了。要是你竟退後，到了兒①不能放開胆子，什麼時候兒纔會呢？俗語兒說："若要會，人前累。"

學徒剛上櫃做買賣的，站着要安穩，禮貌要端正，說話要響亮，俩眼睛更要清楚，各處都要照應的到，人的真假好歹，一見就分得出來。要是這樣，買東西的人一定不至於瞧不起你了。

叫你上街買東西，或是到別的舖子裡有事，辦完了就趕緊的囘來。別竟貪頑兒，多躭悞工夫兒，把買賣忘了。這是應該記着的。

舖子裡總要早早兒的起來，不但精神清楚，而且身子也爽快。櫃裡櫃外都掃乾净擺齊截②了，也是舖子的[臉面/好看]。做學徒的更得起早，見了長輩必要招呼。天天兒如是，不要忘了。

開舖子的，千萬不可在櫃裡頭瞳盹兒③、瞧書、伸懶腰、打哈息、唏唏哈哈、頑頑笑笑。要是犯了這幾樣兒毛病，就失了舖子的規矩了。

既做生意，就得把生意放在心裡，別胡思亂想。就是心裡有要緊的事，也得暫且擱開。因爲一个心不能兩處用。心裡不净，外面必然精神恍惚，做事潦草，那還講究什麼買賣呢？

手裡做着生意，耳朵裡還要聽人的話，嘴裡還要說自己的話，眼睛還要照顧自各兒所做的事情。故此，做買賣的人要眼觀[四/六]路，耳聽八方。

有人要借櫃上的戥子稱銀子的，你總別站在他跟前兒看着他的銀包兒，恐怕萬一丢一點兒的時候兒，他要訛你。應該離遠着他，等他稱完了銀子，然後接過戥子收起來就可以了。

有人托你夾銀子，夾開了必要擱在櫃面兒上。別擱在他的銀包兒裡，恐怕鬧出錯兒來。這是應該謹慎的。

做徒弟的，總要自己謹慎小心，別放大了胆子，也別狂傲無知，這是最要

---

① 到了兒：到底，最終。
② 齊截：整齊，齊全。也作"齊集""齊齊"。
③ 瞳盹兒：盹盹兒。發呆，打盹兒。

緊的。

　　人家兒的子弟要學買賣，先別進大舖子。這是爲什麼呢？因爲大舖子本大利寬，吃好的穿好的，眼眶氣象都高了。既是這樣，就難免多費，小孩子們天天兒看在眼裡，久而久之習慣成自然，不知不覺有了皮氣了。就是買賣學的頂好，總靠不住。世界上沒有百年不散的筵席，倘或一時不對辭退了，再到小舖子裡，那兒還受得呢？所以子弟們要學買賣，該當先到小舖子裏。因爲小舖子沒什麼本錢，步步兒都要打算盤，穿的是布草衣裳，吃的是粗茶淡飯，用銀錢的地方，絲毫都是好的，就講勤儉，並不奢華，和家裏過日子一樣。況且燒火做飯，上下板子①，各樣兒的辛苦都受過了，纔知道銀錢不是容易得的，將來自己管事，樣樣兒都明白，心裏有了拿手②了。如果買賣快學成了，然後纔進大舖子見見世面，從此往後，學問、見識一天比一天的見長，怎麼會不出頭呢？常說"不是一番寒徹骨，怎得梅花撲鼻香""不受苦中苦，難爲人上人"，又說"近硃者赤，近黑者黑"。凡事從小往大容易，從大往小很難，這是一定的道理。

　　教徒弟先要看他的品行怎麼樣，聰明有聰明的教法，拙笨有拙笨的教法。聰明的，別太由他的性兒，也別管的太利害，慢慢兒的教導他怎麼長怎麼短，什麼事怎麼做，什麼話怎麼說，都要指點明白了。你要嘴懶不告訴他，他怎麼能知道呢？《論語》說："生而知之者，上也。"你瞧世上的人，生而知之的能有幾個？全仗着口傳心授的工夫，是學而知之的啊！拙笨的，教法却不能這麼樣，就是這麼樣，他也不過當耳傍風罷咧。教笨徒弟的法子，只可慢慢兒的管束他，那些個細話先不用告訴他，等着學下二年來，要是有一點兒明白，再教他入門兒纔可以了。要是學了很多的工夫，還是那麼拙笨，那就沒有法子了，即或勉強教了他，也是个烏煤。烏煤就是長壞了的麥子裏頭一包黑灰，並沒種粒兒。不成東西的人，也叫他這個名字。倒不如趁早兒打發他回去，省得白耽悮工夫。這並不是做師傅的有兩樣兒看待，實在是人的稟性有賢有愚，所以有時候兒用心教的倒學不成，隨便兒教的他倒快快的會了，就是這個道理。但是教徒弟的時候兒也不要橫眉立目、拍桌子、打板櫈，把徒弟先嚇儍了，那是越教越笨，再不能長進。故此，東家夥計凡是做師傅的，都要有點兒寬容，有一點兒愛

---

　　① 上下板子：店舖開業前把門板窗板卸下，叫"下板子"；停止營業時把門板窗板裝上，叫"上板子"。
　　② 有拿手：有把握。

惜。遇見聰明的徒弟,一定要十分盡心教他,以後他要成了人,決不能忘了你的好處啊。

學徒總要自己巴結。做師傅的既是肯早晚教訓,又不嚇唬你,你就該十分用心,細細的揣摩那個滋味,再沒有學不成的道理。有説"世上無難事,只怕心不專"。你要是天天兒懶惰貪頑兒,樣樣兒都不擱在心上,就是師傅鑽在你肚子裏去,也是無用。這樣倒不如早早兒的回去,再想別的法子罷。

做買賣的人,言談是不可少的。和人閒坐着,就是沒什麽可説的,也要想出幾句話來談談。或是論交情,或是講時令,這纔算是活便。然而説話的時候兒,第一要謙恭和藹,也要不離規矩,人纔信服你是正經人。大凡説話裏頭,千萬別詭詐刻薄,也別説人的短處,這是一定得留心的。古人説"言行要留些好樣與兒孫",真不錯的。

做買賣的時候兒,話也不要太多,説多了就惹人厭煩了,要緊的就在簡決①明白。要是話多理少,人未免疑惑②你是要哄騙他呢。

娘兒們來買東西,務必要恭恭敬敬的和他説話,別取笑兒,也別拉絲③,恐怕外人看見要説你的舖子不正經。再者,你要和他説笑,招他生了氣罵出來的時候兒,你還有什麽臉面見人呢?總要正顏厲色的講價錢,賣得着就賣,賣不着就叫他上別處兒買去,別自各兒輕賤自各兒。這是頂要謹慎的。

有生人到柜房裡來,先要請問貴姓台甫,府上在那兒,到這兒有什麽貴幹,都要細細的問明白了。要是他有同伴兒,必要問這位是誰,他答應了就放了心了。要是嘴懶不問,倘或是歹人跟着他進來,你疑惑是他的同伴兒,他疑惑是你的夥計,就兩就悮了。從前有一個匪類,鬧了這麽一件事,彼此不留神,銀子就叫他偷了去了,這不是不愛説話的錯兒麽?

生客人貨物還沒到,他先上行裡來,必要盤問他的姓名住處,從那一路來,買的什麽貨物,合什麽價錢,到這兒關稅盤纏用了多少,細説一遍。再問他貨船現在那兒。他要是説的在行對路,纔可以信他一半兒。人説"騙賊會六國鄉談④",千萬要小心。或者打發一個人,暗暗兒的跟着他,等他的貨物真來了,

---

① 簡決:簡單明確。
② 惑:原作"感"。
③ 拉絲:拖延,猶豫,不爽快。
④ 鄉談:家鄉話。

那纔放了心了。要是貨物沒到，先信他是好人，冷不防他瞧見銀錢衣服的地方兒，起了歹心偷了走了，這是一定得謹慎的。

稱主顧的銀子，大行大市他沒有不曉得的。比方你的貨物賣六分銀子一斤，他給你六分銀子。稱的時候兒戥鉈①就得攔到六分三四五厘的地方兒，總要往上挪過一間兩間的，買東西的人就不疑惑了。你要是把戥鉈出手放在六分裡頭，買主兒看見稱的很高，必說："我的銀子分兩重呢！"豈不是要多費話麼？

上船的時候兒，行李裡頭要是有［東西/銀子］，務必自各兒搬上來。要是有跟人，自然就不必了。但是不可以叫船家挑夫們搬，恐怕他們試出輕重來起了歹心，這是要緊的。

有人來買東西，買成了之後，給了銀錢，先別歸在大［總/宗］兒裡頭，恐怕他有什麼反悔，要等他出門兒走遠了，再歸到一塊兒。

拿着銀子來買東西的，問他買什麼，先說定了價錢，再看他的銀子，然後上戥子稱。如果成色足分兩準，那不用說了。倘或成色不好，數目不勾，就得刨去了成色短欠，按着淨銀子合算。多少分兩買多少貨物，銀子多了找還他，銀子少了請他添補，這都要先說明白了。

買東西的銀子先稱的時候兒，分兩成色都靠不住。他拏了走了，又回來再買，務必把從前的銀子包兒打開，再稱再看。別想是已經稱過了就粗心了，恐怕他是掉包兒的，把銅換了銀子，或是把分兩換了輕重，這是不可不防的。他要是說："你已經稱過了，何必再稱呢？"你就回答說："金銀不過手，小心沒錯事。"

熟人來買東西，他給的銀錢也要小心。必得先過數兒，多了退還，少了添補。你要是拉不下臉來，不肯就稱就數，倘或有了短少，那不是吃了啞吧虧了麼？如今的人，人面獸心的多，他知道你不肯稱他的銀子、數他的錢，就特意兒的少給你了，甚至於還要使假的也未可定。雖然是這樣說，然而稱銀子數錢的時候兒，要是有了錯兒，只可以求他補換，別刻薄（羞辱也）他。常說"君子不羞當面"。買賣人正該這麼樣。

來往的客人，有寄存整封銀子的，務必要當面兒拆開了，點清了數兒，再封

---

① 戥鉈：秤砣。"戥"是用于稱量金銀珠寶或香料藥品的小型杆秤。

好了，封皮上寫明白了是某人寄存的。總不要隨便兒就收起來，恐怕誤事。從前有一個販茶葉的客人，把一封銀子存在一個舖子裡，那舖子因爲是熟人，就沒當面兒查看。過了一個月客人來取銀子，拆開封皮一瞧，竟是四百銅錢，外面兒所看不出來，彼此對訛，總說不清，後來一邊兒認一半兒。就因爲起頭兒不小心，所以有了這個差錯。這樣看起來，什麼事若是不謹慎，使得麼？

　　寫發票給客人的時候兒，務必要把貨物的件數、分兩、價值、扣頭①一一的算明白了，號頭兒②也查清了，寫在自各兒的底賬上再給他，後來按着票子發了貨物之後，再查對核算一回，就萬不能錯了。

　　發給人貨物的時候兒，先把原賬和發貨單子兩樣兒對清了，然後按着單子給他數兒，也要點明白，還留着那個單子，晚上再對一回。

　　稱銀子數錢、發貨付賬，凡是給人的事情，總要查了又查、算了又算，交代的清清楚楚的，千萬別糊裡糊塗、忙忙亂亂，有了差錯，就費事了。

　　現在的生意比不得從前，太老實古板了就不能行了。你要是一定按着從前的法子，一个主顧也不來了。現在的樣子必要能言快語，還帶着三分奉承，買東西的人不但喜歡，而且還信服你。再要是遇見熟人，說兩句湊趣兒的話，那生意更妥當了。現在的時候兒都是認假不認真。常言說"一天賣得三擔假，三天賣不得一擔真"，這並不是叫你做詭詐的事情，因爲現在的生意不這麼着不行啊。

　　對來往的客人說話，都要留神，聽他說出什麼來，你隨機應變的回答，再要想他的意思、看他的神氣，那纔可以。你要是隨便兒答應，不管前後的事，恐怕他的意思你聽不出來，你的意思倒叫他看破了。大凡做一切的事總要先忖量③，說一切的話總要先思想④，纔可以保得住沒什麼大錯兒。

　　做買賣的規矩，就可以一个人兒和買主兒答話。要是柜裡頭的人七言八語，那就不像樣子。但是商量價錢的時候兒，要是買主兒一定不添，轉不過灣兒，可以用一个人上前兒幫着說幾句，生意就做成了。要是這个時候兒沒人答話，那算該說的不說，成什麼夥計的道理呢？

---

① 扣頭：折扣。
② 號頭兒：號碼。
③ 忖量：忖度，思量。
④ 思想：思考，考慮。

在櫃上做買賣，不論窮富都要一樣的應酬，不要分別高低瞧不起人。但凡有錢來買賣東西的，就是個花子①也沒有什麼不可以的，正是人說的"生意人無大小"。上至王侯下至乞丐，都要謙恭和藹，慇慇懃懃的待他，這是要緊的。

　　做生意的人，第一眼睛裡要明白，能分別人的好歹。比方買主兒要是個正經人，說話有理，你也按着公道待他。要是和他撒謊，叫他看出來，就不信服你。要是買主兒是個粗俗人，說話也沒理，你也別太軟弱了。他和你拿出利害的樣子來，你也要正顏厲色的答對②他。因為現在的時候兒不比從前，他看見你怕他，就更欺負你，買賣豈不壞了③麼？常言說："遇文王施禮樂，遇桀紂動干戈。"

　　柜上做買賣要和顏悦色，有話婉婉轉轉（柔和也）的說，這是生意人頭一個巧法子。你要是心粗性急，說話倔強（不柔和也），再遇見個暴燥④的買主兒，那不是要拌嘴打架麼？常言道："生意貴耐着。"就是心裡有氣，外面兒也不要露出來，這纔妥當。

　　做生意的人，不要心急。心急的人什麼買賣也作不成，幹事要留點兒地步，說話要有點兒分寸，不怕錯了，還可以改得過來。你要是急急忙忙、三言兩語都說完了，後來就難周轉了。常言道："生意不成，言談未到。"性急是萬使不得的。

　　做生意的人，說話要有憑有據、有頭有尾纔妥當。要是常常前言不答後語，人就不信服你了。

　　舖子裡買賣熱鬧的時候兒，柜頭裡擠滿了人，你心裡也不要慌，這個買賣完了再做那個。算帳的時候兒，一筆一筆的挨着次序，都對明白了，再彼此交付。倘或看見人多了，就沒了主意了，恐怕不免有差錯。

　　做買賣別太手緊了，恐怕躭悞生意；也別太手鬆了，恐怕傷了⑤本錢。總要看買主兒的來歷。要是這一次雖然不賺錢，下次還可以補得過來，一時也不必太認真了。

----

① 花子：乞丐。
② 答對：回答。
③ 了：原作"丁"。
④ 暴燥：暴躁。
⑤ 底本"了"後還有一"了"字。

做買賣要看來人。他說什麼話，你也拿什麼話答對他，不要太老實了，總是隨機應變要緊。比方他批評你的東西不好，你也別不喜歡。他能批評，你要能解說，這就好做了。常言道："憎嫌是買主，喝采是閒人。"

　　賣主兒要看東西的好歹，你先把不好的拿出來給他瞧。他要換的時候兒，再拿好一點兒的，他瞧中了就得了。要是還不合式，你就說："你要頂好的麼？那個價錢大了。"買主兒答應了就成了。要是你先把頂好的東西給他看，他也不肯信，總疑惑要的價兒大。寧可多費幾回事，他纔信服你。

　　要價兒的時候兒，務必要留個退身步兒①。你要先說了實價錢，他也未必肯信。現在的生意太板了不行，總要說點兒空頭②，慢慢兒的再往下減。要是開口就說一定，買主兒只有要減的，決不能添的。要是先問價兒沒打算買的，就是照着本兒再說低些兒也不要緊，這叫請客的盤兒③。

　　和買主兒講價錢的時候兒，也要上下差不多兒。別冒冒失失的說很大的價錢，把買主兒先嚇跑了。就是過路的買賣，比常主顧多要點兒也可以。必得想加一倍兩倍，他不買了，你又有什麼法子呢？

　　買主兒還的價兒差的很多，自然是不賣了。倘或他還的價兒在兩可之間，那得看光景。要是買主兒站着不走，你就做出要賣不賣的樣子；買主兒走出門兒，你就是不賣也得做出點兒要賣的樣子，或者還有個商量買賣的道理。或收或放雖沒有一定，但是總得先顧住自各兒的本錢，纔沒什麼後悔。

　　買主兒還的價兒不勾本兒，或是沒什麼賺兒，也別就放他走了。恐怕這一回雖然不賺錢，下回他要大大的照顧你也未可定，你要是大意了就躭悞了。遇見這樣事情，必得喜笑顏開，慢慢兒的和他對付④，他多少總給你添一點兒，生意就成了。

　　做買賣的人必得把買賣擱在心上。買主兒來了得用心用意的說話，別隨隨便便的站在柜裡頭等着他。他要是一定不買了，你再看別的去，不要嫌他還的價兒太少就不理他了。他有了氣走了，不是躭悞了買賣了麼？再者，要遇見性急的，或者至於打架拌嘴，那更不成事了。到底總得細細的算一算賣得着賣

---

① 退身步兒：迴旋的餘地。
② 空頭：虛報的數額。
③ 盤兒：規矩。
④ 對付：應付。

不着,再定主意,就没什麽錯兒了。

要是有賺兒的買賣來了,就是價錢平色稍微差點兒,也要含糊。倘或樣樣兒認真,恐怕鬧散了倒不好了。常言說:"若得生意成,八成當九成。"

門口兒賣的貨物,已經定出價錢來的,後來要是行市略長一點兒,你也不要忙,等着多看幾天再長價兒還不遲。要是你忽然一長價兒,買主兒不能信服,就上別處兒去。你的主顧要是到新舖子,那舖子就是不賺錢,也要賣給他。他信真了,想你是有心欺哄他,後來永遠不上你這兒來了。

東西的價錢忽然長了,買主兒總是不信服的多。你得把那東西從本地來因爲什麽貴了,或是缺少,或是遭了旱潦①,這些緣故細細的說明白了,買主兒自然不疑惑了。要是落了價兒②,你也不要悶着賣,總是按着公道纔是。正經買賣人頭一次知道你不撒謊,後來有個不來的麽?常言説:"寧做一去百來之生意,莫做一去不來之生意。"

做買賣的人,都要按着時候兒留心查看,別自各兒就悮了事情。價錢要公道,分兩要準,成色要好,長價兒在人後頭,落價兒在人前頭,那纔算是大買賣呢。

和人交買賣收來的銀子,毂數兒自然不必說了。萬一要是多些兒,必是他鬧錯了,一定要退還他,萬別含糊着收留。算帳也要清清楚楚的,不可胡亂。古人説:"交以道,接以禮。"這話是真的。

賣的銀子必得擱在銀箱或是抽屜裡,別放在柜上。恐怕有小人起了歹心,看見你一個人兒在柜裡頭,就叫他的同伴兒擋着你,或是把你誆出柜來,看東西挑東西。你一個不留神,他用黏杆子把你的銀子黏了去了,趕到你進柜的時候兒,銀子已經進了他的腰了。總而言之,不論有人没人,一定要把銀子先收起來,纔能放心呢。

半夜裡關門閉户,點燈生爐子,和箱子柜子的鎖子③鑰匙,全要自各兒細細的查看一遍,千萬別隨便交給粗心的人照管,那就悮了大事了。

在本舖子柜上賣的東西,那叫做"門市"。貨物必要挑選頂高的成色,不但

---

① 旱潦:旱澇,旱災和水災。
② 落價兒:降價,減價。
③ 鎖子:鎖。

可以賣好價錢，而且還能招遠主顧，這是最要緊的。那次一點兒的貨物，可搭在大宗兒裡頭，發給小舖子去賣。

交買賣要是彼此素常不賒賬的，必要等他把銀子給全了再發貨，就沒什麼累贅的了。要是銀子不全，先發貨給他，恐怕他挑三揀四，或説成色不好，或説分兩不彀，慢慢的拉絲，總給不清，那可就費了事了。常言道："一手交錢一手交貨，兩無異説。"

做慣了櫃上的零碎買賣，忽然有個大照顧主兒投到你手裡來，你可別按着小買賣兒那樣的做法，必得大大方方兒的，一點別露出小氣來纔好。

賒賬先要看那個人的品行，再打聽他的家道。如果他爲人信實，家道富足，就可以行。然而現在却有一種奸詐的小人，花言巧語的哄着你，先給你點兒小便宜，比方買東西不爭價錢這樣的事，他的居心却是要賒欠你的。你要想他是個厚道大方人就賒給他，一上了他的鈎兒，萬要不回來了，這是得詳細斟酌的。

和人要賬，也得看欠主兒的光景。比方他要是個誠實富足的，就別只管和他嘴碎嘮叨的。若是個狡猾支吾的呢，頭一囘話要説寬點兒，第二囘畧緊一點兒，第三囘就要用利害的話，第四囘就不放他走，跟着他要錢。他若是説今兒實在不方便，要等後兒，就依着他，到了日子再去找他。他要再推托過五天，真不誤事也就還等五天。倘或他還推一個月，就等一個月，訂準了他什麼日子來取。比如他説月底月初，你應當問他："三十日也是月底，初十日也是月初，到底是那一天？"他自然没活可答，一定要給你個準日子了。既有了日子，無論大風大雨大雪是務必要到的，叫他没法子可以推諉。這是一步緊一步的法子，要賬的人不可不學啊。

但凡追賬，總要看欠主兒的事情。大概是不怕他奸詐，只怕他没有。比方那人是個有錢的，他故意兒不還，那可別輕放他，必得逼着他全還清了。那人要是真没錢，而且又是個忠厚要臉面的，你却不要逼他，太急了，恐怕生出事來。常言道："狗急跳墻，人急懸樑。"要是逼死他，打了官司，後悔也就遲了。

置買貨物，要看本地①的行市怎麼樣。若是客少貨多，自然不必太忙着買；若是客多貨少，就別躭悮，斟酌自各兒要用多少，早早兒的辦停當了。再

---

① 地：原作"他"。

者，貨物的價錢要是長落没準兒，也要略等等兒，瞧瞧光景。常言道："寧買迎頭長，不買迎頭落。"至於買貨的時候兒，長落價錢就是一絲一毫也要講究，因爲積少可以成多，這是不能不打算盤的啊。

貨物太貴了必要賤，價錢太長了必要落，這是一定的道理。但是，很貴的時候兒是買不得的，恐怕快快的要賤了；很賤的時候兒倒可以買，因爲不久總要長價兒的。要是貴賤不定，賣貨必没利息，不如存起來等盤兒①。常言道："貨無百日貴，亦無百日賤。"又説："物極必反。"俗語兒説："家無千日貨，不是長財人。"又説："家無滯貨不發。"總而言之，"忍耐看守"四個字，是做生意要緊的訣竅。

無論什麽貨物，行市往下落的時候兒，舖子裡不要多置辦，只可以先儘着②所有的賣。你要是圖賤多買，後來萬一更落了，本錢倒不過來，生意就難做了。比方這時候兒有行裡的人來求着多買，也別打算賒他的。因爲現在雖好，到了還銀子的日子，恐怕有個措手不及。行市又賤，銷頭又少，那不是要受逼迫吃啞吧虧麽？

大凡貨物，要是行市正長的時候兒，可以儘着舖子裡的存項多買些个。但是得知道那个行市長的真假，要看當時的光景，聽各路的信息。要是真長價錢，可別錯過了機會。見景生情，那纔是買賣人的本事呢。

但凡行市幾分幾分慢慢的往上長，那是真長，幾分幾分慢慢的往下落，那是真落。若是忽然太高、忽然太低，那是个假行市，靠不住的。然而也難作準兒，必得細細的查那个緣故，纔敢定規呢。

開舖子的人，每逢過個三五天，必要到各行裡走走，聽聽買賣的消息；到各舖子坐坐兒，談談貨物的情形。但是不要一去一天，躭悞了自家的工夫。你若是天天兒悶在舖子裡，甚麽事都不知道，那還想有起色麽？

大凡開舖子，自己稍微有一點兒本錢，只要週轉得過來就可以，暫且對付着，慢慢的再往大裡做。千萬別要虛好看兒，拉好些个行賬③。因爲銀子若是多了，未免又要想做別的事，倘或一時打算錯了，就賠在裡頭了。況且放行賬

---

① 等盤兒：等待行情恢復到理想狀況。
② 儘着：讓某些人或事物儘先，優先。
③ 行賬：高利貸。

的都是圖利息，你要是歸不上①，他一定要將利作本，越滾越多，那可受了大累了。

開小買賣全靠自己的力量，必得規規矩矩的看守着做，千萬別胡鬧多費。吃食上更要儉省，每天就飯不過是鹹菜蘿蔔什麼的，這樣纔可以剩得幾个錢養家。常言道："若要發，牙齒兒上刮。"

開大買賣，管事的夥計們用的多，那可不能太儉省了。逢年按節和月月兒吃犒勞的日子，上下都要一个樣，別有厚有薄，要是吃獨食更使不得。

無論大小舖子，平常日子吃飯，一兩樣兒菜就彀了，別七碟子八碗挑好道歹的。不看見街上的小買賣人兒，一個大錢還買點兒菜吃飯呢。總而言之，凡是做生意，小算盤兒是不能不打的。常言説："富貴只爲升合起，窮人只爲没算計。"這話是真不錯的。

開小舖子的，總別和大舖子打對當②。你就是把本錢都賠在裡頭，也拉不動他的。必得自己忍耐，看着本兒賣。要說是我賣不着也要和他拚着賣，那萬使不得。古人説："善戰不如善守。"必得先讓他一步兒，慢慢兒的再想賽過他的法子，這纔是做買賣的訣竅了。

新開舖子不可嫌没生意，開了不多的日子就想着關門。因爲你的舖子乍開，遠處兒的人未必知道。等了一年半載，要是還不好，必要變着方法認真的再做。常言道："死店活人開。"又説："扳（音搬）罾守店。"但凡新立的買賣，無論大小，總得三年的工夫纔能定規了。你精心用意慢慢的整理，没有不見效的。要是費盡了心力，買賣還没起色，那可就是運氣的緣故了。至於挪地方的那件事，也不是輕易辦的。比方在這兒生意不興旺，想搬到那兒，搬到那兒要是再不興旺，又有什麼主意呢？俗語兒説："頭醋不酸徹底薄，遭際不好總是難。"人的時運不濟，就是用一個"守"字，亂亂烘烘的越鬧越壞。又説："創者易，其實不易；守者難，其實更難。"你細看"守"字底下是個"寸"字，守得一寸，萬丈有用；守不得一寸，萬丈無功。千言萬語講到歸根兒，"忍耐看守"是做買賣萬離不開的。

舖子和家裡的花銷，必要按着進錢兒打出錢兒的。若是耗費太多，本錢大

---

① 歸不上：還不上。
② 打對當：對着干。

的舖子或者可以，本錢小的那兒架的住呢？挣一个花一个還將就得，要是挣一个花兩个，那豈不壞了麼？常言説："用字無底。"總得緊拿緊揸①，省吃儉用，纔過得日子。又説："銀錢入手非容易，用盡方知來處難。"

買賣人不可愛好看兒，必應當樸樸實實的，省着吃省着穿，纔能存得下錢。最可恨的是嫖賭吃穿，這四樣兒要是有了一樣兒，那就是受窮的根子。瞧見别人吃好的穿好的，千萬不要學他。近來又添了鴉片烟那種東西，更是萬萬沾染不得的。

舖子裡一塊兒的夥計們和人説話，要是説錯了，千萬別當面兒駁他，恐怕他臉下不來。等着晚上閒②談的時候兒，你再把白天那一筆生意你做壞了、那一句話你説錯了，和顏悦色有情有理的告訴他，那个人没有不佩服的。常言説："夜宵非（不可也）酌酒，思量日所爲。"這話是再不錯的。

做管事的大夥計，千萬別自大，眼睛裡没人。諸事總要有賞有罰，明明白白的調度。遇見東家有錯處，就應當直言勸他，不要奉承他。待同事的和底下的夥計們，却要和藹。他們有了不是，按着道理分辯③教導。這樣上下的人没有不喜歡的。你要是自誇其能，眼空四海，坐着指使人，衆人不但不服你，還要在背地裡駡你。大凡做執事④的，不可不知道這個意思。

用夥計必要先安住了他的心，他纔能盡心替你做買賣。比方這個人有點兒聰明，有點兒本事，你就不要輕看他。各樣的事情、銀錢賬目，都交給他，別犯疑惑。俗語兒説："疑人莫用，用人莫疑。"你心裡有什麼事，只管和他説。他有什麼爲難的事，你也要替他料理。自然合而爲一，越交越厚，買賣還有个不順當的麼？

做夥計的也要有良心，必得和東家一心一計。東家的銀錢分文不可沾染，出入銀錢賬目更要清清楚楚的。我拿出真心來待他，他要是不懂得，我不妨再找明白人做生意去。常言道："良禽相木而棲，賢臣擇主而事。"

東家要看夥計的家道怎麼樣。如果他家道富足，還可以。要是專靠着勞金過日子的，有時候他要多支一點兒，你別不答應。你既格外厚待他，他自然

---

① 揸：攢，積聚。
② 閒：原作"間"。
③ 分辯：分辨，分析、辨識（事理）。
④ 執事：從事某項工作，主管其事。

盡心幫助你。何況周濟人的急難，也是好事呢。

給夥計們的勞金，必要簡決痛快。他要是等着銀子用，和你支借，千萬別拉絲，立刻就稱給他。銀子要整齊點兒，他寄囘去好用，成色分兩都不要短少，這是至理的話。

做夥計的，總得十分勤謹，千萬不要懶惰。要是天天兒没精打彩的，不但東家不喜歡，而且自各兒也壞了良心。凡事一定得努力往前幹。大凡舖子裡的事，就是你不應當作的，也得幫个手兒。別說"不是我的事情我就不管了"，那是躲懶兒的話，忠厚人說不得的。

凡是各樣的賬目都要查對明白，一宗一宗的上清楚了。常言說："隨手上賬，免後思量。"寫賬的時候兒，再不要糊裡糊塗、東拉西扯，過後兒連自各兒也繞住了。總而言之，做生意的人賬目是第一要緊的。又說："算賬如掃地，好賬算不折。"這都不錯的。

出門辦貨的夥計，別把他攔在柜上做買賣。因爲他在外頭辦貨的時候兒，一毫一厘行家也不肯讓，受過了多少艱難。他用置貨的法子賣貨，一點兒也看不破，那生意怎麼能成呢？至於在柜上做生意的夥計，活動慣了，叫他出去置貨，他常愛添價兒，一定要吃虧的，所以有"會買不會賣，會賣不會買"的話了。

夥計帶着銀子出門兒，或坐船，或住店，或走長路，行李總別離身兒，黑下白日都要小心。到了那地方兒，先打聽行家兒的好歹。要是有在半道兒攔着接客的，千萬別跟他去，必得訪問明白了，再進他的門兒。後來還要留神看他行事怎麼樣，住家怎麼樣，舉動怎麼樣，纔能放心呢。要是聽了一面之詞，不分真假好歹，就上他家裡去，没有个不受誆騙的。不論生人熟人，慎重是少不得的。

出外的人所用的銀子，大宗兒都要滙兌，隨身不要多帶，恐怕遇見歹人見財起意。就是穿衣裳也別愛好看兒，教人瞧着你有錢，生出別的事來，總得自各兒收束①要緊。

買賣人走遍天下，什麼地方没有到不得的，獨是花街柳巷總別進去。俗語"婊子是客妻"，這話胡說。你想登山過水，起早睡晚，辛辛苦苦的，不過是爲賺幾个錢養活家口，那兒可以把本錢花在婊子身上呢？倘或是沾染了瘡毒，連老

---

① 收束：收拾，約束。

婆孩兒都帶累了。輕的呢，傷了身子，重的就喪了性命。況且與精神、財產、名聲各樣兒都没益處，又有什麼樂兒呢？常言説："我不淫人婦，人不淫我妻。"(《太上感應篇》之語）又説："多年嫖客變成龜。"這是真話啊！

搭散船别挨着人的行李坐卧，恐怕招人疑惑。也别要人的烟吃，不但嫌腌臢①，倘或有賊把迷藥攙在烟裡哄你吃，也未可定，這是不可不防的。

出外走早路，近來有一種掉包兒的賊，他特意兒的把錢褡褳兒掉在地下，等你揀。你要是愛小便宜兒，一揀起來，就上了他的套兒了。他哭哭啼啼的哀求你，你心裡一時不忍，拿出來還了他。他説："這褡褳兒不是我的，我要搜你的行李。"你不能不叫他搜。他看見你的銀子，暗暗的把磚頭瓦塊抵换了，甚至於把你的銀子硬搶了去，你也没法子。大凡遇見這種人，他一開口你就得明白，正顏厲色的和他説："你要長着眼睛認得人，你還不快去呢！"他聽了你這個話就不敢施展法子了。要緊要緊！

走遠道兒，要是有替人帶的銀子書信，或是自各兒的銀錢首飾衣裳什麼的，行動總别離身兒，睡覺的時候兒也要攔在傍邊兒，千萬不可大意了，坐船住店都别露在人眼睛裡。常言道："人前莫露白，露白定傷財。"

下飯店的時候兒，倘或遇見同鄉認識的人，可以托他照看行李。然而也要留神。若是在道兒上無意之中遇見的，就是老實人也得小心他，恐怕有假裝的，學幾句鄉談就説我是某村兒某鄉，姓什麼叫什麼。你信了真，托他辦點兒事就壞了，務必要謹慎提②防。常言説："害人之心不可有，防人之心不可無。"

下飯店還不要生地方兒，若是住店更得小心了，務必看誰家住的客多，就住在誰家，然後再看他一切的光景怎麼樣。斷不可住没客的地方兒，恐怕是賊店，有圖財害命的事情。

出門兒的人遇見很熱很冷的天氣，寧可在客店裡多歇兩天，不要勉强扎挣着走，恐怕半道兒上着凉受熱，生出病來，後悔就遲了。

夜裡走道兒，一塊兒的夥伴兒們有走散了的，若是叫他們，不要提名道姓，就可以説"來了麼"三個字，答應的人也説"囬來了"，别説别的。單行兒是走不得的，務必多搭幾個伴兒纔好。總而言之，走夜道兒不但要小心野獸什麼的，

---

① 腌臢：骯臟，不乾净。
② 提：原作"隄"。

更恐怕遇見攔路打搶的賊。到底還是"未晚先投宿,鷄鳴早看天"這兩句俗語最妙。

走水路,要是有兩三个同伴兒,分着往各處兒去置辦貨物,那自然是各人的行李裡頭都有[沈重東西/銀子]。這必得在起身的地方兒,船行裡雇好了船,一直送到要去的地方兒。不但放心,而且樣樣兒都由得自各兒作主。要是圖省錢搭別人的船,那是又費事又不方便,沿道兒提心弔胆牽腸掛肚的。萬一有點兒差錯,就是後悔也來不及了。

大凡住店、打尖①、搭船,還有在道兒上歇着,臨走的時候兒,必得各處兒細細兒的搜尋一遍,恐怕落下東西什麼的。常言說:"有錢難買回頭望。"

雇船的時候兒,先要瞧他那船的好歹。若是船上一切的傢伙樣樣兒結實,船家也和氣,就可以叫他。要是船身兒破壞,傢伙不全,那船家雖然和氣,也用不得,別說叫他裝貨,就是裝人也可怕的。

走長江不可不防備風暴。凡是風暴的日子,三天前後兒必有應驗,務必要自各兒留神,看風頭兒看天氣。平風靜浪的纔可以開船,要不然寕可以躭悞幾天再動身。風暴就是三九兩个月頂利害。常言道:"三月三,九月九,無事不到江邊走。"這是真的。總而言之,不論什麼時候兒,要是遇見大風大浪,千萬別性急,趁早兒灣住船躲避要緊。夏天風暴很多,都是起在快晌午或是晌午歪②。若是渡江,一清早兒最妥當。生死雖然有一定的,何苦來受這驚恐呢?又說:"躭遲不躭錯。"正是這話了。

過江搭船,務必要挑人多的坐,因爲人彀了就快開船了。若是只有一兩个人兒在船上,且別上去給他湊數兒作幌子,等着人滿了纔開船,不知道要躭悞多大工夫兒呢。至於上岸的時候兒先別忙,人先走了,你慢慢兒的查點行李再上去也不遲。你要搶先兒走,手忙脚亂的,恐怕丟了東西。常言道:"船到岸不可亂。"慢點兒有什麼要緊呢?

走水路,過江過河,船家說風頭兒不好開不得,千萬別催他。就是有要緊的事,也得耐性兒等着。若是你性急,嚷駡着逼他開船,他賭氣開了,半道兒上沒有不鬧亂兒的,這一定得謹慎。

---

① 打尖:行路途中休息吃便飯。
② 晌午歪:過了正午。又說"晌午錯"。

進別人舖子的柜裡頭，不要挨着攔銀錢的地方兒站着坐着，恐怕過後兒有點兒差錯，人未免要疑惑你。常言道："失物數來人。"再者，別混翻人家的賬目，這是最討厭的。

　　吃烟，無論家裡外頭都要小心。在床上別叨着烟袋，恐怕一時睡着了，有引火的東西在旁邊兒，就險的很。在街上走也不要叨烟袋，萬一栽个觔斗，盡傷了也不是頑兒的。惟獨清早上茅房，倒是叨着烟袋好，爲的是避那个腌臢的氣味。然而出恭總不宜早起。

　　喝酒不但白日裏不行，就是黑下也是不喝的好。如果要喝，也不過是晚上沒事的時候兒，大家湊到一塊兒，三杯兩杯談談生意。比方你的酒量有十分，喝到四五分就止住，再別放量喝个爛醉的。因爲酒喝多了，未免要多事，而且傷身子。你在不醉的時候兒瞧那喝醉了的人甚麽樣子，自各兒也該知道害怕了。倘或遇見對勁兒的朋友，説話投機猜拳行令，不覺的大醉了，就快快兒的睡覺頂好。總而言之，喝酒要心裏明白，纔成个喝酒的。

　　做買賣的人，總別和無賴子①們親近。萬一要是有那樣的人來引誘你，立刻就正顏厲色的拒絶他。常言説："理制君子，法治小人。"這話再不錯的。倘或你一時拿不定主意，聽了他的話，一塊兒去吃喝嫖賭，有个不上套兒的麽？

　　現在的時光，處事很難。年老的不要太古板，年輕的不要太氣猛，精明人不要太刻薄，忠厚人不要太臉善。這四樣人要是沒有這四樣毛病，在世路上就沒有不通達的了。常言説："識世（世或作時）務者爲俊傑。"

　　不論大小買賣，千萬別想耍錢。不但破了財，而且還耽悮生意，壞了名聲。你瞧耍錢的人，都是不分上下混在一塊兒，拿着黑下當白日，忍餓受凍，這豈不是頂下流的事？有人把家業都輸光了，没別的法子，就想作賊，這是常常見的。至於因爲耍錢發了財的，連一个也沒聽見。況且賭博的例禁最嚴，是萬犯不得的。

　　舖子四面兒的街坊，無論窮富，見了都要一樣的謙恭和藹，不分彼此，千萬別得罪人。常言道："遠親不如近鄰。"又説"鄰居好，勝金寶""住鄉村，結鄰里"。這些話都是不錯的。

　　做生意的人不要臉軟。現在老實的人少，他看見你好説話兒，就打

――――――――――
　　① 無賴子：遊手好閑、不務正業、品行不端的人。

算和你賒賬借錢，一到了他的手裡，再別想還了。寧可一定不肯，省得過日後悔。但凡交財是最不容易的。常言道："順情總有誤，執法永無差。"然而，要是知心的朋友，他有過不去的事情，也總得幫助他一步兒，那是不能固執的。

買賣人不要想我的舖子大，就瞧不起人，大模大樣的裝出好些個架子來，或是仗着有點兒勢力，就要欺壓軟弱的。這些毛病兒都使不得。要是有了，快快兒的得改。

街上的小買賣人兒，不要待他們太刻薄了。別使大秤稱他的東西，給他銀錢別短數兒。你想他有多點兒①本錢，架得住你佔他的便宜麼？況且你是開舖子的，也不在乎打這小算盤兒，他是指着這個養活家口的，你欺負他，於心何忍呢？

要是遇見使假銀子洋錢的來買東西，你明明看出是銅的，且別説破了，就説："成色不好，求你給換一換。"他自然心裡明白拿回去了。他要還説一定不錯，比方要是洋錢，你立刻指出憑據來，要是銀子，你就當面夾開，他也沒可分辯的了。再者，恐怕有包漕②的銀子，你認不真，他必不答應，所以總得十分看透了，再説出是銀子是銅來要緊。

用假銀子洋錢的人，現在又興了個好法子，專等着晚上點燈的時候兒，他纔來買東西。他把銀包兒遞給你，讓你自各兒挑自各兒稱，爲的是你不疑惑。遇見這樣兒的事情，千萬不要大意，務必留神細瞧。如果有假的就簡直的説破了，並且告訴他，下回別再拿這東西到我舖子裡來使，他就知道你是有眼力的，不敢再哄騙你了。

做生意的人，太聰明、太老實、太刻薄、太狡滑都不可以，只要舉動安静，辦事詳細，明白世務，通達人情，就足彀用的了。

"生意"兩个字怎麼講呢？就是要從自各兒心裡另外生出新意思來。這一椿③買賣該當怎麼做，那一件事情可以怎麼辦，該捨的捨，該要的要，都得打心裡出主意，見景生情，旁人不能知道。至於師傅可以傳授的，不過是入門兒的

---

① 多點兒：多大點兒，説明數量少。
② 包漕：縉紳監員在漕運事務中包攬漕糧徵收事務以獲利的行爲。
③ 椿：原作"樁"。

道兒。各樣變化作用，那全在乎本人兒揣摸。歷練日子久了，自然越學越高，到了出衆的地步兒了。

買賣人，就是至相好的朋友，心裡的話也不可以都露出來，恐怕他知道你的底裡①，後來要是彼此不對了，就給你翻騰出來了。至於和你不合式的人，也要一樣的應酬他，別待理不理的。常言說："惱人須在肚，見面又何妨。"又說："緊防怒裡性，慢發喜中言。"

生意裡頭的機密事情，不論是怎麼樣兒的相好，也不能告訴的。比方到本地去買貨，同是一個行家兒，可就有兩樣兒的價錢。不過是在乎先來後到的那點兒分別，出頭取巧都是自各兒的打算。做買賣如同搶狀元一般，所差只有一線兒的工夫。常言道："差之毫厘，失之千里。"

做買賣的人，總不要和游手好閒的人交往。因爲是只顧自各兒的生意要緊。若是和他們混混慣了，心就散了，必要就悮了正事。這應該早早兒的拿定了主意，別上人家的檔。

没什麼大用頭的東西，或是頑意兒什麼的，總不要花錢去買他。常言道："有錢不買半年閒。"是該當記着的。

過關口上稅銀，過卡子交厘金，這是公事，不要怠慢。貨物有多少就報多少，別隱藏着。按規矩辦，總沒失閃。若是你有心偷漏走私，一時查出來，輕者加倍的受罰，重者連貨物都入了官，那豈不是把老本兒也拐了去了麼？

做生意的講究是無窮無盡的，高中有高，強中更強。你就是學到十成，還要想自各兒是不會的，那必定再要長進。你要說我所學的已經到了家了，那是自各兒就悮了。要知道，生意的工夫，從小兒直學到老，也是不能學完的。常言道："長到老，學不了。"這實在是頂有理的話啊！

生意筋絡　終

---

① 底裡：底細。

明治三十六年七月四日印刷
明治三十六年七月八日發行

著作權所有
著作者　御幡雅文
發行者　田中慶太郎　東京市本鄉區本鄉三丁目十番地
印刷者　野村宗十郎　東京市京橋區築地三丁目十五番地
印刷所　株式會社東京築地活版製造所　東京市京橋區築地二丁目十七番地

發行所　文求堂書店　東京市本鄉區本鄉三丁目十番地
［特　電話下谷八百二十番］

賣捌所
東京市日本橋區通三丁目　　丸善株式會社
東京市神田區表神保町　　東京堂書店
東京市神田區表神保町　　中西屋書店
京都市下京區寺町通四條北　　文求堂書店
京都市上京區寺町通二條南　　松田書店
大阪市南區心齋橋筋一丁目　　松村書店
神户市元町五丁目　　　　　吉岡支店
清國上海英租①界棋盤街　　江左書林

―――――――――

①　租：原作"祖"。

中等官話談論新篇

解 題

《中等官話談論新篇》是李俊漳編輯的北京官話課本,1937年由東京文求堂書店發行。

扉頁正中豎排"中等官話談論新篇"八字,右上方題"李俊漳選輯",左下方注"東京文求堂印行"。序言署名"北平李俊漳",時間是中華民國二十五年(1936)。

李俊漳生平不詳,很可能是旅居長崎的僑商,曾於明治三十八年(1905)在長崎高等商業學校任漢語教師[①],後因熱心教育事業而獲得民國政府七等嘉禾章[②]。他和張廷彥合著了《最新官話談論篇》(1921,文求堂發行),後來由石山福治將全書譯爲日文(1922,文求堂發行)。李俊漳認爲《中等官話談論新篇》的程度比《最新官話談論篇》低。《中等官話談論新篇》後來由近藤子周譯爲日文出版(1939,文求堂發行)。

全書豎排,正文共195頁,無標點,以空格標記斷句停頓,以符號"⌐"分隔對話角色。刊印字迹清晰,訛誤多爲形近字(如"嚮—響""茹—菇"),有個別同音別字(如"度—肚""安—按")。

全書共51篇,部分篇目較長,分爲2至8章不等。李俊漳在序言中說,這本書有自撰課文,也有改編的報章小文,加入了北平新語。因而全書內容較爲繁雜,有的和語言形式有關,如"合其中兒""蘑菇""婁子";有的和風俗有關,如"送寒衣""送節禮""妙峰山";有的和民情有關,如"平市人口""百貨店""小本借貸處";有的和歷史傳說有關,如"明皇游月宮""清太祖";有的是議論時局,如"窮人吃虧""警察""地大物博";甚至還有小學生的日記,如"小學生"六章。全書口語色彩濃厚,有不少俗語和俏皮話,如"撇點兒油""茉莉花矮駱駝"。

---

① 據六角恆廣《中國語教育史稿拾遺》,不二出版,2002年,36—37頁。
② 政府公報《農商總長田文烈、教育總長傅增湘呈大總統核擬農商教育兩部會請獎給長崎仰光僑商林振宗等勳章文》1918年4月4日第789號。

序 言

　此編乃應文求堂主人之囑託，除自撰修養之數課外，僅集平日報章所載，略事增添削減，以成斯篇。至於程度，不比《急就篇》高，却較《最新官話談論篇》低，可敢斷言。邇來北平語言之中頗多新語，爲研究起見一併攙入，以供讀者參考，勿以村俗見譏，則幸甚也。是爲序。

中華民國二十五年十一月二十日
北平李俊漳

目 録

合其中兒	313
應酬買賣	313
平市人口	314
謊言謊語	315
窮人吃虧	315
沒轍一	316
沒轍二	317
酒	317
找便宜	318
小學生一	319
小學生二	319
小學生三	320
小學生四	321
小學生五	321
小學生六	322
棗兒一	322
棗兒二	323
不怕死一	323
不怕死二	324
風涼話	324
警　察	325
鍍金的先生	326
送寒衣一	327
送寒衣二	327
送節禮一	328
送節禮二	328

妙峰山一 …………………………………… 329
妙峰山二 …………………………………… 330
妙峰山三 …………………………………… 330
妙峰山四 …………………………………… 331
妙峰山五 …………………………………… 331
妙峰山六 …………………………………… 332
明皇遊月宮一 ……………………………… 333
明皇遊月宮二 ……………………………… 333
苛政猛於虎一 ……………………………… 334
苛政猛於虎二 ……………………………… 334
廣東燒猪一 ………………………………… 335
廣東燒猪二 ………………………………… 336
地大物博 …………………………………… 336
認　識 ……………………………………… 337
量力而爲 …………………………………… 337
不知自愛 …………………………………… 338
百貨店一 …………………………………… 339
百貨店二 …………………………………… 339
百貨店三 …………………………………… 340
百貨店四 …………………………………… 341
找　轍 ……………………………………… 341
蘑　菇 ……………………………………… 342
嫂　子 ……………………………………… 342
謙尊而光 …………………………………… 343
吾從衆 ……………………………………… 343
胸襟一 ……………………………………… 344
胸襟二 ……………………………………… 345
胸襟三 ……………………………………… 345
先苦後甜一 ………………………………… 346
先苦後甜二 ………………………………… 346

變化一	347
變化二	347
清太祖一	348
清太祖二	348
人間味一	349
人間味二	350
問禍不問福一	350
問禍不問福二	351
不是迷信一	351
不是迷信二	352
不是迷信三	352
小本借貸處一	353
小本借貸處二	354
小本借貸處三	354
小本借貸處四	355
小本借貸處五	356
小本借貸處六	356
小本借貸處七	357
小本借貸處八	357
中秋節一	358
中秋節二	359
中秋節三	359
中秋節四	360
煤　氣	361
留名一	361
留名二	362
留名三	362
留名四	363
測字一	364
測字二	364

不對題 …………………………………………………… 365
新舊折中 ………………………………………………… 366
老子姓什麼 ……………………………………………… 366
雪 ………………………………………………………… 367
六尺巷 …………………………………………………… 367
平　安 …………………………………………………… 368
滑稽談話 ………………………………………………… 368
古月軒一 ………………………………………………… 369
古月軒二 ………………………………………………… 370
文字一 …………………………………………………… 370
文字二 …………………………………………………… 371

合其中兒

合其中兒,這是舊都北平的老話兒,也是應用很廣的一句老話兒。①
怎麼講呢?
比如說,不高不低、不貴不賤、不貧不富、不好不壞、不肥不瘦、不粗不細、不長不短,凡屬這一類的話,變個樣兒說就是合其中兒。積極和消極,便是兩頭兒,不積極的,可也不是消極的,就叫做合其中兒。學生在學校裏念書得用功,不但用功,還得十分的用功。若十二分的用功,恐怕有傷,用到神經衰弱的時候,那便糟了,乃至於失眠,夜裏睡不着覺,早晨起不來,不能上學校,那豈不更糟?所以用功也得合其中兒。總而言之,太過了,是有害的;不及了,也是有害的。沒有太過,也沒有不及,這便是合其中兒。能事事合其中兒,就合乎孔伋聖人所說的"不偏之謂中"的道理了。合其中兒,雖是一句老話,其中含着很大的道理啊。

應酬買賣

您來了,請裏頭坐罷,您要用點兒什麼東西啊?
不一定,有合式的就買一點兒,沒合式的,就不買了。
是了,您請看罷,有中意的您言語。
這個碗什麼價錢?
您要就給三十塊錢。
那不貴點兒嗎?
這價錢公道,不算貴了。您看這種磁器,又薄又細,畫篇兒多精緻啊!
我給你十塊錢罷。

---

① 底本以符號"—"分隔對話角色,整理本按此劃分段落。個別符號位置有誤,則依文義酌改,不再逐一注明。

不和您説謊①。天上一脚,地下一脚,那就不是買賣規矩了。

你們這兒不打價錢嗎?

我們這兒不能説不打價錢。您要是少給個三兩塊的,還能不叫您拿走嗎?

既是這麼説,你少了多少錢不賣罷。

您和櫃上交買賣多年了,是老主顧了,實在不敢多算錢。您既是這麼説着,收個本錢罷,您給二十塊。

那我還嫌多點兒,給你十五塊還不行嗎?

那您就不用駁價了。告訴您實話罷,我們的本錢還是十八塊錢呢,賺②兩塊錢就不算多了。沒有買賣的時候,不敢多貪您哪。

平市人口

請問北平市現在有多少人口?

聽説有一百五十萬人。

這個數目準確嗎?

大概不差什麼。

您怎麼知道呢?

我這是按着户口表册説的。

有不寫在户口表册的沒有?

當然是有的。

那是怎麼回事呢?

因爲順天府所屬的縣分,有二十四縣,離着北平是很近的。這各縣的人,做買做賣的,都是時來暫去,没有定期。因爲這個緣故,所以住户的表册上也就不寫了。

這户口還是不大清楚啊!

是的,不能算清楚,要説是完備那可早哪。退一步説,可是比從前好多了。

---

① 説謊:報價虛高。

② 賺:賺。

現在比方您要找個人，只要知道他的名姓①，住在那一區，就可以找的到，在從前可是不行的。

現在怎麼這麼方便呢？

每一區分作多少段，每段設立一處駐在所，俗名叫做巡捕閣子。這個駐在所，所調查的就是戶口，其次是徵收房捐，再其次，是婚喪嫁娶和轉移什麼的，這數目大概不差什麼。

謊言謊語

人間最危險、最可怕、最沒有人格的，莫過於作偽。甚麼叫作偽？作偽的意思就是撒謊。撒謊不是人人免②不了的事情嗎？在日常生活上有時候也許是必要的，或是打哈哈③，或是湊趣，也倒沒什麼。若是安着心撒謊，使人上當吃虧，那就不是個東西了。作偽不是事實，就是虛搆。凡是虛搆，便等於空中樓閣。您想，空中樓閣，那裏能有萬里長城、金字塔那麼結實呢？一有了破綻，信用全失。信用一失，就像那過了時的皮鞋，沒人理沒人問了。俗語兒說："紙裹包不住火。"無論你怎麼說的完全，也會有不合理的地方，也會有叫人生疑的地方。這種道理，撒謊的人不知道嗎？那裡有不知道的呢？不過你要明白，凡是愛撒謊的人，總是撒謊，撒謊就如同過癮一樣，有癮的。不叫他過癮，那有多難受啊！什麼癮都長不得，撒謊的癮，更是長不得的啊！

窮人吃虧

"越熱越出汗，越冷越打戰，越窮越沒有，越瀾越方便"。這幾句俗話，末兩句是很有道理的。按着普通的情形說，的確是這個樣子。有錢的人買東西，不

---

① 名姓：姓名。
② 免：原作"兒"。
③ 打哈哈：開玩笑。

但是東西上等，價錢便宜，買完了給錢，有時候舖子還不要："給您記上賬罷，到節下一塊兒算好了。您要什麼東西，打個電話來，我們立刻給您送了去，東西不好再給你換，沒關係，您就不用自己來了。"對於顧客是這麼樣的應酬。若是沒有錢的買主兒，不用說寫賬，你祇要說一句回頭給的話，他回答的是："櫃上不記賬，賣的是現錢。"這買東西固然是一件小事，要是經營一件事業，也是這個樣兒，給人家攔着胳臂，這種打擊受得了嗎？這就是有錢的方便，那兒都叫的響①。拿得出來，拿不出來，滿不算一回事。說到那沒錢的是寸步難行，上那兒去也得吃虧。把窮像若是帶出來，就更不行了。

沒轍一

大張今兒怎麼樣？

不成。天到這個時候還沒轍哪。

請問"沒轍"這句話是什麼意思？

"沒轍"就是沒落子。

"沒落子"又是什麼意思呢？

這個名詞，是說生活沒有着落。日常用這句話，大概是在衣食無着的時候。

那麼"沒轍"呢？

也就是衣食兩不濟的時候的用語。

我怎麼沒聽見人說過呢？

這本是倆句俗語，而且是下等。像您竟和上等人談話，所以您不知道。

得了罷，您別俏皮②了。這句話我雖然是明白了，我還得問問您。比如說"今天的晚飯還沒有着落哪""現在天氣太寒了，皮棉衣都還沒着落哪"，這樣說行不行？

這樣說是不錯的，很對很對。

"沒轍"這句話可怎麼解說呢？

"沒轍"的意思，就是沒法子往前進行的，也可以說眼前沒有出路，毫無辦

---

① 響：原作"嚮"。

② 俏皮：諷刺，調侃。

法，不能走的意思。

這個"轍"字不是"車轍"的"轍"嗎？

對了，就是那個字。您想車若是走到没轍的路上，可怎麼走啊！

没轍二

您說這話可不大對。怎麼呢？現在文明都市，差不多是很寬大很平坦的馬路，没有轍，不也是能走嗎？而且跑起來不也是很快嗎？

您這是說笑話了。俗語兒說："前頭有車，後頭有轍。"又說："家裏打車，外頭合轍。"如今可不是這麼樣了。縱然没有轍也能跑一氣①，那麼出了範圍的事也就很不少。所以說凡事不按着軌道走是不行，會出亂子的。"没轍"的這句話就是不能往前進行的意思，没有轍就是没有軌道。没有軌道，車不能行；人没有軌道，生活必亂。在一般普通社會的人們，遇事不能往前進行的時候，就說"没轍"。由這句話轉變到没有法子的時候，也說"没轍"。"没轍"這句話，在早年是没聽見過的，而今說的人很多，可不登大雅之堂，下流②社會居多。按着文義語意倒不是不馴雅③的話。我想這句話一定是從"軌道"兩個字變化出來的。

酒

酒這樣東西的確是不可少的。

您這樣讚美，一定是很喜懽喝的了。

那倒不然。因爲我想這酒是助人歡暢的。無論什麼大典、祭禮、宴會，都是以酒當先，這也不論文明人野蠻人都是一樣。至於文人把酒看的更是要緊，

---

① 一氣：一陣兒。
② 下流：社會底層，與"上流"相對。
③ 馴雅：典雅完美。

像李太白直拿酒當作他第二的生命。他有一首詩就可以代表:"鐘鼓饌玉不足貴,但願長醉不願醒。古來聖賢皆寂寞,唯有飲者留其名。"像這類的文人,很是不少。其中有位文人名叫蘇東坡,《赤壁賦》就是他作的。書上記載這篇名文就是他夫人一罈酒助他成功的。您説這酒有多大好處啊!所以我勸您不必戒酒了。

您説的雖是,可是您得知道,我不是文人啊。李太白斗酒詩百篇,人家喝了一斗酒,就有一百篇詩出來;蘇東坡喝了他夫人的酒,就有《赤壁賦》出來。我喝了酒什麼也出不來,只是睡覺撒尿罷了。酒到了我的肚子裏,不是糟了嗎?

找便宜

東張西望,左右亂瞧,哥兒們,你這是幹什麼呢?
老兄,我不瞞您説,我想找點兒便宜啊。
不行不行。
怎麼會不行呢?
你本是很聰明的人,爲什麼幹這糊塗事啊?
在街上找點兒便宜撒點兒油①,這不是常見的事情嗎?
唉,你錯了,我告訴你説罷,世界上什麼事都有,就是没有便宜事。
您説這話,我有點兒不信。若真没有便宜事,人們也就不去找了,還費那個心做什麼呢?
便宜的事,也不能説一定没有。假定有,也不過是一個,那裡能有許多呢?若是一個的話,你也要,我也要,不用説是分配不來,結局非打起來不可,費了不少的心血也没争過來,倒吃虧了,所以説没有便宜事。
您這話説得是没有得着的,可是那得着的不是便宜了嗎?
這是只顧眼前歡的話,骨子裏頭也許是得不償失哪!你細打打算盤罷,老兄,天下没有便宜事啊!

---

① 撒油:從液體表面取得浮油,比喻趁機占便宜獲利。

小學生一

　　一班小學生有四十多人，齊齊整整，一排一排的坐在教室裏，等着先生授課。不大的工夫，先生笑容滿面的上了講堂。班長立起喊了"立正"，行了禮，學生都落了坐。先生講了一課書，就完了。先生說："還有二十分鐘的工夫，我們說說閒話罷。你們知道我爲什麼不上別的學校教書去呢？"

　　有個學生說："我們不知道。"

　　"聽我告訴你們。志誠中學校請我去教他們的國文，每月給我二百圓薪俸，我不願意去。市立師範學校請我去教地理，每月給我一百圓的薪俸，另外還有三十元的房租，我也不願意去，這是爲什麼呢？因爲我很喜愛你們，肯聽我的話，又都誠實用功，所以我不願意離開你們。"

　　"那先生不是吃了虧了嗎？"

　　"我沒有吃虧啊！你們要知道，教那不用心的學生，精神上是要受傷的，所以我願意教育你們。"

　　我們聽了這話，心裏頭高興得很，快樂極了。

小學生二

　　小朋友，你喜歡運動嗎？

　　我是很喜歡玩這個的。我常看見外國八九歲的小孩子，比我們十二三的還高大呢。日本的小孩子，雖然不比我們高大，可是比我們棒得多。要是打起架來，也許是贏不了呢。我每天都要運動，現在的身體比前兩年，倍兒棒，老有精神，不知道累得慌。

　　你都是運動什麼玩意兒？

　　我什麼都來，足球、欄球、槓子、木馬什麼的。就是有一樣兒，飯可吃的多，消化力很好。吃完了不大的工夫，一會兒就又餓了。早晨起來，我先得打拳。

　　你都會打什麼拳？

我會打形意拳,也會打梅花拳。這都是我自己各兒①的工課②。學校教的是太極拳。

這些個拳是那一種好呢?

我說不明白。要是練好了,我想是都好。現在學了沒有多少,分不出來什麼好,什麼不好。

你的先生姓什麼?

我的先生姓李,別人都叫他鐵鎗李。

小學生三

您瞧我這大腿又粗又黑又紅,臉是又紅又黑,走起路來,管保是雄壯壯的。一年三百六十日,没生過一天病。我的先生告訴過我,運動是抵抗病的自來得③,不但是不生疾病,還能增加智力聰明。人的身體一衰弱,精神就要萎靡,聰明也就跟着飛去了。人若是没有精神,他終日是没有快樂的。我的先生這樣説了,我就這樣的信了。您説對不對呢?

照這樣説你真是個好學生了。我問你,像你這個樣的學生,你們一班裏頭有幾個人呢?

没有幾個。就是我,還有一個叫趙天民,一個叫王承運,就是我們三個人。

你們班裏一共是多少人?

我們一班是四十人。

這麼説還不到十分之一哪。

可不是嗎?我常常叫同學的一塊兒練習。有的是身子弱,没有勁頭兒;有的是不會打拳,也不想學,可也没人教;有的是怕熱,再不然就是怕冷。頂是這樣人懶惰了。

---

① 自己各兒:自己。也説"自各兒""自個兒"。
② 工課:功課。
③ 自來得:全自動毛瑟手槍,俗稱"盒子槍""盒子炮"。

小學生四

　　舊曆八月二十七日,祭孔。先生說上萬牲園,我心裏快活極了。大家都笑着排了隊走出校門,我們在路上唱着旅行歌,又唱了童子軍歌,一鼓作氣的跑到萬牲園。我們到了那兒,全都圍着那個收門票的大人。我和他站在一齊,我的頭還在他的肚臍之下。好可憐!我甚麼時候才能長大呢?我想他個兒大,一定吃的多。我問了問,他說一頓吃五斤麵。好!他一頓飯吃了我五天的。個子雖然大,這吃飯可也是很難的事情。進到園裏去,我們都像是出了籠子的鳥兒,又像是水裏的一羣一羣的小魚兒,東跑跑西看看好不快樂。我把午飯也忘了,看見同學的在山坡上的亭子吃飯,肚子裏才覺着餓了。打開我的包裹一看,原來是十個肉饅頭。我吃了四個,還有六個,我想送給那個大人去。先生笑了,說了一句俏皮話兒:"這叫做茉莉花餧駱駝——那得多少①啊!"

小學生五

　　今天是星期日,本想上公共體育場看打欄球去,可是前天上萬牲園有好些個事情沒有寫,今天若不寫,再過兩天就都忘了。那動物園裏,我最喜愛的是大象。看着牠那又長又粗的鼻子,好像是多餘。那兩個大白牙,真是兩把單刀。我給他一個香蕉,牠就用那大鼻子捲起來,很靈動的送到牠的嘴裏。可是牠那兩隻大牙,沒有什麼用處。我問王先生:"牠的牙長在外邊,沒有什麼用處。"王先生說:"牠沒有什麼用處,我們可有用處呢。"龐先生告訴我說:"象是哺乳類的動物,印度的出產,像南非洲地方,暹羅地方,也有不少,牠是喜歡熱帶的地方。牠是很聰明的,又馴順,也能騎,能運搬東西,牠也會看小孩子。牠的鼻子和我們的手是一樣,瞧着好像是粗笨,運動上是很靈巧的。我們中國是

---

① 茉莉花餧駱駝——那得多少:比喻東西太少,不能滿足。後半句也說"哪有許多/太多/不當餓/不濟事"。

温帶,所以不生產。"王先生笑着説:"這龐然大物,中國也有罷。"

小學生六

九月一號第二堂是社會,我們班裏有個學生姓吳,我們因爲他個子太小了,所以都叫他吳太郎,也有人叫他三寸丁的。他這人愛調皮,時常在講堂上和先生同學的鬥笑話兒。我們都喜歡他好玩兒,好幾位先生也都説他有精神、有趣兒。上星期五他和先生説笑話,招得我們都樂了。他問先生:"人心有多麼大?"先生説:"那不一定。有的人大,有的人小,不是一樣的。"他説:"怎麼會不一樣呢?您可以説方寸亂了,我也可以説方寸亂了,這麼説我們的心不是一樣的大小嗎?"先生聽了他的話也笑了。今天下午上國文,裏頭有"杞人憂天"的故事。先生給我們講完了之後,他又説:"先生先生!萬一天要是掉下來,我們可怎麼辦呢?"先生説:"不要緊。俗語兒'天塌砸衆人',可砸不着你,你不用害怕。""爲什麼砸不着我呢?"先生笑嘻嘻的説道:"你不是身量矮小嗎?"

棗兒一

"棗兒"和"早兒",有一樣的發音,顏色又是紅的,人們很喜歡,把牠叫做喜菓兒。這喜菓裏頭,有長生菓,就是落花生,有圓圓,就是龍眼,有栗子,有荔枝什麼的。像荔枝龍眼,北方不生長,像栗子棗兒,南方也沒有。這便是土地和氣候的關係了。像棗兒這一項,北方出產的很多,所以也不稀奇。一到上海,就看不見了。在八月中旬的時候,最多的就是葡萄和棗兒。北平地方棗樹很多,住户裏差不多都有,不過好的可是少數。有名的叫做郎家園兒。這種棗兒成熟之後得一個一個的摘取,因爲費工,所以價錢高一點兒。至於別的不能摘取,在樹下舖上蓆子,一杆一杆的打下來。在打的時候,當然是隨便的,有棗兒的也打,没棗兒的也打,因爲這個,留下一句俗語:"有棗兒一杆子,没棗兒一杆子。"這句話是表白①沒有準目的的意思。

棗兒二

"棗兒"和"早兒",發音縱然相同,可有什麼意思呢?"早兒"就是早生兒子的意思,而且還要像棗兒那麼多。您想誰不希望兒子?人若是無後,那可是個大缺點,所以盼望兒子心是熱極了。有了兒子,一個是不夠的,兩個是不夠的,三五個、七八個,也不算多,十個二十的,才覺着風光哪。總而言之,越多越不嫌多,能像棗兒那麼多才滿足哪!

真若是那麼多,可拿什麼養活呢?可怎麼教育呢?這個問題可沒有想到啊!"有棗兒一杆子,沒棗兒一杆子",這句話含蓄②着什麼意思呢?

普通是在説人做事沒有目標,沒有計畫③,東一頭、西一頭的亂撞,沒有一定準規程,就用這兩句話來俏皮。還有一個意思,是不計功利。凡做一件事情,不用計較好處,祇要努力去作就得了,所以有這麼一句俗語兒。話雖如此,説的時候,總要看情形,不能亂説的。

不怕死一

您説不怕死,那是口是心非、説大話、充好漢。説真的,螻蟻還貪生呢,何況是個人?貪生怕死,好像不光榮似的。有地方是不大好看,有地方沒有什麼不體面啊!俗説"殺身成仁",又説"捨生取義"。在有仁可成、有義可取的場合,却捨不得死,那就有點不大好看,有點不大光榮似的了。換句話,有條件的不是白死,可怕的是什麼呢?像文天祥、史可法,不是比活着還受人的尊敬哪嗎?再往上説,耶穌是爲主義而死,釋家爲救衆生而入地獄,這都是有條件的,

---

① 表白:表示,説明。
② 含蓄:包含,蘊含。
③ 計畫:計劃。

死了比活着還强哪！爲情敵决鬥而死，也算是有條件的。至於那爲吸毒物被鎗斃的，就不能説有條件。像這樣不怕死的人，有什麽可説的呢？話雖是這麽説，據我説，世界上不怕死的人，可以説是没有的，不過有種種的關係，才把死置之度①外了。按着心去找死，説不上是不怕的。

不怕死二

生老病死，這是人生免不了的痛苦，尤其是對於死，更是怕得了不得。

這樣説您對於死是不怕的？

不，我不但是怕死，什麽我都有點兒怕。我在小時候怕天掉下來，我活到二十多歲，天也没掉下一回，也没掉過一塊。於是我得了這個經驗，所以到現在一點兒也不怕了。

有人怕風，爲什麽要怕風呢？

我想一定是受過風寒咳嗽的病，不然風有什麽怕頭？

這樣説是受過風寒的苦處。

對了，所怕的並不是風，乃是受風之後的痛苦，單單竟是風便没什麽可怕的了。

聽您這樣講解，我可明白了。年紀老了，有耳朶聽不清楚的痛苦；牙都掉完了，有不能嚼的痛苦；有眼睛瞧不明白的痛苦；有腿脚行動不便的痛苦。

這話對極了，因爲有了痛苦所以才可怕哪。

這樣説來，從此我是不怕死的了。爲什麽？死了之後還有什麽痛苦呢？

就是有，也不知道啊。

風凉話

我請問您，這"風凉話兒"，是怎麽説法呀？

---

① 度：原作"肚"。

這句話就是不關痛癢、不負責的代名詞。不管事實是怎麼樣，只說那冠冕堂皇的話。比如說："天太熱了，您怎麼不搭涼棚呢？您可以安①兩架電風扇。您可以買一個電氣冰箱，很不貴，不過兩千②塊錢。再不然，您上廬山避暑好極了。北戴河海邊上涼爽得多啊。"他却不想財力怎麼樣。像這種就叫做"風涼話"。

　　那麼，"唱高調兒"是什麼意思？

　　"唱高調兒"和"說風涼話"，意思都差不多，不過在運用上稍有分別就是了。

　　"眼高手低"是怎麼個用法呢？

　　比如說："你看這字寫的好不好？""好還好，可是筆力弱點兒。""他的文章如何？""他的文章還算不錯，就是修詞學③上差點兒工夫。""你看這張畫兒畫得怎麼樣？""這張畫兒，章法不好，墨色也不鮮明。"說來說去，總是不好。若是叫他自己拿筆的話，那一樣也不如人。這就叫"眼高手低"。

警　察

　　那個人在馬路上走來走去，眼睛是東張西望，他是做什麼的？

　　你不知道嗎？那是警察。

　　警察又是做什麼的呢？

　　警察是防範盜匪、保護人民的。

　　這麼說他的職任是很重大的呢。

　　不錯，警察的職責是很大的。您沒看見他身上背着有鎗嗎？

　　是的是的，我看見了。他們的薪俸多少錢？

　　每月十元左右。

　　給他們什麼飯食呢？

---

①　安：原作"按"。
②　千：原作"阡"。
③　修詞學：修辭學。

飯食是自備。

那麼軍裝呢？

除了軍刀、手鎗、大鎗,也都是自備。

這樣説來,他們是很克己的。

可不是嗎？和枵腹①從公是差不了多少。

我看一個强盗跑着,他怎麼不追那個賊呢？

恐怕那個賊有手鎗罷。

那警察不是也有手鎗嗎？

手鎗倒是有,或也許沒有放給籽粒。

爲什麼給他鎗不給他籽粒呢？

這大約是注重生命的關係罷。

這麼説是注重强盗的生命了。那麼,警察的生命怎麼樣呢？

您問我,我也不知道啊！

鍍金的先生

您的腦筋怎麼這麼死啊？同黑的鉛筆、白的粉筆作了好幾年的朋友,怎麼還不明白學生的心理呢？我告訴您,現在學生所歡迎的先生,得鍍過金的。什麼是鍍金的先生呢？就是出過洋、留過學、到過歐美,至少至少也得外國國立大學的出身,才能在講台上站得穩當。不然的話,學生們雖不是有鎗階級,可是也會倒戈的。學生們要求學者,我想是當然的。學者若是不被學生們所要望②,那或者也許不夠個學者了。可惜學生們要求是鍍金的,不是真金的。俗説"真金不怕火煉",鍍金的幾天就磨出原形來了,顯露原形之後他還辦得了嗎？按理説,原形既現,當然是立不住脚的,可是反常的事也不是沒有。很有一派學生,專門歡迎鍍金的,真金的反而不吃香。

那是怎麼回事呢？

---

① 枵腹：空腹,飢餓。

② 要望：要求,期望。

我也不知道，這大概得問他們自己罷，或者也許是學生們一部分的心理罷。

送寒衣一

今天是陰曆十月初一日，中國的風俗在這一天要得給亡故的先人送寒衣的。這是因爲天氣過於寒冷，又因爲自己感到天寒，而追念先人。因爲百事維新，把這舊禮教、舊風俗，都鬧得没了精神了，差不多借着改良的名目，也不提是怎麼一回事了。

您所説的寒衣是什麽樣子啊？

就是和我們身上穿的一樣。所差的，寒衣是用紙糊成的。把這種紙料的衣裳，在舊曆的十月初一日，給故去先人焚化，以盡孝思。孝思不孝思的，先不用説，這種風俗，我想没有改良的地方，而且還有保存的必要。清明節、七月十五，還有就是這十月初一了。這三天，俗説是鬼節。在這三天，後人總要有一個表示，除非那過不上來的人們和那教會的人們。所謂"慎終追遠"，也不過是不忘本就是了。一個人能够不忘本，便是一個人的立身之道，在這無言之中，就受了訓教了。

送寒衣二

送寒衣，出於什麽典故，或是發於什麽時代，這個我説不清楚。有人説，這送寒衣是孟姜女的故事。造萬里長城的死了的人，當然不止孟姜女的丈夫一個，這層先不必説。其次是究竟有鬼没有鬼。若是没有鬼的，那就是迷信了，不然送寒衣可幹什麽呢？話又説回來了。假定就真的是迷信，也没有什麽大關係。我們人類可寶貴的莫過於感情，所以説人是感情的動物。最容易叫人動感情的，就是生離和死別。這兩樣是頂顯然的了。不要説是我們的生身的父母死了，就是我們養活的一條狗，或是一匹馬死了，祇要是心愛的話，一時半時的也忘不了啊。縱然忘了，只要是一見景便生情。犬馬尚能如此，何況是父母。所以人對於送寒衣説是迷信，在我想這是感情。自己冷了，也想到父母身上的單薄；自己餓了，也想到兒女的嘴饞。這不是感情嗎？

送節禮一

關於送禮，我想這是世界各國通俗的一種禮節。

是啊。這是天下通行，不過有繁簡之分就是了。

請問貴國送禮都是在什麼時候？

最普通的是在三節。

三節是什麼呢？

端午、中秋、年節，其餘別的是嫁娶、生辰、滿月、弔祭什麼的。

禮品都是那一類的東西？

物品的種類倒不一定，什麼東西都可以，要緊的是相當。其次錢花得不多，東西得希罕而且漂亮，所以送禮是一件很難的事情。比如我從日本回來，送親友的土物兒①，就很爲難的。像紫菜、玩具、布疋，人都歡迎，價錢都不賤。要送十家八家的禮，就得幾十塊。送禮本來是一種表示，不在乎多少，可是有時候、有地方得像個樣兒才行，隨隨便便，不論好歹，不但不能增進友情，反而倒失禮了。話雖然這麼説，可是在三節的時候，又當另説了。

這是什麼緣故呢？

您聽我往下説呀。

送節禮二

在年節，就是歲暮的時候，差不多相好至厚的都要送新年應用的食物。張家送給李家，李家送給王家，王家送給趙家，趙家送給張家。這其中不免要斟酌加減，應當添的得添，應當減的得減，以期適合兩家的交情和身分。不過日

---

① 土物兒：土特產。

久視爲具文①,竟有原裝收進來,又原裝送出去,兩家主人誰也不看。若有一家打開一看,也許鬧出個大笑話來。我記得有一首火腿詩頗有趣味,這詩雖是文人遊戲,實際上,確有這種情形:

　　承餽金華腿,闔家喜笑懽。柴燒三担盡,水煮一缸乾。肉似枯荷葉,皮同破馬鞍。齒牙三十六,個個不平安。

假定我們把這樣火腿送給朋友,他心裏是怎麼個滋味兒呀?同時親友送給我們這樣的禮品,我們心裏感覺着可笑呀,還是可氣呢?

妙峰山一

四月初一日開妙峰山,這妙峰山離北平約六十里左右,自山下到山上約有四十里。

請問怎麼上去呢?

上山的道路有四條,南道、中道、北道、老北道。

道路好走嗎?

不大好走。老北道比較的好走,可是比那三條路遠一點兒。

您是每年上山燒香的罷?

那倒不一定。遇到有事就不能去了,在自己的家裏燒香也行。俗説:"在家孝父母,何必遠燒香。"這倒是至理名言。

可不是嗎?有一班人反對上妙峰山燒香,理由是費時失業,枉費錢財,迷信難除,民智錮蔽甚麼的。您以爲呢?

這話説的有理,可是不能概論。因爲這裏頭關乎着社會風俗人情種種事情,與人有益的地方却也不少。在我想我們也不提倡,也不去反對,任其自然。往上説我不知道,自從我記事兒起到現在有五十多年,少説着也去過二十多回了,却也沒有因爲上妙峰山,腦袋變硬了。

---

① 具文:徒具形式而無實際意義的條文。

妙峰山二

您對於妙峰山的情形是很熟悉的拉①。

也不過知道一點兒就是了。

山路有四十多里又不大好走,普通的人怎麽上去呢?

走路的人有得是。雖説不好走,不過直上直下,角度太高。喜歡登山的人並不算什麽,有得是婦人老太太,而且還有小脚兒,也能上下走個來回,並不算稀奇,多得很。

上山燒香都是那界②的?

上妙峰山的香客,那界的人都有,普遍的很哪。上自高官富賈,下至販夫走卒,齊全極了。自四月初一日開山,開山就是開廟的意思,十五日關山,整是半個月的光景。其間最熱鬧的日子,是初六七和初八九。這幾天的前後就不很擁擠拉。過了初十香客一稀,助善的茶棚就收拾東西,到了十五那天,燒完香,也就都下山了。

請問您這助善的茶棚有多少呢?

這茶棚不少。茶棚之外,還有很多的善會呢。

這善會是做什麽的? 請您説説。

妙峰山三

助善的茶棚是作什麽的?

因爲道路又遠又高,香客多感不便,有人集合團體,湊了錢財,設立一個休息的地方,預備茶水、小米粥、饅頭什麽的,供給香客們享用。一條山路上總有七八處,喝茶、吃饅頭,祇要是香客,都白吃不用給錢,所以叫作"助善"。換句

---

① 拉:啦,了。
② 界:按職業、地位劃分的人群,如"政界""警界"。

話説，就是幫助香客行善的意思。不關於實際的，我們先不用説，祇説那有用的就不少。燈會，這燈會是在路旁設立油燈，近年來改成電燈了，這是爲便於香客登山走路的。像日本神社祭日沿路獻燈，是敬供的意思。這是不同的地方。油會，是供給油。水會是供給水。青菜會是供給青菜。縫綻會，香客鞋破了，縫綻會給縫。這類的會名目很多，不勝枚舉。往實在裏説，不論什麼會，都是自身行善，又間接的助人行善。若問他們有什麼好處，就是"各了心願"四個字。既有這四個字，權利就説不到了。

妙峰山四

香客是各處的人都有，都是一心向上，很虔誠的。有爲燒頭一炷香的，在四月初一日以前就上山，在廟門前等着開門的。在北平市内，初二三日就見帽子上戴着紅絨花，手裏拿着桃木棍兒的，這是燒完香從山上下來的，這叫作回香客。

那紅絨花呢？

那叫做"戴福還家"。桃木棍兒是避邪的。我們遇見熟識的人，應當對他說："您虔誠了，您虔誠了。"上山的時候叫做進香，下山的時候叫做回香。在這其間，萬一對於香客有什麼失禮的地方，只要説"虔誠虔誠"，就算完事。雖然沒有統計，約計着總不下十萬多人。這其中確有幾件希奇的事兒。第一是沒有争吵打架的。第二是沒有偷東西的，俗語説："夜不閉户，路不失遺。"實在有這樣情形。第三是纏足的婦女，也能走上去走下來，不比大脚的慢，這大概是佛光普照之力罷。

妙峰山五

也許是神佛之力罷，可是我總説這是一種精神。我向來是不迷信的。雖然不迷信，但是"因果"二字不能不信。種高粱不能結白菜。天天不用功，考試的時候，各門功課都能滿點，這是絶對沒有的事。平常説"有志者事竟成"，又说"精神一到，何事不成"。話雖是這麼説，可是也有個限度，要是打算超過這個限度去，那是萬萬不行的。在限度内的精神作用，上山燒香就是個憑証①。整日整月的不出街門，六七十的纏足老太太，怎麼能走八九十里坎坷不平的山路呢？而且不是一兩位，多數是這樣的。

不是有坐扒山虎②的嗎？

有是有，那是少數。而且那是名曰燒香，其實那是遊山取樂。真心燒香的香客，不但是走着，燒的香也得背着。一上一下，來回八九十里。走着的也不覺得怎麼累，那坐扒山虎的，也没覺得怎麼舒服。這是實情，我都經驗過的，不是瞎説。

妙峰山六

還有那十一二歲的小孩子，也是走着上去，走着下來。這種情形在日本方面説，並没有什麼希罕，因爲日本人很喜歡遠足，平常日子，走十里二十里的很是平常。中國人平常日子是深居少出，遠足的習慣一點兒也没有，忽然走這麼多山路，就算是不易。我所以喜歡上妙峰山，也就是趁機會的意思。若祇爲逛，那就不行了。大目的是燒香、行善、修好、了願心，抱着這種精神，不能走的，也能走了，不願意花的錢，也能花了，這就是我前面所説的精神。别的好處先不用説，在山上三五天，得自己勞動，這種勞動，身心上都受莫大的益處。而且空氣新鮮，在衛生上更是有益。您想我這話，絶没有迷信的地方罷？可是有一班人，不説這種實益，單説那菩薩的靈驗，叫那愚民永遠明白不了。您説可惜不可惜？

---

① 証：原作"正"。
② 扒山虎：山行時乘坐的轎子，把椅子捆在杠上而成。

明皇遊月宮一

關於月亮的傳説，不論新舊，請您説一件罷。

這種傳説，最有名的是唐明皇遊月宮。梅蘭芳的《太真外傳》就有這遊月的一段故事。葉静龍是唐明皇的一個臣子，唐明皇想上月亮裏去逛一逛，問葉静龍能去不能去。葉説能去，可有一樣兒，那月亮裏頭可是冷得利害，恐怕皇上禁不起。一定要去，非多穿衣服不可。於是明皇穿了皮襖。到了裏頭，還是冷得不了。葉又取出丹藥兩粒，請明皇吃了下去。趕到回宮之後，明皇身上還覺得寒冷。到了次年的八月十五的晚上，有個名叫羅公遠的，請明皇遊月。明皇把上年遊月的故事説了，有不願再去的意思。羅公遠把他的拐杖一扔，變了一座石橋。

這個話有點兒懸虚。一根拐杖，怎麼會變了一座石頭橋呢？

您别認真，這不是傳説嗎？再説現在的飛機，若是和那没看見過的人説，恐怕未必信呢。

明皇遊月宮二

請問您，一根拐杖，怎麼會變了一座大橋呢？

這就是①所謂法術的話了。且説這道長橋，又長大，又平坦，走在上面，比那柏油馬路，勝强百倍，精光②照眼，異常嚴肅。羅公遠陪着唐明皇在上面行走，覺得脚下輕鬆舒適。走了數十里，看見一座大闕，極其莊嚴，倍極肅静。唐明皇問羅公遠："這是什麼所在？"遠笑曰："這便是月宮。請進去看看罷。"明皇進去一看，見有數百仙女，穿着素練霓裳，在庭前歌舞，妙舞清詞，人世裏面簡直的没有。明皇問公遠："這是什麼詞曲呢？"遠答曰："這是霓裳羽衣之曲。"明

---

① 底本無"是"字，據文義補。
② 精光：光彩，光焰。

皇一邊聽着，一邊默記，慢慢把聲調節奏都記好了，才出月宮。明皇走在橋上，一步一步的減少，把橋走完，橋也沒了。次日皇帝召集伶人，按着聲調，製成樂譜。現在世上流傳的霓裳羽衣之曲，就這樣傳流①下來的。

這可太玄了。

苛政猛於虎一

"殺人不用刀"，請問這句話怎麼講？不用刀可怎麼能殺人呢？

現在殺人的方法很多，不用刀用別的也行。

您說用什麼東西呢？

酒色財氣，這四種都是殺人之具呀。

此外還有什麼呢？

比如說罷，苛政猛於虎。您想老虎有多麼利害呀，苛政比老虎還要利害，這麼說苛政就是殺人的傢伙兒了。

那麼苛政又是什麼政呢？

苛政就是不順民心、壞極了的政治。

那有這樣的國家呀？

你別大驚小怪的，這很不算什麼事情。比如說，中國人民是不喜交租納稅的，您想在現代的國家行嗎？政治當局的人們雖然知道，這是民情，可沒有法子俯順民情。違背着民心，也是叫你交租納稅。今天是房子稅，明天又來要地畝稅，行商要稅，坐賈也要稅。這也是稅，那也是稅，稅的人民叫苦連天。這種政治，就是苛政，比老虎還利害，人民是怕極了。

苛政猛於虎二

這種苛政，人民見了，如同看見老虎，而且比老虎還要利害幾倍似的。

---

① 傳流：流傳。

這也是人民無學無識,不能單怪政治不好,爲政的不良。您想國家的支出,一天多似一天,什麼都講究改良,什麼都講求進步,那一樣沒錢也辦不到。所以國家的支出,只有增加,没有減少。説起來這也是無可如何。
　　話是不錯的,可是得知道量入爲出的道理啊。
　　"量入爲出"的這句話,已經顛倒着説了,國家的財政是"量出爲入"的了。
　　要是這麼説的話,不定早晚總有破産的那一天就是了。
　　那也不一定。因爲國家的財政和個人的財政是不一樣的。
　　這還用説嗎? 當然是不一樣的。按着我的理想説,量出爲入,絕不是財政上的常軌。您要知道近代的文明國家都是這個樣子的。
　　也許是這個樣子罷,可是我總想兩條腿是賽不過四條腿的。
　　這話是什麼意思呢?
　　没有別的意思,祇是國力不同啊。

廣東燒猪一

　　中國的菜飯,有益衛生,香甜合口,在世界上頗負盛名。這話並不是吹,的確有定評的。也有人説不合口味,可是少數,而且是全部裏頭的一兩味,或者是特別的一兩種。從全體上説大部分都是讚美的。可是俗言有一句話:"要飽家常飯,要暖粗布衣。"家常飯,中國通未必吃過。家常飯的好處,就是百吃不厭,而且是花錢不多。我記得有一位教授盛稱廣東燒猪,並提説會餐用廣東燒猪,一賞其風味。好在孔夫子説過:"食色性也。"研究吃燒猪是不犯法的,有十幾位教授都高興贊成。定好了日期,到了飯舖,不想把整個的燒猪抬到席上來。有位教授想起孔夫子所説的"聞其聲,不忍食其肉"的話來了,而今是看其形不忍食其肉,這怎麼能吃呢? 這一位不吃,別位也不好説吃,於是瓜分,都拿回家去了。若是教授夫人也是不忍的話,那可糟了。

廣東燒豬二

各位教授先生提着燒豬回宅，次日談起來，燒豬的樣子雖是難看，味道可是真美。燒豬本是廣東很有名的，而且與燒豬相關的話也很不少，先不用說他。北平的菜，出了名的，便是燒鴨子。這類鴨子是特別的餧養，肥大之後，才能燒哪。燒時所用的燃料，非棗木不可，因爲棗木不生烟，普通的柴木是不行的。各家飯莊飯館，都有兩三味特別的烹調，所以説"貨賣主顧"。好雖好，可跟不上家常飯。家常飯做得得法，味道好，價錢便宜，而且是百吃不厭。像王瓜、茄子、白菜這三種，差不多一年裏頭，没有没有的時候。葱、蒜、蘿蔔、豆子什麼的，更是冬夏長青的了。就説白菜豆腐、茄子王瓜，真能作個七八十樣的菜蔬。這要看尊夫人的手腕高下了。我見過幾位太太，相貌倒不大美觀，可是做的菜品，吃到嘴裏另有一種快感的。

地大物博

"官大有險，樹大招風"，這倆句話是説不可因大而誇的意思。張大其詞、好大喜誇，那就難免那自大是個"臭"字的意思了，我很不喜歡聽。

中國"地大物博"這四個字，這是實話啊，可有什麼不愛聽的呢？

我不愛聽的原故是地大自己照顧不了，勞動人家費心花錢受累代你管理，問心不能無媿，那裡還可以拿他來撐我們的門面呢？出産的確是不少，自己所用的不過是些渣滓零碎，頭水①的早被人買走了。物産雖然很多，家庭的日用品，也得買外國的，不然是没得使。還有不少緊要的東西，得加工之後才能合用。加工製造，第一得要本錢，第二得要技術。没有技術和資本，對於這種原料也是白瞧着，乾瞪眼。等於畫餅，充不了饑；望梅，也不能止渴。對於"地大

---

① 頭水：本義是植物澆第一遍水或指織物第一次下水洗滌，引申爲第一次使用的或第一流的、最好的。

物博"這四個字,希望越大,失望越多,所以我不愛聽,也不愛說。

認　識

這是一塊什麼東西,你認識不認識?

我認識,這是一塊玻璃。

錯了,這不是玻璃,和玻璃可不一樣啊。

請問這是什麼呢?

這叫做水晶,外面兒看着倒是和玻璃不差什麼,用項可不同了,價錢也差得很多哪。

這是一塊什麼東西,你認識不認識?

這我認識,叫做銀塊。

唉,又錯了,這個那兒是銀塊呢?

請問,這是塊什麼?

這是一塊上光的鉛錫。鉛錫和銀子光亮差不多,分量可差得遠了。不論什麼事情看表面是不對的呀。你認識你自己嗎?

我就認識我自己。

因為有許多的人,不認識別的,也不認識自己。

這話太可笑了,怎麼能不認識自己呢?

不認識自己的人可多了。你瞧罷,不會喝酒的,左一杯右一杯,醉倒了才算完事;脚力弱的,偏要賽跑;自己不誠實,偏要疑人不信。像這一類,就是不認識自己的人們啊。不認別的都不行,何況不認識自己呢。

量力而爲

有人告訴過我,人不可存着抱負的心,這是為什麼呢?恐怕一存抱負心就沒有長進了。您說這句話對嗎?

我想是不對罷。抱負和自負不同,大概是您聽錯了,人說是不可存着自負的心罷。

也許是的。這樣説來,抱負的心是可以存着的。

話雖然這麼説,可也有個分別。比如你打我一拳,我預備着踢你兩脚。説俗話,這就叫做"抱負",説文話就是"負仇"。假定你説非把中國話説好了才成,這也叫"抱負"。假定你一定要學聖賢的仁義,那人就要説你是一位抱負不凡的人了。從這一點上説,"抱負"用在負仇的意思上,不是什麼好話。可是范文正公説的"先憂天下之憂,後樂天下之樂",像這類的抱負話,不但不能説壞,而且是很重要很珍貴的。自負在一班青年是少不了的,可是不大好,往往自負的心太盛,却把前途貽悞了。所以一個人得量力而爲。

不知自愛

什麼事情都好,要打算往平和裏去,就能平和;不打算往平和裏去,怎麼將就遷就也是不行。話是這麼説,可是事情擠到那個份兒上了,也就沒有法子,説不上不算①來了。幹完了一細想,才覺得這件事情做得不大什麼②漂亮,內心是愧悔的,表面上絕不這樣説。這樣人到那裡都碰得見的。

唉,人就是這麼不明白嗎。

這好像是女人,長得又醜又黑,打扮得可是美人似的。他自己以爲是很香很香的,其實識者見了,早就惡心握着鼻子躲開了。

您説的真是不錯。昨天晚上在飯館子,看見這麼一件可笑的事情。有位客人自命不凡,强着滑拳③。拳雖滑得好,酒量可不豪。人家喝了三杯,他才喝了一杯。這一個通關下來,總數是他喝得比人多了兩三倍。這樣拳高量不雅的人,到底是非醉倒了才完事。他喝醉了,他難受他受傷,可誰想到還連累傍邊的朋友呢?

---

① 説不上不算:事非得已,只好承擔。
② 不大什麼:不怎麼樣。
③ 滑拳:划拳,猜拳。

百貨店一

您要上那裡去？

我到街上買條圍巾去。那一間舖子好啊？

都差不多。我想您還是上百貨公司去的好。第一是貨物齊全，第二是不打價兒，不要謊。俗語說："不打價兒的東西好買。"在小舖子裏頭買，不一定便宜，說不定還許打了眼①呢。

我聽您這話，是很承情的。可是我對於百貨公司不大喜歡，所以我買東西總是不常去的。

百貨公司得罪過您嗎？

沒有。

他們的貨物不好，或是價錢貴嗎？

也都不是。

那麼是為什麼呢？

您聽我說我不喜歡的理由。就拿圍巾說罷，種類是很多的，價錢也不一樣，就能有一塊錢起碼，直到二十元三十元不等。俗說"一分錢一分貨"，拿好的一比，像一兩塊錢的東西，就不成個樣子了。您說這不是實在的情形嗎？

話是不錯的，可是吃飯穿衣得量家當兒，不論什麼東西也有個三六九等啊。

話是這麼說，因為東西怕比，一比就得多花。

百貨店二

因為這個緣故，往往預算是三塊錢就行了，趕到買了回來，總是超過預算的。或者有時候沒有打算買的東西，不知不覺，也買了幾樣回來。這百貨公司

---

① 打眼：看走眼以至於受騙上當。

爲買東西倒是很方便，可是錢出去了，荷包空了，那就反倒不方便了。

話不能這麼説呀，買不買的主權不是在您自己嗎？百貨公司那兒强迫您買呢？

他雖然沒有强着賣給我，可是他那銷貨的法子很高明，不覺得顧客們就入了他的圈套了。還有一層也是我頂不高興的，就是大減價。春季大減價，夏季大減價，秋季大減價，冬季大減價，不久又是新年大減價，中元節大減價，沒有一個月的工夫，又是中秋節大減價。什麼週年紀念大減價，新貨上市也減價，殘貨多了也減價。一年十二個月，減價的時候倒有十個月。可巧您在不減價的這兩個月裏買東西，想要抹個零頭兒，那是萬萬不行的。

百貨店三

按着您這麼説，公司減價倒不好了？

不是不好，我説的是公司把顧客當作耍貨①一樣看待。

您這説的不過火一點兒嗎？

沒有什麼過火，我説個實例給您聽。有一間百貨公司，登出一個廣告，其文曰："本公司從上海發祥織呢工場，購來大批花頭呢數百種，品質佳良，顏色齊備，爲酬顧客起見，每袍料一件，定價一元。兹定於某月某日自上午九時開始售賣。爲包裝裁剪需時趕辦不及之故，每日止售二百件，有意購買試用諸君，務請早臨爲荷。"這麼一件廣告，幾乎把公司的門擠破了。公司預備的是二百件，顧客倒有兩千多人，竟有去了四五次還沒有買到的。不用説這種東西不一定便宜，就説是一定便宜，又能便宜了多少呢？您説這不是公司利用顧客貪心的心理以廣招來嗎？

您説的固然不錯，可是做買賣就不能説這個道理了。

您這個話我可不信哪。

---

① 耍貨：玩具，玩物。

百貨店四

您說您不大相信,您說說是怎麼個不相信呢?

孔子說過:"人而無信,不知其可也。"又說:"民無信不立。"這麼一個大公司,要是沒有誠信的話,請問那小本營生該當怎麼樣啊?

這話也難說。因爲他們和外國交易,就是爲這匯水長落不定,所以買賣也真是不容易做的。

這也是實話。不過把蕢外國貨物賠的錢,用一種手段方法,叫主顧替公司分担,那是不可以的。像這種漁網式的買賣,在中國現代工業情形之下是不成功的。

這話怎麼講呢?

因爲中國機械工業還不發達,手工業却又在不振的時候,這種買賣除了銷外國貨之外是沒有買賣的。就拿銅製燈台說罷,您在銅舖去買一塊錢一隻,在百貨店去買也是一塊錢一隻。顧客方面除了方便之外,沒有什麼好處。公司方面一塊錢扣幾分佣錢就是了。假定您要一千隻的話,那就上銅舖去買,比在公司裏買好多了。

找轍

北京土語還有"找轍"這麼句話,是什麼意思?

這兩個字用文言解說,就是挽回的意思,或是補救的意思。這不過是個大概就是了。若按着說話的語調神氣來說,也有不能盡同的地方。比如自己洗刷自己的不是,就說"找轍"。又如,最初是反對,後來又贊成,並且表明反對是不得已的,贊成又是應當的,這也叫"找轍"。

您這麼說,我倒明白了,可是我還請您說一件實例才好。

比如有甲乙兩個朋友,因爲錢財的關係彼此決裂,言明絕交,不相往來,可是在次日甲又上乙的家裏去了。乙問甲①："你作什麼來了？"甲説："没有什麼事，不過想同你去玩一玩。"乙説："你不是和我絶交了嗎？""那是笑話，你别認真哪！"像這類情形的，説土話，就叫做"找轍"。

請問您，常聽人説"蘑菇"，"這件事情可有點蘑菇②"，又説"泡蘑菇"，又説"和他泡了"，這都是什麼意思呢？

蘑　菇

"蘑菇"倆字是物名，這種東西出於蒙古，集於張家口，每年銷數很是不少，在中國酒席裏面是一種重要的材料，在湯菜之内是另有一種風味的。不過調治的方法是很費手的。這蘑菇裏頭含着很多砂土，非洗不能干净。若把他洗净了，芳香的滋味就恐怕隨着水去了。所以非泡不可，因此有"泡蘑菇"之説。

可是"泡蘑菇"這句話究竟是什麼意思呢？

按着一般説話的情形解釋，我想是"蘑菇"倆字形容事的複雜難辦、没條理、不順手，種種的意思。原來蘑菇這種東西是頗負盛名的，可是他的形體，非草非木，有頭無尾，有杆無本，説圓不圓，説長不長，有杆而無葉，無花而結果。這種種的事情，都是和普通的不一樣。凡事感到類似這種情形的時候，就拿這倆字來形容了，既拿"蘑菇"來形容蘑菇之難對付，又在"泡"字，非泡不能盡其所長，故又説"泡蘑菇"。

婁　子

這件事情不能這麼辦，你要這麼辦，説不定就許出婁子。

請問什麼叫"婁子"呀？

這是北平的一句新語，意思是困難、麻煩、棘手、難辦什麼的。

---

① 底本为"甲問乙"。
② 菇：原作"茹"。

有什麼出典沒有呢？

我想大概是沒有的。這是一種下等的土語，上流人不大出口的。

不用管是上流下流，您説幾個例子，我們好明白。

這句話的用法，比如説，一個下等無知識的人，打死一個外國人，這時候就說這是個婁子。比如一個小孩玩洋火，把房子燒了，就説這個婁子可不小。比如説，這件事您只管辦去，有婁子出來，都有我擔待，絕不含糊。比如説，他的飯碗，你硬搶了去，那不是婁子嗎？比如説，廣東地方的外交還没有辦好，上海地方又出了婁子了。按這幾個例子説，大概不出乎困難、麻煩、棘手等意思。至於從什麼地方、什麼時候興出這麼句土語來，我可説不清楚。

謙尊而光

請問您，"謙尊而光"這句話是什麼意思？

這是一句關於人事修養的話。

怎麼講解呢？

這話是説謙謙君子的美德，對人處事，因爲謙的緣故，所以他的光明分外顯着大，分外令人喜懽仰望。"謙"字的反面兒就是"滿"字。世間上最普遍最尥惧事的，就是這個"滿"字，所以書上有"滿招損，謙受益"的話。俗語兒説："過頭飯可以吃，過頭語不可以説。"足見人們無論作什麼事，説什麼話，心裏頭若有了這個"滿"字，一定會招損的。這個"損"字，就是損失。這種損失，若是擱在六七十歲的老人頭上，倒還可以勉强忍耐一下。若放在二三十歲青年的頭上，初出茅廬的人，就受了打擊，豈不糟糕？這些明顯道理，誰都明白，誰都知道，可是往往把這件事都忽略了。更有人討厭這種常談，以爲是不合乎時代。殊不知這類的話，没有時間限制，到什麼時候都能應用的。

吾從衆

最高貴的學校是造就人才的，所以學校的期望是好學生，好學生才能成個人才，無如①事實上是不可能。學生太多，人多品雜，優秀的高材生，一班裏能有幾個人呢？先生對於這優秀份子，不用説是另眼看待，有時候還着實的讚美誇獎。考試總是前列，不是第一就是第二，優等生免交學費的這優待權，總是他們享有。別的學生連味兒都聞不見，乾鼓肚子生氣，也是白饒②。這副靈敏的頭腦是天給的，所以叫作天才。像我這鈍才，不消説是望塵莫及的了。可是您得知道，天才的學生總是少數，不能多有，若是一多，像大江裏的鯽魚一樣，那還有什麽稀奇的呢？高材生既是少數，那大多數兒便是泛泛平庸的學生了。按公例説，勝利可是在大多數的這邊兒。唉呀，高材生諸位，得想個法子，不可大意，因爲現在是多數的世界，孔子還説"吾從衆"呢。

胸襟一

　　胸襟濶大，氣量過人，這是人的一種美德，我想天下世界各國都是一樣的。
　　不錯，當然是一樣，不過也有個深淺不同的地方。
　　您説是什麽地方不同呢？
　　就拿婁師德唾面自乾的故事説罷。我看了這段故事，和您看了這段故事的觀念，就未必是相同的了。
　　您把這段故事説一説，我還没聽見過哪。
　　唐代時，有個大官，名叫婁師德，他的氣量胸襟大極了。有無知的小人偏不相信，就當着面兒羞辱他。這位老先生就好像没聽見似的。有那好事的説："先生先生，某人在辱罵你呢。"婁先生就説："不要理他，許是辱罵別人哪。"又有不平的人説："是罵先生哪！""怎麽知道是罵我呢？""因爲是指着婁師德的名字罵的啊！"婁説："就不許天下有同名同姓的了嗎？""他們明明的罵你，怎麽還説不是呢？太没有氣骨③了！"婁説："他們罵我一遍，你來重述一遍，這不是我兩次的被罵了嗎？"

---

① 無如：只是，無可奈何。
② 白饒：白費(時間或精力)，白搭。
③ 氣骨：骨氣。

胸襟二

"你若不重述一遍,我只是被一個人辱罵。以後請你不必替我再抱不平,不要費心告訴我這樣的話了。"我想婁師德這話説得很是,這種代話的人聽了,不再傳言,也就免了多少是非。

這位婁先生是怎樣的唾面自乾呢?

這是他教訓他弟弟的話,不是實有其事。原來他的弟弟放了外官,辭行的時候,婁師德教訓着説:"我們弟兄受國厚恩,理當圖報,可是我們位大爵尊,難免招人妒忌,弟此去,以何釋我之憂啊?"弟説:"有人唾我面時,我拭之,這或者可以解我兄之憂也。"婁説:"話雖不錯,可是還有缺點。聽我告訴你,有人唾你的臉,自拭不如自乾。自拭是逆其意增其怒,自乾是承其意消其怒。人以非理相加,其中必有所爲。若不反躬自省,就不是處盈之道了。"這樣的氣量,大也真大,難也真難。這不過是個比喻,那裡能唾在面上,還等着自乾的呢?

胸襟三

一個普通的人,總得有點兒火氣,若是没有火氣,那就和那没有五臟的泥胎或是木刻的人形是一樣的了。既是一個人,那能没有感情?像婁先生這樣的主張,就是喜怒不形於色,時時刻刻的内省,這豈是人人能做得到的事情?正是因爲不容易,所以又有"忍"字的説法。普通説是忍耐,這忍耐也就很難。若是没有相當的學力,没有世事洞明的經驗,遇事也是忍不下去的。"心"字上面加上一個"刀",要是忍心有不痛的嗎?心若是痛還能忍嗎?正是因爲心痛不説什麽,這才叫做忍哪!所以忍也是件難事啊。婁師德所説的"唾面自乾",乍聽着是不入耳的。我倒想起一位和婁先生一樣的人,死在十字架上的耶穌,也是這樣的主張。打完了左邊的臉,不要還手,再把右邊的臉送過去。如果能有這樣的人,在這相爭的時代,簡直的比耶穌還要高明千萬倍呢!

先苦後甜一

先苦後甜，又説苦盡甜來，這都是叫人吃苦的話，叫人學着吃苦的好話。我在小時候聽見這種説話，心裏很覺着不高興，以爲他是抱着不哭的孩子。趕到後來年齡大了幾歲，知識經驗也多了一點兒，才明白這類的話是很有益處的，對於青年修養更是無上的珍品了。

您説這話有什麼經驗嗎？

時常在天冷的早晨，看見那弓肩縮背畏寒的人，比那身上單薄十倍而不覺寒冷的人，好像還要寒冷，就是不能吃苦的表見①。又時常看見運動比賽，在運動場上受了傷，在受傷的人怎樣感覺，觀衆是不知道的，可是在觀衆的眼睛看着他們，是没有什麼痛苦的。這是因爲勝負的關係，無暇計及，所以痛苦的形容一點兒都没有，觀衆怎麼能知道呢？所以要人能够忍受痛苦，無須説那憐恤慰安的話，祇想法子，用一件事情使他高興，引起興趣就行了。

先苦後甜二

我時常聽見大夫説，對於不能忍苦受痛的病人，是件没法子的事。或者竟爲了不能吃苦受痛，把病也躭悮了。這話真是不錯的。我有個朋友，可以説是身量高大，髈闊腰圓，看着是條好漢似的，不用提多骨力②了，其實一點兒苦也不能吃。因爲有病，大夫要給他打針。在未打之前，左問疼不疼，右問疼不疼，大夫説不大疼。針還没有打進去，他已經感到疼得利害了。大夫也笑了説："針還没有打呢！"據大夫説，病是得用藥治，可是病人不吃苦，不忍痛，不抵抗，藥的力量也會減少。往往因爲病人的意志很强，什麼痛苦全都能受，藥力縱然達不到，也會好病的。能够吃苦的，將來的發展，一定是遠大的。所以俗語説：

---

① 表見：表現。
② 骨力：硬挺，結實。

"不受苦中苦,難爲人上人。"你想做個人物,或是想作件大事,非得吃苦,然後才能成功。在安樂裏頭討生活,吃苦是談不到的。

變化一

您説這"變化無窮"四個字怎麼講?
這四個字説人事、説氣候都行,沒有什麼難講的地方啊。
您説是容易,我可不大明白呢。
比如您拿着我説罷,我長的又黑又粗,怎麼能變化好了呢?
若這麼説,話可多了。簡單着説罷。
你想你今天比昨天怎麼樣?
我想和昨天是一樣。
那就是沒有什麼變化。等到你想比昨天不一樣的時候,那就有了變化了。
您這麼説我還不明白,請您説個具體的事情,我就明白了。
那容易,您聽着。我有個學生,在前二十年,他是一個不用功的,而且是很調皮。同班的學友,都不喜歡他,而且有人厭惡,説他是個下流,他的行動也時常流露着那下等的樣式,所以簡直的沒有人理他了。他上什麼地方去,也沒有人注意了。過了有十幾年的光景,在街上遇見了,態度完全的變了,所有的舉動言談也全都改了,很像一個可親近的人。

變化二

我也以爲他是沒有出息的傢伙了,殊不知後來他變了一個有爲有守的人,這真是叫人想不到的。
這是什麼原故呢?
我想也沒有別的。大概是隨着環境慢慢的改變了。這就是朱子説的"近朱者赤,近墨者黑"的道理罷。
這話説的是人的氣質,還有什麼別的事情呢?

別的事情也多着呢。比如説汽車罷，在最初的時候，一點鐘走十五邁路。越研究越進步，一點鐘走二十五邁路。不到兩年的工夫，一點鐘可以走五十個邁路。這還不快，新式的又出來了，一點鐘可以走一百二十個邁路，這就到了"欲速則不達"的地步了。聽説美國紐約市，在早晨八點多鐘的時候是不能坐汽車的，因爲車太多，速力①有限制，一輛緊接着一輛，不許改轍越過去。若是路不太遠的話，坐汽車還沒有走着快呢！這種變化，豈是想像所能知道的？這種變化豈是有窮盡的呢？

清太祖一

清朝的太祖是位大英雄。要從根本上説，太祖未進關以前，就有肇興景顯四祖，在長白把跟基打好了的。在北京登皇帝位的頭一代，順治皇上，也是英明的了不得。到了康熙皇上，稱爲聖祖仁皇帝，真可以稱得起是位聖人。這位聖人打喀爾哈②的時候，在沙漠地方，糧草盡絶，進也不能進，退也不能退。正在爲難之際，忽見一片海似的沙漠，變了青緑的顔色。起初以爲是光線的作用，派人臨近了一瞧，却是不滿尺的一片青草。聖祖大喜，説道："此番必破喀爾哈矣。"原來在那個時代，行軍最難的就是糧草，少了是不敷用，多了是拿不了。况且行軍在冬季的時候多，蒙古在秋冬時候水草都在缺乏，最多的是風和雪。這都是與行軍不利的。没想到這片青草底下就是一道清流小河。軍糧雖不足，軍馬可高興了。這叫做"不巧不成書"。

清太祖二

這話好像是荒唐似的。可是往往一件大事的成就，總有那不期然而然的機緣來凑合。所以説，聖天子百靈相助。在普通平常的人，就説吉人天相了。

---

① 速力：速度和力量。
② 喀爾哈：清代對漠北蒙古族諸部的總稱。又作"喀爾喀"。

到了衰敗的時候，也有種種不湊巧的事情發生，加在裏頭搗亂拆台。在嘉慶、道光的時候，就手忙腳亂，不像乾隆時代繁盛了，又加上捻匪①。捻匪還没肅清，又出了長毛子②，這是内裏的不安。外邊是英法聯軍，攻打北京，燒掠圓明園，皇上蒙塵③熱河。這熱河就是現在的承德府。在這亂七八糟④、朝不保夕的時候，没有一位名臣良相，反倒有兩個叛逆，就是肅順、端華，趁這國破家亡的時候來出風頭，要想做皇上。若不是西太后有主意、明事理，也就糟了。説來説去，總是國運不好。人的運氣有好有壞，國的運氣有盛有衰。這是勉强不來的事啊。若想有盛無衰，那是不可能的事啊。

人間味一

人間味，就是人間的味道，也可以説人間的滋味。人間的滋味，離不開酸甜苦辣鹹。這酸甜苦辣鹹，在人事的生老病死、喜怒哀樂，那一樣裏都含着，不過是個人的感覺不一樣。

爲什麽原故不一樣呢？

你聽我告訴你啊。老人和青年是不一樣的，環境的順逆和貧富又是不一樣的。所以這人間味，就是我感覺我的人間味，你感覺你的人間味。有時候能感覺的一樣，有時候就許感覺得不一樣了。這都是因爲年齡、知識、環境種種不同的緣故。有一首詞，作的極好，我寫在下面，請你們幾位念一念："少年不識愁滋味，欲上層樓，欲上層樓，爲賦新詞强説愁。如今識得愁滋味，欲説還休，欲説還休，卻道新涼好向秋。"我覺着這首詞兒好極了，用這首詞來解説，便可以明白個大概。所以這人間味，不一定就是酸甜苦辣鹹，還許有別的味道呢。

---

① 捻匪：太平天國時期的北方反清武裝勢力"捻軍"，清政府稱之爲"捻匪"。
② 長毛子：清政府稱呼太平天國的人。
③ 蒙塵：蒙受風塵，喻指皇權受損，如皇帝被俘、落難出逃等。此處指英法聯軍進逼北京城，咸豐皇帝逃往熱河。
④ 糟：原作"遭"。

人間味二

　　就以這首詞來講,少年們原來是不知愁,縱然知道,也不過是"愁"的這個字,並不是愁的滋味。因爲覓這愁的滋味,所以才上樓作詩。實際上不爲作詩,乃是爲説愁。你説這種人間味,是甜的,是苦的呢?是笨的,還是聰明的呢?及至到了懂得愁的滋味了,很可以説一説,可是不願意説了。打算説出來,一想没有滋味,縱然説,也不説愁,卻説新凉向秋,把這愁的滋味含在裏頭,叫你自己想去。你感到了甜的,就是甜;感到了苦的,就是苦。我在學校念書的時候,除了功課不能得心應手之外,没有煩心的事情。趕到出了學校,走到這無情的社會裏頭,就像一個蠅子在玻璃窗上亂碰,始終也找不到出路似的。趕到日子一長,才慢慢的領悟,所謂"人間味"的這三個字,是值得下工夫研究的。可是有的青年不注意,這也許是他們的一種福氣。

問禍不問福一

　　"君子問禍不問福",這是怎麽句話呀?
　　怎麽,您不明白這句話嗎?
　　福是人人所願望的,禍是人人所避免的,怎麽反到①問禍不問福呢?
　　這種道理顯着深點兒。因爲人若是存着禍福得失的心,那就終日覺得不平安了。吃也吃不好,睡也睡不安,一天到晚總是痛苦。可是您要想開了,把福認作是天給的,把禍認作是自找的,這樣心腸一冷净,便把煩惱減去了一大半,也就免去了多少閒是非。煩惱和是非都没有了,心神兩平安。終朝每日,心神都是平安的,人生豈不是大幸,豈不是至樂嗎?這就是"問禍不問福"的道理啊。
　　若照您這麽説,這禍又何必問呢?

---

① 反到:反倒。

古人説："禍福無門，惟人自召。"又説："福自天來，禍從口出。"這個禍福全由人自己造成，絶不是福禍自己飛來的。換句話説，你打算走福的道兒，便是福，走禍的道兒，便是禍，一點也不含糊。

問禍不問福二

人有時候對於禍福的道路，認識不大清楚，或者有所懷疑的時候，就不得不問一聲。人有所指示，我有所遵循，這便是趨吉避凶的方法。一般普通的男女，誰也不願意得禍，誰也願意求福。因爲願意的原故，所以抬手也是求福，動脚也是求福，東也是求福，西也是求福，求得糊裏湖塗，七竅全迷。所以古人説："禍兮福所倚，福兮禍所依。"愚人只知道福，可那裡知道，這個福裏就藏着禍呢。這兩句話的意思，就如同孟子説的"死於安樂，生於憂患"是一樣。安樂裏頭藏着死路，憂患裏頭可有生機。但這種道理，是那患得患失的人們所不能明白的啊。還有一個典故，差不多都知道的。塞翁失馬，焉知非福；塞翁得馬，焉知非禍。能把這個關口打破了的，可有幾個人呢？因爲打破這個關口的人很少，所以才有這"問禍不問福"的格言。

不是迷信一

我聽您説話，時常帶着運命①的口風，像您這麽通達的人，怎麽也這麽迷信哪。

運命是運命，迷信是迷信，不是一件事情，所以有時候您看着我很是糊塗。我自己不敢自負聰明，可也不願意自居糊塗。因爲經過的事情，一樣一樣的研究起來，考據和例證都寫在書上，不知不覺的就得相信運命和因果，絶不是偶然的。所謂"媽媽論兒"②，那是沒有根據的，就是糊糊塗塗的、一代一代的傳

---

① 運命：命運。
② 媽媽論兒：民間流傳的沒有科學根據的禁忌、規矩。也説"老媽媽論兒"。有的作"媽媽例兒"。

到而今了。這那裡能和運命一塊兒說呢？

您既然說有考據，請您說給我們聽聽。

我不說，您也知道，就是平常的事情，只要一細想，就能明白的。比如說籠中鳥罷，食水涼暖，所有一切需要的東西，都是由人供給。從鳥兒的本身打算，除了不自由外，是沒有什麼不好的，餧養下去，一直到死。牠這一生，食水不缺，冷暖安適，能說運命不好嗎？

不是迷信二

可是鳥兒多得很哪，爲什麼單單這只鳥兒到了籠裏呢？我想這緣故，恐怕是不容易說罷。養鳥兒的主人，忘了加食加水，兩三天之後，鳥兒不吵了，主人才想起來。可晚了，已經死了。這隻鳥兒的死，是誰在暗中主使的呢？從人道的立場，本不應當把一隻無罪的小鳥兒禁錮在籠子裏，像個囚犯似的。主人有時慈心發動，打開籠門，任鳥兒自由飛翔。這可以說是小鳥兒的好運，實際却又不然。小鳥飛到樹上，覺得四週都有些大而不當，忽然見到鵲雀烏鴉，便有些害怕着忙，覓食尋巢的經驗更是沒有。結果，不是被同類殘食，就是饑渴而死。這是誰主宰牠的命運呢？小鳥兒在籠子裏，已經是馴順慣了的了，往往我們見樹上有張皇失措①的小鳥兒，正在不得主意的時候兒，用鳥兒籠一招，牠就下來了，依然進到籠子裏來了。

不是迷信三

分別不清是他鄉是故鄉的小鳥兒，從此又另是一番天地了。凡是這類的事情，不論是傳說記載，幾乎是沒有人不知道，沒有地方沒有這類的事情。尤其是在天災地變之後，這類的事實更爲明顯。像東京大震災的時候，關於這類事情主角兒，我想還有很多，到處都有，遇見的時候談一談，您就知道運命是運

---

① 措：原作"錯"。

命,迷信是迷信了。

據我説,現在是科學倡明①的時代,祇有專心努力研究科學,以期減少我們生存的障碍,不應當把數千年前的學説來迷惑後生,您説我這話對不對?

這話倒是不錯。可有一層,人的信仰可不是容易改的。科學最發達的歐美各國,也没有把唯一的真神掖在箱子裏頭。總而言之,神是神的事,科學是科學的事,不能混在一塊兒説就是了。孔子説"敬鬼神而遠之",就是叫人信,不叫人迷。您説我這話對不對?

小本借貸處一

請問北平地方這小本借貸處,這裏面是什麽情形?是官辦的,還是個人經營的呢?

聽説是半官半私。

資本是有多少?

大約是二十萬罷。

這麽點兒資本够週轉的嗎?

專是爲借給小本營生就是了。

竟借給小本營生可有什麽利益呢?

這個買賣兒不是爲謀利益,專是爲幫助小本營生,爲他們不受經濟上的壓迫和失業的意思。本來因爲没有錢才想做買賣,作買賣得要資本,没有資本,雖然有好計畫,有好方法,也是没有用。這個借貸處,就是爲没有資本設立的。

可以借多少錢呢?

大概從五塊起碼,至多也就是一百塊。

要抵押不要呢?

我想没有抵押。您想十塊八塊的資本都得借,那裡還有抵押品?

不要舖保②嗎?

---

① 倡明:昌明,興盛發達。
② 舖保:以店舖的名義所擔負的信用保証。

舖保也没有，人保①也没有。

那麽憑什麽借出去呢？若是没有實在的憑據，小本借貸處就不怕借債的逃賬②嗎？對於這一層當然是要謹慎的罷。

小本借貸處二

據説借錢的手續是麻煩極了，借五塊錢也好，手續若是不清楚，是借不出來的。在借貸處的人説，他們是要幫助小本的營生，就是五塊錢的小小資本，也要替小本營生的仔細打算打算，不令他們吃虧。他們的資本若是没有虧吃，多少有點兒餘利可剩的時候。俗説"人心都是肉長的"，那裡能把借錢的事忘了不還呢？所以説是麻煩的，並不是真麻煩，就是得有真正的計畫，實在的經驗才行哪。

按着我拙想，一個小本營生可有什麽好計畫經驗呢？

那倒不一定，時常也看到那出自心才③的買賣。假定有這種心才，没有資本幫助也是不成。就拿着這條街上賣肉的馬二巴説罷，這個馬二巴就得了借貸處的利益了。這馬二巴家裏一共是三口人，他們夫妻兩個還有一個孩子。三口人的嚼過④，一天至少至少也得五六角錢才能過得去，可是他一天賺的錢不够開銷的。

小本借貸處三

有人問馬二巴："你每天作的買賣也不少啊，怎麽老不够張兒哪？"

"您別瞧我賣的不少，都給別人奔⑤了。"

---

① 人保：由社會名流、稍有資産、著有聲譽的人所擔負的信用保証。
② 賬：原作"賑"。
③ 心才：心智和才能。
④ 嚼過：日常生活基本費用。又作"嚼谷""嚼裏"。
⑤ 奔：奔命，辛苦謀生。

"那是怎麼回事呢?"

"您瞧我這把車子一天就是兩角的租錢,算起來一個月就是六塊大洋。一天賣二十來斤肉,就説是四塊多錢。若是拿現錢買的話,少説着也得多個兩三斤,還得説偺們要那兒他得給那兒。俗語兒'有錢買的是手指肉',一賖賬①就算完了。"

"我給你出個主意,指給你一條明路,你就寬鬆了。你上小本借貸處借二十五塊錢,用十五六塊錢買一把小車子,下餘的現錢拿去買貨,這不是兩有益嗎?"

馬二巴聽了説:"若是買個舊車子,有十塊八塊的就行了,可是得給多少利息呢?"

"利息用不了多少,你租車子的六塊是使不了的。"

"那麼就請您給我説説,能借給我二十塊就夠了。"

"我不用給你介紹,你自己去實話實説,可別撒謊,準行!"

小本借貸處四

小本借貸處聽了馬二巴要借二十元作資本的理由,就問了他的姓名住址,又問他每天作買賣所走的路程、買肉的主顧、賖肉的店舖,一樣一樣的記在他們的手賬上,就叫馬二巴過一個禮拜來聽信。小本借貸處便派夥計,到各處仔細的打聽。打聽的結果,馬二巴是個誠實的小本營生,買賣上也有經驗,所以小本借貸處也不要抵押,也不要舖保,就把二十元錢借給他了。馬二巴花了九塊半錢,買了一輛舊車子,還了四塊錢的肉賬,下餘的六塊多錢做了活動的資本。不到一年的工夫,二十元的債務滿都還清了,車子也油色新了,小孩子也上了小學了。這就是小本借貸的實事兒。像這類的事情,像這類的小本營生,一定是很不少的,所以這小本借貸處的事業,倒是很發達的。由這一點看起來,受益的小買賣,慢慢的許多起來了。

---

① 賖:原作"賒"。

小本借貸處五

小農家就是自作農，受益的人也有。在麥秋的時候糧價一定要落，收買的也就趁機會不買了。價錢越落，越沒有人要。在沒有資本的農民，越是沒有人要，越是得出手。在這買長不買落的時候，小農可就太吃虧了。他們為什麼必得落價的時候賣呢？這當然有理由的。因為到了時候了。

什麼時候呢？

就是交租納糧的時候。農民含着眼淚，也得賣出去。不賣是不能了事的。

官家不取締嗎？

因為各種機關和手續都不完備。其次官家對於商業，都是媽媽糊糊①。別說沒有想到這一層，縱然想到，也是文不對題、同床異夢的，胡鬧一陣。況且像這類的事，要想取締整理，沒有精細的統計，也沒法子下手啊。一般農民在收穫的時候，受了穀賤傷農的影響，無利可圖。若是不豐收的時候，人吃馬餧，全無着落，那就更糟，一年一年的剝削完了為止。

小本借貸處六

有這個小本借貸處，自己種的農民還活動一點兒。在麥秋收穫的時候，可以在這借貸處借錢。比如有十石麥子，就可以借個五十六十的。這不消說得按着時價，可也不是人人都能借得到的。這是為什麼呢？農民離着太遠了不行，因為沒有抵押品。出賣糧食不容易調查不行，借錢的雖然多，合乎借貸處條件的可是少。縱然是杯水車薪，無濟於事，自作農究竟是方便些個，不至於有飯不能吃，有地不能種了。這個借貸處，機關也小，資本也少，可是對於小本營生，倒是很重要的了。

---

① 媽媽糊糊：馬馬虎虎。

可不是嗎？您瞧這麼大的都市，中下階級融通①的機關，除了私人開的典當之外，要想找個第二的就没有了，您就知道是怎樣的不能活動了。有錢的只想謀利，可老没想到利的來源。所以弄來弄去，就弄到了"一家飽暖千家怨"的時候拉。

小本借貸處七

有姓鄭的弟兄兩個，他們是河北平山人，父母都没有了，就在一間洋鐵舖裏學手藝。三年半學滿了，他們弟兄俩就在文化中學的後邊兒，租了一間舖面房，做洋鐵壺、洋鐵桶子甚麼的。買賣雖然不多，可也够嚼過。因爲他們俩都很勤勉，人又和氣，他們的風聲②很是不錯。文化中學的校長趙先生，家裏安洋火，叫他們去安的。洋爐子和烟筒，都是很公道的價錢，作的活兒也乾净唎囉③。趙校長很喜歡，就對他説："過兩天我們學校的洋火，也是你們俩去安罷。""那敢情好。可有一樣兒，您得先給錢。我們没有資本，賒不出來。"校長説："那不要緊，你們先上學校瞧一瞧，得用多少烟筒，得用多少工，一共得用多少錢。"趕他們開了單子，比别家便宜幾塊錢，校長説很好。不但是文化中學叫他們，另外趙校長又給他們介紹了好幾個學校。

小本借貸處八

趙校長給他們介紹幾個學校的買賣，他們俩人心裏是很快樂的。可是按着習慣説，那一個學校也不能先給錢的。賒賬是賒不出來，墊辦自己又没有，弟兄兩個誰也想不出個方法來。後來有人告訴他們，小本借貸處可以借錢，利息也不大，也不用舖保什麼的。他們兩個就上借貸處去借錢，居然借了一百塊

---

① 融通：融合流通（資金）。
② 風聲：風傳的名聲。
③ 唎囉：利落。

出來。乍聽起來,好像不能這麼容易似的。其實借貸處把他們借錢的用途和價目,一樣一樣的都給他們合算①清楚了。又按着他們所開的學校,一處一處的都打聽明白了,和他們所開的也都相合,其中沒有一點兒不對的地方,所以借貸處就把錢借給他們了。因爲有這個方便的借錢的地方,他們的買賣慢慢就越作越活動了。

這借貸處,若是這麼有益處,很可以多設立幾處。

不行,若沒點兒慈善性質的話,誰不想拿小蝦米鈎大鯉魚呢?

中秋節一

八月叫中秋,八月十三四五這三天,叫做中秋節。月到中秋分外明,所以這一課,一定是光明的一課了。

您說一說拜月的故事罷。

這種傳說在小的時候聽過,因爲沒有意思,早就不記得了。在這中秋節,有個禮節就是拜月,這拜月是女人的事情,男人不過問。

這是什麼緣故呢?

我也不知道,男人祭太陽,女人祭太陰,這大概許是夫婦分工合作的遺留罷。

您別說笑話開心了。我在街上看見賣泥人的,可不是人的形象,而且都是兔唇。

我告訴您,這叫"兔兒爺",名曰"玉兔仙子",俗語兒說"兔子"。嫦娥奔月,大約是爲了兔子。

您別說了,那有這個事啊。

北平指那胭粉氣太重的美男子叫作"兔子"。您不記得有一句詩嗎?"自古嫦娥愛少年。"說真了嫦娥愛少年,是古代的嫦娥,現代的嫦娥又當別論了。

現代的嫦娥愛什麼呢?

這話請您問嫦娥去罷,我是不知道的。

---

① 合算:核算。

中秋節二

月餅不是中秋的食品嗎？

是中秋的食品。

那個東西好吃嗎？

這倒難說。月餅裏頭，沒有什麼特別的東西，不過是些個糖果兒，廣東月餅裏頭有火腿魚翅等物。您吃在嘴裏，不是甜就是鹹，所謂中秋節的滋味，可一點兒也没有啊。

那麼既是没有什麼好吃，買的人爲什麼這麼多呢？

您別聽我説不好，很有人喜愛這個東西。您瞧點心舖挂着大大的招牌，上面寫着"中秋月餅"四個大字。看見這四個字的時候，心中未免一動。縱然是自己不想吃這樣東西，不是還得供月哪嗎？不是還有兒女們在家等着哪嗎？好在不貴，買十個不過兩角多錢。於是乎你買我也買，這月餅就成了中秋節的重要食物了。

此外上供還用什麼呢？

月餅之外就是鮮果子了。所有的果子在這時候成熟了，街上賣果子的，在這時候也特別多，舖子、攤子、挑子，那裡都碰得見。

中秋節三

北平的舊風俗，十五的晚上，家家都供月，供物是月餅和鮮果。另外還有兩樣，一樣是毛豆莢，一樣是鷄冠子花。

這是什麼取意呢？

我也不大明白，大概是兔兒爺喜愛的罷。這月餅的大小，是要和家族人口多少作比例的。

這是什麼緣故呢？

供完了月亮，大衆分吃。人口多，月餅少，就不夠分配的了。意思是月光是圓的，月餅也是圓的，大家分食，是取家族團圓之意。無論什麽禮節典故，究竟總是吃，吃是最要緊，不吃就没有味道了。秋月之皎，好比春花之艷。在這一年裏頭，只有秋天的月光，又圓又亮，氣候是不熱不寒。可是中秋節後，勁風一來，就變了一種肅殺之象了。很大的大樹，没有幾天的工夫，樹葉子落的乾乾净净，其他花草就不用説了。

我想人們終是幸福的。

怎麽？

不是還有傲霜的菊花哪嗎？

可不是，菊花鍋就是在這個時候。

中秋節四

您提起傲霜的菊花，我才想起陶淵明是愛菊花的，也是喜懽作詩的，是不是？

你説的不錯。方才我不是説人們有幸福的嗎？其實是在乎人會享不會享。不要説像我這無學無識的，就是有學問的學者詩人，對於福的享受，也有差得很遠很遠的。比如説罷，"一樣天邊皎潔月，照在人間各不同"。像這兩句詩，就是實在的話。那一年八月十五的晚上，同着幾位學生，在長崎的諏訪公園賞月。有位學生説："可惜不會作詩不能記盛，這是個美中不足。可惜的很。"

這倒不可惜。我們不是騷人雅客，何必裝腔作勢，反倒把我們的本來面目丢了。你不是愛喝皮酒①嗎？只管喝皮酒好了。若是覺得没有意思，你就把你的杯子對着月亮舉起來。這就是"舉杯邀明月，對影成三人"。偺們雖然是不會作詩，背兩句舊詩，難道還背不出來嗎？

---

① 皮酒：啤酒。

煤　氣

鮮果子差不多都上市了,荷葉作了包裝,秋扇和單衣,看着都有些不合式的光景。在這個時候,氣候最好,人也舒服。所謂秋高氣爽,人壯馬肥,在古代正是行軍的時候。一年之間,這樣的好天並不多有。緊跟着的是西北風。北平地方的人們,不怕西北風的很少。西北風沒有什麼特別的可怕,所怕的是和西北風有關係的事情。西北風一來,住東南房的是首當其衝。第二就是棉衣的問題。解決棉衣的問題倒還容易,最難辦的是煤火。用西式的爐子,俗説洋爐子,有煙筒的,價錢貴,燒煤多,無產階級和下流社會都辦不到。用舊式爐灶,沒有煙筒,價錢便宜,煤也省。就有一樣缺點,往往因爲天氣寒冷,沒有舖蓋,祇有燒煤。白天兒受了煤氣還好,睡着受煤氣是不知道的。所以每年冬天被煤氣薰死的,總有幾十個人。煤氣就是瓦斯。

留名一

俗説"人過留名,雁過留聲",請問您,這留名用什麼法子呢?

這留名的法子多極了。好的歹的,全是任你自己選擇,別人是不能代謀的。

我不是請您替我謀,是盼望您説幾個法子。

那容易得很。古人先不必説,外國的也不必説,就説我們親眼見過的罷。政治方面的是某某,軍事方面的是某某,他們的政績好歹先不用説,總是歷史上的人物。在歷史上,不論是那一頁,有他的大名,就算留名了。所謂"留名青史"者,不過是這樣。

假如我們的身分不夠上史書的,怎麼辦呢?

像發刊傳記,設立銅像、墓地、碑文等等,都是留名於後世的好法子。

法子固然是好,可是我沒有作過那麼好的好事呀。

那倒不要緊。作傳記、作碑文,都是文人的事。文人的筆墨可利害,翻手爲雲,覆手爲雨,一尺的事能説一丈,比那四十二吋的大炮兇得多呢!

留名二

您這話我聽明白了。不論作的事情是好是壞,祇要有錢,就能有人給作一篇好傳記,作一篇好碑文,留傳後世。

對了,這説的一點也不錯。不但是這個,凡事都是這個道理。有情實一致的,也有不一致的。外表看着很好,内容可是看不得。文言裏有這麽兩句話:"金玉其外,敗絮其中。"就是這個意思了。

像您這麽説,也不是容易,竟是有錢也不行。若是後輩兒孫就是知道分家産,還嫌分得少哪,那裏有閒錢幹這種事呢?

這留名本來是自己做的,不能靠着别人。自己没做過那出名的事情,不留名也没什麽。與草木同腐朽,豈不自然?

話是這樣説,可是我總想給後世留點名,您替我出個主意。古人説過這麽句話:"大丈夫縱不能流芳百世,亦當遺臭萬年。"

我問問,你打算是流芳啊,還是打算遺臭呢?

我是個平常的人,那一樣也做不到啊!

留名三

你兩樣都做不到,這也是真話。流芳百世不是容易事,可是遺臭萬年也是很難做的。總而言之,這兩樣都不是常人所能作的。按着規矩説,你是念書的,你就從念書上留名好了。

念書怎麽留名呢?

那怎麽不能呢?你想那有名的學者,不就是有了名聲了嗎?

您想我能成個學者嗎?

那怎麽不能呢?俗説:"將相本無種,男兒當自强。"祇要你想做就行,祇要你意向堅定就行。

我對於念書是沒有特別的興趣，看書的工夫一大，我就困了，這樣那裡能成個學者呢？

那麼你可以學寫字。字若是寫好了，也能留名。畫得出奇超俗，也能留名。詩作好了，也會留名。祇要是有一技之長，就可以留名於後世，倒不論是什麼事情。

您說的這幾樣兒，都不是我的所長。

那麼你的長處是什麼呢？

我的長處就是能吃。

你果然是能吃的話，也可以留名。

能吃也會留名嗎？

留名四

不錯，你準是能吃，就會留名。

我不信您這個話，竟能吃飯，怎麼留名呢？

一定是能的。比如你一個人能吃倆人的飯，能作五個人的事，就會有名。若是你能吃五個人的飯，只能作一個人的事，也能有名。名雖然能有，可是有個好歹的分別，這就全在乎個人了。

按您這麼說，留名於後世是很難的事情啊。

本來是不容易。我們看《史記》和歷代的人物列傳，就明白留名於後世是很不容易的。按着我們這不聰明的頭腦來說，也幸而不是一件容易事。若是不難的話，雞也留名，狗也留名，那事情不是更多了嗎？人要是好名，就恐怕到了那沽①名的地位。再不然就是不好名。不好名，却也不好。所謂"笑罵由儞笑罵，好官我自作耳"。人若是到了沒臉沒皮的時候，不也是很危險的嗎？

對了。這類的事情，我想總得出於自然才好。人爲的是靠不住啊！

---

① 沽：原作"估"。

測字一

請問您測字是怎麽件事情？

測字是卜卦的一種，其中没有什麽大學問。測字人得機警聰明，對於字學，多少得有點兒研究。這類的事不能認真，當一件遊戲看就是了。

請您説一個字我們聽一聽。

這樣的傳說我倒知道幾個，我説個考試的。有幾個人上京鄉試，在街上遇見一個測字先生，就有一位要測字，問問能及第不能。這個人便問測一個字多少錢，測字的人説："隨便隨便。我這是以文會友，就是不給錢也行啊。請您説個字罷。"這個人從懷中掏出一根錢串，上面還有兩個錢，就説："用這個爲題罷。"測字的略微的想了一想，就説："你老先生問什麽事啊？""我問問能及第不能。"測字的説："不但是能中，而且還要連着中呢。""請你解説解説罷。""您這個錢串整兩個'中'字，而且是連着兩個錢，所以我斷定你老先生是要中試兩回的。"這就是測字的大概情形。

測字二

請您再説一個行不行？

這個還没説完哪。其中另有一個人，故意的也弄一根錢串，拴了兩個銅錢説："測字先生，請你也給我測一測，我能中不能中？"測字的笑了一笑説道："你老先生不但是不能中，而且還有危險哪。"這個人聽了，不免有點兒生氣，臉上很是難看。測字的也瞧出來了，就趕緊的説："你老先生不必生氣，我不過是據這個字的情形推斷。""你説你是按着這個字的情形推斷，人家是一根串子兩個錢，我也是一個串子兩個錢，怎麽結果是兩樣兒呢？""這裏頭當然有個説詞①。""那麽你説罷。""人家是無心的，你老先生是故意的。故意便是有心。

---

① 説詞：説辭。

你想'串'底下加上一個'心'字,不是禍患的'患'嗎？既是'患'字,當然是中不了,而且有危險,我這推測的不能説沒有道理罷?"至於將來應驗不應驗,那是另一問題。祇説當時這點兒臨機應變的談吐,却也不容易啊!

不對題

你吃這張餅罷,這是我給你的,不用拘泥,吃罷。
太太我謝謝您。
別客氣,你吃罷,這是奶油作的,好吃極了。
可不是嗎,謝謝謝謝。
你怎麼不吃啊? 吃罷,我那裡還有,多着呢。
我告訴你説,我還不餓哪。
那裡的話,不餓也能吃得下去。別説了,你就吃罷,不用客氣了。
唉,我不是客氣,簡直的説罷,我不但是不餓,而且是渴着哪。
你別推辭了,不過是張餅,吃了有什麼要緊。
我不是不吃,實在是不餓,並且我渴得利害,請您給我一碗茶罷。
我給的是餅,你偏要喝茶,這不是成心搗亂嗎?
我那兒敢和您搗亂,渴得我滕①子裏都冒②烟兒哪。
你不吃這餅,我也不給你茶!
這沒法子,只好勉强着吃罷,滕子乾得難受,又加上乾餅更不舒服。一邊吃着,一邊生氣。這種恩惠,越想越沒有感謝的意思了。好心是好心,可惜不是時候。

---

① 滕：嗓。朱居易《元劇俗語方言例釋》："嗓,一作滕,音近意同。"(商務印書館,1956 年,257 頁)
② 冐：冒。

新舊折中

"新舊"這兩個字是對待的形容詞,有新當然就有舊,舊的可也能變新。都說喜新厭舊,這也是人的常情,而且是很普遍的。至於那喜舊厭新,確有一部分是專講究舊的。

您説舊的能變新的,是怎麼變法呀?

這個例子多的很哪。比如從地下掘出一塊骨頭,經考古家證明,説是三千年以前人的大腿,貴重極了,可作研究的材料,這便是舊的變成新的了。

照您這麼説,新的有新的的好處,舊的有舊的的長處,用不着強爲分別,您説是不是?

對了。就是半新不舊的,也有半新不舊的用處。

您説半新不舊的是什麼東西呢?

比如穿鞋罷,就是半新不舊的好。爲什麼呢? 新鞋板腳,一時半時且不能合式哪。舊的不起眼,很有落伍的樣子。俗語兒説:"舊鞋窮半節。"所以是半新不舊的好。總而言之,不用説那極端的話,什麼新的舊的,能夠合時合用就行了。

老子姓什麼

昨天看見報上登着一段笑話。這段笑話,對於學中國語言的是很有益處,這下面寫的就是:

某大學李生,素好調皮,且善詼諧,一日問先生曰:"'良賈善藏若虛,君子盛德,容貌若愚。'這幾句話是誰説的?"先生説:"是老子説的。"諸生聽了,都忍不住要笑,因爲李生是成心要佔先生的便宜。李生又接着問先生説:"老子姓什麼呢?"這時候先生已經明白他的用意了,假如先生説老子姓李,先生豈不是更吃虧了嗎? 所以先生説:"你問老子作什麼? 你是一個大學的學生,難道連老子的姓都不知道嗎?"諸生聽了,都閧堂的大笑起來。

"老子","子"字重念的時候,便是老聃之意。若是"老"字重念,便是父親之意。把父親俗稱"老子",這大約是南北通行的俗語兒。北平對於父母,還有一種俗語兒説"老尖兒",别的地方許没有這樣的説法。

雪

早晨起來開開門一看,滿天滿地滿房滿樹的雪。啊,好大的雪!不覺得冷,真可愛。前半天,好像粉似的雪,紛紛霏霏。午後的雪,又似棉花片片飄飄的。終日未曾間斷,一直下到黄昏。

打開後窗,玉屑霏霏亂斜飛,後邊的山,也被雪給朦朧了。大風一至,積雪亂奔,午後慢慢的降落着。車子也不通行了。因爲樹掛的重量太大,不知什麽樹上,發出來折斷的聲音。

在滿天滿地大雪之中,有幾隻烏鴉在叫,從這枝飛到那枝,飛轉來,飛轉去,不斷的叫着,好像是尋找朋友,不然是爲覓食。

一日之間,大雪紛霏未斷,天地掩埋雪中,人們亦被風雪所閉。有滑稽雪詩録後:

大雪下得湧,瓦房没了壠。黑狗身上白,白狗身上腫。

六尺巷

在清朝時候有位大官姓張,他是安徽桐城的大户。在他的左近①,也是一家大鄉紳,因爲蓋房佔了張宅的一段墻基,張宅自然得質問:"你們蓋房爲什麽佔了我們的墻基呢?"那家紳士自然不承認有佔地的事,於是兩家便相争起來,越争越利害。雙方都有相當的勢力,誰也不肯讓誰。再加上下人狐假虎威的

---

① 左近:附近。

鬧大了,才有事幹的主意,眼看着就要成訟了。張家看對方十分強硬,似乎有把握,不致於失敗,也就不敢怠慢,趕緊進京報告,求老官兒做主。底下人到京,將書信呈上。老官看過,就在原信上批了四句詩:"千里來書只爲墻,讓他三尺有何妨?萬里長城今還在,不見當年秦始皇。"張家得到這樣的回書,把要得勝利的心,頃刻之間就都消滅冷了。那一家鄉紳,聽到這種消息,自動的退讓了三尺。所以桐城縣有個六尺巷,就是兩家退讓出來的。

平 安

對於大富大貴有錢有勢的人們,老存着不平反感的心,這叫做"氣人有"。對於窮苦難窄衣食無着的人們,常存着鄙棄齒冷的心,這叫做"笑人無"。凡是氣人有笑人無的人,絶不好料兒。什麼叫做"好料兒"呢?"料"是材料資料之意,好料就是好的材料。換句話說,凡是氣人有笑人無的人,一定不是成材料的人。再簡單着說,就不是好人。另有一種人是相反的,恭順的叫人難受,鞠躬總是對頭彎。這類的叫做"奴顔婢膝",說俗話叫做"狗勢",又說"捧事"。凡是會狗會捧的,對於窮苦難窄衣食無着的人,一定會作福作威,裝腔作勢。凡是這類的叫作勢利小人。勢利小人反面的是正人君子。正人君子和勢利小人,這二位在社會上都有個地位。正人君子差不多是平平安安、無聲無臭的過去了,勢利小人倒是能閧閧烈烈①的熱鬧一氣。

滑稽談話

我問你財産要緊哪,還是健康要緊呢?

那一定是財産要緊。爲什麼呢?你想若是没有財産,可怎麼能維持健康呢?

我可不那麼想啊。據我說還是健康要緊。什麼原故呢?因爲不論有多少

---

① 閧閧烈烈:轟轟烈烈。

財產,到了死的時候兒是拿不走的。

若按你這麽説,健康也是拿不走的呀。

唉呀,傻子,你好糊塗!健康不就是在他自己的身上哪嗎?怎麽能拿不走呢?

阿彌陀佛!你比我明白多了,强不多少啊!還有一件事,我要諫言,不知你許可不許可。

你有什麽話,就請説罷,何必這麽客氣呢?

你不是要想健康嗎?

是的,我是主張健康的。

你既是打算健康,你這酒可就別喝了。

可不是嗎?我昨天對着大①雄寶殿,起了誓願,一定忌酒三年。

既是起誓發願的,怎麽今天又喝了這麽多呢?

阿②,老弟,你不知道,我這忌酒,是從明天才開始呢。

古月軒一

古月軒是一種瓷器的名字。關於這種傳説,若記下來就多得很了。自宋朝大觀,至明朝永樂、宣德、成化、嘉靖、萬曆,都有官窰。除了這官窰之外,還有龍泉窰、宜興窰什麽的。説到色彩就更多了。像常見的粉、白、紅、綠、青綠、大紅、藍花、馬肺、天藍、梅子青、海棠紅、菊花紫、鱔魚黄、蛇皮綠、月白、烏金、水墨、五彩……大約有五六十種。到了清朝的瓷器,除了官窰之外,有名的是郎窰和年窰。郎窰的出品,是巡撫郎廷佐監督製造的。年窰,是内務府的司官年希堯製造的。其後,内務府造辦處的員外郎名叫唐英的,在雍正時,開辦江西景德鎮官窰,惟時最久,講求精細,對於陶法、泥土、油料、坯胎、火候,皆有心得,稱之爲唐窰。他編的有《陶冶圖》。彩繪有名的是郎世寧。郎世寧之外,還有河南人劉源最是精緻。

---

① 大:原作"六"。
② 阿:啊。

古月軒二

　　劉源是河南祥符縣的人，隸籍漢軍，供奉内庭。景德開御窰，彼奉命監督蕪湖九江兩關，兼主景德瓷窰事，呈進瓷樣數百種，備極巧妙。至於彩繪人物、山水花鳥，各極其勝。而古月軒之精美，是有口皆碑的。其中有一段神話，乃瓷史中之趣談也。

　　高宗住居圓明園時，嘗聞有鋸碗之小鑼聲，日夜不絶。帝甚怪之，命太監召之人，非鋸碗的，乃一小爐匠人也。詢之，不曾①鋸碗，專燒瓷器。試令燒之，則精瑩絶倫。帝甚喜，命再燒。不數日，不辭而去。咸以爲是神靈默佑。原來中國之古建築物，凡是大者奇者，莫不託之以神，非古月軒而然也。如萬里長城之風神廟，又説是孟姜女廟，又如浙江杭州西湖的雷峰塔，又如北平市崇文門外的乏塔。這類的傳説，我想大概不止是中國，世界各國都有。越是老國，一定是越多。

文字一

　　古時有人考試，屢考屢不中，嘆着氣説道："愈讀愈不中，我其如命何？愈不中愈讀，命其如我何？"句中之字稍易位置，其意義就大變化了。

　　唐武后時有"人謂六郎似荷花，我謂荷花似六郎"。

　　清代曾國藩有"屢戰屢敗，屢敗屢戰"。就按這句話説，"屢戰屢敗"，這樣的將領是無能的，是怯弱的。"屢敗屢戰"，這樣的將領是有爲的，是勇敢的。同是一句話，祇在會説不會説。俗語兒説："嘴强争一半。"文筆也是一樣。在這種地方，就看出文字的價值來了。

　　此外還有一種詼諧的文字，若是喜愛的話，時常的看一看，不但是有趣味，却也能够幫助語言的研究。看長了，語言上一定有進步的。

---

① 曾：原作"會"。

文字二

　　鄉間每有涼亭之設，以便行人住足①，作片刻的休息。雖然是一座小小的涼亭，其中也有警人的文字。

　　用眼前的景物，淺顯的文字，寫出高深哲理。比如："來過此，去亦過此，方知來路是去路；人息力，我亦息力，始悟我心即人心。"

　　用禪語雙關，規箴俗子，叫人猛省，如："咫尺寶山，休到半途住足；清幽佛境，須從來路囘頭。"

　　其次還有格言。格言就是不能更改的一種名言，如："經一番挫折，長一番見識；容一番橫逆，增一番氣度；省一番經營，多一番道義；學一番退讓，得一番心安。"

　　假定若是不以爲是老生常談的話，在修養上，總能得些個益處。

中等官話談論新篇　竟

---

① 住足：駐足。

昭和十二年三月三日印刷
昭和十二年三月七日發行
昭和十六年三月五日再刷
昭和十七年一月十五日三刷

著作權所有
不許複製
初刷 0001－1000
再刷 1001－2500
三刷 2501－3500

日本標準規格 B6 判
㊹定價金壹圓參拾錢

中等官話談話新編

著　者　　李俊漳 Li Chün chang
發行者　　東京市本鄉區本鄉二丁目二番地　田中慶太郎
印刷者　　東京市神田區神保町一丁目三十四番地　高田壬午郎
印刷所　　東京市神田區神保町一丁目三十四番地　株式會社　開明堂東京支店

　發行所　東京市本鄉區本鄉二丁目二番地　文求堂書店　會員番號一二八〇五一
　配給元　東京市神田區淡路町二丁目九番地　日本出版配給株式會社

虎頭蛇尾

解　題

《虎頭蛇尾》是金國璞編寫的北京官話課本，1906年由北京日本人清語同學會發行，分別在東京文求堂書店、北京日華洋行、天津白木東京堂和北京琉璃廠各書鋪售賣。

扉頁正中竪排"虎頭蛇尾"四字，上有小字"北京官話"，下有"全"字。右上方題"金國璞先生編"，左下角注明"北京日本人清語同學會藏版"。

作者金國璞，號卓庵，直隸大興縣人，清末監生，同文館出身。他曾於1897年開始先後在東京高等商業學校附屬外國語學校、東京外國語學校、臺灣協會學校等機構教授漢語，回到北京後繼續擔任日本留學生的漢語教師。他曾編著多部漢語教科書，如《支那交際往來公牘》(1901)、《北京官話士商叢談便覽》(1901)、《華言問答》(1903)等北京官話課本，曾和平岩道知合著《北京官話談論新編》(1898)，參與審訂《官話指南》初稿（吳啓太、鄭永邦著）。

北京日本人清語同學會是由東京外國語學校清語科的畢業生發起的中國語學校，利用夜間講授中國語時文、舉辦講演會等，金國璞擔任教師。1903年8月成立之初名爲"支那語研究舍"，1905年12月改稱"清語同學會"，地點移至北京霞公府紗帽胡同[①]。1923年9月改稱"大日本支那語同學會"，1925年6月與北京夜學會合併，改稱爲"北京同學會語學校"。

全書竪排，未分章節，行中以小字"××説"標明談話角色，無標點。正文共41頁，活字排印，訛誤多爲形近字（如"快—快""毂—殼"）。

全書利用諧音設置角色，如孫仁（損人）、酈濟（利己）等，講述種種社會現象，如當鋪欺壓百姓、被人設計報復、反遭衙門敲詐等。全書采用劇本形式，以對話爲主，因而口語特色突出，如"他任甚麽事也没有，不過滿處打牙涮嘴兒的""這兩年我們這買賣是真不好，連嚼過兒都賺不出來"等。

---

① 據六角恒廣《中國語教育史稿拾遺》，不二出版，2002年，120頁。

賈章義（假仗義）
市扉胡同（是非胡同）
胡禮景（狐狸精）
謝有讀（蝎有毒）
孫仁（損人也）
酈濟（利己①也）
計宅（計策也）
鮑（報也）
苑（怨也）
尤滑支屠（油滑之徒也）
尤道家（油到家）
滑守萬（滑手腕也）
支應式（支應事也）
屠孝立（圖小利也）

---

① 己：原作"已"。

丁泰説：「高兄，您上那兒去了？」高明説：「別提了，我到那邊兒有恒當舖贖當①去了，慪了一肚子氣。」丁説：「是和當舖慪氣了麼？」高説：「可不是麼，您聽一聽這個情理有多麼可惡。我那票②當，本利通共是五兩四錢來銀子，我拿了準市平五兩五錢銀子去。趕到了他們平③上，硬説是纔彀④五兩三錢銀子。您聽氣人不氣人？我和他們講了半天理，那算是白説，叫我非給他們再找補一錢來銀子，不給東西。偏巧我身上没浮餘銀子，我這還得回家給他們取這一錢來銀子去。不但吃虧，還得躭悮我的工夫，您瞧，真可以把人氣死。」丁説：「您不用生氣，我身上還有買東西剩下的一兩銀子，先借給您，拿去把那票當贖出來。您受的這肚子氣，我有法子給您出這口氣。」高説：「您有甚麼法子給我出這口氣呀？」丁説：「我告訴您説，我有個表兄，名字叫賈章義。他是個訟師⑤，人極聰明，一轉眼珠兒就是主意。可是人最義氣，專愛打抱不平。您等我這就上他家裡去，我把您這件事告訴他，求他想個法子，把那個當舖收拾一下子，給您出這口怨氣。我這個表兄就住在這西邊兒市扉胡同中間兒，路南黑油漆門兒。我先走一步，在他家裏等您。趕您贖完了當，就快到賈家找我去。他那門口兒寫着'賈寓'，那就是他家。等您到那兒，一塊兒再商量是怎麼辦法。」高説：「實在叫您費心，又借給我錢，又要給我出這口氣，我真感情⑥不盡了。」丁説：「那兒的話呢，您的事就是我的事一樣，偺們回頭見罷。」高説：「就是，回頭見。」

丁到賈家叫門，賈家僕説：「誰呀？」丁説：「我呀。」僕開門，説：「大爺來了。」丁問説：「先生在家裏哪麼？」僕説：「在家裏了，現在在書房寫字哪。」丁進書房，説：「大哥在家裏了。」賈説：「你從那兒來？」丁説：「我打家裏來。」賈問：「外頭有甚麼新聞没有？」丁説：「外頭倒没甚麼新聞，我來是有一件小小的新聞，要求大哥給想個法子辦一辦。」賈説：「你有甚麼事情？」丁説：「我有一個朋友姓高，號叫通甫，是個念書的。他今兒拿銀子到有恒當舖贖當去了。那個當舖裏的人瞧他是個念書的，硬多算他一錢來銀子，還説些個不中聽的話，氣的他了不得。

---

① 當：向當舖借錢而抵押的物品。
② 票：量詞。
③ 平：衡器，稱量銀子的天平。
④ 彀：原作"殼"。
⑤ 訟師：代寫狀子、助人争訟的人。
⑥ 感情：感激。

他一個老實念書的,沒受過這個,求我給他想法子出這口氣。我聽着也是很可氣,無奈我也是想不出甚麼法子來。我可就提到大哥您是一位多才多智的人,而且是見義勇爲,若是知道朋友受了屈,真肯拔刀相助。他聽我這話,喜歡的了不得,就求我轉求大哥,想個法子給他出這口怨氣。我說:'我給您見我們表兄說去,如若應了肯辦,我回頭給您送信去。'他說他回頭也要來面見大哥,我攔他說先不必來,等大哥您想出辦法來再叫他來見您。他說:'不然,如今世界上竟會有這樣義胆俠腸的英雄,我必得要拜一拜去,能見這樣的大人物,也不枉生在天地之間。'他又說甚麼大哥真有張良之妙算,甚麼魯仲連之遺風了,和我轉了半天文①,我也不大明白,横竪總是稱讚大哥的意思。回頭他來了,請大哥見一見他,若是能給他出這口氣,那更好了。"賈說:"他回頭來,我自然要見他的,就是給他想個法子出這口氣,也不算個甚麼。不過是你不該在人家跟前這麽誇讚我,我有甚麼本事?叫人聽著不笑話麽?"丁說:"我說的也是實話,本來大哥真是最講義氣,並不是假話呀。"

　　高來賈家叫門,賈叫僕人:"王喜,有人叫門哪。"丁說:"大概是高通甫來了。"僕人來說:"先生,有一位姓高的來要見您。"丁說:"等我出去看看去。"賈說:"好,你出去把他叫進來。"丁出去,高見面說:"您早到了罷?叫您受等。"丁說:"那兒的話,我也是剛來,您請進來罷。"高說:"令表兄在家哪麽?"丁說:"是,在書房,竟等您來哪。"高說:"您帶到。"丁說:"就是,請您到這書房裏坐。"

　　進書房内,丁說:"你們二位見一見,這是我們表兄,這是高通甫兄。"賈說:"久仰久仰。"高說:"彼此彼此。我今兒是造次來訪,請兄台別見怪。"賈說:"豈敢,請坐。"丁說:"高兄,您那件事剛纔我跟我們表兄都提過了,必要設法給您出這一口怨氣的。"高和賈說:"這實在無故的叫您分心受累,您瞧那個當舖太欺負人了,錢物是小,這個氣真叫人難受。"賈說:"不錯的,那個舖子做買賣,那可惡我早就有所聞。那個掌櫃的名字叫曹蕪田,人是極慳吝刻薄。他有一個乾爹,是牙行②的人,家裏有幾個錢,拿出點兒銀子來叫他開的這個買賣,他就妄自尊大、作福作威的,美的了不得。那屋裏那幾個夥計也都是刻薄尖酸的東西。您不用著急,這五天之内我必有法子收拾他。"高說:"實在承您抬愛,感情

---

① 轉文:說話作文堆砌辭藻,過于優雅。
② 牙行:爲買賣雙方介紹交易、評定商品質量、價格的行業或商人。

的很。"丁和賈說:"我想您找這麽倆人,到那個舖子去,先訛他一下子,然後和他鬧場官司,怎麽樣?"賈說:"何必那麽費事呢?割雞焉用牛刀。我畧施小計,管叫他受了驚恐,還得花些個銀子。你們二位看著,不出五天,他那舖子裏準有一塲熱鬧,你們二位也必聽得見,也可以到那兒瞧瞧熱鬧去,碰巧我還要看看去哪。"高說:"妙極妙極!那麽我要告假了,改天再給兄台道謝來。"賈說:"提不到,您外頭千萬別露一點兒風聲。"高說:"那萬不敢露的。"丁說:"我也要走,偺們倆一塊兒走。"賈送出門外,說:"偺們改天見。"高說:"是,改天見。"

　　胡禮景叫門,賈說:"王喜,瞧門去。"胡說:"先生在家了麽?"王說:"在書房哪。"胡進書房,說:"您沒出門麽?"賈說:"沒出門,你打那兒來?"胡說:"我從家裏來。這是上回李家那件事那十兩銀子,他今兒交給我給您帶來了。您瞧,這是一張六兩一張四兩的銀票。"賈接過去,說:"勞駕。我問你,你瞧見謝有讀他這兩天幹甚麽哪?"胡說:"他任甚麽事也沒有,不過滿處打牙涮嘴兒①的。"賈說:"我現在有一件事,要託你們倆人替我辦辦。"胡問:"是甚麽事情?"賈說:"你在那②兒喝茶歇一歇兒,等我把這件事是怎麽個辦法寫出一個單子來,你帶了去,可以照那單子上辦就得了。"胡說:"那麽您就請寫。"賈寫完,說:"你來瞧瞧這單子上寫的這件事。"胡說:"我看看。"胡看完,笑說:"這個辦法很妙,叫他又傷財又受驚。他怎麽得罪您了?"賈說:"他倒沒得罪我,這是我給別人出氣。你找謝有讀,要辦得嚴密,還要作派的很像,別露一點兒痕跡要緊。"胡說:"您不用囑咐,這點兒事若辦不了,那還幹甚麽?"賈說:"那很好,可是你們倆人可以多嗻去辦?"胡說:"後兒晌午以前就可以去辦。"賈說:"等這件事出來,我還要瞧熱鬧去哪!"胡說:"那麽我要走了,我先找老謝去要緊。"賈說:"就是,三兩天兒見罷。"

　　曹蕪田、孫仁、酈濟一齊出來。曹說:"我瞧近來你們二位在櫃上應酬買賣,不論窮富都是一樣兒的和氣,不大合式。偺們這當行買賣不同別的買賣,講的是敬富輕貧。像那有錢的人家兒,偶然來當整箱的衣服、整匣的首飾,甚麽紅貨③、金銀的器皿甚麽的,這可以分外的透和氣,應酬幾句好聽的話。像那窮人來當幾兩銀子、幾吊錢的東西,那總得拿著點兒架子,和他們說話,就是

---

① 打牙涮嘴兒:聊天,調笑。又說"打牙逗嘴兒""打牙撂嘴兒"。
② 那:原作"哪"。
③ 紅貨:珠寶鑽石之類。

那麼帶理不理兒的。若是和他們也透和氣,就叫那有錢的人把偺們看輕了。再說算利錢,總要徃裏多算,往外少算,只有櫃裏頭拐櫃外頭的,別叫櫃外頭拐櫃裏頭的。'公平交易'的那句話,偺們這當行用不著。"孫仁說:"掌櫃的說的這真是有歷練的話。向來算利錢,那倒總是徃裏多算、往外少算,拿銀子來贖當,到了偺們平上總是不穀叫他補平的,這都容易辦。就是見了窮人說話拿點兒架子,總覺著不好意思似的。"曹說:"那總是你們臉軟的緣故,偺們這買賣總得練成臉硬心狠纔行哪。"酈說:"這話不錯的。"

　　曹進裏頭去了。胡、謝二人抬箱子進當舖來,說:"辛苦掌櫃的。"孫仁說:"二位來了。"胡說:"我們是計宅的,我們老爺現在是有點兒緊用項,叫我們把這箱子皮衣服拿來當幾個錢。"孫仁說:"可以。二位管家貴姓?"鮑說:"我姓鮑,他姓苑。"孫仁說:"您把箱子擱下,打開看看都是甚麼衣服。"鮑、苑二人擱下箱子。鮑說:"苑三,拿鑰匙把箱子打開。"苑說:"我沒拿著鑰匙啊,那鑰匙不是在你手裏拿著來著麼?"鮑說:"臨走的時候兒我擱在桌子上了,叫你拿著你沒聽見麼?"苑說:"我沒聽見,我就知道在你手裏拿著來著。"鮑說:"你耳朵也不知是管幹甚麼的,還不快取去麼?"苑出舖,嘴裏叨叨說:"你自己把鑰匙忘下了,倒抱怨我。"苑走後,鮑和孫仁說:"我們這個苑夥計,人是太不中用,丟三落四,甚麼事都靠不住,見天吃飽了就睡。我們宅裏的人給他起了個名字,叫'睡不醒'。若不是我護庇他,上頭早就不要他了。"孫仁說:"總還是年輕,再歷練幾年就好了。請問貴上現在榮任甚麼地方兒?"鮑說:"敝上原先在貴州作知府,現在是丁憂①在家。"鮑又說:"您瞧我們這個夥計,這一去就不回來了,這纔幾步兒,會去了這麼半天?這又不定是在街上瞧住甚麼熱②鬧了。掌櫃的,您分心給照應著點兒箱子,我迎迎他去。"孫仁說:"不礙的,您竟管去罷。"

　　鮑走了,進來一人贖當,說:"掌櫃的,您瞧瞧這當著的是個表不是?"酈濟說:"不錯,是表。是要贖麼?"贖當人說:"要贖。您算算本利是多少?"酈說:"通共是二兩四錢五分。"贖當人說:"給你,這是三兩銀票,找③給我罷。"酈進內取當。贖當人看那箱子,說:"掌櫃的,你們這個箱子裏頭是甚麼東西呀?怎

---

① 丁憂:舊制,子女爲父母守喪三年,期間不行吉慶之事,爲官者須離職。
② 熱:原作"熟"。
③ 找:原作"抙"。

麼這味兒這麼不好聞哪？"孫仁說："這是剛纔一個宅門子裏拿來的一箱子衣服，要當的，管家回去取鑰匙去了。可是衣箱有甚麼不好味兒？"贖當人過去聞了一聞箱子，說："你們不信出來聞一聞，腥臭的利害。"孫仁說："這是那兒的話呢？張二，偺們倆出去瞧瞧去。"孫、張二人出來聞了聞箱子，都說："可不是麼，怎麼這麼腥臭啊！裏頭是甚麼東西呢？招了這麼很多的蒼蠅來。"孫又說："那倆管家去了這麼半天也不見回來，這個事情可真有點兒可疑。偺們得問問大掌櫃的怎麼辦，你到後頭把大掌櫃的請出來罷。"張二往後頭去了。酈拿表出來，到櫃上和贖當人說："這是表，這是①我給您五錢五分銀子。"贖當人接過去說："若不是我聞見那箱子腥臭，你們還不知道哪，這不定是甚麼亂子，我看你們怎麼了。"贖當人說完走了。

曹出來問說："是甚麼事情啊？"孫仁說："您出來看看罷，這個箱子裏出來的這個味兒所不對。"曹出來聞了一聞箱子，說："這個氣味可不好，你們進櫃裏頭來，我告訴你們說罷。"大家都進櫃裏頭來了，曹說："當初我學買賣的時候兒，就聽說老年間有一個當舖遇見過這麼件事，就和今兒這個事是一樣，也是倆底下人抬這麼個箱子來②，也是忘下鑰匙了，回去取鑰匙去了就沒回來。報了官了，打開箱子一驗，是一個大卸八塊兒的死屍。那個當舖打了一塲好官司，花了許多的銀子纔完的案。如今想不到偺們也遇見這個事了，這是他們套那個舊法子，還是不小事情。既到了頭上了，還能不辦麼？左不是花錢受累罷。張二你先去把地方毛頭兒找來，叫他先得報縣哪。"張二走後，孫仁說："你們聞聞，這櫃裏頭也有了這腥臭的味兒了。"酈③濟說："偺們進裏頭屋裏去躲一躲這個味兒罷。"

張二同地保來了，張二說："毛頭兒來了。"曹出來見毛頭兒，說："毛頭兒來了，你聽見說我們舖子出這個事了？"毛頭兒說："我聽張二說了，這事不小啊，怎麼辦呢？"曹說："沒別的，先得求你到縣裏給報了，請太爺來相驗罷。"毛頭兒說："我就這麼空手兒到縣裏④報去，那班兒⑤上就肯給往上回了麼？"曹說："那

---

① 底本"這是"後有一"見"字。
② 底本"來"後還有"個"字。
③ 酈：原作"醿"。
④ 裏：底本多作"裡"，以下不再一一注明。
⑤ 班兒：地方衙門內承命奔走的差役，分爲皂隸、快手、民壯三類，統稱"三班"。

麽你可以帶二兩銀子去罷。"毛頭兒説:"二兩銀子那兒行啊?這麽大的事,至少也得五兩銀子,他們纔肯往上回哪。"曹説:"就是罷。這一錠總有五兩多,你帶了去罷,總要越快越好。"毛頭兒接了銀子走了。曹説:"你們看,就這麽到縣去一報,就先要五兩銀子,趕下來驗那科房①和班兒上,還不定要多少哪。回頭衙門來人,你們都不用言語,聽我和他們説話。"孫仁説:"我們不明白官事,總是您和他們説妥當。"

毛頭兒回來了,説:"掌櫃的,我去到縣裏去報了,那刑②房的雷先生和班兒上刁頭兒這就來説話。你們先把幌子摘了罷,我在門口兒等他們去。我告訴你們,那個雷先生外號兒叫'雷頭風',皮氣很難纏。那個刁頭兒外號兒叫'刁不飽',心裏頂歹毒。你們和他們説話可要留神,别惹惱了他們。"曹説:"是了,我們一定要留神的。"毛頭兒出到門口兒去了。

雷、刁二人來到了,毛説:"先生來了。"雷説:"就是這兒啊?"毛説:"是,您請進去罷。"雷、刁二人進舖子,毛説:"這是本舖的掌櫃的,那二位是櫃上的夥計。"雷説:"是了。"孫仁説:"先生請坐。"雷説:"二位貴姓?"仁説:"我叫孫仁,那個夥計叫酈濟。"雷説:"今天人家給你們寶號送那箱子禮物來的時候兒,你們兩位都在櫃上來着麽?"孫仁説:"那倆人抬進那個箱子的時候兒,我們倆人都在櫃上了。"雷説:"依我説,你們兩位的名字得換一個過兒,你應當叫孫濟,他應當叫酈仁。怎麽講呢?原來你們是損人利己呀,如今這案事倒成了損③己利人了。"孫仁説:"先生别拿我們取笑兒了。"雷説:"甚麽取笑兒啊,這案事沉重兒,全在你們倆人身上了,回頭太爺來相驗,問你們話,你們留神就結了。"刁説:"掌櫃的在那兒哪?你來和我們先生商量商量,這事是怎麽辦哪?難道你還等我們先生拿請帖請你來麽?"曹説:"是。先生您請聽我説,我們本來是安分守己做這個買賣,不敢惹事,如今這是'閉門家裏坐,禍從天上來'。既然遭這個事,没别的,求先生多分心招護④,我們該當給衙門諸位道乏,還要求先生指教我們一個辦法,我們好遵命辦理。"雷説:"這案事中間給你們招護

---

① 科房:地方衙門的書吏辦公機構,按職能分爲吏、户、禮、兵、刑、工六類,統稱"六房"或"六科"。
② 刑:原作"刊"。刑房:地方衙門裏主管案件的部門。
③ 損:原作"捐"。
④ 招護:招呼。

著,那也不用你託咐,我們自然要想法子給你擇脫①的。至於説該當怎麼道乏,那我不能給你出主意的。你可聽明白了,太爺在這個地方兒也做了四五年的官了,從來不要錢的,是一位青天父母,你也知道的。再説我和刁頭兒,我們倆是不使一個大錢的。你有甚麼意思,不過就是跟太爺的二爺們和科房的夥計們、班兒上的夥計們,給他們道個乏就是了。我聽聽你的意思,是打算預備怎麼個數兒。我們要能給你辦,就應起來給你辦。若是我們所辦不下去,我們不管就是了。刁頭兒,你想這話是不是?"刁説:"不錯,是的。"曹説:"先生這一番的厚意,我們真感情不盡。不瞞先生説,這兩年我們這買賣是真不好,連嚼過兒都賺不出來。如今忽然遭這個事,真没法子。我算計了會子,就是七拼②八湊,至多也就是湊這麼二百兩銀子的光景,多了是真不行了。"雷説:"你不過就能湊二百兩銀子,多了不行了?"曹説:"是的,多了是真拿不出來了。"雷説:"可是我忘了,掌櫃的貴姓啊?"曹説:"豈敢,我賤姓曹。"雷説:"大號呢?"曹説:"不敢當,草字蕪田。"雷説:"曹蕪田。那麽從先天津那個曹老師曹福田③是令兄麽?"曹説:"先生别打哈哈了,若是我有那麽好哥哥,我還不在這兒做買賣了。"雷説:"對了,你若有那麽好哥哥,你也早就上天津跟著填砲眼去了。"曹説:"先生怎麽説這樣話?我並没敢得罪先生啊!"雷怒色説:"甚麽得罪呀?這麽一件人命重案,一張口就打算拿出二百兩銀子來,毅給誰的呀?這二百銀也算錢麽?好容易盼望你們打這麽一塲漂亮官司,你既説話不懂交情,我們也不必管你這個事。你跟我們到衙門去,你自己和他們説去。還告訴你説,太爺這幾天公事很忙,得過個十天八天的纔能下來相驗哪。你先關上舖子,看著這個箱子。刁頭兒,把他帶上,偺們回衙門去罷。"雷站起來要走,孫仁忙過來勸説:"先生别生氣,請坐一坐兒,偺們再商量商量。"雷説:"没甚麽商量的。"刁和曹説:"掌櫃的,不怪雷先生生氣,本來没你那麽説話的。你想一想,二百銀要了這麼大的事,那不是夢話麽?我們先生做事,最講究積功累德,你眼睛太不認得好人了。你快説正經話,是打算怎麽辦罷?"曹説:"您不知道,我是叫這件事把我鬧迷惑了,我也不知道是預備多少好了,求您告訴我個大概的樣子罷。"刁

---

① 擇脱:開脱罪責。
② 拼:原作"搨"。
③ 曹福田:清朝末年天津義和團首領。

說："我告訴你，這案事至少也得五百兩銀子纔辦得下去哪。"曹說："就是，我預備五百兩銀子就是了。"雷和刁說："這可是你答應的，你和他們説去，我可辦不了。"刁説："先生不用管，我求他們去就是了。"曹送過銀票來，交給刁，説："刁爺您瞧，這是一百兩一張的，五張都是阜康銀號的。"刁點完銀票，説："這案事直便宜你。我告訴你説，你快找出左右四家鄰居保人來，叫他們預備好了甘結，回頭太爺就來相驗，叫他們四家鄰居在這兒伺候著問話，你們在院子裏預備好了公案桌子。"又和雷説："先生，偺們回去罷。"雷怒色説："走！真把我氣壞了。你們想著，像這樣兒官司你們一年多打兩場就得了！"説完都走，毛頭兒説："先生回去了？"雷説："回去了。"雷、刁走後，曹送給毛頭兒十兩銀票，説："毛頭兒，我這兒有一點兒小意思，你喝盅酒罷。"毛説："得了您納，你們快①都預備好了罷，我到衙門伺候太爺去。"

毛走後，孫仁等預備公案桌，看熱鬧人來站住不動。甲説："這個當舖甚麽事啊？"乙説："聽説遭了人命官司了。"丁、高倆人閒趣達來了。丁説："偺們瞧瞧，這個當舖是有甚麽事啊？"高對甲問："可是您聽説這個當舖是有甚麽事麽？"甲説："聽説有人害死了一個人，把死屍裝②在一個箱子裏，給當舖送來了。"高説："好啊，害了人還要把死屍當幾個錢使喚麽？"丁説："他到不是爲當錢哪，他這是和當舖有交情，送禮來了。"丁説："偺們別説話了，你們瞧，那邊兒衙門來人了。"

毛頭兒大聲説："閃道！太爺來了！"知縣進內坐下，當舖人一齊上前請安，説："小的們迎接太爺！"四家鄰居在傍站著，手拿甘結。雷書辦説："地保，先把鄰居的甘結拿來。"毛頭説："喳。"地保把甘結要過來，送交雷手，雷交給知縣，説："請老爺看一看，這是四家鄰居的甘結。"知縣看完，説："叫他們四家鄰居尤、滑、支、屠過來問話。"四人答應："是。"四人上前，尤説："小的尤道家。"滑説："小的滑守萬。"支説："小的支應式。"屠説："小的屠孝立。"知縣説："你們準知道這當舖不能害人麽？"尤道家説："小的在這兒開油坊有十年了，準敢保這當舖不能害人的。"知縣又問："你們那三家怎麽樣？"滑説："小的是在這兒開玻璃舖，和這當舖掌櫃的姓曹的是親戚，敢保他萬不能害人的。"支説："小的是在

---

① 快：原作"快"。
② 裝：原作"斐"。

這兒開織布局子有六年了，敢保這當舖決不能害人的。"屠說："回稟太爺，小的是山東萊州府的人，在這兒開著個湯鍋，是個粗買賣。若說這當舖姓曹的掌櫃的，倒是個很好兒的人，就是愛喝個酒，有點兒酒皮氣，他可不敢害人。若是太爺查出那個人是他害的，可以把我這屠戶拿去治罪。"知縣說："叫他們四家鄰居在甘結上畫上押罷。"雷說："尤、滑、支、屠，你們在這甘結上畫上押。"四人畫完押，知縣吩咐："叫衙役把箱子打開，叫仵作相驗。"雷說："本舖子的人都要在這兒站著，眼同相驗。"舖子人答應："是。"

賈章義來，問高明："高兄久違，您好啊。您在這兒看甚麼哪？"高說："賈兄您好啊。您上那兒去？您來看看這個當舖驗屍哪。"賈說："是麼。"

衙役說："你們拿鎚子來，好打開這個鎖呀。"舖子人取鎚子去。又有衙役大聲說："地保你瞧，閒人都擠進來了，趕①出他們去，把門關上。"地保說："這門早擠掉下來了，關不上了，你們往外散散罷。"鎚子取來了，打開箱子了，衙役仵作一看，說："啊，這是甚麼呀？這不是一條死狗麼？"雷說："拿出來看看。"衙役仵作二人拿出來，說："實在是一條死狗，並不是死人。"衙役過來稟知縣說："回稟老爺，箱子裏是一條死狗，並不是死人，也並沒別的東西。"知縣說："等我看看。"知縣看完說："既是死狗，把那甘結都發還他們，回衙門罷。"知縣走了，地保大聲說："閒人閃道，太爺來了！"雷和曹說："這場官司真便宜你，你好好兒的給狗送個殯罷。底下你們做買賣少招怨，這都是怨毒啊。"曹說："先生回去了。"

賈章義說："怎麼弄這麼一條死狗給當舖送來？這是甚麼交情啊？這當舖素日做買賣頂仁義了，怎麼會遭這個事呢？"甲說："得了，仁義甚麼呀！您是不知道，頂可惡了。這不定得罪誰了，叫人收拾這麼一下子，叫他傷財受驚受氣，這也是他們的報應啊。"賈說："原來如此，我實在不知道這個舖子這麼得罪人。"乙說："這不知道是那一位有陰功人幹的。"高說："偺們走罷，明兒來瞧給狗送殯罷。"丁說："巧了這個掌櫃的還得給狗穿孝了罷。"大家一笑而散。

---

① 趕：轟。

明治三十九年十二月二十五日　印刷
明治四十年一月十日　　　　　發行

版權所有　不許複製

編者　　金國璞
發行者　北京日本人清語同學會
右代表者　瀨上恕治
印刷者　市山重作　　　　長崎縣北松浦郡平户村六百七十二番户
印刷所　德興堂印字局　　清國北京東單牌樓三條胡同

發賣所　德興堂印字局　　清國北京東單牌樓三條胡同

大販賣所
日本東京市本鄉區本鄉三丁目　　文求堂書店
清國北京東單牌樓大街　　　　　日華洋行
清國天津日本租界壽街　　　　　白木東京堂
北京琉璃廠　　　　　　　　　　各書舖

中國話

解　題

　　《中國話》是手鈔的北京官話課本。封面左側豎行書寫"中國話"三字，右上方題"岐先生著"，下有"自第一章到第五十章"雙行小字。封面另外還用極細筆迹題"宮島咏士筆"，"咏士"即宮島大八的字，可見此書應由宮島大八鈔錄。封面右上方有似"昔园"的反面字迹印痕，疑爲藏書者的印記。封面左下角有"方香"二字，疑爲藏書者的姓名。

　　全書未標注頁碼，共122頁。前112頁的書口均題注"懿文齋"，最後10頁的書口題注爲"松竹齋"。懿文齋和松竹齋都是北京琉璃廠著名的南紙店，松竹齋於1894年開設連號"榮寶齋"。書中還有關於俄國內亂、江寧捻匪的談話，因此可以推測，《中國話》的成書時間應在1894年前後。

　　從字迹看，至少有三人參與鈔錄，另有多人加以增删修改。部分後來添補的字迹較爲工整清秀，大部分字迹粗劣，多有錯訛。字體缺筆少畫，可見漢字書寫能力不强，如"麽"爲"麼"，"泥"爲"泥"，"章"爲"章"。別字較多，如"失－夫""跕－站""苦－若"等，章節標題中"十""拾"混用，漏字、衍字、錯序等更是不勝枚舉。

　　全書豎排，每頁9行，每行約12字。用空格表示對話角色轉换，用空心圓圈表示較長停頓，用"、"表示簡短停頓。文中時見夾排雙行小字，有的是爲遷就版面篇幅，有的是同義詞並列供選，有的是對前文加注釋。

　　全文共分五十章，對答形式，交談對象有主僕，也有親友，交談內容包括購物、借貸、家務、堂會、求醫、設塾等，涉及出殯、送親、買房、宴請、倒趕城等風俗，語言形式也有鮮明的時代特點，如地名"蜜雲"、尊稱"您納"等。

目　録

第一章 …………………………………………… 393
第二章 …………………………………………… 394
第三章 …………………………………………… 395
第四章 …………………………………………… 396
第五章 …………………………………………… 397
第六章 …………………………………………… 398
第七章 …………………………………………… 399
第八章 …………………………………………… 400
第九章 …………………………………………… 401
第十章 …………………………………………… 402
第十一章 ………………………………………… 403
第十二章 ………………………………………… 404
第十三章 ………………………………………… 405
第十四章 ………………………………………… 406
第十五章 ………………………………………… 407
第十六章 ………………………………………… 407
第十七章 ………………………………………… 408
第十八章 ………………………………………… 409
第十九章 ………………………………………… 410
第二十章 ………………………………………… 411
第二十一章 ……………………………………… 412
第二十二章 ……………………………………… 412
第二十三章 ……………………………………… 413
第二十四章 ……………………………………… 414
第二十五章 ……………………………………… 415
第二十六章 ……………………………………… 416

第二十七章……………………………………………………… 416
第二十八章……………………………………………………… 417
第二十九章……………………………………………………… 418
第三十章………………………………………………………… 419
第三十一章……………………………………………………… 420
第三十二章……………………………………………………… 420
第三十三章……………………………………………………… 421
第三十四章……………………………………………………… 422
第三十五章……………………………………………………… 423
第三十六章……………………………………………………… 424
第三十七章……………………………………………………… 425
第三十八章……………………………………………………… 426
第三十九章……………………………………………………… 426
第四十章………………………………………………………… 427
第四十一章……………………………………………………… 428
第四十二章……………………………………………………… 429
第四十三章……………………………………………………… 430
第四十四章……………………………………………………… 431
第四十五章……………………………………………………… 432
第四十六章……………………………………………………… 433
第四十七章……………………………………………………… 433
第四十八章……………………………………………………… 434
第四十九章……………………………………………………… 435
第五十章………………………………………………………… 436

第一章

阁下没念書麼？

今兒①有事，没用工②。

元兄上那去了？

他出前門了。

得多偺回來哪？

您是有甚麼事麼？

有點兒事，不要緊的。

甚麼話，您告訴我，我替您説罷。

上次元兄求了我一件事情。

光景是萬和古玩舖墨踪③的事？

喳，不錯，我説明白了，今兒個早期④來。

他早期等着您，没見您來，故此他走了。

昨兒晚上，我合⑤相好的喝酒説話兒，睡晚了，今兒響⑥八下兒鍾起來，所以把約會兒就悮了。

那您怨誰哪！

他那個帖合字，給他的那個價兒，他是賣不賣？

賣是賣了，後來元兄又不要那字了，净要那帖，給他一半兒錢。

那麽你們見了再説罷。

就是，您見了元兄，説我後天來。

喳，我不送了。

---

① 兒：底本多作"兇"。以下不再一一注出。
② 用工：用功。
③ 墨踪：書畫作品。
④ 早期：早起，早上。
⑤ 合：和。
⑥ 響：原作"項"。

請,請。

第二章

雲二,你到袁老爺那兒,請袁老爺來。
喳,您還有別的事麼?
那兒有我一雙①鞋,一雙毛兒窩②,一雙襪子,都給我帶來。
喳,那麼我就去了。
你急去快來。
是。老爺,袁老爺今兒醉翁堂請客,沒在家。
我的東西你挐來了麼?
都拿來了,您瞧對不對?
是了,你擱在我那屋裏去罷。
是。
你給我找③個棚匠來。
偺們這塊兒沒有。
你瞧天是冷了,也得糊裱糊裱。
喳,我待會兒在別的地方兒找去。
很好,這個事情我可交給你辦了。
是了。老爺,天已然十二下兒多鍾,給您開飯罷。
不喫了,我還要走哪,回來再喫罷。
喳,比方要是袁老爺來,您不留甚麼話麼?
你說的對,倘若是有客來的時候兒,叫他們等我,説我這就回來。

---

① 雙:雙。
② 毛兒窩:棉窩,鞋幫及踝的棉鞋。
③ 找:原作"我"。

第三章

　　昨天讓您費心了。
　　實在的不成①敬意。
　　昨天貴介說，没事叫我來，有話相商②。
　　喳，我請您這兒來閑談々，並且您又賞他錢。
　　豈敢々々，討臊的很。
　　您現在没事呀？
　　喳，這兩天是静閒。
　　很好，我這幾天也是悶的慌。
　　那広，我合您下盤棋罷。
　　可以，我陪着您納。
　　您可得讓我倆。
　　您要那麽説，我不下了。
　　就是，那麽您先擺罷。
　　老爺，余老爺打發人送東西來了。
　　你告訴他，把東西留下，叫他去罷。
　　他説要面交，有話説。
　　你去叫他進來。
　　喳。
　　你有甚麽話？
　　喳，余老爺昨兒合您説明白的朝珠③補褂④，今兒拿來的不是那一分兒，讓您瞧瞧合式不合式。

---

① 成：原作"誠"。
② 商：原作"商"。
③ 朝珠：穿朝服或吉服時胸前所挂的一百零八顆圓珠串。
④ 補褂：清代禮服叫補服，圓領，對襟，平袖，前後各級有一塊方型圖案以區分官爵大小，即補子。

可以[帶/用/使]①的，我現時陪②着客哪，你先回去罷，有甚麼話，我們明兒個見了再説罷。

喳。

第四章

老爺，我告兩天假。

你有甚麼事？

我們把子③大爺家聘姑娘。

他在那兒住？

就在海子小紅門④。

是在南苑裏頭，是落鄉⑤哪？

地名是柳林庄。

那兒有幾座燒鍋？

也不算多，纔三座。

那麼你明兒回來，給我帶個四五觔酒來。

喳，拿甚麼裝好？

你拿那個洋礠子，行不行？

足行。

別摔了。

不碍事。

---

① 該書豎排夾雙行或三行小字，包括三種情況：一、在有限的空白中儘可能增補字句；二、可供替換的詞句；三、對正文內容加以注釋。整理本將第一種情況中增補的字句錄入正文，第二種情況的替換詞句以"[／]"表示，第三種情況的注釋內容以"（）"表示。

② 陪：原作"倍"。

③ 把子：結拜的兄弟。

④ 海子小紅門：此處指"南海子"，在北京城南十公里，由於地勢低窪，常年積水而得名。後來修建了行宮，又稱"南苑""舊宮"。行宮在東西南北四個方向上各開有一個門，其中北紅門爲南苑的正門，乾隆年間在北紅門東邊所建的一個門稱小紅門。

⑤ 落鄉：老鄉，平民百姓。

後兒你早些兒回來。
是,那我就去了。
你走的着①外國店麼?
我這是出哈達門,那在大西裡哪。
不用了,你去你的罷。你叫廚子來。
(廚子說)喳,老爺甚麼事情?
今兒晚上有客來,你給預備②晚飯。
喫甚麼您納?
你預備四碟兒、四碗兒、倆鍋子。
老爺,幾位客?
四位,連我們合記六個人喫哪。
喳,是了您納。
快快兒的,別顢頇③。
您放心,悮不了。

第五章

您昨兒同着那位,他是幹甚麼的?
以先④他是紅貨行,如今喫上長安路⑤了。
我昨兒個瞧他那個神[氣/色],又仔細又貧。
他這而今好多了,要論素常過日子,再沒比他儉省的了。
雖然是安分守己、克勤克儉的為是,也不可以太[嗇吝⑥/刻薄]了。
喳,您瞧他那個人,出來一天,不用想他多花費一個大錢,稱得是一點兒況

---

① 走的着:能走到。
② 俻:备。
③ 顢頇:糊塗,馬虎。
④ 以先:從前,先前。也說"從先"。
⑤ 喫長安路:做官員的隨從。
⑥ 嗇吝:吝嗇。

為也沒有。

　　這個人好是好,惟奈是"刻薄成家,理無久享"呵。

　　是是,俗言說的:"自家不能儉省,待人不可不豐阜①。"

　　喳,他的家當兒怎麼樣?

　　他足有個萬數來兩銀子的家當兒。

　　您這麼合他相好,他也大方過沒有?

　　我們交往了這麼些年,直沒毌見他開通過。

　　咳,這個人無味極了,始終也不過落個看財奴。

第六章

　　孟老爺,您起來了?

　　那一位?請屋裏坐。

　　您早起來了?

　　纔起來不大會兒。

　　我這兒有池老爺一個請帖。

　　甚麼事情?

　　光景是明兒晚上,請您宴慶堂會客。

　　在座的都是誰?

　　不曉的。

　　甚麼時候兒?

　　六點鐘②會齊兒。

　　那麼你回去說我必到。

　　喳,您明兒去,告訴他們車上預備燈籠。

　　是了,明兒回來,一定的是早不了,並且又沒有月亮。

　　那麼偺們明兒見,我還去哪。

---

① 豐阜:豐富。

② 鐘;原作"鍾"。

劳您駕，我不送了。
您請。
吳二，你把這個簾子換上。
老爺，您使那個帘子？
你上我那屋裏去，拿那個毡子的來。
喳。您瞧掛好了。
好，你把這屋子擅掃擅掃。
是，這窗户也得糊了。
不忙，等爐上火，再糊不遲。
是。老爺，您沏茶不沏了？
不要了。

第七章

這一程子，少見哪。
彼此彼此，我合人打了塲官司。
為甚麽事情？
我要説起來，叫您見笑。
豈敢，您請説。
我有個相好的［没錢/手裏素的利害①］，托我在別處兒借了一千吊錢。
有利錢没有？
説明白的，是三分錢的［行/利］息。
他每月的利錢錯不錯哪？
錯倒不錯。他説一年就［還/歸］，倒如今，他也没還。
老兄，那倒不要緊的，並且是有利不思本。
您雖然是這麽説，皆因以前言明的是一年歸完。

---

① 底本爲"或手裏素的利害"，夾注在"没錢"旁。

您既是中保來人,只可以您給他對覆①着説就得了。

不行,那頭兒等着他的錢娶媳婦,合他要錢,他没有,反到説了好些個没情没理的話。

老兄,這就是"晋閒事,落不是"。

這麽着,我就合他們兩頭兒説我不管了,我是打來告跟着。到大上月,他們就打上官司了,故此我跟着他們隨了會子衙。

第八章

老兄,您家裏有官衣裳没有?

有,用甚麽哪?

我明兒有個分子。

紅事白事?

紅事。

您現時穿大毛兒②小毛兒?

目下還不算冷哪,穿小毛兒罷。

外頭可是換了白袖頭兒③了。

可以行了。我可再告訴您説,靴帽袍套(套即褂子),一概都没有。

不碍,我家裏全有。您那時用,那時拿來。

那麽,我回頭叫人取去。

我晚上打發人送來罷。

承閣下分心了。

當然的。您後天有工夫麽?

有工夫,甚麽事您納?

---

① 對覆:對付。

② 大毛兒:珍貴的細毛皮貨,如狐皮、貂皮、猞猁皮等。粗毛、短毛的皮貨則爲"小毛兒"。

③ 換白袖頭兒:舊時衣冠换季皆有次序:"白鋒毛後换灰鼠袍褂,染銀鼠冠换銀鼠袍褂。氈冠絨領白袖頭换珍珠毛袍褂。骨種羊冠换綿袍褂。縱綾冠换夾袍褂。絨冠緞領章絨在綿夾之間,换罩袍褂。"(蔡省吾《北京歲時記》,王彬、崔國政揖《燕京風土錄》,光明日報出版社,2000年,137頁)

您要沒事,我給您引見位相好的。
喳,很好,這位是[何等/甚麼]人?
是位念書的人兒。
有甚麼功名麼?
他是[貢/監]生。
學問怎麼樣?
好俊一筆字,文章也好。
為甚麼不進塲哪?
還沒到科塲的年分哪。
那麼我後天一準在家等罷。

第九章

您帶着表哪麼?
喳,帶着哪。
您給我對對,不定對不對。
您這表慢多了。
我打算要擦擦油泥,老不得工夫兒去。
您回頭交給我拿了去,就得了。
勞您駕了,再把我這鍾帶了去。
鍾是怎麼了?
這個鍾的砝條①也折(念"蛇")②了,光景瓢子也壞了。
不要緊的,拿了去,叫他們瞧瞧,短甚麼佩甚麼,壞了拾掇拾掇。
大概也不是多兒錢手工。
他們這行不能訛人,有定的死價兒。
我那兒還有個八音盒兒哪。

---

① 砝條:發條。
② 底本"念蛇"夾注在"這個鍾"的"鍾"旁邊。

您一就事（手亦可）兒拿來一塊兒収拾収拾，不好麼？

喳，那麼我一事不求二主了。

就是，我要走了。

您納些須的等等兒，外頭頂大的風。我已然叫人給您僱車去了。

又讓您費心，我是怕極了刮風了，您説我有甚麼法子。

第十章

昨兒，我［起/打］您那胡同裏走來着。

上那兒去了您納？

給相好的送了送行。

您怎麼不到家裏坐坐兒？

我不知道您住的是那個門兒。

您起西［邊/頭］兒數，路北裏第倆過道門兒。

呵，是了，您那門口兒站①着位漢裝②是誰？

多大歲數兒？

二十來歲。

梳着甚麼頭？

大畧是平三套③。

那是我們的親戚。

差一點兒我想錯了。

您疑惑甚麼了？

我還當是令正④哪。

---

① 站：原作"跕"。
② 漢裝：穿着漢族服裝的人。
③ 平三套：婦女髮髻樣式，頭髮分綹，盤插腦後，三套綰成髮髻。
④ 令正：尊稱對方的正室妻子。

不是,我們賤内永不站①門子②。
您那房子是自己的麽?
不是,那是我前年典的。
府上多少口人?
纔六口人。
您的父母在堂不在堂了?
已然都去了世了。
那麽都是甚麽人哪?
我們兩口子,倆孩子,一個使唤丫頭,一個老[媽兒/婆兒]。
這麽六口人,我就明白了。

第十一章

老爺,顧老爺説没事請您到那兒有話説。
你没問有甚麽事麽?
光景是合您商量公東兒的事情。
你䀛見誰在那兒哪?
姚老爺,還有一位。
你認得不認得?
不認得。
你瞧是怎麽樣兒的人?
瞧那樣兒,彷彿是戲子似的。
你在這屋裏照應着點兒,我去瞧瞧去。要有客來,你言語一聲兒。
喳,您請罷。我就手兒給您歸綽③歸綽。趕到您回來,也就清楚了。

---

① 站:原作"跕"。
② 站門子:舊指妓女,也貶指婦女站街:"如每日傍晚時,多有倚立門外,觀望來往車馬行人,俗謂之站門子。不獨小家爲然,即中上之家,亦往往如是,殊可怪也。"(胡樸安著《中華全國風俗志·下篇》,河北人民出版社,1986年,130頁。)
③ 歸綽:歸置,整理,收拾。也作"歸着"。

很好,我回來的快①。要是有人找我,就說我沒在家。
那麼您得甚麼時候兒回來哪?
至多也就是邦擦黑兒②,你在家留點兒神,把裏頭屋的火爐上。
喳,老爺,車來了。
是叫的車,是外僱的?
碾房裏的車都趕出去了,這是口子③上僱的。
是了,你去把我這包袱擱在車上。
喳。

第十二章

您前者④不是說,令親要走了麼?
喳,昨兒起的身.
是實缺⑤是候補哪?
是榜下即用⑥的。
那一府?
福建寧波府。
好俊一個省分。
近來蕭條多了。
是由旱去的,是走水路哪?
先走旱路奔王家營子,起那兒再坐火輪船。
這是携眷去的麼?
是帶家眷去的。

---

① 快:原作"快"。
② 邦擦黑兒:剛擦黑兒。
③ 口子:某行業的非正式營業場所,同業者臨時聚集接頭的地方。
④ 前者:以前,過去。
⑤ 實缺:正式官職。
⑥ 榜下即用:新科進士參加殿試和朝考後按名次立即授職。

您送行送在那兒？
昨兒送在永定門就回來了。
我今天還要找您去哪。
有甚麼事麼？
求您給我寫封信。
您拿八行書①來，我馬上就寫。
好的很，您寫出語兒②，回頭再續事。
這一位是您甚麼人？
是我老世交的兄弟，皆因我老沒有見他信，我不放心。
喳，是了，我要下筆了，寫的好不好您擔連一二，可休要見笑。
老兄，您太謙恭了，您自情寫罷。
現醜現醜。

第十三章

昨天您府上有客來了麼？
不錯，足下怎麼曉得？
皆因今天早晨③遇見貴相契④，纔知道的。
是小弟的敝友，因為新近到的京，倒是特意來望看我來了。
貴相識是甚麼地方兒的人？
他是江右⑤的人，我在上海認識的。
進京來有事麼？
他本是外省的遊擊⑥，新保的參將，故此今年揀選來的。

---

① 八行書：舊時印有紅格的信紙，多爲竪排八行。
② 出語兒：書信開頭的話。
③ 晨：原作"辰"。
④ 相契：朋友，互相投合的人。
⑤ 江右：指长江下游以西的地區。
⑥ 遊擊：武官名，從三品，次於參將一級。

據小弟看,那位的相貌,倒是員武將,不知道是胸中的韜畧[怎麼樣/如何]。

可以的,雖然没有三韜六畧,也可稱是久歷戎行。

昨天此公來,没題①到中外的關繫呀?

也不過畧畧的談了談。

眼下俄國的内亂如何哪?

那倒没聽見説,現在江寗②的捻匪鬧的很利害。

咳,這就是"方見西夷征北俄,復看中華戰南蠻",天下的大局是一言難尽了。

第十四章

老兄,您見着偺們相好的王允亨了没有哪?

見是見着了,您別題了,他家的内[亂/憂]是糟③極了。

您既説這話,您總知道底細。可以談談哪。

喳。允亨他斷了絃了,您準知道。

那個我早已就知道。

他娶過兩房了,他這個兒子是庶出,不是[嫡/正]夫人養的。

那個我也知道,生養他的時候兒,辦④滿月,我還行情去了哪。

由打去年,允亨買了個丫頭,可就奴在房裏了。

老兄,這我就有點兒明白了,打頭這件事就是禍之苗。

您説的對,就起這兒起,没有一天不打架拌⑤嘴的。

如何?像這樣兒的多了。而且允亨那個人是遇事則迷的人。

您切記著居家的道理,並且"家有千口,主事一人",全仗着是主人調度,不

---

① 題:提。
② 江寗:江寧,今南京。
③ 糟:原作"遭"。
④ 辦:原作"辨"。
⑤ 拌:原作"辨"。

然是何愁不亂哪。

第十五章

您乘着走。
禮當禮當。
閣下這是上那兒?
到南城虎坊桥兒,望看位朋友。
新近貴府上是合甚麼人動氣來着麼?
喳,不要緊的,因為是合隔壁兒的街坊傷了點兒和氣。
我聽說鬧的很沉重,我正要上閣下那兒去,又聽說有人給說合了。
讓您納掛①心,這件事是"事從兩來,莫怪一人"。而今算是平復了。其中有[好些/若許]位朋友出來,已然都見了面兒,沒了事了。
就皆因有一天,我聽范子如說,我始終其細,不知道是因為甚麼。
題起來不值的,所因是底下人合底下人起見②,後來是小弟合他們的主人。
老兄,您不必動這個③氣。既有相好的給說合了,此後誰也不必計較誰。
喳,不能,並且我們彼此都是遠日無寃、近日無仇的。

第十六章

我說件事,是大同小异④,要是當差應役辦理的不善,就是平素居家,也必是治理的無方。

---

① 掛:原作"掛"。
② 起見:產生意見。
③ 個:原作"佪"。以下多處不再逐一注明。
④ 异:原作"意"。

老兄,這話也不然。您看我們[家兄/舍弟],他由起某年幫辦糧臺①,後來得的保舉入的部,把官事調度的有條有欵的,[然/始]而是家道亂極了。

您聽這話是這麼說,要按修齊治平,是一個說法。要按人之所長,或者是性之所好,又是一個說法兒。閣下說的也勿謂之是假的。

是,我要合[別/外]人說,一定是不知道,我們[舍②弟/家兄]的為人,大概老兄有個風聞。

是,是,我雖然是沒目覩,我也聽見別人談論過,說是家務事簡直的不甚明白,官事可是通達極了。

不錯,他就是熟習官事,別者是一無所能。細想人的秉腑,是不得一個樣。各人有各人的所長。

第十七章

二位上那兒?

瞧賽跑的去。

甚麼地方兒?

齊化門外頭苗家地。

跑了多少天了?

跑了兩天了,還有兩天哪。

我今兒同您一塊兒去,行不行?

行了,您回頭騎我那個小馿兒去罷。

不用,我愛慢慢兒趬達着走,不愛騎牲口。

我們不知道您去,所以我叫了輛車。那兒有我們倆坐車、您步行兒走的哪?

大哥,偺們原來不分這個,再者親戚有遠近,朋友有③厚④薄哇。

---

① 糧臺:清代行軍時沿途所設經理軍糧的機構。
② 舍:原作"合"。
③ 有:原作"友"。
④ 厚:原作"原"。

就是就是,那麼您是起那兒來?
打衛門來。
這些天有事沒有?
没事,皆因昨天的堂齊,今兒到那兒瞧瞧。
您看外頭天不早了,是您先走,是我們先走?
您二位坐車的先請,我隨後就到。
那麼,我們一準的在那兒等。
喳,您二位走罷,這都是自家弟兄一樣,後來不必拘呢。

第十八章

我請您明天到燕喜堂替小弟張羅張羅,可以不可以?
仁兄,您有甚麼事麼?
没别的事,就是年例的堂會。
大概有多少桌哪?
不多,向[年/例]是預備六七拾桌。
您叫我去作甚麼哪?
求您晉晉帳,再查看查看出入的錢財。
老兄,我一人不行,我那兒照[看/應]的過來呀。
無妨,還有我們舍親哪。
帶晚兒不帶哪?
帶晚兒,夜裏一點鍾[止/然]戲。
您那天午酒晚飯完了,還有夜[消兒/喫兒]哪麼?
有一桌果酒點心。
那麼大家是在城外頭住下,還是進城來哪?

您愛惜①在那兒住，也有地方兒，不[愛惜/然是]得倒趕城②。那是隨自己的便兒。

大哥我可是先期說明白了，我那天可得倒趕城。因為第二天有個分子，是不能不去的。

老兄您放心罷，悮不了，就悮不了。

第十九章

刻下③的天已然是涼了。

是，按着節氣，可該當冷了。

您這些日子沒逛逛麼？

這兩天傷風咳嗽，有點兒不舒[坦/服]。

您總是出去趕達趕達、解解悶兒的好。

我想沒[地方/處兒]可去，您也是沒事麼？

喳，我又太忙了，一天到晚，除了官差就是私事。

還是大小有個事兒。像我這靜閒着，是一件無味的事情。

這也是您的修緣好，纔能這麼逍遙自在的。

豈敢，也不過是無能之輩④，絲毫直沒甚麼宜處。

那兒的話哪，我們是起早睡晚，終日的奔奔忙忙。

您現在[上/該]着班兒哪麼？

大前天下的班兒。

您多偺還進裏頭去？

不去了，景運門的差使我擱下了。

您由那兒來？

---

① 愛惜：喜歡，樂意。
② 倒趕城：清代北京每到晚上六七點鐘關閉城門，午夜開啓一次，前一天未能進城的人趁此時回到內城，即爲"倒趕城"。
③ 刻下：眼下。
④ 辈：輩。

給我們舍親賀喜去了。
您請坐,我可不陪了。
閣下請,請。

第二十章

現在天是變了,不差甚麼爐上火罷。
是,我這屋子很窄,昨兒爐了一爐子,今兒又撤了。
喳,您這門口兒的車,是有甚麼事麼?
没有事,是余兄上蜜雲①縣的車。
去幾位?
兩位。
有甚麼事情?
没事閒逛去。
您不餞行麼?
他是閒逛去,並且又不遠兒。
是,是,您現在幾位先生?
三位。
您學習甚麼哪?
滿洲話合北京的俗話。
您學了多少日子了?
學了還不到半年哪。
閣下臉上的氣色不見好,是不舒服了麼?
皆因大前兒着了點兒涼,不愛喫東西。
近來的時令不正,千萬的得慎重,不然那不是[當耍/児戏]的。
蒙閣下的惦念,起昨兒見好,就是没精神。這兩天我也没用功。您今兒來很好,我求您件事情。

———

① 蜜雲:密雲。

喳。

第二十一章

　　兄台,您瞧一夏天没下雨,這快入冬了,倒鬧起連陰天來了。
　　皆因今年節氣晚,不然怎麼還下雨哪。要按[往/每]年間,早就下雪了。閣下的貴恙好了?
　　喳,喫了兩劑藥,刻下算是好了。
　　您請誰瞧的?
　　花園兒宓大夫。
　　甚麼堂號兒?
　　保安堂。
　　他是内外兩科麼?
　　是,他門口兒匾上寫的是"兼理内外兩科,男婦老幼,大小方脈"。
　　小弟也是久仰很高明,始而是[老/永]没有會過面。
　　那位大夫的脈理很好,就是藥劑子太[大/小]。
　　老兄,那大夫都是對症發藥,不在藥的多少,只要見功效為妙。
　　請您納頭盞來開的藥位①[太/過]重。
　　您倒別害怕。要是大夫没有準把手②,他是決不敢出馬③的。

第二十二章

　　昨天我上順治門,可笑[之極/極了]。
　　您是怎麼了?是甚麼事哪?

---

① 藥位:藥味。
② 準把手:本指具有熟練操作技能的人,此處借指熟練的技能。
③ 出馬:出診。

我走在長安街,碰[倒了/躺下]一個小車[子/兒]。

您的車碰的麼?

不是,我騎着馬來着。此馬一眼岔,就把小車子撞在甬路①底下去了。

那推小車子的他荅應麼? 我想他是一定的不依。

他瞧我不定是甚麼人哪,倒唬的他抱頭鼠躥的跑了。

您又不知道了,那推小車子的,他不是鄉下老兒,就是剛進②的[京/城]。

這麼着,我就[趕緊/急忙]的走了。我一邊兒走着,一邊兒笑。

老兄,您看我在城裏頭,老不敢騎那有性子的馬,因為不定那時就惹[禍/亂兒]。

昨天我騎馬出去有個緣故,皆因街上濘的利害,坐車不方便。素常我是不愛喜騎,騎馬太張心③,故此我上那兒都是坐車去。

第二十三章

跟班的,車來了沒有?

來了,可是口[兒/子]上僱的。

舖子裏沒車麼?

沒了,這輛車雖然是僱的,可是輛很[好/齊整]的車。

你問他車上有帘子沒有?

有帘子。

把我的那個皮褥子鋪在車上。

老爺,鋪好了,您還拿甚麼?

不拿甚麼。有人找我,你說我上交民巷了。

喳。厨子問您納,晚上給您預俻飯不預俻?

我出去[不一定/沒有準],等我回來再作飯也[行/可以/好]。

---

① 甬路:樓房之間有棚頂的通道。
② 底本無"進"字,依文義補。
③ 張心:勞神,操心費神。

喳,那麼等老爺回來再説罷。
你晚上想着把火爐子爌的旺旺兒的。
喳。您瞧西南上,天可不好,[光景/大畧]是要起風。
不錯,起那一角[上/了]混上來了。
您帶着風領兒①没有?
没有,你去取來。
在那兒攔着哪?
就在我屋裏書閣[子/兒]裏頭哪。
喳。老爺,趕車的錢我已然給了。
知道了。

第二十四章

這兩天没見,您上那兒去了?
我們敝友們團拜,我在南城待了兩天。
前門甚麼地方兒?
文昌舘裏。
有戲没有?
没戲,叫了拾幾個相公②。
老兄,這相公們也會唱麼?
唱的還更好哪。
都是甚麼腔哪?
昆腔、弋腔、二簧,都會唱。
您多偺進的城?
今兒早期,昨天趕城没趕進來。

---

① 風領兒:用來抵禦風寒的披風斗篷類衣物,多爲官員外出時披裹於袍服外,春秋多用緞,夏用紗,冬用貂鼠等毛皮。
② 相公:雛伶旦角。也稱"相姑"。

我聽說前門不是開夜城麼?

是,是,那叫倒趕城,小弟又沒有急事,要是黑徑半夜①趕趕羅羅②的,那是何苦③哪。

但凡沒有要緊的事,那夜城不必趕。或者是有車,那還到可以。不然進了城,路静人稀,是苦極了。

兄台論得是。我先幾年就受過這麼一回罪,趕到進了城,是漆黑,連個燈籠爛直没處兒買去。

我也是經過了,故此我再也不上那個當④了。

第二十五章

您看他偌⑤大的年紀了,不但没有火耗⑥,而且是一點兒含容⑦没有。

您怎麼知道的這麼[透澈⑧/底細],您合他同事來着麼?

可不是麼,我原先知道他是個年高有德的人,趕到昨兒一共⑨上事,我纔明白了。

您合他辦甚麼事來着?

為不要緊的,題起來叫[別人掂分量/人家量腸子]。

他那個人,一味的是愛小,還有點兒"氣人有,笑人無"那個脾氣,還有"上炕認的女人,下炕認的錢"。

不錯,您倒比我知道。皆因他那一天,托我給他買銀子要賣。

老兄,這是很巧的了,此謂之是"買金的遇見了賣金的了"。

---

① 黑徑半夜:黑更半夜。
② 趕趕羅羅:匆促的樣子。
③ 苦:原作"若"。
④ 當:原作"擋"。
⑤ 偌:原作"若"。
⑥ 火耗:原指碎銀熔化重鑄爲銀錠時的折耗,此處喻指包容和涵養。
⑦ 含容:寬容,容忍。
⑧ 透澈:透徹。
⑨ 共:原作"供"。

這麼我就兩頭兒辦理妥了。是日銀錢兩交也完了。過了三四天,他把銀子拿回來了,他説銀子有成色,並且分兩也不殼。他反倒説我們寃了他了,立刻就翻臉無情,是六①親不認,直到今天也没完。

第二十六章

靄亭,您在總理衙門當了十數年的差,那中外交涉的事,您知道甚②悉不知道?

我不怕您笑話我,我算是這些年的差使直白當了,我是一點兒也不[通/明白]。

那麼我聽見別人説,您的英文很熟。

您不可聽傍言傍語,那是人家[刻薄/挖苦]我。

非也,連您寫的字,人家都給我拿出來瞧了。

是誰哪?

詩撫,他給我瞧的。

老兄,當初不是那麼回事,皆因他再三的求我寫,我是簡直不會,這麼着,我急了,拿[到/在]衙門裏求夥伴們寫的。

據您這麼説,您是真不會寫了?您聽我有句話,您可別惱我,您要自強纔好哪。若不是我合您是髮小兒的弟兄,我今兒[決/斷]不能説這樣兒的話。

老兄,您這説我一味的是為好,這也是我情實的歲數兒小,蒙懂③無知,即至到而今,我趕到明白了,追之也不及了,後悔也晚了。

第二十七章

大哥,您合石老爺是甚麼親戚?

---

① 底本"六"字旁有小字夾注"路",錄此備考。
② 底本"甚"字旁有小字夾注"具",錄此備考。
③ 蒙懂:懵懂。

我們是遠一家兒,現時是已然出了五服①了。

我合您打聽點兒事。

喳,請說,請說。

那石老爺他合您是[平/同]輩兒麼?

是,他比我長一輩,是我的叔叔。

目下您納跟前幾位令郎?

要論起來,是一位也沒有。

那麼您說跟前一位小子。

咳,那又不是親生自養的,那是抱的。

難道您的這位令正夫人沒生[養/育]過麼?

我們這位[嬸母/嬸兒]起過門之後,也沒生養過。

您納有姨奶奶沒有?

有兩位哪,也是沒生養過。

本來是人不能得其十全,要論您的福壽,都可以,然而就是缺嗣。

這抱的這孩子,也是您不得已而為之。您打算在本家兒裏頭過繼,是都沒有。

那麼這麼說起來,您的本族裏的人丁不旺呵。

第二十八章

仁兄,您穿着是甚麼人的服(孝亦可)?

是小弟的一位長親。

多偺[去的世/過去的]?

新近纔出的殯。

我實在的是短禮。

事情辦的不[像事/成樣兒],不敢[知會親友/驚動人]。

擱了多少天?

---

① 出五服:疏遠的亲屬關係,可以不穿孝服。五服是從古禮沿用而來的按親疏遠近而分的五種喪服。

十三天。
貴塋地在那兒？
在八里橋的西里①。
您送下去了麼？
不但送下去了，並且當天兒没趕回來。
本來是天過短。
喳，那天起靈就不早了。
坐夜的那天有經没有？
我們舍親[原來/本來]家道是無力念經，後來相好的送了三壇經。
您的令親是甚麼職分哪？
要[講/論]官，倒不小，以先是山海關的副都統。
既是二品的大員，怎麼會家道這樣兒的苦哪？
實告訴老兄説，我的舍親作了十幾年的官，在外頭是清廉極了。及至而今，没有一點兒餘資。

第二十九章

姚二，你以先在甚麼地方兒混過事？
不瞞您説，我没在外頭兒跟過主兒。
那麼你既是民人，當初是甚麼行[次/當]哪？
我本是洋行的人，後來家業落了破了，倒當了二年的技勇兵②。
那技勇兵營，也得挑，不是纔能得哪麼？
喳，得挑。您瞧我趕到得了，這二年我差點兒没累死。
是怎麼哪？我聽説那營的差使不見苦哇。
自然是營官不苦，那兵丁是白[日/天]練技藝，黑[下/了/裏]下夜，真是白日夜裏馬不停蹄的。

---

① 里：原作"迴"。
② 技勇兵：清代步軍營負責拱衛都城，巡緝捕盜彈壓地面，善技擊者被挑選入伍，名爲技勇兵。

呵,這麼累哪,你小時候兒沒念過書麼?

老爺,皆因我們的家道不敵,是幼而失學。

那麼你所會的都是甚麼哪?

我會的就是弓馬刀石,別的是一無所能。

可惜了兒的,我瞧你到是有材料兒的,無奈你現時鬧的這麼功不成名不就,實在是可惜。

第三十章

您今天甚麼事,這麼[頂冠束帶/衣冠齊楚]的?

喳,小弟今兒有個人情。

是甚麼事情?

是相好的聘姑娘。

大哥,您回來的時候兒,到我那兒,有[句話/件事]合您[説/商量]。

老兄,不行。怎麼説哪?因為我是先送粧①,後送親。

男家在那兒?

在北新橋兒。

女家哪?

在方家胡同。

這兩[家/頭]兒的門第都相對呀。

可以,還算是門當戶對。

那即就是好。

您這話裏有因哪。

小弟皆因聽見説,是閣下的冰人②。

喳,不錯,是我作的媒。

今兒是正日子麼?

---

① 送粧:婚娶之日,女家請人陪同發送嫁妝。

② 冰人:媒人。

今兒的嫁粧，明兒娶。

您怎麼不叫輛車去哪？喳，天不早了，您也該請了。

不忙，我是給他們取上定禮，纔能[走/去]哪。

老兄，您有事，偺們過個三五天見。

喳，[失陪①/磕②頭]。

第三十一章

俗言説的："天不生無禄之人。"也[不論/別晋]三教九流，士農工商，都是各人巧妙不同。

喳，所以人生在世界上，[總得/必須]要忠厚仁義，留着有餘的地步爲是。不然而今，怎麼聰明反被聰明悮的人多哪？都皆因是捨近求遠的原故。

誠然誠然。老兄我問您，這人是聰明是好消息，是糊塗是好消息？

聰明是好消息，糊塗也是好消息。怎麼説哪？要是用的是正，聰明極是好，糊塗可次之。要是用不正，糊塗極是好，聰明次之。就彷彿用物似的，用而要當，用當可以通神。

老兄，您雖然説的是，惟奈目下不揣其本的人也不少。要據我的性情説，雖然人不能有功於世，亦可以無過於人。

您説的又不是這個道理了。我説的是：聰明本是陰騭助，陰騭引入聰明路。不行陰騭使聰明，聰明反被聰明悮。

第三十二章

我[回禀/告訴]您件事情，昨天我走在燕郊，遇見令[親/友]某，怎麼[會成

---

① 陪：原作"部"。
② 磕：原作"硫"。

了乞丐/竟自打間兒①]了?

老兄,您[不用題/別説]了,要是説起來,話很長,簡直的没個大題頭兒。

昨兒我一眮見他,我説我準是[認/眮]錯了人了。趕到臨近一細瞧,他就躲了我了,我纔知道他是。

他也不能不躲您納。皆因他的道作行爲,直不能彀見人。

我看那位某不至於如此的下流,怎麼會一旦的這麼蒙懂哪?

老兄,您看如今的時事,得自己設法自强纔是。他如今反倒鬧了個不知自愛。

據我説,也是命運[所趕/領的],而且他徃常不是那樣兒的人。

您究竟是不常合他親近,所以不知道他的秉性,也是只知有、不體人情,並且是口是心非,心地一點兒不公平。

呵,那就怪不得了。書上説的好:"天作孽猶可違,自作孽不可活。"

第三十三章

您瞧我昨天碰見了偺們相好的王□,就凴他那道[行爲/心地],他會發了財了。

您説的不然,並不是他命運好,據我説,也不過一時的僥倖,一定是長[遠/久]不了。

我想他那個人是損人利己,無所不爲,後來一準的遭報的,怎麼竟自發財②了哪?

您在那兒遇見他?

就在偺們這胡同裏。

你們倆[招手了/説話兒]没有?

我眮見他,一低頭就[過去了/走了]。

---

① 打間兒:打尖兒。原指在旅途中臨時休息吃點兒東西,用在這裏是調侃淪爲乞丐的某人,因爲乞丐吃飯也是不定時的。

② 財:原作"生"。

您怎麼會知道他發了財了哪？

我前者就有耳聞，今兒又一見，所是實了。

您今天甿見他是怎麼樣兒濶法？

小弟見他坐着輛濶車，[頭裏/前頭]有個打頂馬的①，後頭有個跟騾兒②，並且那跟役也是濶的很哪。

老兄，這就是一人自有一人福。可就是有一節，要是君子愛財，必是取之有道，小人就不然了。

而今的時事，他還論那些個麼？

第三十四章

大師父，您受過戒沒有？

喳，已然行持過了。

您[行/用]過多少年的功？

豈敢，纔三年。

在甚麼地方兒？

就在戒臺。

貴廟的道業興隆哪？

刻下小廟兒不應佛事了。

是因為甚麼哪？

本廟的當家的（俗曰，即方丈）上月圓寂的，又搭③着各施主們家簿施，未免的不能不應酬。

我回禀老師父說，先[幾/些]年，我常合各師父們[來往/盤桓]，這[些/幾]年，我出了一趟外，所以我沒合諸位法師們親近。

不敢當，多承施主們的賞臉、資助、賜光，[小/貧]僧（或僧家）也不過仰仗

---

① 打頂馬的：官員出行時，在轎子前騎馬開道引路的侍從。
② 跟騾兒：官員出門時跟在轎子後面騎騾子。
③ 搭：原作"搭"。

佛祖的慈悲,實在是很覺着抱愧。

該當的,十方善地,應當資助。再弟子還有個心願没還哪。

施主,您是甚麼心願哪?

我要擇個[好/吉]日子掛匾。

老施主,您此刻倒不必,可以往後推一推兒,因為廟裏動着工哪。您等工成緣滿,再還愿好不好?

第三十五章

那件事情您是怎麼給他們了的?

您要問這件事情,可笑極了。

您講究講究,我們也領領教。

先是某要買他的書,給了二兩銀子的定錢,他又不要了。

那就没理了,買了麼又不要。

原説是了,後來這個賣書的説,您不要也行,定錢不能穀退。

這個賣書的也有理。他説要是都像他不要了,人家賣給誰去呀?

偺①們是當間兒晉閒事,總得一塊石頭徃平處裏端。

喳,給人家説合事,不能穀偏②着一頭兒,向着一頭兒。

昨兒個,兩頭兒出來了好些個朋友,這纔③説合完了。

是怎麼説的哪?

叫這個賣書的找囬一兩銀子來,那個買主兒認一兩銀子的苦子。

這個塲面只好是給他們這麼了,也没甚麼別的法子。

是。

---

① 偺:原作"昝"。
② 偏:原作"遍"。
③ 纔:原作"讒"。

第三十六章

昨天看的那處房,我瞧着合式,他要賣多少銀?

□起來,房價倒不[貴/多],纔要七百五十兩銀子。

共合是多少間哪?

連[街門/門洞兒]一共是拾八間。

是幾套房契?

沒有契紙,就是一張白頭字兒。

那就不[行/成]了。我只當是民紅契①哪。白頭字兒,白給我我也不要。

您放心,不碍的。

不碍我也不要。

您既然説是值,何妨您順順契②哪?

要順契,是裏外裏的不[合/上]算,往返的費[週折/事],也就不[用/必]了。

老兄,您聽明白了,我也不是拉牽的③,也不是牙子④,我一味的是為好。您如果不願意,我就[立刻/趕緊]的回復人家。

喳,叫他轉賣罷,我實在的是不能留,您別躭悮人家的[事/賣]。

您總是没胆子,我要有錢,我就敢[留/買]。

您雖然是這麽説,我是非理的不敢作,而且非灾橫禍,不入慎家之門。

---

① 民紅契:漢人交易所用的紅契。繳納契税後加蓋了官府印鑒的契約叫"紅契",僅有買賣雙方商定和中人作保的民間契約被稱爲"白契"。旗人契書簡稱"旗契",民人契書簡稱"民契",二者形製有別。

② 順契:民間買賣土地或房産,買賣雙方和中人簽訂契約後,交由官方驗證辦理正式契約叫"順契"。

③ 拉牽的:促成合作的中間人。

④ 牙子:牙行的人,交易的中間人。

第三十七章

您近［日／來］没［瞧上諭／看報］麼？
喳，天天只①瞧報，您問甚麼事麼？
可也不知［江海關／津海關］道放的是誰？
上諭可還没下來哪，昨天在裏頭，風聞放的是［海俊／△②］。
這△這一盪潤差，實在的榮耀的很哪。
也可謂是陞官發財，總然是命運所趨。
趙大人在吏［部／衙門］，所没有陞［騰／發］起來，我看那差使很黑。
喳，官運不算是紅，然而是現在的掌着廣儲司的［印／鑰匙］，還算得［可以／是好］。
您這幾天没上衙門？
我托人替着哪，這些日子舍下有事。
貴衙門的堂官③是那位大人？
就是左香左大人。
當月④的是誰？
田△田大人。這二位大人的公事上認真哪？
那位左大人，辦公倒還好，就是性情太暴。
是，您別像我們敝衙門的堂官，就是一味的是貪心不足，及至我們司［員／官］們，也是没法子。

---

① 只：原作"知"。
② 底本用"△"代表人名，下同。
③ 堂官：明清時中央各部門長官在衙署大堂上辦公，故名"堂官"。各部以外的獨立機構的長官，如知縣、知府等，亦可稱"堂官"。
④ 當月：中央各部門的下設機構"當月處"，處理機構間的來往事務並監管堂印。

第三十八章

大哥,您瞧我将纔①在讀書巷兒遇見了一個人。

您認得不認得②?

不認識,他就合我說話兒,所以我合他立談了半天。

您看[這位/此公]是甚麼人哪?

我先當他是位當差使的,後來一談,敢[情/則]是個老公③。

他既是不認[得/識]您納,他合您說的都是甚麼哪?

他本是認錯了人了,後來我們一說話,言語倒很投機。

老兄,您得留神,每逢他們內閹兒④的,都不好[惹/鬥]。那脾氣秉性,合偺們是[不得一個樣/兩樣兒]。

不用您囑咐,我早就知道。他合我說,要求我給他找個事兒,您想那不是[白說/無稽⑤之談]麼?

是,您不然怎麼現時的街面兒上,得緊睁眼、慢張口哪。

喳,小弟抖個胆說,像這些事情,我不至於蒙董無知,叫人哄騙。

然而,現在的是人心隔肚皮,不能不防。大概惻⑥隱之心人皆有之,惟奈是前人撒土迷後人的眼,也莫怪是偺們的不是。

第三十九章

我聽說您府上怎麼被了盜了麼?

---

① 将纔:剛才。
② 得:原作"的",依文義據前一"得"字改。
③ 老公:宦官,太監。
④ 內閹兒:宦官,太監。
⑤ 稽:原作"計"。
⑥ 惻:原作"測"。

老兄，我不但是被盜，簡直的遭了是明火執仗了。
這是幾兒的事情？
就是大前兒［個/的］夜裏。
您都丟的是甚麽哪？
要論東西多了，大概值個七八百銀子。
您［方/剛］纔說，到［了/底］兒是賊呀，還是明火執仗哪？
不是賊，是賊那兒有拿刀動［鎗/杖］的哪？
您報了沒有？
早報了。
您府上沒傷人就好。
喳，還算沒受傷。
您那本地面上沒有下來官驗麽？
已然都驗了，也都呈上去了。
那麽您受驚了。
讓您掛①心。
小弟聽這件事情，實是有點兒不平。怎麽［說/緣故］哪？現在偺們住的，是有王法的地方兒，竟會有這沒王法的事情。
老兄，您不用晉，我自有我的個［□理/理］。目下我也不用說破了，您久而自明。我要是好惹的，我白是光棍②了。

第四十章

前者我聽見您給貴友辦理的那件事，是多虧了閣下的［扶□/週旋］。
不敢當，交友的道理，也是分所當然的，實令老兄見笑。
不然。這交親走友，事情有輕重大小之分，您不可概而論之。
喳，小弟的敝友這件事，是非同小可的。要是別位親友，也辦理［不來/不

---

① 掛：原作"掛"。
② 光棍：地痞流氓。

了]。

是，情實據我看，錢財易辦，情理難符。而且，又關乎着其中事故，實在的難極了。

您看我合他是半親半友，這件事還是非我給他了不行。難道就盯着他在衆人跟前跌跟頭嗎？

是，是。就拿這件事考較老兄，您是交朋友不含糊①，我由[這兒/此]算信伏②您了。

豈敢，那是您的台愛③。我可是愛晋閒事。我怕的是沒理的事情。只要有情理的事情，沒有不好辦的。

喳，所以人都怕的是個理。

第四十一章

仁兄，這許久未見哪！

是，久違久違，閣下府上好？

承問，都好。老兄貴體可好？

蒙您的惦念，我還要給您道喜去哪，聽説是仁兄高陞了？

同喜同喜。實是有玷官箴，不堪勝任，讓閣下見笑。

您過謙了。閣下的令親王子和這一向好呵？

喳，好。今天我來的時候兒，他叫小弟代為問好請安。

不敢當，您貴衙門裏近來沒甚麽事件哪？

倒沒甚麽事，就是上月為英國要某事的事情，還沒[定規/辦妥]哪。

您本衙門目下是幾位堂官？

八位堂官，分為是四正四副。

像您這司官，沒有一定的缺分麽？

---

① 底本該句有塗改，夾行另添字句爲"是看老兄替他辦這一件事可知道"，錄此備考。
② 信伏：信服。
③ 台愛：擡愛。擡舉，看得起。

喳,没額數,是由部裏咨選過來的。
我想是總得熟習洋情方可。
老兄,也不在乎,就是部院的司員們有幾位通達洋務的,不過是學習而矣。

第四十二章

老兄,這一向發了福了。
托庇閣下的福。
豈敢,您幾兒[進/到]的京?
到了五天了。
您由那兒徃這麽來,一路上没有阻滯麽?
喳,托福,没甚麽阻滯,水陸倒還算平安。
刻下您同事的一共是幾位?
我們兩個人,餘外有二位英國人。
您在吉林住了幾個月?
不到倆月,纔有個半月。
您看那吉林地勢寬濶罷?
那一省的地面倒不小,然而山多。
那風俗人情怎麽樣?
還可以,算是樸厚。
目下那兒的将軍是誰?
銘安銘大人。
老兄現在跟的這位上司是甚麽品級?
官職倒不大,可是欽命的駐劄外洋,特旨調來的。
那麽,閣下也隨任去?
喳,小弟也跟出去。
您這出使外洋,是奉官奉私哪①?

---

① 哪;原作"那"。

像小弟這是半私半官,就為隨帶的委員。

第四十三章

你是那鋪子的?
銀錠橋兒古玩鋪。
有甚麼事?
問問這兒老爺們,買玉器不買?
你進來,打開包袱我瞧瞧。
您用甚麼?
你有圖書沒有?
您是要玉的、水晶的、瑪瑙①的、翡翠的?
你都拿出來我看看,那樣兒合式留那樣兒。
您先瞧文玩罷。那圖章在緊底下包袱裏哪。
那個包袱是甚麼?
那是鐲子。
這個包袱哪?
這是玉珮合搬指②兒。
箔籮③裏是甚麼?
那竟是鼻烟壺兒。
我留這兩塊水晶,你要多[少/兒]錢?
說謊不說謊哪?
你說少了不賣的價兒。
您給五拾吊錢,動錢④不賣。
那個[茶/墨]晶眼鏡兒怎麼賣?

---

① 瑙:碯。
② 搬指:戴在手指上的筒形飾物。也作"班指""扳指"。
③ 箔籮:笸籮。
④ 動錢:改動價錢。"動錢不賣"就是"不講價"的意思。

那是三兩銀子,也是少了不賣。

我不晉你要謊不要謊。那兩塊水晶給你四拾吊錢,那眼鏡兒給你二兩銀子,合式你就賣。

賣不着。

你就去你的罷。

第四十四章

您這軒子裏頭,好俊幾盆[菊/九]花兒①。

喳,這兩天都開[謝②/敗]了。

您屋子裏修飾的很雅趣。

不是我[整理/拾掇]的,還是起初人家整齊的。

這正面兒的匾,是您求誰寫的?

是,是我□古農他本。

寫的實好,而且體式很古。

他本是個長於寫字的。

此公目下當甚麼差使?

是國子監的助教。

閣下這些日子沒有消遣哪?

這幾天竟抄錄公事哪,沒工夫曠蕩③。

宓兄昨天沒[上/到]您這兒來麼?

沒來。

昨兒到我家裏,他說上您這兒來,有事相[托/求],怎麼會沒來哪?

也許他遇見人了。[或/不]然是天晚了,也未可定。

不然。我是至意留他喫飯,他說務必的得到您府上,[由/起]您這兒還要

---

① 九花兒:菊花。
② 謝:原作"卸"。
③ 曠蕩:逛蕩。

趕城哪。

這事情怪道①哪。我待會兒打發人到他家裏瞧瞧去。

第四十五章

老兄，昨天上前門回來，我[打/起]您門口兒走，您的府上有事麼？
閣下怎麼知道小弟家裏有[事/甚麼]哪？
我瞧見車很多，而且是出入的人很是熱鬧。
是，您既然看見了，我不可以不實告訴您納，是小兒的[滿/彌]月。
老兄，您得了位甚麼？
得了個小子。
大喜大喜，實在我是短禮。
同喜同喜，我也是不敢知會親友們。
您[膝下/跟前]幾位世兄？
[只/就]是這一個。
喳，那麼這是頭生兒？
這是第②三了，先那倆[遭□/都死]了。
您今年高壽了？
五十二了。
您的身體很堅壯。
托閣下的福。
想來您當初身子沒受過傷（內傷）？
傷是雖然沒受，然而這一輩子也沒短了奔忙。
那兒的話哪。您今天這是上那兒去？
皆因這些天偺們老沒見，特意的到這兒來望看望看。
讓老兄惦記着。

---

① 怪道：奇怪。
② 第：原作"弟"。

第四十六章

我方纔到街上,旺見兩家兒開張掛①紅的。
是甚麼舖子開張?
一家兒是卦貨舖,一家兒是金店。
都是幾間門面?
通是三間。
您知道,是[甚麼人/誰的]東家?
聽說都是富英富宅東家。
您知道這富英是由甚麼出身?
我不知道,我[只/就]知道他是個財主。
您聽我告訴您納,他當初是步營技勇兵起首②,到而今竟會發這麼大財,豈不是命麼?
不然,是俗語兒説:"人不可以貌相,海水不可以斗量。"人的命運造化,所以不能毅限量。
現在那富英的家私,净房產每月取房租不到兩萬銀,自己的舖户不到二百處,地產有二三拾來處,山產拾幾處,還不算果木園子。
老兄,您瞧,人不能得十全。目下既有這樣家當兒,也就不必再貪了。要還是貪而無厭的,争名奪利的,就無了味了。

第四十七章

您不是説到那兒就回來,怎麼去了多半天兒了?

---

① 掛:原作"卦"。
② 起首:開始。也作"起手"。

那潘兄没在家。我又等了會子,回來走大街上,又瞧了會子上廳兒①的②。
是甚麼人?因為甚麼事哪?
是倆醉鬼打一個人,這個人揪住他們倆,要打定了官司了。
您要是常在街上,那時也短不了。到了兒是怎麼[了全的/完的]?
我聽説這三人相好,就在萬福樓都喝醉了。
您看,這就是個榜樣,鬧的滿街滿巷。酒後無德,實是給人家作為笑[談/柄]。
起初,是三人打在一塊兒了。後來是有個打抱不平兒的。
那麼,這倆醉鬼打的是誰哪?
打的是打抱不平兒的,那個人是没很喝醉,瞧着勢頭不好,就先趄了。
那個人有點兒所不是交情,這日後還有見面兒的[時候兒/日子]没有了?
咳,老兄,要遇見那一類的人,他們還論③那些個麼?

第四十八章

閣下前者所[言/談]的,要在尊府上設立學舘,刻下安設了麼?
喳④,已然設立上了。
貴老[師/夫子]是貴處甚麼地方兒的人?
山東曲阜縣的。
貴科分?
還没鄉試哪,是位秀才⑤。
貴舘裏多少位貴同窓?
纔我們三個人。
您此時用甚麼工哪?

---

① 廳兒:警察廳。歇後語:"醉漢上廳兒——没結没完。"
② 底本"瞧了會子上厅儿的"被劃掉,夾行另添字句爲"碰見了一個相好的,説幾句話兒,所以",錄此備考。
③ 底本"論"字旁夾注"分別的意",錄此備考。
④ 底本該字被劃掉,夾行另添"是"字,錄此備考。
⑤ 底本"秀才"後有一"公"字被劃掉,錄此備考。

經書還沒念完哪。

閣下的文章大概全了篇了罷？

那兒呵，才習學①整破題兒。

作詩了沒有？

作了。

這位老夫子，既在尊府上安硯②，必是在府上下榻了？

是是，不但下榻，而且是攜眷。

那麼令師母又安置在那兒哪？

小弟舍下［閒/空］房很多，故爾單［分/勻］③出一所兒來，又是彼此兩有益。

喳，我過些日子，我要拜望閣下去，可以在會會貴老師。

不敢當，敝業師也是位好談的人。

第四十九章

閣下這幾天有甚麼事，這麼愁眉不展的？

不瞞您説，我跟前這個兒子，他不孝順還在其次，實是要把我氣死。

您不可。現在您上了年紀了，總然他的歲數兒小，您總是以慈寬容他。

您又不曉得了，我這個小子一味的下愚，就起［幼小/從小］兒，念書是逃學，拉弓是不正經。幹④到而今，我也沒省了心。

兄台，俗言說的："［濁/拙］妻醜子，無法兒可治。"⑤您這麼聖明的人，不必為兒女們憂心。再者是兒孫自有兒孫福。

我昨天差點兒把他送了忤逆⑥。我是死了心了，要死的不要活的。我到

---

① 習學：學習。
② 安硯：安放硯臺，借指謀得教書之職。
③ 勻：原作"均"。
④ 幹：原作"斡"。
⑤ ［濁/拙］妻醜子，無法兒可治：也说"頑妻劣子，無藥可治""頑妻逆子，無法兒可治"。"醜"，原作"紐"。
⑥ 送忤逆：父母以忤逆之名將子女送交官衙治罪。

鬧個一身一口，無牽無罣的，也倒心靜。

使不得！老兄您聽，就是令郎我也見過一回，也不是個不良善的，您且息怒。今晚上，我請令郎到我這兒來，您等我開導開導他。

第五十章

您没信兒起身哪？

喳，定規了，大後天。

上[回/次]您說，我没聽[真切□家/□□虎]口。

我這盡差使是責不容辭。

您寫了車①了麼？

喳，昨兒寫的。

誰家寫的？

前門月墻兒廣發店。

幾乘駞②轎？

倆騾駝轎，四頭驢。

那驢是作甚麼的？

因為是有幾包袱細頓③，為的是好馱。

大哥，你我咫尺的交情，也不必[套虛/客套]。偺們哥兒倆回[來/頭]見。

很好，您原當這麼着，倒不必周全我。等我回來，再為聚首長談。

喳，那麼小弟就[依寔/從命]了。

我還求老弟件事情。我們舍弟他要是放下來，您賞給我封信。

喳，可以。您萬安罷，只要放下來，我也不必等引見，我[趕緊/迅速]的去信。寄在口上那兒哪？

倒很容易，您寄到張家口的関④上就得了。

---

① 寫車：預先雇車。
② 駞：原作"馱"。駞：鞍。
③ 頓：原作"頫"。
④ 関：关。

"早期北京話珍本典籍校釋與研究"叢書總目錄

早期北京話珍稀文獻集成

（一）日本北京話教科書匯編

《燕京婦語》等八種	四聲聯珠
華語跬步	官話指南·改訂官話指南
亞細亞言語集	京華事略·北京紀聞
北京風土編·北京事情·北京風俗問答	
伊蘇普喻言·今古奇觀·搜奇新編	

（二）朝鮮日據時期漢語會話書匯編

改正增補漢語獨學	修正獨習漢語指南
高等官話華語精選	官話華語教範
速修漢語自通	無先生速修中國語自通
速修漢語大成	官話標準：短期速修中國語自通
中語大全	"內鮮滿"最速成中國語自通

（三）西人北京話教科書匯編

尋津錄	北京話語音讀本
語言自邇集	語言自邇集（第二版）
官話類編	言語聲片
華語入門	華英文義津逮
漢英北京官話詞彙	北京官話初階
漢語口語初級讀本·北京兒歌	

（四）清代滿漢合璧文獻萃編

清文啟蒙	清話問答四十條
一百條・清語易言	清文指要
續編兼漢清文指要	庸言知旨
滿漢成語對待	清文接字・字法舉一歌
重刻清文虛字指南編	

（五）清代官話正音文獻

正音撮要	正音咀華

（六）十全福

（七）清末民初京味兒小說書系

新鮮滋味	過新年
小額	北京
春阿氏	花鞋成老
評講聊齋	講演聊齋

（八）清末民初京味兒時評書系

益世餘譚——民國初年北京生活百態
益世餘墨——民國初年北京生活百態

早期北京話研究書系

早期北京話語法演變專題研究
早期北京話語氣詞研究
晚清民國時期南北官話語法差異研究
基於清後期至民國初期北京話文獻語料的個案研究
高本漢《北京話語音讀本》整理與研究
北京話語音演變研究
文化語言學視域下的北京地名研究
語言自邇集——19世紀中期的北京話（第二版）
清末民初北京話語詞彙釋